权威·前沿·原创

皮书系列为
"十二五""十三五""十四五"时期国家重点出版物出版专项规划项目

BLUE BOOK

智 库 成 果 出 版 与 传 播 平 台

财政发展蓝皮书
BLUE BOOK OF FISCAL DEVELOPMENT

中国财政发展指数报告
（2023~2024）

REPORT ON CHINA'S FISCAL DEVELOPMENT INDEX
(2023-2024)

组织编写 / 中央财经大学财经研究院
林光彬　孙传辉　宁　静　赵国钦　等 / 著

社会科学文献出版社
SOCIAL SCIENCES ACADEMIC PRESS (CHINA)

图书在版编目（CIP）数据

中国财政发展指数报告.2023~2024 / 林光彬等著
.--北京：社会科学文献出版社，2024.2
（财政发展蓝皮书）
ISBN 978-7-5201-9109-8

Ⅰ.①中… Ⅱ.①林… Ⅲ.①财政政策-指数-研究报告-中国-2023-2024 Ⅳ.①F812.0

中国版本图书馆 CIP 数据核字（2021）第 200354 号

财政发展蓝皮书
中国财政发展指数报告（2023~2024）

著　者 / 林光彬　孙传辉　宁　静　赵国钦　等

出　版　人 / 冀祥德
组稿编辑 / 恽　薇
责任编辑 / 胡　楠　孔庆梅
责任印制 / 王京美

出　　　版 / 社会科学文献出版社·经济与管理分社（010）59367226
　　　　　　地址：北京市北三环中路甲29号院华龙大厦　邮编：100029
　　　　　　网址：www.ssap.com.cn

发　　　行 / 社会科学文献出版社（010）59367028
印　　　装 / 天津千鹤文化传播有限公司

规　　　格 / 开　本：787mm×1092mm　1/16
　　　　　　印　张：18.25　字　数：272千字
版　　　次 / 2024年2月第1版　2024年2月第1次印刷
书　　　号 / ISBN 978-7-5201-9109-8
定　　　价 / 168.00元

读者服务电话：4008918866

▲ 版权所有 翻印必究

《中国财政发展指数报告（2023~2024）》
课 题 组

组　　长　林光彬

副组长　孙传辉　宁　静

成　　员　（按姓氏拼音排序）
　　　　　　曹明星　昌忠泽　陈　波　傅　强　李向军
　　　　　　马景义　孙景冉　孙志猛　童　伟　王卉彤
　　　　　　王立勇　王雍君　严成樑　张宝军　赵国钦

中国财政发展指数数据收集与整理组

组　　长　孙传辉

副组长　宁　静

成　　员　（按姓氏拼音排序）
　　　　　蔡贺莹　樊美玲　何　涌　李家政　李艳平
　　　　　李雨珊　梁永坚　刘春利　刘赫童　刘明光
　　　　　马雪瑶　孙素利　孙　源　陶　然　汪文翔
　　　　　王　格　魏传帅　杨文娟　张露琦　赵一凡
　　　　　周昊宇

主要编撰者简介

林光彬 经济学博士，中央财经大学教授、博士生导师，中国政治经济学研究中心主任，国家社科基金重大项目首席专家。兼任世界政治经济学会常务理事、中华外国经济学说研究会理事、中国区域经济学会常务理事、当代中国马克思主义政治经济学创新智库特约研究员，全国政府预算与会计研究智库专家。研究方向为政治经济学、财政学理论、国家理论与市场理论、中国经济。在《人民日报》《光明日报》《经济研究》《管理世界》等报刊发表学术论文100余篇，主持国家社会科学基金重大招标项目等多项，获得省部级教学科研成果奖6项。

孙传辉 经济学博士，中央财经大学财经研究院助理研究员、北京财经研究基地研究员。研究方向为经济增长、财政政策和货币政策、房地产市场经济，在《管理世界》《中国工业经济》等期刊上发表学术论文多篇。

宁 静 经济学博士，中央财经大学财经研究院副研究员。研究方向为地方财政、财政分权、财政理论与经济增长，在《管理世界》《世界经济》《经济与管理研究》《中国工业经济》等期刊上发表学术论文多篇，主持国家自然科学基金项目1项、北京市社会科学基金项目1项。

赵国钦 管理学博士，中央财经大学财经研究院副研究员、北京财经研究基地研究员，法国国立电信学院访问学者，中国人力资源开发研究会理事，北京市高等教育自学考试委员会命题委员。研究方向为财政理论和政策、政府治理。在《中国行政管理》、《改革》、《北京师范大学学报》（社会科学版）、《宏观经济研究》等期刊上发表论文数十篇。

摘　要

《中国财政发展指数报告（2023~2024）》由以中央财经大学财经研究院、北京财经研究基地的研究人员为核心的团队撰写，旨在为完善和提升国家财政治理体系与治理能力做一些基础性、战略性、趋势性的支撑工作。

本书分为总报告、指数篇和专题篇三个部分。总报告是对省域财政发展指数研究的总结，包括指标体系的构建逻辑、省域的比较分析、存在的问题及相应的政策建议。指数篇包含《中国财政发展指数指标体系构建技术报告》《财政发展综合性指数的省域比较》《财政发展独立性指数的省域比较》。专题篇包含《中国财政发展面临的挑战、问题和对策》《政府债务、财政可持续性与经济增长》。

本书根据国家财政活动行为的运行特征和规律，在传统财政研究收、支、平、管分析范式的基础上，把财政活动由表及里、由浅入深进一步归纳提炼为财政运营、财政稳定、财政均等、财政治理和财政潜力五个方面，根据这五个方面进行指标构建，把这五个方面作为财政发展指数指标体系的一级指标。这种分析范式是一种新的财政分析范式，也是一种探索性的尝试。其理论逻辑是财政目标与财政手段的匹配。财政发展的核心目标包括三个层次：第一层是促进增长、保持稳定；第二层是促进均等、提高政府效能；第三层是培植财源和实现国家战略目标。相应地，财政运营指数联结促进增长目标，财政稳定指数联结保持稳定目标，财政均等指数联结促进均等目标，财政治理指数联结提高政府效能目标，财政潜力指数联结培植财源和实现国家战略目标。以上对财政活动行为的分类分析按照目标导向的框架和分类进行，可以满足既无重复又无重大遗漏的基本要求，也可以达到最合逻辑、最易解释清楚的构建目标，同时，也契合党的"财政是国家治理的基础和重要支柱，科学的财税体制是优化资源配置、维护市场统一、促进社会公平、实现国家长治久安的制度保障"的重要指导思想。

本书认为，在基本完成现代财政制度体系架构以后，中国财政发展站在了改革的十字路口：一方面，改革开放40多年来取得了丰硕的成果；另一方面，宏观经济环境、财政治理结构以及包括中美贸易摩擦升级和新冠疫情在内的外生冲击都对未来发展提出了挑战。在公用资源池层面，财政发展面临资源汲取路径偏差所诱发的财政运营问题、财政资源配置不均所诱发的财政均等化问题以及财政平衡考量偏差所诱发的财政风险问题。这些问题由规模层面生发，逐渐聚焦结构层面，并最终共同指向代理结构下的财政治理脆弱性。本书建议财政发展在短期内应当通过创新"开源节流"，优化财政运营结构，避免落入"顺周期"陷阱；在长期内应当着眼于修正财政治理的脆弱性，明确中国特色现代化财政体系的逻辑，注重培育现代财政治理能力，重点在税收体系、现代预算管理体系、政府间财政体系和债务管理上取得突破。

关键词： 财政发展　综合性指数　独立性指数　财政运营　财政稳定

目 录

Ⅰ 总报告

B.1 中国省域财政发展指数报告……………………… 孙传辉 林光彬 / 001
    一 中国财政发展指数指标体系……………………………… / 002
    二 财政发展指数省域比较分析……………………………… / 004
    三 中国财政发展面临的主要问题…………………………… / 008
    四 中国财政发展的建议……………………………………… / 010

Ⅱ 指数篇

B.2 中国财政发展指数指标体系构建技术报告
    ………………………………… 宁 静 赵国钦 林光彬 / 012
B.3 财政发展综合性指数的省域比较……………… 孙传辉 林光彬 / 041
B.4 财政发展独立性指数的省域比较……………… 孙传辉 林光彬 / 173

Ⅲ 专题篇

B.5 中国财政发展面临的挑战、问题和对策……… 赵国钦 林光彬 / 205

B.6 政府债务、财政可持续性与经济增长
　　……………………………… 昌忠泽　李汉雄　李若彤 / 233

后　记 ………………………………………………………… / 264

Abstract ……………………………………………………… / 265
Contents ……………………………………………………… / 268

皮书数据库阅读**使用指南**

总报告

B.1
中国省域财政发展指数报告[*]

孙传辉 林光彬[**]

摘　要： 本报告说明我国财政发展指数指标体系的构建逻辑，并对基于财政发展指数指标体系测算的各省份财政发展指数结果进行总结概括。结果表明，我国省域财政发展总体呈现向好的趋势，但各个方面的表现不一。通过对指数结果的分析，本报告揭示了我国省域财政发展的五个主要问题。针对这些问题，本报告提出规范财政收入、盘活政府存量资产、优化中期财政支出框架、探索建立财政收入绩效评价体系、建立财政优先目标管理体系五个方面的建议。

关键词： 财政运营　财政稳定　财政均等　财政治理　财政潜力

---

[*] 受数据可得性限制，本报告数据截至 2020 年。
[**] 孙传辉，经济学博士，中央财经大学财经研究院助理研究员、北京财经研究基地研究员，研究方向为经济增长、财政政策和货币政策、房地产市场经济；林光彬，经济学博士，中央财经大学教授、博士生导师，中国政治经济学研究中心主任，国家社科基金重大项目首席专家，研究方向为政治经济学、财政学理论、国家理论与市场理论、中国经济。

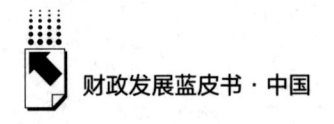

一 中国财政发展指数指标体系

财政，是指国家通过设立一个政府部门集中一部分国民收入资金，用于满足社会公共需要、实现国家职能的一系列支出活动，以实现资源优化配置、收入公平分配、经济稳定发展等一系列宏观经济社会的调控目标。发展，根据发展经济学理论中的定义，是指不仅要实现数量上的增长，还要追求质量的提升。财政发展的定义是指基于特定目标的政府财政政策或财政活动，不仅要追求财政收支规模不断扩大，而且要追求实现财政结构优化、人民福祉增加、管理体制创新、资金效率提高等多方面的财政质量提升，以最终实现财政高质量发展与国家发展战略目标。

依据中国科学发展观、西方发展经济学对发展的定义，借鉴中国古典财政理论、国家分配论、社会共同需要论等中国特色财政理论，结合马斯格雷夫三大职能理论、公共选择理论等西方经典财政学理论，中国财政发展的目标可分为以下五个层次：第一，财政部门利用财政收支手段实现资源优化配置，实现财政基本运营水平的提升；第二，财政政策与活动能实现自身收支平衡与稳定发展，从而有助于促进宏观经济稳定健康发展；第三，财政政策与活动坚持以人民为中心，有利于促进社会公共服务均等化，不断提高保障水平和改善民生水平；第四，加强财政资源统筹，创新财政管理方式和提高资金使用效益，提高财政行政效能，保证高质量地完成财政任务；第五，充分发挥财政在构建新发展格局中的引导带动作用，以"政"领"财"，集中财力办大事，为全面建设社会主义现代化国家提供财力保障。

首先，由中国古典财政学说可知，自"财政"概念产生之日起，财政收入和财政支出就是维持财政运营、实现国家意志和财政职能的两大手段，二者的结构与规模是影响财政运营水平的重要方面。同时，"量入为出""均节财用"等财政原则表明，财政稳定与收支平衡始终是国家财政管理的核心内容。其次，中国特色社会主义财政理论强调，坚持"以人为本"，财政提供的基本公共物品应尽早实现全国人民平等享有，利用市场机制创造社会公共价值和满足社会共同需要。由此可见，财政均等分配及公共服务均等化是财政的重要职能，是财政未来发展的主要目标。再次，国家分配论的核心思想表明，财政活动要坚持党和国家的领导，满足国家的政治需要，体现由国家主导的分配关系。近年来，国家治理框架下的财政理论表明，中国财政不仅定位于解决市场失灵问题，而且是国家治理的基础与重要支柱。因此，财政治理问题尤为需要引起重视，应强调财政在实现国家治理体系和治理能力现代化中所具有的政治经济重要作用。最后，根据《宪法》具体条款涉及的公共服务内容要求，增强财政指数在国内外经济社会的普遍适用性。例如，应了解医疗、教育、社会保障、稳定经济、国防安全、生态环保等社会公认的财政应该重点投入并保障的领域，从而保障财政发展指数指标体系具有社会通用性与普遍适用性。

基于以上财政学理论，并在已有财政指数文献的基础上，本书构建了一套包含综合性指数、独立性指数和前瞻性指数三部分的中国财政发展指数指标体系，以评价我国省级政府的财政发展状况。综合性指数指标体系由多级指标组成，通过逐层加总最终形成一个总指数，以直接反映各省、自治区、直辖市（以下简称省份）财政发展的总体状况。独立性指数指标体系包含一些具有重要表征意义的指标，其或与综合性指数指标体系中的指标具有较强的相关性，或不具有单调性，无法逐层加总形成总指数。前瞻性指数指标体系包含一些具有重要现实意义的指标，但由于数据的可获得性问题，现阶段缺乏数据支持从而无法测度其水平。现阶段可以将这些指标纳入前瞻性指数指标体系，阐述其财政重要性以及对现实的表征意义，同时对其测量方法与计算公式进行描述，待今后数据可以获取时再将其纳入综合性指数或独立性指数指标体系进行量化分析。

每一部分的一级指标按照财政行为的理论逻辑构建，主要涉及财政运营指数、财政稳定指数、财政均等指数、财政治理指数和财政潜力指数。财政运营指数反映财政优化资源配置方面的情况，反映我国社会主义初级阶段对经济更加充分发展的需要，同时对应马斯格雷夫三大职能理论的资源配置方面和发展经济学的增长方面。财政稳定指数反映实现国家长治久安方面的情况，反映对可持续发展的需要，同时对应中国古典财政学说对财政稳定和收支平衡的关注与马斯格雷夫对财政稳定的要求。财政均等指数反映促进社会公平方面的情况，反映对更加平衡发展的需要，同时对应社会共同需要论和新市场财政学理论对财政均等分配与公共服务均等化的关注，以及马斯格雷夫对公平目标实现的要求。财政治理指数反映政府财政行政效能、治理能力和规范透明度等的情况，反映对国家治理能力现代化和深化改革的需要，同时对应国家分配论对治理能力现代化的关注和公共选择理论对政府内部决策过程与治理能力的重视。财政潜力指数联结培植财源和实现国家战略目标，作为预见性指标反映财政发展的经济基础和未来发展基本面的情况，对应凯恩斯主义理论对经济与财政的双螺旋上升机制的关注，强调经济长远健康发展对财政未来潜力的影响。二级指标及以下级别的指标的选取逻辑具体见本书中的《中国财政发展指数指标体系构建技术报告》。

二　财政发展指数省域比较分析

本报告在已构建的中国财政发展指数指标体系的基础上，利用从各类统计年鉴、政府网站等获得的公开数据，通过指标测算、赋权加总、统计分析等方法，形成综合性财政发展指数，对2016~2020年全国31个省份的财政发展情况进行定量评价与比较分析。

（一）各省份财政发展指数呈现波动下降趋势

2016~2020年，31个省份的平均财政发展指数呈现波动下降趋势，从2016年的52.21逐渐下降至2017年的45.77，随后在2018年上升至48.46，在2019年和2020年小幅下降，分别下降至46.74和43.52。在地区发展方面，东部地区相对于中部和西部地区具有较大优势，各年财政发展指数领先中部和西部地区16%~36%。2020年，在财政发展结构方面，31个省份在财政运营和财政均等方面的表现的差异性比较小，省份间的变异系数分别只有 0.151 和 0.194，但在财政稳定和财政治理方面的表现的差异性较大，变异系数分别达到 0.404 和 0.301。不仅如此，省份间财政潜力的差异性在不断扩大，变异系数从 2016 年的 0.240 上升至 2020 年的 0.934。各省份财政发展指数的排名主要受到财政潜力指数、财政治理指数和财政稳定指数排名的影响，由于各省份间财政运营指数和财政均等指数的差距相对来说较小，其排名对财政发展指数排名的贡献较弱。就具体省份而言，北京、上海、广东、浙江、福建和山东等省份的财政发展指数排名靠前，且 5 年间的排名比较稳定。

（二）各省份财政运营指数在2020年出现较大降幅

2016~2019 年，全国 31 个省份的财政运营指数稳定在 58 附近，2020 年，由于转移支付依赖度和土地出让依赖度增加，以及收入增速下降，总体上，各省份在财政运营方面的表现不佳，全国平均财政运营指数降至 46.57。其中东部和西部地区较 2019 年下降明显，分别下降 17.88% 和 18.09%，这可能是由新冠疫情的冲击对东部和西部省份带来更大的影响造成的。东部地区的财政运营水平要高于中部和西部地区，中部地区和西部地区间的差距不大，且中部地区的土地出让依赖度较大，其财政运营水平在 2019 年被西部地区反超。

具体而言，2016~2020 年，全国 31 个省份的税收集中度在 70% 以上，2018 年出现最高峰，为 74.7%，其中东部地区最高，2018 年超过 80%，西部地区最低，2018 年超过 70%。与此相反，西部地区的转移支付依赖度最高，在 2016~2020 年均超过 230%，2020 年达到峰值 275%；中部地区的转移支付依赖度也均超过 100%，2020 年达到峰值 170%；除 2020 年外，东部地区的转移支付依赖度均低于 50%。同样，在债务依赖度方面，西部地区也是最高的，除 2020 年外均超过 50%；东部地区最低，在 2019 年仅为 12%。在土地出让依赖度方面，2020 年，东部、中部和西部地区的差异不大。东部、中部、西部地区在支出结构方面无明显差距，行政支出水平为 8%~9%，经济性支出水平为 21%~28%，民生性支出水平在 50% 左右。

各省份小口径支出增速均值要高于小口径收入增速均值，大口径支出增速均值高于大口径收入增速均值。

（三）各省份财政稳定指数呈现波动下降趋势

2016~2017年，全国31个省份的平均财政稳定指数从71.48降至30.56，这主要是因为债务风险增大。2017~2019年，平均财政稳定指数出现上升趋势，从2017年的30.56上升至2019年的40.82。随后在2020年下降至34.95。就东部、中部、西部地区的财政稳定指数而言，东部、中部、西部地区在2020年下降，东部地区从2019年的48.90下降至2020年的43.90；中部地区的下降幅度较大，从2019年的41.28下降至2020年的32.88；西部地区从2019年的33.10下降至2020年的28.14。总体而言，东部、中部和西部地区的财政稳定指数呈现下降趋势。

具体而言，2020年，全国31个省份的平均小口径收支缺口为19.29%；东部地区最低，在8%左右；西部地区超过30%；中部地区在17%附近。全国31个省份的显性负债率增长较快，2019~2020年，东部、中部和西部地区分别从22%、24%和37%上升至26%、29%和42%。2020年，西部地区的显性负债率最高，超过40%。全国31个省份的隐性负债率较低，基本在4%以下，在2016~2020年控制得较好。

（四）各省份财政均等指数呈现逐渐上升趋势

2016~2020年，全国31个省份的平均财政均等指数呈现逐渐上升的态势，从40.35上升到59.06，增幅超过46.3%，反映出这段时间内我国财政均等化的成效越来越明显。其中，东部、中部、西部地区的财政均等指数均稳定上升，中部地区增长较快，在2020年实现了对西部地区的反超。2020年，教育均等方面，各省份之间的差异性较大，东部地区的优势明显，西部地区次之，中部地区在教育均等方面较为落后；财力均等方面，西部地区落后于东部和中部地区，东部地区领先；医疗均等方面，西部地区要远远优于东部和中部地区；社会保障方面，2020年，中部地区较为领先，东部、西部地区的差距较小。

具体而言，在财力均等的支出均等、收入均等和自给率均等方面，西部地区处于落后地位，东部地区与中部地区的差距较小。中部地区的教育经费是各地区中最少的，西部地区和东部地区基本持平；东部地区的教师数量和教师学历水平要高于西部地区。西部地区的医疗卫生支出是最多的；各地区的医护人员数量和医疗设施数量的差异性不大。中部地区的平均低保水平是最低的；中部地区的医疗保险覆盖率最高；各地区的养老保险覆盖率的差异性不大。

（五）各省份财政治理指数波动上升

2016~2018年，全国31个省份的平均财政治理指数从47.87上升至57.07，但在2019年财政治理各底层指数均出现不同程度的下滑，造成全国平均财政治理指数出现较大幅度的下降，降至42.77，2020年上升至58.47，上升36.71%。东部地区的优势始终明显，2016~2019年，西部地区要好于中部地区，但在2020年中部地区实现了反超。其中，在支出绩效方面，各省份的差异性较大，2020年，西部地区低于东部和中部地区，东部、中部地区较2019年都出现了上升的趋势。

具体而言，2020年，各地区的平均收入预决算偏离度和支出预决算偏离度都较小，低于10%，除西部地区外，支出预决算偏离度高于收入预决算偏离度；西部地区的收入预决算偏离度最高，中部地区的支出预决算偏离度最高。西部地区在预算支出进度上领先于东部地区和中部地区，中部地区的预算支出进度最慢。各地区在2020年的信息公开指数都上升，东部地区在信息公开方面的表现最好。东部和中部地区在2020年的支出绩效指数都上升，东部地区的支出绩效指数是最高的。

（六）各省份财政潜力指数呈现较大幅度下降态势

2016~2020年，全国31个省份的平均财政潜力指数从44.51降至18.54。这主要是因为受到消费活力指数和投资活力指数不断下降的影响，整体上，全国的平均表现呈现下降态势，但东部地区的优势始终明显。西部地区各省份的财政潜力指数均呈下降趋势且下降幅度最大，中部地区的财政潜力指数在2019年有所回升，但在2020年下降66.43%。相对而言，在消费活力指数、工业企业指数和投资活力指数方面，各省份间的差异较大；而在人力资源指数、基础设施指数和科技创新指数方面，各省份间的差异较小。东部地区在人力资源指数、基础设施指数、科技创新指数和工业企业指数方面均远高于中部和西部地区。在地区层面，2020年，东部、中部、西部地区在产品质量水平上无明显差异，东部地区在工业企业增加值增速水平、固定资产投资增速上处于领先地位，中部地区在企业效益水平上具有显著优势，但在社会零售品消费总额增速方面落后于东部和西部地区。

三 中国财政发展面临的主要问题

（一）地方政府财政收入结构不尽合理

各地方政府对转移支付的依赖度较大，西部地区尤其严重，其2020年的平均转移支付依赖度为274.96%；随着城市化发展，中部、西部地区对土地出让收入的依赖度逐渐加大，2016~2020年的土地出让收入的涨幅分别达到61.31%和85.05%；一般预算收入赶不上一般预算支出，地方政府对政府性基金收入的依赖度较大。

（二）地方政府财政支出能力差距较大

本报告通过计算大、小口径财政恩格尔系数，以反映财政的支出刚性，可以发现，2020年，全国平均财政恩格尔系数（大口径）接近0.6，且各省份间的财政恩格尔系数的差距较大，财政恩格尔系数（大口径）最高省份的数值比最低省份高出接近两倍，财政恩格尔系数（小口径）最高省份的数值比最低省份高出2.2倍。其中，受到政策扶持力度较大的省份（如新疆、青海和海南）的财政恩格尔系数居于中下游水平。与此同时，这些省份的民生支出密度却较高。这表明，这些省份的人均民生性支出水平很高，反映出这些省份具有较高的财政支出能力。但在其他省份，财政支出中用于民生等的刚性支出的比重不是很高。

（三）地方政府负债率和财政收支缺口在不断攀升

全国31个省份的平均显性负债率、小口径收支缺口和大口径收支缺口分别从2016年的24.5%、17.9%和17.5%上升至2020年的33.01%、19.29%和22.67%。经过几十年的高速增长，我国经济向高质量发展转型，减税降费和各类财政补贴政策为我国经济转型提供支撑，但这势必会给我国现阶段的财政稳定带来风险。在认识到财政风险而增加财政预算合理性的同时，预防结构性财政风险、提高地方政府的财政自给能力是我国必须予以正视的。

（四）公共服务均等化存在过度调节风险

一方面，西藏、青海等欠发达西部地区的人均财政支出排在各省份前列；另一方面，西部地区的教育和医疗经费支出高于东部和中部地区。这反映出地区间的财政均等化和公共服务均等化方面可能出现过度调节的问题。财政均等化作为调节地区差距的体现，对实现我国区域间协调发展、共同富裕至关重要。但是，与此同时，保持地方政府的积极性和行政能力，避免出现"公共池效应"和成本转嫁导致的效率低下问题，是在实现财政均等化过程中需要注意的。

（五）财政潜力水平大幅下降表明投资和消费乏力

各省份的平均财政潜力指数在2016~2019年的均值在40.0左右，在2020年下降至18.54。财政潜力指数中的底层指数都出现下滑，消费活力指数从2019年的28.62下降至2020年的-113.14。这和经济形势、地方政府的经济状况分不开。2020年，新冠疫情、中美贸易摩擦造成外部经济不稳定性加剧，增加了基于经济状况的财政政策实施的困难，财政治理水平受到较大的影响。

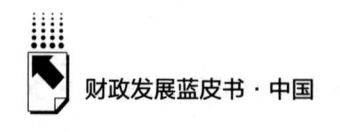

四 中国财政发展的建议

（一）规范财政收入，提高税收收入比例

为应对地方政府对土地出让收入、中央转移支付和债务的依赖度较高的情况，需要在保持中央政府对地方政府资源的调控能力基础上，进一步对中央和地方间的财权进行合理分配，完善转移支付制度以及适当培育地方税种。通过调整消费税税目，将应税商品集中于高档商品和负外部性产品。适当提高烟草、奢侈品、高污染产品的消费税、环境税和资源税税率。在不扭曲公平竞争的原则下实现税收收入增加。

（二）盘活政府存量资产，提高资产利用效率

对于中国地方政府来说，一方面，如果对规模庞大的政府资产缺乏有效的统计和管理，大量政府资产就会闲置，造成资源浪费。仅通过进行国库现金管理比较可以发现，美国联邦财政在美联储账户的库底资金保持在50亿美元左右，而中国库底资金则以万亿元计算。另一方面，一些政府资产可能在竞争领域诱发资源错配问题，进而造成负效率问题。因此，未来在对政府资产进行摸底和统计的基础上，应当盘活和出租一些闲置政府资产；对于长期依赖补贴或现金流为负的领域，出售股权的方式可以缓解财政压力。

（三）优化中期财政支出框架，以基线筹划再造公共治理流程

已有研究表明，中期财政支出框架可以帮助国家走出"顺周期"陷阱（孙琳、王姝黛，2019）。只有以预算编制为突破口，真正发挥跨周期预算平衡等工具的功能，才有可能实现财政支出和经济周期"协调"，以提高地方政府的财政治理水平。使预算程序作为最基本、最正式和被最频繁使用的治理程序（取代文山会海）发挥作用，基线筹划程序显得更重要、更紧迫，

也最可能产生低调务实的成果。因此,以基线筹划再造公共治理流程应被置于治理改革的优先位置(王雍君、乔燕君,2017)。

(四)探索建立财政收入绩效评价体系,提升财政服务国家治理的水平

与"逆周期"调节理念相关联,减税降费不能与债务规模的大幅扩张同步。因此,在财政支出绩效评价短时间内不能达到优化财政资金配置的情况下,应当对财政收入的合宜规模、结构以及主体认同情况进行有效的评价。这可以帮助地方政府真正掌握减税降费的情况,避免产生过大的行业性和地区性差距以及诱发新一轮资源错配问题。同时,围绕主体认同的满意度调查有助于地方政府提高税收征管效率,提升服务水平。

(五)建立财政优先目标管理体系,提高基层财政治理韧性

在财政资源充沛的情况下,各项政府活动都能获得充足的资金保障。但是面对紧缩或者削减的财政状况,就需要地方政府有能力识别支出目标的优先次序。当前围绕"六稳""六保"的支出重点安排可能在短时间内能够帮助地方政府维持财政稳定,但是未来应当基于地方政府偏好的信息优势和成本优势,培育地方政府进行支出目标优先安排的能力,提高基层财政治理韧性。

参考文献

孙琳、王姝黛:《中期支出框架与走出"顺周期陷阱"——基于88个国家的数据分析》,《中国工业经济》2019年第11期。

王雍君、乔燕君:《集体物品、财政场域与财政学知识体系的新综合》,《财政研究》2017年第1期。

指 数 篇

B.2
中国财政发展指数指标体系构建技术报告

宁 静 赵国钦 林光彬*

摘　要： 本报告在明确财政发展定义与目标的基础上，继承与吸收已有的中国和西方财政理论，提出了一套全新的财政发展指数指标体系，从而为决策者制定科学的财政政策提供支持。本报告中的指标体系创新性地设置了综合性指数、独立性指数和前瞻性指数三大模块。综合性指数反映财政发展的普遍特征，独立性指数聚焦当前财政热点问题，前瞻性指数提出有重要意义但暂无数据支持的指标。本报告依据财政活动的运行规律，围绕财政运营、财政稳定、财政均等、财政治理与财政潜力五个方面进行指标体系的构建。本报告中的指标体系既吸纳了前人构建的指标体系的优势，又提出了特色模

---

* 宁静，经济学博士，中央财经大学财经研究院副研究员，研究方向为地方财政、财政分权、财政理论与经济增长；赵国钦，管理学博士，中央财经大学财经研究院副研究员、北京财经研究基地研究员，研究方向为财政理论和政策、政府治理；林光彬，经济学博士，中央财经大学教授、博士生导师，中国政治经济学研究中心主任，国家社科基金重大项目首席专家，研究方向为政治经济学、财政学理论、国家理论与市场理论、中国经济。

块和独有指标，具有一定的继承性和创新性。

关键词： 财政发展指数 综合性指数 独立性指数 前瞻性指数

一 财政发展的定义及目标

　　财政，是指国家通过设立一个政府部门集中一部分国民收入资金，用于满足社会公共需要、实现国家职能的一系列支出活动，以实现资源优化配置、收入公平分配、经济稳定发展等一系列宏观经济社会的调控目标。因此，财政措施影响到经济体系中的每一个组织、家庭和个人，不同的财政资金筹措和分配方式会对经济的兴衰带来截然不同的影响。

　　发展，根据发展经济学理论中的定义，是指不仅要实现数量上的增长，还要追求质量的提升。质量提升在内涵上具体包括结构优化、方式创新、效率提高、人民满意、生态平衡等多个方面。根据中国科学发展观的定义，财政发展的核心理念是以人为本，基本要求是全面协调可持续发展，根本方法是统筹兼顾。根据中国新发展理念的定义，财政发展需要统筹推进"创新、协调、绿色、开放、共享"五个方面。

　　综上所述，财政发展的定义是指基于特定目标的政府财政政策或财政活动，不仅要追求财政收支规模不断扩大，而且要追求实现财政结构优化、人民福祉增加、管理体制创新、资金效率提高等多方面的财政质量提升，以最终实现财政高质量发展与国家发展战略目标。

　　依据中国科学发展观、西方发展经济学对发展的定义，借鉴中国古典财政理论、国家分配论、社会共同需要论等中国特色财政理论，结合马斯格雷夫三大职能理论、公共选择理论等西方经典财政学理论，中国财政发展的目标可分为以下五个层次。

　　第一，财政部门利用财政收支手段实现资源优化配置，实现财政基本运营水平的提升。

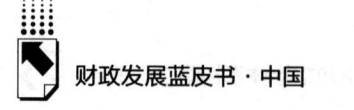

第二，财政政策与活动能实现自身收支平衡与稳定发展，从而有助于促进宏观经济稳定健康发展。

第三，财政政策与财政行为坚持以人民为中心，有利于促进社会公共服务均等化，不断提高保障和改善民生水平。

第四，加强财政资源统筹，创新财政管理方式和提高资金使用效益，提高财政行政效能，保证高质量地完成财政任务。

第五，充分发挥财政在构建新发展格局中的引导带动作用，以"政"领"财"，集中财力办大事，为全面建设社会主义现代化国家提供财力保障，为巩固国体政体和实现国家战略目标提供基本手段。

二 财政发展指数指标体系构建的理论依据

人类的财政是从最初的维持社会秩序和国家安全中演化出来的，后来随着人口增加、分工深化、技术革命、生产力水平的发展和国家之间的竞争，财政的内涵得以不断扩展，到现代出现了保障公民基本权利的公共财政、促进经济发展的建设财政等多种形态和功能。

考虑到中国和西方国家在国家体制与政府职能等方面存在巨大差异，本报告在构建中国财政发展指数时，立足于中国国情，把中国特色财政理论作为核心指导思想，同时吸纳借鉴古今中西的优秀财政理论。本报告吸纳的财政理论包括：《周礼》《汉书》等中国古代典籍中提及的财政学说思想；新中国成立以来中国当代财政学理论，例如国家分配论、社会共同需要论、国民经济综合平衡理论、新市场财政学理论等理论的财政思想；部分中国现阶段前瞻性财政理论的思想，例如国家治理框架下的财政理论、财政可持续性理论、数字经济财政理论等；西方经典财政理论的核心思想，例如凯恩斯主义理论、马斯格雷夫三大职能理论、公共选择理论等。这些理论和思想是全人类财政理论探索的智慧结晶，为本报告奠定了坚实的理论基础，同时增强了财政发展指数的国际可比性与国际通用性。此外，本报告借鉴国际公法和中国宪法具体条款中涉及公共服务的内容，以增强财政指数在人类经济社会的普遍适用性，最终构建一套对外可比、对内适用的财政发展指数指标体系。

三 财政发展指数指标体系的构建方法

（一）理论建构法

根据国家财政活动的运行特征和规律，我们在传统财政研究收、支、平、管分析范式的基础上，把财政活动由表及里、由浅到深进一步归纳提炼为财政运营、财政稳定、财政均等、财政治理和财政潜力五个方面，根据这五个方面或层次进行指标构建。这种分析范式是一种新的财政分析范式，也是一种探索性的尝试。其理论逻辑是财政目标与财政手段的匹配。财政发展的核心目标包括这样三个层次：第一层的促进增长、保持稳定，第二层的促进均等、提高政府效能，第三层的培植财源、实现国家战略目标。相应的，财政运营指数联结促进增长目标，财政稳定指数联结保持稳定目标，财政均等指数联结促进均等目标，财政治理指数联结提高政府效能目标，财政潜力指数联结培植财源和实现国家战略目标。以上对财政活动行为的分类分析，按照目标导向进行，可以满足既无重复又无重大遗漏的基本要求，也可以达到最合逻辑、最易解释清楚的构建目标。同时，契合党的十八届三中全会通过的《中共中央关于全面深化改革若干重大问题的决定》中"财政是国家治理的基础和重要支柱，科学的财税体制是优化资源配置、维护市场统一、促进社会公平、实现国家长治久安的制度保障"这一重要思想指导。

对于一级指标之下的二级指标设置，根据国际可比性原则构建国际财政发展指数指标体系，根据国内可比性原则构建国内省际财政发展指数指标体系，既考虑国内和国际的同一性，把反映一般财政活动行为的指标作为共同的指标，又考虑国内和国际的差异性，把反映中国财政特有的财政活动行为的指标纳入国内财政发展指数指标体系。

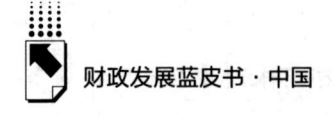

（二）文献借鉴法

首先，充分吸纳前人研究成果，对近百篇与财政发展相关的文献进行逐一研读分析，取其思想精华。其次，挑选出具有借鉴意义的、采用数据指标量化分析各国或地区财政发展状况的文献，对这些文献中选取的财政指标进行梳理和分析，统计汇总已有文献普遍采纳的指标，归纳总结已有文献通常从哪几个维度对财政发展状况进行量化分析，且每一个维度下普遍选取哪些具体指标，从而为我们的研究打下很坚实的基础。最后，基于文献普遍采纳的指标，国内数据可获得性，指标在中国的适用性、代表性和重要性等多方面的考虑，剔除不适合纳入本财政发展指标体系的指标。

（三）指标测算法

对于财政发展指数的综合性指数，为了使各个指标之间量纲统一，从而能够相加得到总指数和一级指数的得分，首先我们对底层指标进行无量纲化处理。

参考大多数文献的做法，对正向指标进行无量纲化处理的公式为：

$$S_{it} = \frac{V_{it}^{+} - V_{\min}}{V_{\max,t} - V_{\min,t}} \times 100$$

对负向指标进行无量纲化处理的公式为：

$$S_{it} = \frac{V_{\max,t} - V_{it}^{-}}{V_{\max,t} - V_{\min,t}} \times 100$$

其中，S_{it}为底层指标的标准化得分，V_{it}为第i个地区第t年的指标实际值，$V_{\max,t}$为所有地区第t年指标的最大值，$V_{\min,t}$为所有地区第t年指标的最小值。通过无量纲化处理，我们可以得到底层指标数值分布范围在（0，100）的标准化得分。

基于底层指标的标准化得分，我们利用一定的计算权重的方法（例如等权法、AHP 层次分析法、德尔菲法、主成分分析法等）得到每个底层指标的具体权重 W_i，基于下面公式得到上一级指标的标准化得分：

$$F_{jt} = \sum_{i=1}^{k} S_{it} \times W_i$$

其中，F_{jt} 为上一级指标的标准化得分，k 为上一级指标所包含的下一级指标的个数。利用同样的赋权方法和加总公式，我们逐级往上对每一级的指标进行赋权相加，得到二级指标、一级指标的指数得分，最终得到综合性指数的总指数得分。

对于财政发展指数的独立性指数，由于各项独立性指数指标的原始数值更具有现实表征意义，所以不需要对各项指标进行标准化或赋权加总计算。对于独立性指数，我们以全国平均水平为参照系，直接使用各项独立性指数指标的原始数值进行省域间的比较分析。对于财政发展指数的前瞻性指数，由于缺乏公开可获得的数据，因此本报告暂不测算前瞻性指数各项指标的具体数值。

四 财政发展指数指标体系的内容与逻辑说明

依据发展经济学理论、中国特色财政理论、西方经典财政理论、国际公法和中国宪法中有关公共财政的条款，在已有财政指数文献的基础之上，本书提出了一套全新的财政发展指数指标体系，以弥补已有文献的不足，协助财政部门掌握中国财政发展情况，为决策者制定财政政策提供科学依据与数据支持。

本书构建的财政发展指数指标体系与以往研究有较大不同，其创新特色之处在于以下方面。

第一，在理论上，根据国家财政活动的运行特征和规律，把财政活动由表及里、由浅到深进一步归纳提炼为财政运营、财政稳定、财政均等、财政治理和财政潜力五个方面。把财政发展的核心目标概括为这样三个层次：第一层为促进增长、保持稳定，第二层为促进均等、提高政府效能，第三层为培植财源、实现国家战略目标。相应的,财政运营指数联结促进增长目标,财政稳定指数联结保持稳定目标,财政均等指数联结促进均等目标,财政治理指数联结提高政府效能目标,财政潜力指数联结培植财源和实现国家战略目标。以上对财政活动行为的分类分析,按照目标导向进行,可以满足既无重复又无重大遗漏的基本要求,也可以达到最合逻辑、最易解释清楚的构建目标。

第二,针对性地设置了综合性指数、独立性指数和前瞻性指数三大模块,原因在于以下三点。①一些指标彼此之间有较强的相关性,在这种情况下,我们从相关性较强的指标中选择一个最合适的指标放入综合性指数指标体系,将其余有重要表征意义的指标放入独立性指数指标体系。这样做既可以保证综合性指数得分测算过程的科学性,又可以确保不遗漏重要的财政数据信息。②有些重要指标不具有单调性,无法判断其产生影响效应的正负性方向,从而不能纳入综合性指数指标体系进行打分并排名。因此,这一类没有明确正负性方向但又有重要表征意义的指标,只能纳入独立性指数指标体系进行具体分析。③一些指标具有重要现实意义,但是现阶段缺乏数据支持从而无法测度其水平。因此,本报告将这些指标纳入前瞻性指数指标体系,阐述其财政重要性以及对现实的表征意义,同时对其测量方法与计算公式进行描述,待今后数据可以获取时再将其纳入综合性或独立性指数指标体系进行量化分析。

中国财政发展指数指标体系分为综合性指数、独立性指数和前瞻性指数三个部分,其中前瞻性指数指标由于数据的可获得性问题,将作为未来研究的内容,同时供财政口内部具有数据基础的同行参考。每一部分的一级指标按照财政行为的理论逻辑建构,主要从财政运营方面、财政稳定方面、财政均等方面、财政治理方面和财政潜力方面进行指标构建(如图1所示)。

具体而言,财政运营指数反映了财政优化资源配置方面,反映我国社会主义初级阶段对经济更加充分发展的需要,同时对应着马斯格雷夫三大职能理论的资源配置方面和发展经济学增长方面。

中国财政发展指数指标体系构建技术报告

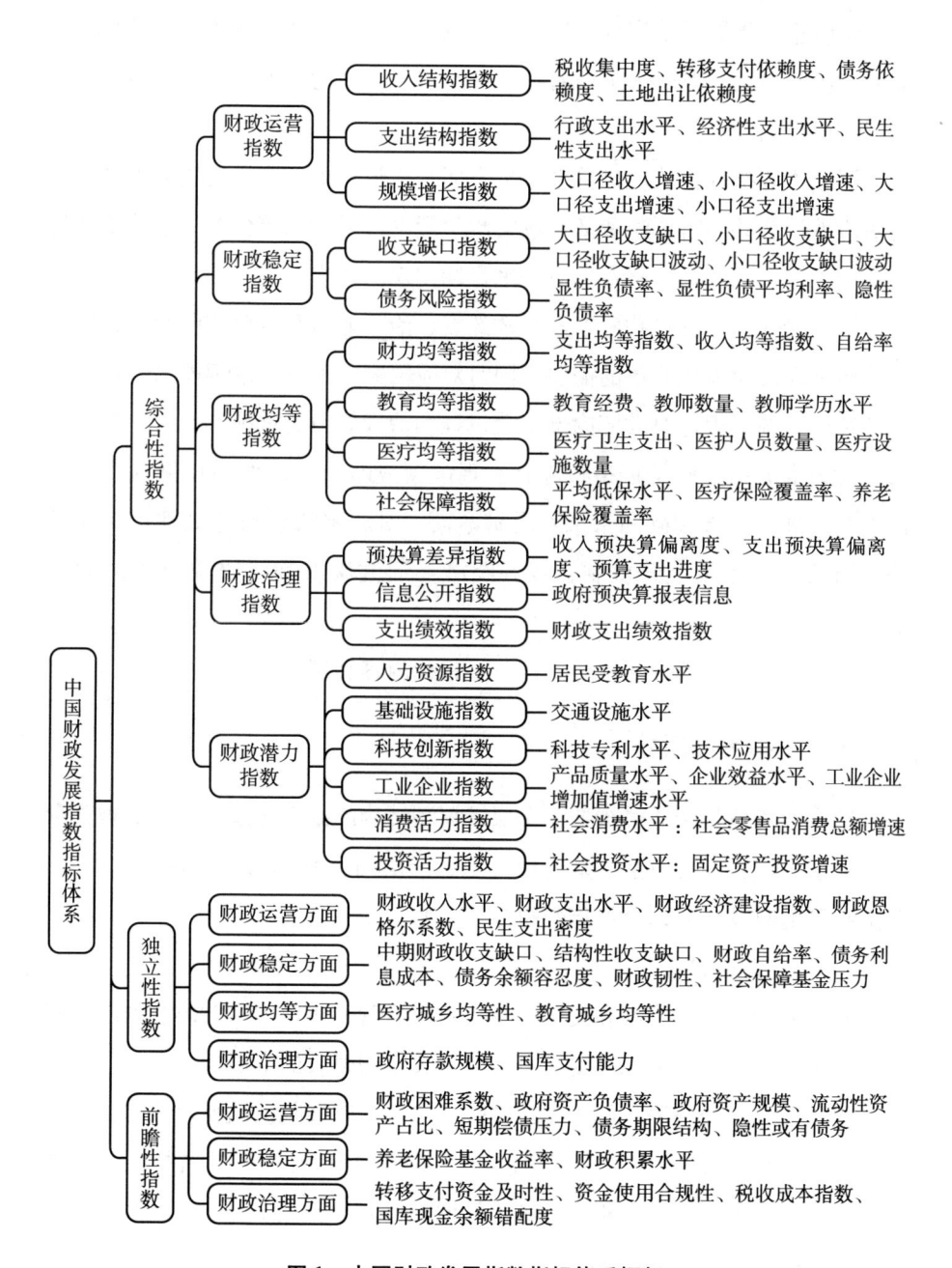

```
中国财政发展指数指标体系
├─ 综合性指数
│   ├─ 财政运营指数
│   │   ├─ 收入结构指数 —— 税收集中度、转移支付依赖度、债务依赖度、土地出让依赖度
│   │   ├─ 支出结构指数 —— 行政支出水平、经济性支出水平、民生性支出水平
│   │   └─ 规模增长指数 —— 大口径收入增速、小口径收入增速、大口径支出增速、小口径支出增速
│   ├─ 财政稳定指数
│   │   ├─ 收支缺口指数 —— 大口径收支缺口、小口径收支缺口、大口径收支缺口波动、小口径收支缺口波动
│   │   └─ 债务风险指数 —— 显性负债率、显性负债平均利率、隐性负债率
│   ├─ 财政均等指数
│   │   ├─ 财力均等指数 —— 支出均等指数、收入均等指数、自给率均等指数
│   │   ├─ 教育均等指数 —— 教育经费、教师数量、教师学历水平
│   │   ├─ 医疗均等指数 —— 医疗卫生支出、医护人员数量、医疗设施数量
│   │   └─ 社会保障指数 —— 平均低保水平、医疗保险覆盖率、养老保险覆盖率
│   ├─ 财政治理指数
│   │   ├─ 预决算差异指数 —— 收入预算偏离度、支出预算偏离度、预算支出进度
│   │   ├─ 信息公开指数 —— 政府预决算报表信息
│   │   └─ 支出绩效指数 —— 财政支出绩效指数
│   └─ 财政潜力指数
│       ├─ 人力资源指数 —— 居民受教育水平
│       ├─ 基础设施指数 —— 交通设施水平
│       ├─ 科技创新指数 —— 科技专利水平、技术应用水平
│       ├─ 工业企业指数 —— 产品质量水平、企业效益水平、工业企业增加值增速水平
│       ├─ 消费活力指数 —— 社会消费水平：社会零售品消费总额增速
│       └─ 投资活力指数 —— 社会投资水平：固定资产投资增速
├─ 独立性指数
│   ├─ 财政运营方面 —— 财政收入水平、财政支出水平、财政经济建设指数、财政恩格尔系数、民生支出密度
│   ├─ 财政稳定方面 —— 中期财政收支缺口、结构性收支缺口、财政自给率、债务利息成本、债务余额容忍度、财政韧性、社会保障基金压力
│   ├─ 财政均等方面 —— 医疗城乡均等性、教育城乡均等性
│   └─ 财政治理方面 —— 政府存款规模、国库支付能力
└─ 前瞻性指数
    ├─ 财政运营方面 —— 财政困难系数、政府资产负债率、政府资产规模、流动性资产占比、短期偿债压力、债务期限结构、隐性或有债务
    ├─ 财政稳定方面 —— 养老保险基金收益率、财政积累水平
    └─ 财政治理方面 —— 转移支付资金及时性、资金使用合规性、税收成本指数、国库现金余额错配度
```

图 1　中国财政发展指数指标体系框架

019

财政稳定指数反映实现国家长治久安方面，反映发展可持续性的需要，同时对应着中国古典财政学说对财政稳定和收支平衡的关注以及马斯格雷夫对财政稳定的要求。

财政均等指数反映促进社会公平方面，反映对更加平衡发展的需要，同时对应着社会共同需要论和新市场财政学理论对财政均等分配与公共服务均等化的关注，以及马斯格雷夫对公平目标实现的要求。

财政治理指数反映政府财政行政效能、治理能力和规范透明度等，反映国家治理现代化深化改革的需要，同时对应国家分配论对治理能力现代化的关注和公共选择理论对政府内部决策过程和治理能力的重视。

财政潜力指数联结培植财源和实现国家战略目标，作为预见性指标反映财政发展的经济基础和未来发展基本面，对应着凯恩斯主义理论关注经济与财政的双螺旋上升机制，强调经济长远健康发展对财政未来潜力的影响。

下面分别对三部分指标体系的一级指标内容和逻辑进行说明。

（一）综合性指数

综合性指数是指通过构造一个层级树型结构的指标体系，运用数据无量纲化方法和赋权加总方法，从底层开始、层层向上测算每一级指数的得分，最后得到财政发展的综合性指数得分。

1. 财政运营指数

众所周知，财政收入和支出是维持财政运营、实现国家意志和财政职能的两大手段。收入的来源和支出分类直接关系到财政的资源配置功能，收支的规模增长反映经济增长的需要。同时，参照已有文献反映财政收支方面的指标的普遍构建方法[①]，本书从结构和增长两方面，在财政运营指数下设置了收入结构指数、支出结构指数和规模增长指数（见表1）。

[①] 参见IMF发布的《财政监控》、OECD发布的《政府概览》，以及李闽榕（2006）、廖桂容（2015）的研究。

表 1　财政运营指数的指标结构

二级指标	三级指标	
	指标名称	具体定义
收入结构指数	税收集中度	税收收入/一般公共预算收入
	转移支付依赖度	中央补助收入/一般公共预算收入
	债务依赖度	地方政府一般债务收入/一般公共预算收入
	土地出让依赖度	土地出让收入/(一般公共预算收入+政府性基金收入)
支出结构指数	行政支出水平	一般公共服务支出/一般公共预算支出
	经济性支出水平	(科学技术支出+农林水支出+资源勘探性支出+交通运输支出+商业服务支出+国土海洋气象等支出+金融支出)/一般公共预算支出
	民生性支出水平	(教育支出+社会保障和就业支出+医疗卫生和计划生育支出+住房保障支出+城乡社区事务支出)/一般公共预算支出
规模增长指数	小口径收入增速	一般公共预算收入增长率
	大口径收入增速	(一般公共预算收入+政府性基金收入+国有资本运营收入+社保基金收入)增长率
	小口径支出增速	一般公共预算支出增长率
	大口径支出增速	(一般公共预算支出+政府性基金支出+国有资本运营支出+社保基金支出)增长率

"收入结构指数"以财政收入的主要来源为依据，设置了税收集中度、转移支付依赖度、债务依赖度和土地出让依赖度四个指标。其中，税收集中度反映税收收入的占比，税收作为政府的法定和稳定收入来源，其占比应该越大越好，而其他三个指标反映的三类收入来源占比越小就意味着财政运营能力越强。其中，考虑到土地出让收入是归入政府性基金，因此计算土地出让依赖度时在分母中加入了政府性基金收入。

财政支出按照经济性质可分为一般行政支出、经济性支出和民生性支出。因此，"支出结构指数"下设行政支出水平、经济性支出水平和民生性支出水平三项指标。具体的指标内涵根据国际一般标准和"八项民生性支出"定义以及财政支出功能性划分款项综合确定。本书认为财政支出用于民生和经济建设对我国来说都是好的，分别体现了财政保障民生权益和促进经济发展的功能，而行政支出水平作为衡量政府运行成本的指标，应该越小越好。

"规模增长指数"从我国四本预算角度出发，分设了大小口径的收入和支出增速指标，以全面反映我国财政收支的增长情况。本报告认为财政收支大小反映了财政集中统筹与分配使用社会资源的能力，因此收支增速越大，反映地方财政作为国家治理的基础条件越好，财政运营能力越强。

2. 财政稳定指数[①]

"量入为出"是财政收支的基本原则。财政稳定指数主要关注财政的收支差距。一般而言，收支差额需要由债务承担和反映，但由于我国地方政府分为自有财政收入和中央转移支付收入，自有财政收支的差距不一定转化为债务。因此，财政稳定指数需要考虑自有财政收支的差距，以及纳入中央转移支付和结转结余后必须由债务承担的部分。据此，财政稳定指数下设"收支缺口指数"和"债务风险指数"（见表2）。

表2　财政稳定指数的指标结构

二级指标	三级指标	
	指标名称	具体定义
收支缺口指数	小口径收支缺口	（一般公共预算支出－一般公共预算收入）/GDP
	小口径收支缺口波动	近3年一般公共预算收支缺口的标准差
	大口径收支缺口	（四本预算支出－四本预算收入）/GDP
	大口径收支缺口波动	近3年四本预算收支缺口的标准差
债务风险指数	显性负债率	政府债务余额/GDP
	显性负债平均利率	根据地方发行的债务计算加权平均利率
	隐性负债率	地方城投公司的有息债务余额/GDP

"收支缺口指数"分设了大、小口径收支缺口，缺口越大，越不利于财政的可持续性，财政稳定性越差。同时，通过考察收支缺口的波动反映财政收支实现过程中的稳定性。该指标用收支缺口的三年标准差来计算，指标越小，反映财政收支越稳定。

"债务风险指数"主要从我国地方政府实际的债务内涵入手，考虑了显

[①] 本书参考了IMF《财政监控》、OECD《政府概览》、Ikeda（2007）、裴育（2010）和高培勇（2014）等关于财政稳定的理解。

性债务和隐性债务规模和成本，下设显性负债率、隐性负债率和显性负债平均利率。其中隐性负债率利用地方城投公司的有息债务余额与GDP的比值表示，由于暂时无法获得该类债务的发行利率，因此没有考虑隐性债务的成本。债务风险指数指标的数值越大，表示财政越不稳定。

3. 财政均等指数①

财政均等指数一方面考虑辖区内次级地方政府的总体财力均等化情况，另一方面从基本公共服务均等化角度反映社会共同需要论和人民平等享有公共服务的思想。考虑到基本公共服务主要涵盖教育、医疗和社会保障。财政均等指数下设"财力均等指数""教育均等指数""医疗均等指数""社会保障指数"（见表3）。基本公共服务的基本属性意味着这些服务水平越高，均等化水平也越高，因此指标数值越大，财政发挥的均等化作用越大。

表3　财政均等指数的指标结构

二级指标	三级指标	
	指标名称	具体定义
财力均等指数	支出均等指数	省份内各县级行政区人均一般公共财政支出变异系数
	收入均等指数	省份内各县级行政区人均一般公共财政收入变异系数
	自给率均等指数	省份内各县级行政区一般公共财政收入/一般公共财政支出的变异系数
教育均等指数	教育经费	国家财政性教育经费预算内支出/辖区人口
	教师数量	普通小学、普通初中、普通高中、普通高校的师生比，四者用等权法加总
	教师学历水平	普通小学、普通初中本科及以上学历教师占比，普通高中硕士及以上学历教师占比，普通高校博士学历教师占比，四者用等权法加总
医疗均等指数	医疗卫生支出	医疗卫生支出/辖区人口
	医护人员数量	卫生技术人员数/辖区人口
	医疗设施数量	卫生机构床位数/辖区人口

---

① 本书参考了高培勇（2014）、郭夏敏（2016）的研究，以及《中国各地区财政发展指数2018年报告》等对均等化指标的设置。

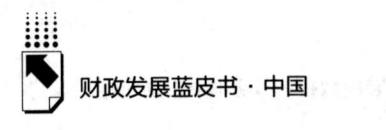

续表

二级指标	三级指标	
	指标名称	具体定义
社会保障指数	平均低保水平	(城市低保标准/城市居民人均可支配收入＋农村低保标准/农村居民人均可支配收入)/2
	医疗保险覆盖率	(职工基本医疗保险参保人数＋城乡居民基本医疗保险参保人数)/辖区人口
	养老保险覆盖率	(职工基本养老保险参保人数＋城乡居民基本养老保险参保人数)/辖区人口

"财力均等指数"从支出、收入和自给率三个角度考察了省域内县级地方政府的财力均等情况。其中，"支出均等指数"用省份内各县级行政区人均一般公共财政支出变异系数表示；"收入均等指数"用省份内各县级行政区人均一般公共财政收入变异系数表示；"自给率均等指数"用省份内各县级行政区一般公共财政收入/一般公共财政支出的变异系数表示。变异系数越大，意味着县级行政区间的差异性越大，则均等性越差。

教育主要依靠条件经费投入和教师人力资本投入，因此"教育均等指数"从教育经费、教师数量和教师学历水平三个方面进行考虑。其中，"教育经费"利用国家财政性教育经费预算内支出/辖区人口表示；"教师数量"通过将普通小学、普通初中、普通高中、普通高校的师生比用等权法加总得到；"教师学历水平"通过将普通小学、普通初中本科及以上学历教师占比，普通高中硕士及以上学历教师占比，普通高校博士学历教师占比用等权法加总得到。这种测算方法是目前已有指标体系所没有的，是我们的一个完善贡献。

医疗主要依靠经费投入、医护人员和医护设施投入，因此"医疗均等指数"从医疗卫生支出、医护人员数量、医疗设施数量三个方面考虑。其中，"医疗卫生支出"用医疗卫生支出/辖区人口表示；"医护人员数量"用卫生技术人员数/辖区人口表示；"医疗设施数量"用卫生机构床位数/辖区人口表示。

"社会保障指数"从平均低保水平、医疗保险覆盖率、养老保险覆盖率三方面考虑。其中，"平均低保水平"由于存在城乡差距，因此采用（城市低保标准/城市居民人均可支配收入＋农村低保标准/农村居民人均可支配收入）/2表示；"医疗保险覆盖率"和"养老保险覆盖率"分别用（职工基本医疗保险参保人数＋城乡居民基本医疗保险参保人数）/辖区人口、（职工基本养老保险人数＋城乡居民基本养老保险人数）/辖区人口表示。

4. 财政治理指数①

"治理"一词内涵丰富，本指标里主要指财政的管理水平。基于数据可得性，综合性指数指标体系里"财政治理指数"主要从预算透明、提高财政运行效率方面进行考虑，其余方面将在独立性指数指标和前瞻性指数指标里进行体现。该指标下设"预决算差异指数""信息公开指数""支出绩效指数"（见表4）。

表4 财政治理指数的指标结构

二级指标	三级指标	
	指标名称	具体定义
预决算差异指数	收入预决算偏离度	（一般公共决算收入－一般公共预算收入）的绝对值/一般公共预算收入
	支出预决算偏离度	（一般公共决算支出－一般公共预算支出）的绝对值/一般公共预算支出
	预算支出进度	$\max(1/4-$第一季度支出/全年支出$,0)+\max(1/2-$前二季度支出/全年支出$,0)+\max(3/4-$前三季度支出/全年支出$,0)$
信息公开指数	政府预决算报表信息	根据政府预决算报表公布的信息整理打分
支出绩效指数	财政支出绩效指数	使用计量方法单独测算，方法为DEA。产出指标选取教育、卫生医疗、文化、邮电通信、绿化、环保、城市交通和服务等指标，投入指标选取一般公共预算支出

"预决算差异指数"主要反映预算编制和预算执行情况，因此该指标考虑了收入预决算偏离度和支出预决算偏离度。预决算之间的差值无论正负都

---

① 世界银行发布的《公共财政管理指标体系》使用了28个指标测度财政的管理水平，高培勇（2014）利用问卷调查数据考察了财政法制化、规范度和绩效等。

反映了预算编制能力和科学性以及预算执行能力,因此采用绝对值。而就预算执行进度而言,现实中可能更加关注预算执行过慢的问题,因此指标采用max(1/4-第一季度支出/全年支出,0)+max(1/2-前二季度支出/全年支出,0)+max(3/4-前三季度支出/全年支出,0)进行表示,即只计算执行过慢的数据。

"信息公开指数"是根据政府预决算报表公布的信息整理打分的。采用的方法是参照上海财经大学的财政透明度指数构建方式,按照四本预算的公布情况打分,区别于单独财政透明度指数的全面性和复杂性,我们暂时只选取一些关键和重要的信息。

"支出绩效指数"的测算通常使用计算绩效的DEA方法。其中产出指标选取教育、卫生医疗、文化、邮电通信、绿化、环保、城市交通和服务等指标,投入指标为一般公共预算支出。

5. 财政潜力指数[①]

考虑到经济与财政长期的源流共生关系,宏观经济发展形势将对财政收支及其可持续发展产生重大影响。因此财政潜力指数主要从宏观经济的长期增长角度考虑。财政潜力指数下设置了人力资源指数、基础设施指数、科技创新指数、工业企业指数、消费活力指数、投资活力指数(见表5)。由于宏观的长期经济增长在我们的指标体系下只是作为财政发展的一个方面,因此各底层指标仅以可获得的具有代表性的数据表示。此外,考虑到人力资源、科技创新等具有较强的外部性和规模效应,因此这些指标充分考虑了绝对值和相对值。

"人力资源指数"用居民受教育水平表示,即用大专及以上人口占比(相对值)和大专学历人口(绝对值)数据表示。"基础设施指数"以交通设施水平代替,即用公路里程数/辖区面积、铁路里程数/辖区面积计算。"科技创新指数"用科技专利水平和技术应用水平表示,即分别以专利授权数和技术合同成交额的相对值和绝对值计算。"工业企业指数",反映现代化国家的工

---

① 财政潜力主要取决于经济增长潜力,而经济增长主要依赖科技、人力、资本、企业组织、政府治理能力等有机形成的发展力。

业状况，用产品质量水平、企业效益水平和工业企业增加值增速水平表示，即分别以产品质量合格率、规模以上工业企业资产利润率和规模以上工业增产成品增速计算。"消费活力指数"和"投资活力指数"分别利用社会零售品消费总额增速和固定资产投资增速来反映社会消费和投资活动的活力状况。

表5 财政潜力指数的指标结构

二级指标	三级指标	
	指标名称	具体定义
人力资源指数	居民受教育水平	大专及以上人口占比、大专学历人口，用等权法加总
基础设施指数	交通设施水平	公路里程数/辖区面积、铁路里程数/辖区面积，用等权法加总
科技创新指数	科技专利水平	专利授权数/辖区人口
	技术应用水平	技术合同成交额/辖区人口
工业企业指数	产品质量水平	产品质量合格率
	企业效益水平	规模以上工业企业资产利润率
	工业企业增加值增速水平	规模以上工业增产成品增速
消费活力指数	社会消费水平	社会零售品消费总额增速
投资活力指数	社会投资水平	固定资产投资增速

（二）独立性指数

针对当前财政热点、焦点、难点问题，本指标体系设置独立性指数以更好反映财政发展现状。独立性指数具有独特的现实表征意义，但可能存在不能确定其正负性的问题，同时也可能与综合性指数不在一个维度以及产生共线性的问题。因此，独立性指数下的指标设置主要依据指标意义和数据可得性，在整体层面进行了指标划分，也分为财政运营方面、财政稳定方面、财政均等方面和财政治理方面。

1. 财政运营方面

在财政运营方面，本报告设置了"财政收入水平""财政支出水平""财政经济建设指数""财政恩格尔系数""民生支出密度"这几项独立指标（见表6），以回应国家和社会的关切。

表6 财政运营方面的独立性指数指标结构

指标	具体定义
财政收入水平	财政绝对收入水平 小口径：一般公共预算收入 大口径：一般公共预算收入+政府性基金收入+国有资本运营收入+社保基金收入 人均财政收入水平 小口径：一般公共预算收入/辖区人口 大口径：(一般公共预算收入+政府性基金收入+国有资本运营收入+社保基金收入)/辖区人口
财政支出水平	财政绝对支出水平 小口径：一般公共预算支出 大口径：一般公共预算收入支出+政府性基金支出+国有资本运营支出+社保基金支出 人均财政支出水平 小口径：一般公共预算支出/辖区人口 大口径：(一般公共预算支出+政府性基金支出+国有资本运营支出+社保基金支出)/辖区人口
财政经济建设指数	小口径：固定资产投资中政府预算内投资金额/一般公共预算支出 大口径：国有基础设施投资(固定资产投资当中的交通运输、仓储与邮政业、水利环境和公共设施管理业投资)/一般公共预算支出
财政恩格尔系数	小口径：(一般公共服务支出+公共安全支出+债务还本付息支出)/一般公共预算支出 大口径：(教育支出+医疗支出+社保支出+一般公共服务支出+公共安全支出+债务还本付息支出)/一般公共预算支出
民生支出密度	(教育支出+社会保障和就业支出+医疗卫生和计划生育支出+住房保障支出+城乡社区事务支出)/辖区人口

"财政收入水平"和"财政支出水平"都考虑了大小口径，分别计算一般公共预算占GDP的水平和四本预算占GDP的水平，反映不同标准下地方政府在地方经济中集中统筹和社会资源配置能力。

"财政经济建设指数"，利用固定资产投资中政府预算内投资金额/一般公共预算支出计算小口径水平，利用国有基础设施投资（固定资产投资当中的交通运输、仓储与邮政业、水利环境和公共设施管理业投资）/一般公共预算支出计算大口径水平，均在不同程度上反映财政对经济建设的作用。

参照恩格尔系数的定义，"财政恩格尔系数"利用（一般公共服务支出＋公共安全支出＋债务还本付息支出）/一般公共预算支出计算小口径水平，利用（教育支出＋医疗支出＋社保支出＋一般公共服务支出＋公共安全支出＋债务还本付息支出）/一般公共预算支出计算大口径水平，用以反映财政支出的刚性。这个指标为本指标体系所独有。

"民生支出密度"利用（教育支出＋社会保障和就业支出＋医疗卫生和计划生育支出＋住房保障支出＋城乡社区事务支出）/辖区人口从人均角度反映民生性财政支出水平。

2. 财政稳定方面

从财政稳定角度，本报告设置了"中期财政收支缺口""结构性收支缺口""财政自给率""债务利息成本""债务余额容忍度""财政韧性""社会保障基金压力"这几项独立指标（见表7）。

表7 财政稳定方面的独立性指数指标结构

指标名称	指标定义
中期财政收支缺口	（一般公共预算支出－一般公共预算收入）/GDP 的三年平均值
结构性收支缺口	小口径：一般财政预算的结构性收支缺口（利用 hp 滤波法，剔除周期性收支缺口） 大口径：四本预算的结构性收支缺口（利用 hp 滤波法，剔除周期性收支缺口）
财政自给率	小口径：一般公共预算收入/一般公共预算支出 大口径：四本预算收入/四本预算支出
债务利息成本	债务利息支出/一般公共预算收入
债务余额容忍度	债务余额/债务限额
财政韧性	灵敏度指数：（冲击后 X 的变化率－反事实 X 的变化率）/反事实 X 变化率的绝对值，X 为财政收入 衰退阶段持续时间：从冲击产生到灵敏度指数最低值 复苏阶段持续时间：灵敏度指数从最低值到开始为正数
社会保障基金压力	职工基本养老保险保障水平：（职工基本养老保险基金余额/职工基本养老保险参保人数）/城镇居民人均可支配收入 城乡居民基本养老保险保障水平：（城乡居民基本养老保险基金余额/城乡居民基本养老保险参保人数）/居民人均可支配收入 职工基本医疗保险保障水平：（职工基本医疗保险基金余额/职工基本医疗保险参保人数）/住院病人人均医药费 城乡居民基本医疗保险保障水平：（城乡居民基本医疗保险基金余额/城乡居民基本医疗保险参保人数）/住院病人人均医药费

"中期财政缺口"计算了三年的一般公共预算缺口的平均值，用以体现地方政府的中期财政收支状况。

"结构性收支缺口"利用 hp 滤波法剔除财政收支缺口的周期性部分，得到基于财政基本长期状况的财政收支缺口①。

"财政自给率"利用不同口径的财政收入与财政支出之比表示，有别于综合性指数指标体系下财政收支与 GDP 的比值，该指标反映广受关注的地方政府的财政自给水平。

"债务利息成本"利用债务利息支出/一般公共预算收入表示，反映地方政府债务负担情况。

"债务余额容忍度"利用债务余额/债务限额表示，反映地方政府对债务限额标准的利用情况和扩大债务规模的法定程度。

"财政韧性"借鉴经济韧性文献中灵敏度指数（Sensitivity Index）的构造方法，首先测算财政收入面对新冠疫情冲击时的灵敏度指数，然后利用等权法将灵敏度指数②的最低值、衰退阶段（从冲击产生到灵敏度指数最低值时）持续时间、复苏阶段（灵敏度指数从最低值时到开始为正数时）持续时间这 3 个指标加总计算得到财政韧性，用以反映财政收入抵抗外界冲击风险以及从冲击中迅速复苏的能力。这个指标为本指标体系所独有。

"社会保障基金压力"的具体计算方式参见表 7，可以粗略反映社会保障基金对不同群体养老和医疗的保障水平。

3. 财政均等方面

相对于综合性指数对基本公共服务水平的考虑，独立性指数从城乡均等性的维度进一步考虑了医疗城乡均等性和教育城乡均等性两项指标（见表 8）。

限于数据可得性，"医疗城乡均等性"用医师数量均等性表示，利用农村每千人口卫生技术人员数/城市每千人口卫生技术人员数计算。

---

① 可参见郭庆旺、贾俊雪（2004）的研究，以及 OECD 发布的《政府概览》。
② 灵敏度指数 =（冲击后财政收入同比变化率－反事实的财政收入同比变化率）/反事实的财政收入同比变化率的绝对值。反事实的财政收入同比变化率为冲击发生前 5 年或 10 年财政收入同比变化率的平均值。

"教育城乡均等性"用教师学历水平均等性和教师数量均等性表示，分别用农村教师学历水平/城市教师学历水平和农村师生比/城市师生比计算。

表8　财政均等方面的独立性指数指标结构

指标名称	指标定义
医疗城乡均等性	医师数量均等性：农村每千人口卫生技术人员数/城市每千人口卫生技术人员数
教育城乡均等性	教师学历水平均等性：农村教师学历水平/城市教师学历水平（教师学历水平测度方法参考综合性指数中"**教师学历水平**"指标） 教师数量均等性：农村师生比/城市师生比

4. 财政治理方面

在我国，财政治理涉及预算管理、国库管理、转移支付管理、税收返还管理、专项补贴、专项资金管理、财政监督等财政行政效能的多个方面。

考虑到数据可获得性和代表性，本报告用国库资金的运用和安排作为财政治理体现和代表，设置了"政府存款规模"和"国库支付能力"这两项指标（见表9）。当然这两个指标并不能完全代表财政治理方面，待以后条件成熟后，我们将加以完善。

表9　财政治理方面的独立性指数指标结构

指标名称	指标定义
政府存款规模	政府存款余额/GDP
国库支付能力	政府存款余额/平均月度财政支出

"政府存款规模"用政府存款余额/GDP表示，以衡量当年该省份的国库资金规模水平，即当年该省份的GDP中有多少比例留存于政府国库中。

"国库支付能力"用政府存款余额/平均月度财政支出表示，表示国库的政府存款资金余额能够覆盖多少个月财政支出所需要的现金流，以衡量国库资金的支付保障能力，从而判断库款能否及时满足各项财政支出需要。

（三）前瞻性指数

前瞻性指数指标设置主要基于财政现实问题中的热点问题、难点问题、焦点问题，但限于数据的可获得性，这部分指标暂时无法计算，因此仅仅作为我们的一项建议内容。前瞻性指数指标可以从财政运营方面、财政稳定方面、财政治理方面进行考虑。

1. 财政运营方面

从财政运营角度，本报告建议设置"财政困难系数""政府资产负债率""政府资产规模""流动性资产占比""短期偿债压力""债务期限结构""隐性或有债务"作为前瞻性指数指标（见表10），反映当前财政焦点问题。

表10 财政运营方面的前瞻性指数指标结构

指标名称	指标定义
财政困难系数	标准化处理后的（"保工资、保运转、保民生"支出÷地方标准财政收入）×50%+标准化处理后的（标准收支缺口÷标准支出）×50%
政府资产负债率	（政府显性债务+隐性债务）/政府资产规模
政府资产规模	包括现金、存款、有价证券、社保基金等金融资产，行政事业单位资产、国有企业等国有经济资产，土地资源、矿产资源等资产
流动性资产占比	政府金融资产/政府资产规模
短期偿债压力	未来1年的还本付息额/财政总收入
债务期限结构	分析政府各个期限债务金额的占比情况
隐性或有债务	（隐性债务+或有债务）/GDP

"财政困难系数"源于《财政部 住房和城乡建设部关于下达2019年中央财政城镇保障性安居工程专项资金预算的通知》，指标定义是标准化处理后的（"保工资、保运转、保民生"支出÷地方标准财政收入）×50%+标准化处理后的（标准收支缺口÷标准支出）×50%。

政府的资产负债情况对于衡量财政发展水平至关重要，然而，由于中国缺乏对政府资产情况和隐性负债情况进行摸底统计的公开数据，因而仅能将资产负债相关指标列入前瞻性指数。具体而言，本报告认为如下指标值得引起关注：

"政府资产负债率"，即政府显性与隐性债务之和占政府资产规模的比重，以反映政府资产负债综合风险水平的高低；

"政府资产规模"，即政府拥有的现金、存款、有价证券、社保基金等金融资产，行政事业单位资产、国有企业等国有经济资产，土地资源、矿产资源等资产；

"流动性资产占比"，即政府金融资产占政府资产总规模的比重，用以反映政府资产的可变现能力；

"短期偿债压力"，即政府未来1年债务的还本付息额与财政总收入的比值，以衡量政府短期债务偿还的流动性风险；

"债务期限结构"，即政府债务偿还的期限结构情况，用以分析政府需要偿还不同期限债务金额的占比情况，例如分析长期债务、中期债务和短期债务之间的构成比例情况；

"隐性或有债务"，即政府隐性债务和或有债务之和与GDP的比值，以反映政府潜在的或未来可能承担偿还责任的债务水平。

2. 财政稳定方面

在我国，财政积累水平和老龄化下的养老保险支付广受关注。因此，可以设置"财政积累水平"和"养老保险基金收益"两个前瞻性指数指标（见表11），用于观测未来的财政稳定性或应对支付冲击的能力。资本性支出能够产生长期现金流收入，是一种财富性积累，能缓解未来可能出现的财政收支紧张局面；养老保险基金收益增加或减少可以缓解或加剧入不敷出的资金压力。"财政积累水平"可以用资本性支出占财政总支出的比重来测度。"养老保险基金收益"可以用基本养老保险基金的年投资收益率来测度。

表 11　财政稳定方面的前瞻性指数指标结构

指标名称	指标定义
财政积累水平	（一般公共预算支出＋政府性基金支出＋国有资本运营支出）中资本性支出的占比 其中，资本性支出＝形成政府固定资产的支出＋形成国家和社会长期资产财富的支出
养老保险基金收益率	基本养老保险基金的年投资收益率

3. 财政治理方面

从财政治理角度，本报告认为可以设置转移支付资金及时性、资金使用合规性、税收成本指数、国库现金余额错配度这几个前瞻性指数指标（见表12），用于反映财政治理的效能。"转移支付资金及时性"用中央或省给予县市的转移支付资金到位的时间表示，反映政府预算管理的有效性。"资金使用合规性"用审计查出的违规金额/地方财政支出、完成审计项目数表示。对于"税收成本指数"，《全球营商环境报告》对全球主要国家的税收成本指数进行了计算，可以纳入。但限于数据可获得原因，暂不能对我国地方政府的税收成本指数进行计算。"国库现金余额错配度"反映国库资金的闲置状态。根据 Miller–Orr 模型利用财政支出、债券回购利率等数据计算得到国库现金余额的最优值区间。当国库余额大于区间上限值时，表明国库现金出现闲置；当国库余额小于区间下限值时，表明国库现金出现短缺。

表 12　财政治理方面的前瞻性指数指标结构

指标名称	指标定义
转移支付资金及时性	中央或省给予县市的转移支付资金到位的时间，反映政府预算管理的有效性
资金使用合规性	审计查出的违规金额/地方财政支出、完成审计项目数
税收成本指数	参照《全球营商环境报告》进行税收成本指数的构建和计算
国库现金余额错配度	国库现金余额与最优国库现金余额区间的距离，最优国库现金余额区间利用 Miller–Orr 模型计算

五 中国财政发展指数指标体系总结

首先，本报告在指标体系构建理念上体现为综合性集成。在继承吸纳已有财政理论的基础上，根据财政活动的运行规律，把人类的财政行为归纳抽象为财政运营、财政稳定、财政均等、财政治理、财政潜力五个方面，并按照目标与手段的对应关系从这五个方面设计财政发展指数指标体系。

其次，本指标体系是在充分分析国内机构前期研究成果的基础上，发现和吸纳前人指标体系的优势，弥补它们的不足，通过综合集成、改进创新而建立起来的，体现了继承性和创造性。例如，中国人民大学报告中的"社会保障可持续指数"下设指标仅采用城镇职工的社会保障数据，并不能全面涵盖城乡所有居民的社会保障情况。而本指标体系在财政均等指数下设的"社会保障指数"，全面考虑了城镇居民及农村居民在养老、医疗方面的社会保障情况。报告中"省内财政均衡指数"下的省内各市财政收入差距和支出差距指标在我们的指标体系中也均有体现，而不同之处在于，本指标体系更精确，以县级行政单位为对象采用标准差测度省份内各县级行政单位之间的差距。再如中国社科院报告以问卷调查满意度的形式衡量"绩效改善度"，而我们的指标体系利用DEA方法，以教育、卫生医疗、文化、邮电通信、绿化、环保、城市交通和服务等作为产出，以一般公共预算支出作为投入，合成一个综合的"财政支出绩效指数"作为财政治理指数的下级指标。

再次，在指标体系框架的设计上具有创新性。一方面，体现为通过设置综合性指数指标、独立性指数指标和前瞻性指数指标三大类指标，既能反映财政发展的普遍特征及水平，又能突出财政焦点和反映当前热点问题，还能引起社会各界对有重要意义但暂无数据衡量的这一类指标的重视。另一方面，体现为本报告所独有的指标及计算比较方法。比如：财政恩格尔系数，财政韧性，教育均等指数的计算方法，以全国平均水平衡量比较各地区的财政发展水平等。

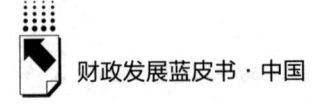

最后，由于时间限制和工程的复杂性、艰巨性，本报告指标体系的设计仍有一些未尽如人意之处。一些前瞻性很强的指标因为数据可获得性没有被纳入；一些重要指标（如养老金支出变动指标、社会保障基金运营指标）由于国内省际差异需要单独研究也没有被纳入；还有一些指标因为数据的不连续也只能被放弃。总之，作为一次探索性的研究尝试，需要改进的工作还有很多，希望在今后研究中能不断完善优化。

参考文献

陈共：《财政、银行的分工与综合平衡》，《财贸经济》1982年第7期。
陈共：《关于财政平衡的若干问题》，《经济理论与经济管理》1981年第5期。
陈共：《社会主义财政的本质和范围问题》，《经济研究》1965年第8期。
陈共：《〈资本论〉和社会主义财政理论建设》，《财政研究》1983年第2期。
陈龙：《国家治理"3+1"架构下的财政能力集——基于公共风险视角的分析》，《财政研究》2020年第11期。
陈龙等：《中国财政学会第22次全国财政理论研讨会会议综述》，《财政研究》2019年第12期。
程瑜：《公共风险的财政行为分析——一个行为主义视角的分析框架》，《财政研究》2020年第11期。
褚福灵：《中国社会保障发展指数报告2016—2018》，天津人民出版社，2019。
邓力平、曾聪：《浅议"大国财政"构建》，《财政研究》2014年第6期。
邓子基：《略论财政本质》，《厦门大学学报》（社会科学版）1962年第3期。
福建省财政厅课题组：《福建财政竞争力分析及其提升战略》，《福建论坛》（经济社会版）2002年第10期。
高培勇：《论国家治理现代化框架下的财政基础理论建设》，《中国社会科学》2014年第12期。
高培勇、张斌、王宁主编《中国公共财政建设报告2011（全国版）》，社会科学文献出版社，2012。
高培勇、张斌、王宁主编《中国公共财政建设报告2012（全国版）》，社会科学文献出版社，2012。
高培勇、张斌、王宁主编《中国公共财政建设报告2013（全国版）》，社会科学文献出版社，2013。

高培勇、张斌、王宁主编《中国公共财政建设报告 2014（全国版）》，社会科学文献出版社，2014。

高培勇：《中国公共财政建设指标体系：定位、思路及框架构建》，《经济理论与经济管理》2007 年第 8 期。

郭庆旺、贾俊雪：《中国周期性赤字和结构性赤字的估算》，《财贸经济》2004 年第 6 期。

郭庆旺：《论加快建立现代财政制度》，《经济研究》2017 年第 12 期。

郭夏敏：《基于财政竞争力分析的福建省经济发展策略研究》，《石家庄铁道大学学报》（社会科学版）2016 年第 2 期。

韩英杰：《加强财政信贷的统一平衡制止通货膨胀》，《财政研究》1981 年第 2 期。

何振一：《财政改革基本思路的若干思考》，《财贸经济》1987 年第 8 期。

黄达：《物价方针与财政信贷综合平衡》，《价格理论与实践》1984 年第 2 期。

黄达：《综合平衡与货币流通》，《经济理论与经济管理》1981 年第 5 期。

金时平：《财政金融协调配合、规范地方债务管理》，《清华金融评论》2019 年第 7 期。

雷艳红、王宝恒：《财政竞争力：政治学视角的规范分析》，《中国行政管理》2014 年第 5 期。

李光辉、文桂江：《新疆财政竞争力研究》，《重庆工商大学学报·西部论坛》2006 年第 3 期。

李俊生：《盎格鲁—撒克逊学派财政理论的破产与科学财政理论的重建——反思当代"主流"财政理论》，《经济学动态》2014 年第 4 期。

李俊生：《新市场财政学：旨在增强财政学解释力的新范式》，《中央财经大学学报》2017 年第 5 期。

李俊生、姚东旻：《财政学需要什么样的理论基础？——兼评市场失灵理论的"失灵"》，《经济研究》2018 年第 9 期。

李俊生、姚东旻：《互联网搜索服务的性质与其市场供给方式初探——基于新市场财政学的分析》，《管理世界》2016 年第 8 期。

李俊生、姚东旻：《重构政府与市场的关系——新市场财政学的"国家观""政府观"及其理论渊源》，《财政研究》2018 年第 1 期。

李闽榕：《全国省域经济综合竞争力评价研究》，《管理世界》2006 年第 5 期。

李锐、文娟秀：《我国沿海五省财政竞争力比较》，《经济研究导刊》2014 年第 14 期。

廖桂容：《中国省域财政竞争力研究》，博士学位论文，福建师范大学，2015。

林光彬：《财局与政局：中国的政治经济关系》，人民出版社，2018。

林光彬：《我国是财政学理论的创始国》，《人文杂志》2016 年第 2 期。

林光彬：《中国财政改革的政治经济学逻辑》，《中央财经大学学报》2016 年第

2期。

林双林：《减税降费关键是普惠式降低企业所得税》，聚焦"中国特色财政政策体系建设——财政政策如何更加积极有为？"CMF中国宏观经济专题报告会，2021年7月14日。

刘家庆、焦岩、何眉：《甘肃县域财政竞争力研究》，《财会研究》2017年第12期。

刘昆：《增强财政金融协调　共同推进结构性改革》，《财政研究》2016年第2期。

刘尚希：《财政的可持续性取决于风险权衡与对冲》，聚焦"中国特色财政政策体系建设——财政政策如何更加积极有为？"CMF中国宏观经济专题报告会，2021年7月14日。

刘尚希、李成威：《基于公共风险重新定义公共产品》，《财政研究》2018年第8期。

刘晓路、郭庆旺：《国家视角下的新中国财政基础理论变迁》，《财政研究》2017年第4期。

吕炜、靳继东：《国家治理现代化框架下中国财政改革实践和理论建设的再认识》，《财贸经济》2019年第2期。

马海涛、陈宇：《全球治理背景下的大国财政研究》，《经济研究参考》2019年第24期。

裴育：《地方政府债务风险预警模型与相关检验——基于冠新区政府债务风险的分析》，中国财政学会2010年年会暨第十八次全国财政理论讨论会，北京，2010。

王雍君：《"社会共同需要论"：两个视点的解读》，《中央财经大学学报》2012年第1期。

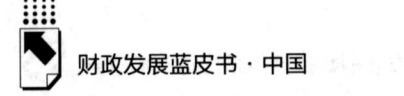

王雍君：《以公共预算改革推进国家治理体系现代化》，《国家治理》2020年第40期。

王志刚：《财政数字化转型与政府公共服务能力建设》，《财政研究》2020年第10期。

王志刚、赵斌：《数字财政助推国家治理现代化》，《北京大学学报》（哲学社会科学版）2020年第3期。

武靖州：《防范化解重大风险前提的积极财政政策转型》，《改革》2017年第11期。

许廷星：《关于财政学的对象问题》，《财经科学》1957年第2期。

许毅、陈宝森主编《财政学》，中国财政经济出版社，1984。

闫慧楚：《我国财政政策与货币政策协调中的问题与对策研究》，《山西财政税务专科学校学报》2015年第6期。

闫坤主编《中国财政可持续发展报告2020》，中国时代经济出版社，2020。

闫衍、王新策、袁海霞：《中国地方政府债务风险指数研究》，《财政科学》2018年第9期。

杨志勇：《财政可持续性与经济高质量发展共生共存》，聚焦"中国特色财政政策体系建设——财政政策如何更加积极有为？"CMF 中国宏观经济专题报告会，2021 年 7 月 14 日。

杨志勇、樊慧霞：《新财政治理理论：大国财政与全球经济新秩序》，《地方财政研究》2016 年第 1 期。

袁海霞：《财政可持续性的核心是债务问题》，聚焦"中国特色财政政策体系建设——财政政策如何更加积极有为？"CMF 中国宏观经济专题报告会，2021 年 7 月 14 日。

张静：《金融制度与财政制度协调机制研究——基于资源型经济转型的分析》，博士学位论文，山西财经大学，2015。

张静、任彤：《金融制度与财政制度协调的机制研究》，《中国市场》2014 年第 11 期。

赵全厚：《地方政府债务风险防范中的财政金融协调》，《财会月刊》2018 年第 24 期。

《中国各地区财政发展指数 2018 年报告》，中国人民大学财税研究所、中国人民大学重阳金融研究院、中国人民大学财政金融学院，2018。

周黎安：《晋升博弈中政府官员的激励与合作——兼论我国地方保护主义和重复建设问题长期存在的原因》，《经济研究》2004 年第 6 期。

Augustine, T., Maasry, A., Sobo, D., Wang, D., "Sovereign Fiscal Responsibility Index 2011", Stanford University International Policy Studies, 2020(2).

Baldacci, E., Mchugh, J., Petrova, I. K., "Measuring Fiscal Vulnerability and Fiscal Stress: A Proposed Set of Indicators", Imf Working Papers, 2011.

Bruns, M., Poghosyan, T., "Leading Indicators of Fiscal Distress: Evidence from the Extreme Bound Analysis", Imf Working Papers, 2018, 16(28).

Bunn, D., Asen, E., "International Tax Competitiveness Index 2019", Washington D. C.: Tax Foundation, 2019.

Bunn, D., Pomerleau, K., Hodge, S. A., "International Tax Competitiveness Index 2018", Washington D. C.: Tax Foundation, 2018.

Crosby, Andrew, Robbins, D., "Mission Impossible: Monitoring Municipal Fiscal Sustainability and Stress in Michigan", Journal of Public Budgeting, Accounting and Financial Management, 2013(25).

Dholakia, Archana, "Measuring Fiscal Performance of States: An Alternative Approach", Economic and Political Weekly, 2005(40).

Doran, J., Fingleton, B., "Employment Resilience in Europe and the 2008 Economic Crisis: Insights from Micro-Level Data", Regional Studies, 2016(50).

Huidrom, R., Kose, A., Ohnsorge, F. L., "Challenges of Fiscal Policy in Emerging and Developing Economies", Policy Research Working Paper, 2016.

Ikeda, J., "How Should One Evaluate Fiscal Conditions – A Study Based on the

Comparison between Japan and Australia", Macroeconomics Working Papers, 2007.

International Monetary Fund, "Fiscal Monitor: How to Mitigate Climate Change", 2019.

Martin, R., "Regional Economic Resilience, Hysteresis and Recessionary Shocks", *Journal of Economic Geography*, 2012, 12(1).

Medina, L., "Assessing Fiscal Risks in Bangladesh", Imf Working Papers, 2015, 15(110).

Nambiar, A., "Fiscal Performance of States: An Alternative Approach to Measurement", *Journal of Public Finance*, 2010.

Norcross, E., Gonzalez, O., "Ranking the States by Fiscal Condition", *Ssrn Electronic Journal*, 2018.

OECD, "Government at a Glance 2019", 2019.

Pomerleau, K., Hodge, S., Walczak, J., "International Tax Competitiveness Index 2017", Washington D. C.: Tax Foundation, 2017.

Ramkishen, S. R., Giap, T. K., Yam, T. K., "Fiscal Sustainability and Competitiveness in Europe & Asia", New York: Palgrave Macmillan, 2014.

Stéphanie Pamies, "Fiscal Sustainability Report 2018", Luxembourg: Publications Office of the European Union, 2019.

World Bank, "Public Financial Management Performance Measurement Framework", 2005.

B.3
财政发展综合性指数的省域比较*

孙传辉 林光彬**

摘　要： 本报告在已构建的中国财政发展指数指标体系综合性指数指标的基础上，利用从各类统计年鉴、政府网站等获得的公开数据，通过指标测算、赋权加总、统计分析等方法，对全国31个省份2016～2020年的财政发展情况，从财政运营、财政稳定、财政均等、财政治理和财政潜力五个方面，结合历史趋势和结构分析两个维度进行定量评价与比较分析。以全国财政发展指数均值为基准，反映各区域、各省份的财政发展状况。我们发现，2016～2020年，31个省份的财政发展指数总体上呈现波动下降的趋势，这表明我国省域财政发展状况有恶化的趋势。东部地区的财政发展状况要好于中部和西部地区。就财政发展结构而言，31个省份的财政均等指数和财政治理指数整体上呈现上升趋势，这表明省域财政在均等化和治理上表现向好；财政稳定指数和财政潜力指数整体上呈现下降趋势，这在一定程度上反映了省域财政风险扩大和财政后劲不足的问题。其间，31个省份间在财政运营和财政均等方面的表现的差异性相对较小，在财政稳定和财政治理方面的表现的差异性相对较大，在财政潜力方面的表现的差异性在不断扩大。就具体省份排名而言，北

---

* 本报告数据来源于历年《中国统计年鉴》、各省份统计年鉴、《中国财政年鉴》、《中国教育统计年鉴》、《中国卫生健康统计年鉴》、《中国社会统计年鉴》、《中国人力资源和社会保障年鉴》、《中国国土资源统计年鉴》，以及中华人民共和国财政部网站（http：//www.mof.gov.cn/index.htm）、各省份财政厅网站、中经网统计数据库（https：//db.cei.cn/）、Wind宏观统计数据库（https：//www.wind.com.cn/NewSite/edb.html）。受可得性限制，研究数据截至2020年。

** 孙传辉，经济学博士，中央财经大学财经研究院助理研究员、北京财经研究基地研究员，研究方向为经济增长、财政政策和货币政策、房地产市场经济；林光彬，经济学博士，中央财经大学教授、博士生导师，中国政治经济学研究中心主任，国家社科基金重大项目首席专家，研究方向为政治经济学、财政学理论、国家理论与市场理论、中国经济。

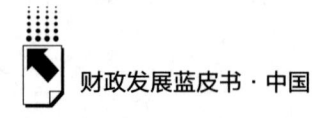

京、上海、广东、浙江、福建和山东等经济发达的省份的财政发展指数排名靠前，且排名相对稳定。

关键词： 财政运营　财政稳定　财政均等　财政治理　财政潜力

中国财政发展指数指标体系综合性指数指标分为三个层次（见图1）。第一层次为5个一级指标，包括财政运营指数、财政稳定指数、财政均等指

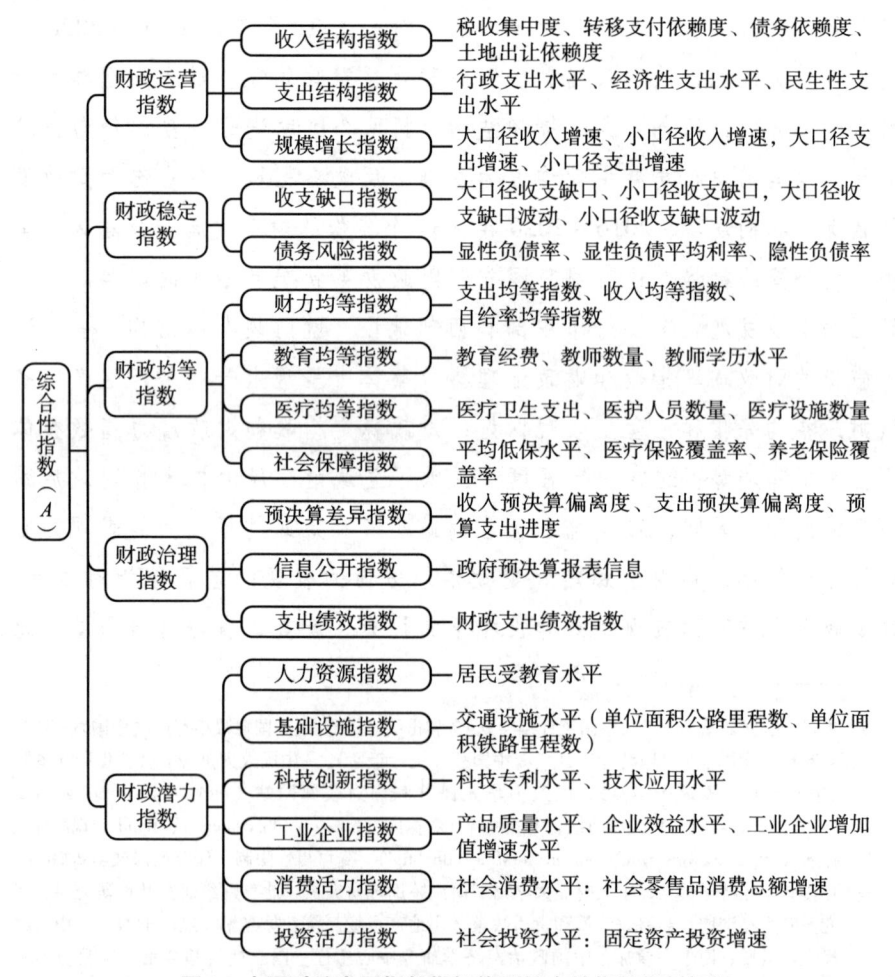

综合性指数（A）	一级指标	二级指标	三级指标
综合性指数（A）	财政运营指数	收入结构指数	税收集中度、转移支付依赖度、债务依赖度、土地出让依赖度
		支出结构指数	行政支出水平、经济性支出水平、民生性支出水平
		规模增长指数	大口径收入增速、小口径收入增速，大口径支出增速、小口径支出增速
	财政稳定指数	收支缺口指数	大口径收支缺口、小口径收支缺口，大口径收支缺口波动、小口径收支缺口波动
		债务风险指数	显性负债率、显性负债平均利率、隐性负债率
	财政均等指数	财力均等指数	支出均等指数、收入均等指数、自给率均等指数
		教育均等指数	教育经费、教师数量、教师学历水平
		医疗均等指数	医疗卫生支出、医护人员数量、医疗设施数量
		社会保障指数	平均低保水平、医疗保险覆盖率、养老保险覆盖率
	财政治理指数	预决算差异指数	收入预决算偏离度、支出预决算偏离度、预算支出进度
		信息公开指数	政府预决算报表信息
		支出绩效指数	财政支出绩效指数
	财政潜力指数	人力资源指数	居民受教育水平
		基础设施指数	交通设施水平（单位面积公路里程数、单位面积铁路里程数）
		科技创新指数	科技专利水平、技术应用水平
		工业企业指数	产品质量水平、企业效益水平、工业企业增加值增长水平
		消费活力指数	社会消费水平：社会零售品消费总额增速
		投资活力指数	社会投资水平：固定资产投资增速

图1　中国财政发展指数指标体系综合性指数指标框架

数、财政治理指数和财政潜力指数。第二层次为各一级指标下的二级指标，其中财政运营指数包括收入结构指数、支出结构指数和规模增长指数，财政稳定指数包括收支缺口指数和债务风险指数，财政均等指数包括财力均等指数、教育均等指数、医疗均等指数和社会保障指数，财政治理指数包括预决算差异指数、信息公开指数和支出绩效指数，财政潜力指数包括人力资源指数、基础设施指数、科技创新指数、工业企业指数、消费活力指数和投资活力指数。第三层次为各二级指标下的底层指标。

一 财政发展总指数[①]省域比较

（一）财政发展总指数的变化趋势比较分析

总体而言，2016～2020年我国31个省份的平均财政发展指数整体呈现下降态势（见图2），2016～2017年从52.21下降到45.77，2018年小幅上升到48.46，随后连续两年下降至43.52。根据我国在1986年对东、中、西部的划分[②]，可以看到，2016～2020年，东、中、西部地区的财政发展指数变化态势和全国基本一致，东、中、西部地区财政发展指数分别从2016年的58.59、49.64和48.07下降到2017年的51.52、44.06和41.64，都在2018年经历小幅上升后，经过连续两年下降，分别降至51.28、41.54和37.73。就区域而言，东部地区的财政发展指数远高于中部和西部地区，中部和西部地区间的差距较小，但2020年西部地区相较于中部地区出现较大降幅。

具体到省份，2016～2020年，大多数省份的财政发展指数排名变动不大（见表1），其中，北京、上海、广东、浙江、江苏和山东的财政发展指数排名靠前，且排名很稳定；天津、吉林等少数省份的排名出现较大程度的下滑；辽宁、山西、江西等部分省份的排名则出现较大程度的提升。

[①] 财政发展总指数，即综合性指数（A），亦可简称为财政发展指数。
[②] 东部地区包括北京、天津、河北、辽宁、上海、江苏、浙江、福建、山东、广东和海南；中部地区包括山西、吉林、黑龙江、安徽、江西、河南、湖北、湖南；西部地区包括四川、重庆、贵州、云南、西藏、陕西、甘肃、青海、宁夏、新疆、广西、内蒙古。

财政发展蓝皮书·中国

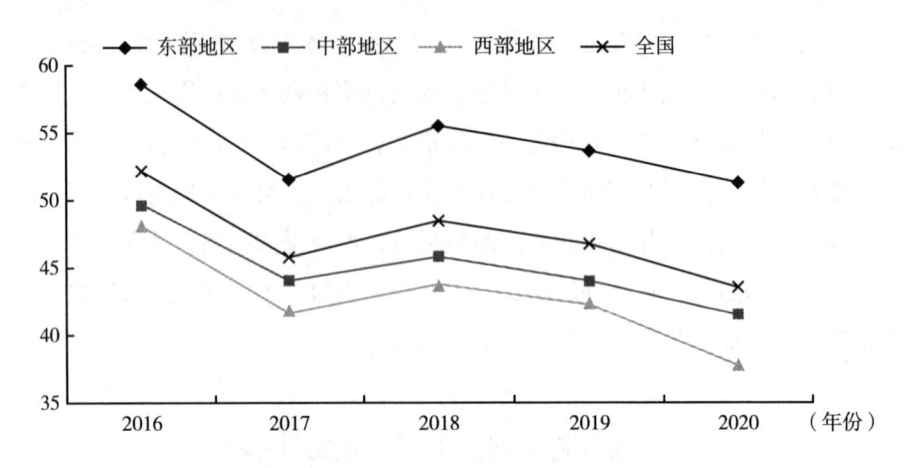

图2　2016～2020年东、中、西部地区及全国财政发展指数

表1　2016～2020年全国31个省份财政发展指数值和排名

省份	2016年 指数值	排名	2017年 指数值	排名	2018年 指数值	排名	2019年 指数值	排名	2020年 指数值	排名
北京	74.96	1	69.75	1	72.65	1	72.86	1	64.26	2
天津	58.54	3	39.00	27	47.09	19	38.87	25	37.68	23
河北	52.68	15	46.50	12	47.16	16	46.60	13	42.77	18
山西	46.58	24	39.43	26	44.08	23	46.27	15	46.29	13
内蒙古	46.81	23	33.49	30	39.69	28	42.16	23	36.34	24
辽宁	47.43	22	45.12	17	52.75	7	50.96	7	48.70	11
吉林	52.96	13	43.35	20	42.15	26	36.63	30	32.36	27
黑龙江	45.50	27	43.22	21	43.42	25	38.02	26	32.26	28
上海	72.49	2	63.98	2	67.86	2	64.12	2	65.35	1
江苏	56.50	7	50.13	6	54.27	6	53.85	5	54.45	3
浙江	58.21	4	53.35	3	55.87	4	54.59	4	49.82	7
安徽	51.53	17	45.85	15	50.50	14	50.28	10	52.64	5
福建	53.39	11	47.44	10	51.23	8	50.52	9	49.39	9
江西	45.34	28	42.56	22	39.95	27	37.27	29	45.36	15
山东	57.42	5	50.06	7	54.40	5	51.63	6	51.93	6
河南	52.96	14	46.76	11	50.89	9	50.80	8	49.07	10
湖北	50.64	18	48.71	8	50.82	10	49.01	12	33.46	26
湖南	51.60	16	42.56	23	44.69	22	43.79	20	40.89	21
广东	56.06	8	52.74	4	56.56	3	56.10	3	52.72	4
广西	45.24	29	41.81	24	35.33	30	33.49	31	34.17	25
海南	56.77	6	48.68	9	50.57	13	49.88	11	47.01	12
重庆	53.89	10	52.69	5	50.61	12	45.94	17	49.47	8
四川	53.36	12	44.77	18	47.15	17	45.71	19	45.37	14

044

续表

省份	2016年 指数值	排名	2017年 指数值	排名	2018年 指数值	排名	2019年 指数值	排名	2020年 指数值	排名
贵 州	47.78	21	43.62	19	46.26	20	42.18	22	43.43	17
云 南	49.49	19	45.98	13	47.14	18	45.96	16	44.84	16
西 藏	45.61	26	33.05	31	32.20	31	37.56	28	22.20	31
陕 西	48.99	20	45.46	16	48.87	15	46.41	14	41.49	20
甘 肃	46.31	25	41.27	25	45.54	21	43.63	21	38.94	22
青 海	42.90	30	37.29	28	44.06	24	40.47	24	30.81	29
宁 夏	54.40	9	45.95	14	50.65	11	45.72	18	41.75	19
新 疆	42.09	31	34.35	29	37.71	29	37.72	27	23.92	30

从 2016~2020 年 31 个省份的财政发展指数值和排名大致可以发现，发达省份的排名靠前。事实上，以 2016~2020 年 31 个省份的财政发展指数值和人均 GDP 进行回归可以得到：

$$财政发展指数 = \underset{(t值\,=\,26.65)}{35.17} + \underset{(t值\,=\,10.13)}{1.89} \times 人均 GDP$$

从统计结果来看，人均 GDP 与财政发展指数存在正相关关系（见图3）。

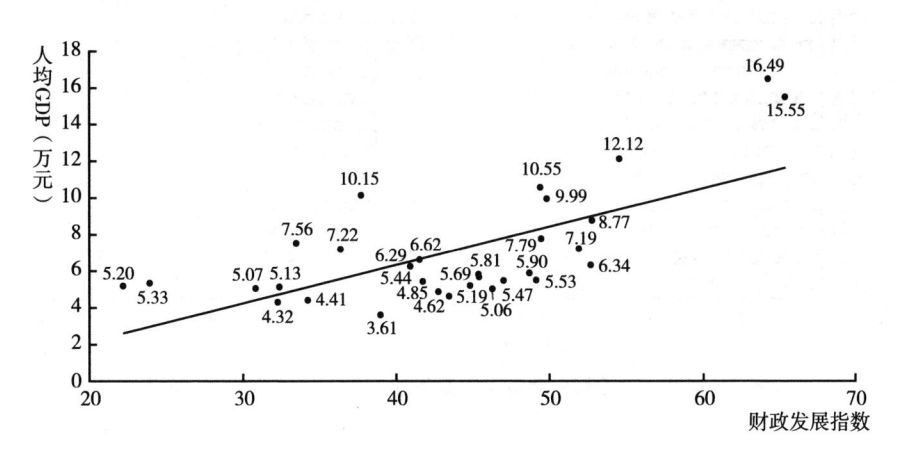

图3 2020 年人均 GDP 和财政发展指数的关系

从 2020 年 31 个省份的财政发展指数排名和人均 GDP 排名可以看到，尽管财政发展指数和人均 GDP 存在较强的正相关关系，但财政发展指数排名和人均 GDP 排名并不完全相同。比如，天津、内蒙古等人均 GDP 排名靠前的省份的财政发展指数排名靠后，辽宁、海南等人均GDP排名靠后的省份的财政发展指数排名靠前。同时，财政发展指数高于全国均值的省份有16个，人均GDP高于全国均值的省份只有11个（见图4）。

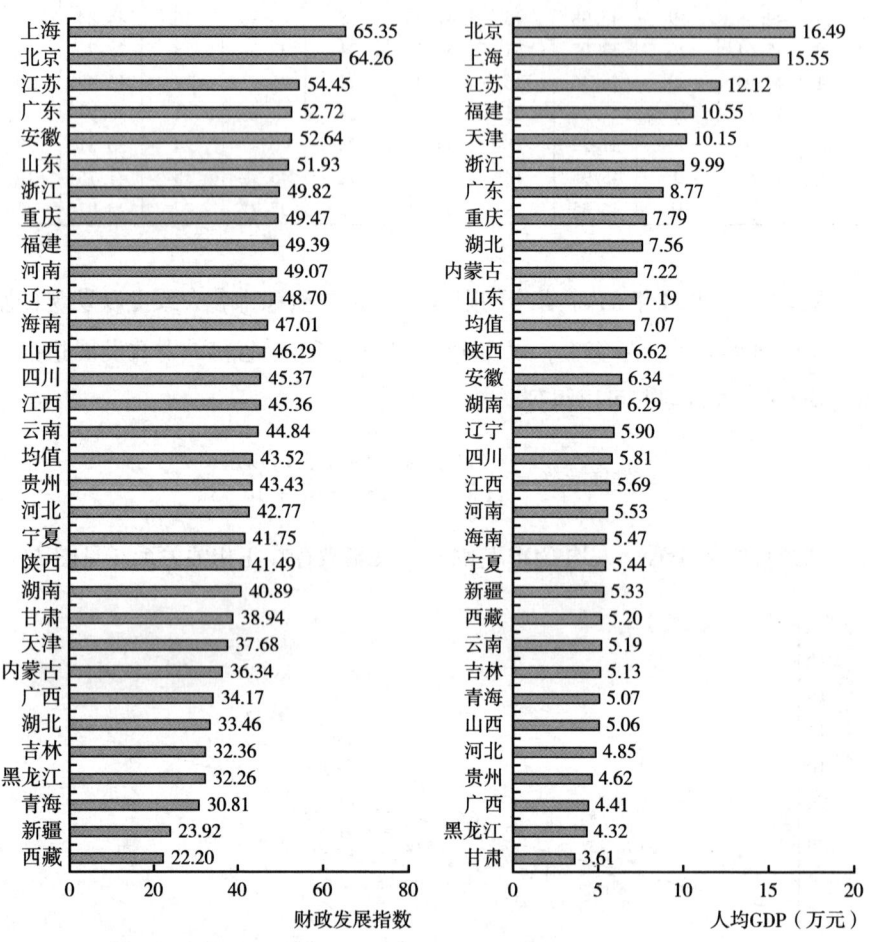

省份	财政发展指数	省份	人均GDP（万元）
上海	65.35	北京	16.49
北京	64.26	上海	15.55
江苏	54.45	江苏	12.12
广东	52.72	福建	10.55
安徽	52.64	天津	10.15
山东	51.93	浙江	9.99
浙江	49.82	广东	8.77
重庆	49.47	重庆	7.79
福建	49.39	湖北	7.56
河南	49.07	内蒙古	7.22
辽宁	48.70	山东	7.19
海南	47.01	均值	7.07
山西	46.29	陕西	6.62
四川	45.37	安徽	6.34
江西	45.36	湖南	6.29
云南	44.84	辽宁	5.90
均值	43.52	四川	5.81
贵州	43.43	江西	5.69
河北	42.77	河南	5.53
宁夏	41.75	海南	5.47
陕西	41.49	宁夏	5.44
湖南	40.89	新疆	5.33
甘肃	38.94	西藏	5.20
天津	37.68	云南	5.19
内蒙古	36.34	吉林	5.13
广西	34.17	青海	5.07
湖北	33.46	山西	5.06
吉林	32.36	河北	4.85
黑龙江	32.26	贵州	4.62
青海	30.81	广西	4.41
新疆	23.92	黑龙江	4.32
西藏	22.20	甘肃	3.61

图4 2020年全国31个省份财政发展指数、人均GDP与均值

（二）31个省份财政发展总指数结构比较分析

通过统计2016~2020年各个一级指标的变异系数①可以发现，财政稳

---

① 变异系数，即指标的标准差与均值的比值。

定指数和财政治理指数的变异系数整体较大,财政运营指数的变异系数整体较小,财政潜力指数的变异系数逐年增大,2020年尤为突出(见表2)。这表明31个省份在财政运营方面的差异性较小,差异主要体现在财政稳定、财政治理和财政潜力方面。就水平而言,对于2016~2020年31个省份一级指标均值,财政运营指数最高,财政潜力指数最低,财政治理指数、财政均等指数和财政稳定指数分列第2~4位(见表3)。一级指标的水平和差异性共同决定了一级指标排名和财政发展总指数排名的相关性。2016~2020年,财政稳定指数排名和财政发展总指数排名的相关系数最高,财政均等指数排名和财政发展总指数排名的相关系数最低,财政潜力指数、财政治理指数和财政运营指数分列第2~4位(见表4),这和一级指标变异系数的排名存在差异。从31个省份一级指标均值看,2020年,财政运营指数、财政稳定指数和财政潜力指数都出现明显的下降,财政均等指数继续保持上升态势。

表2 2016~2020年全国31个省份一级指标变异系数

指数	2016年	2017年	2018年	2019年	2020年	2016~2020年
财政运营指数	0.138	0.126	0.112	0.114	0.151	0.128
财政稳定指数	0.134	0.368	0.348	0.331	0.404	0.317
财政均等指数	0.292	0.222	0.216	0.219	0.194	0.229
财政治理指数	0.225	0.299	0.294	0.442	0.301	0.312
财政潜力指数	0.240	0.248	0.293	0.330	0.934	0.409

表3 2016~2020年全国31个省份一级指标均值

指数	2016年	2017年	2018年	2019年	2020年	2016~2020年
财政运营指数	56.83	58.53	60.30	56.01	46.57	55.65
财政稳定指数	71.48	30.56	32.27	40.82	34.95	42.02
财政均等指数	40.35	46.97	51.21	54.25	59.06	50.37
财政治理指数	47.87	48.97	57.07	42.77	58.47	51.03
财政潜力指数	44.51	43.83	41.43	39.87	18.54	37.64

表4　2016~2020年全国31个省份一级指标排名和财政发展总指数排名相关系数

指数	2016年	2017年	2018年	2019年	2020年	2016~2020年
财政运营指数	0.58	0.43	0.33	0.29	0.44	0.41
财政稳定指数	0.61	0.73	0.84	0.86	0.87	0.78
财政均等指数	0.64	0.26	0.37	0.28	-0.01	0.31
财政治理指数	0.61	0.71	0.75	0.60	0.83	0.70
财政潜力指数	0.69	0.76	0.68	0.64	0.84	0.72

具体到某一年份，一级指标排名和财政发展指数排名的相关性有所变动。以2020年的财政发展指数为例，财政稳定指数排名与财政发展指数排名的相关系数最高，财政潜力指数次之。财政稳定指数排名靠前的省份如广东和财政潜力指数排名靠前的省份如北京、上海、浙江、江苏、福建、山东等的财政发展指数排名都靠前（见表5）。

表5　2020年全国31个省份一级指标指数值和排名

省份	财政运营指数 指数值	排名	财政稳定指数 指数值	排名	财政均等指数 指数值	排名	财政治理指数 指数值	排名	财政潜力指数 指数值	排名	财政发展指数 指数值	排名
北京	42.8	26	55.71	2	100.55	1	71.56	9	50.70	2	64.26	2
天津	35.4	29	15.99	27	64.92	5	52.29	21	19.85	14	37.68	23
河北	48.0	14	37.87	15	48.38	29	60.98	16	18.67	15	42.77	18
山西	60.8	1	31.17	20	59.07	15	64.51	13	15.86	18	46.29	13
内蒙古	46.1	19	25.53	25	57.72	17	47.04	24	5.35	25	36.34	24
辽宁	51.4	7	42.42	10	59.85	13	77.77	4	12.04	21	48.70	11
吉林	46.3	18	10.56	28	63.24	7	40.98	27	0.69	27	32.36	27
黑龙江	43.7	24	6.43	31	60.98	11	53.11	19	-2.98	28	32.26	28
上海	57.9	2	57.58	1	78.83	2	74.35	6	58.11	1	66.35	1
江苏	55.1	4	46.18	7	60.02	12	73.95	7	37.06	3	54.45	3
浙江	42.1	27	44.85	8	56.54	19	72.99	8	32.68	8	49.82	7
安徽	48.7	11	46.81	6	61.39	10	69.87	10	36.40	4	52.64	5
福建	49.8	10	54.58	4	50.59	28	64.06	14	27.91	10	49.39	9
江西	50.4	8	35.90	18	55.89	21	48.44	23	36.21	5	45.36	15
山东	47.0	17	40.46	12	58.89	16	80.62	2	32.65	9	51.93	6
河南	44.5	21	52.73	5	52.97	26	76.68	5	18.40	16	49.07	10
湖北	34.4	30	37.48	17	62.61	8	49.92	22	-17.13	31	33.46	26
湖南	37.8	28	41.93	11	57.53	18	44.25	26	22.89	13	40.89	21

续表

省份	财政运营指数 指数值	排名	财政稳定指数 指数值	排名	财政均等指数 指数值	排名	财政治理指数 指数值	排名	财政潜力指数 指数值	排名	财政发展指数 指数值	排名
广 东	48.0	13	54.80	3	46.13	30	90.28	1	24.40	12	52.72	4
广 西	47.9	15	29.78	21	51.55	27	34.22	30	7.43	23	34.17	25
海 南	53.1	5	32.45	19	55.27	23	69.73	11	24.56	11	47.01	12
重 庆	47.7	16	43.23	9	63.76	6	57.42	17	35.22	6	49.47	8
四 川	54.5	4	38.09	14	54.81	25	61.93	15	17.51	17	45.37	14
贵 州	43.9	22	22.35	26	61.77	9	55.78	18	33.31	7	43.43	17
云 南	51.9	6	37.75	16	55.30	22	67.26	12	11.95	22	44.84	16
西 藏	24.0	31	10.13	29	67.39	4	3.32	31	6.14	24	22.20	31
陕 西	49.8	9	38.84	13	59.35	14	44.33	25	15.09	19	41.49	20
甘 肃	43.9	23	28.22	23	56.33	20	53.02	20	13.28	20	38.94	22
青 海	48.0	12	9.14	30	69.01	3	38.04	28	-10.15	29	30.81	29
宁 夏	43.3	25	28.83	22	55.23	24	78.38	3	2.99	26	41.75	19
新 疆	45.5	20	25.74	24	24.98	31	35.60	29	-12.26	30	23.92	30

就地区而言，2020年，东部地区的5个一级指标均值均高于中部、西部地区，其中，财政潜力指数、财政治理指数和财政稳定指数的优势较为显著。尽管中部地区与西部地区的5个一级指标均值的差异较小，但西部地区的5个一级指标均值均落后于中部地区（见图5）。

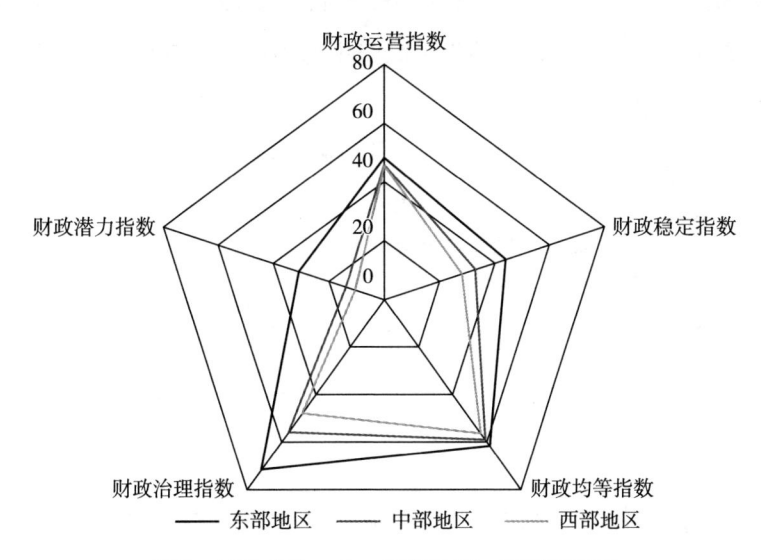

图5 2020年东、中、西部地区一级指标均值

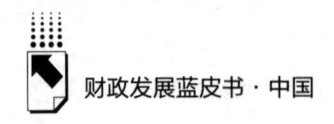

二 财政运营指数的省域比较

（一）财政运营指数总体分析

财政收入和财政支出是维持财政运营、实现国家意志和财政职能的两大手段。财政收入来源和财政支出分类直接关系到财政的资源配置功能，财政收支规模增长反映经济增长需要。同时，参照已有文献反映财政收支方面的指标的普遍构建方法，本报告的财政运营指数从收入结构、支出结构和规模增长三个维度构建，下设3个二级指标和11个底层指标，以反映我国31个省份财政收支的基本状况。

1. 2016~2020年31个省份财政运营指数的变化趋势比较分析

从整体上看，2016~2020年，全国31个省份的平均财政运营指数呈现先增加后减少的变化趋势（见图6），于2018年达到最大值（60.30），在2019~2020年出现较大幅度下降，跌至46.57。就东、中、西部地区而言，东、中、西部地区的财政运营指数从2019年开始都出现较大幅度的下降，分别从2018年的63.38、59.43和58.06降至2020年的48.21、45.85和45.55。总体而言，东部地区的水平高于中部地区和西部地区，中部地区和西部地区间的差距不大。

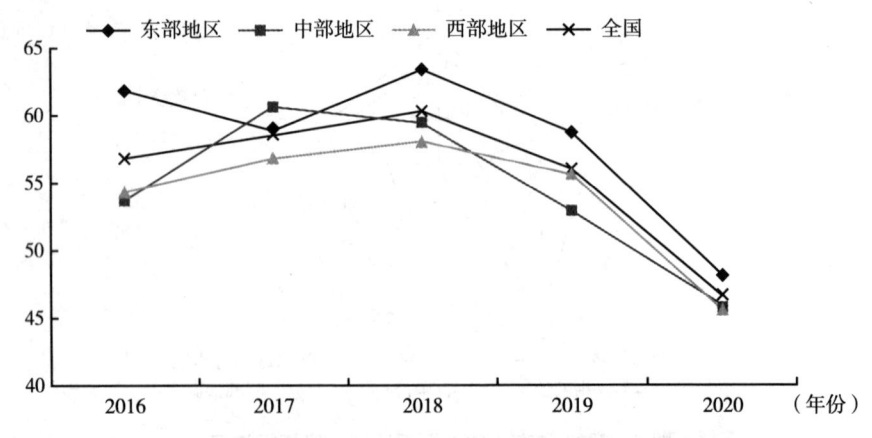

图6 2016~2020年东、中、西部地区及全国财政运营指数

具体到每个省份，2016～2020年，31个省份的财政运营指数具有比较大的差异。北京、天津、浙江的排名降幅较大；山西、江苏、四川的排名则有比较大的提升，贵州、内蒙古的排名波动较大（见表6）。

表6 2016～2020年全国31个省份财政运营指数值和排名

省份	2016年 指数值	排名	2017年 指数值	排名	2018年 指数值	排名	2019年 指数值	排名	2020年 指数值	排名
北京	69.64	2	65.27	6	65.22	8	57.07	11	42.76	26
天津	64.31	3	40.95	31	47.85	31	67.16	3	35.36	29
河北	57.35	15	59.93	13	64.18	10	52.99	20	47.96	14
山西	48.71	28	74.06	2	71.70	2	55.98	13	60.83	1
内蒙古	56.03	18	46.49	29	67.89	4	73.51	1	46.06	19
辽宁	50.63	24	58.52	17	63.26	11	56.67	12	51.40	7
吉林	62.93	6	52.94	25	55.58	25	54.40	16	46.32	18
黑龙江	58.36	13	67.16	4	58.75	18	47.72	30	43.74	24
上海	82.64	1	74.38	1	77.13	1	62.97	6	57.89	2
江苏	54.17	22	54.27	24	60.39	16	53.60	18	55.05	3
浙江	62.16	7	63.20	7	65.91	6	68.18	2	42.05	27
安徽	62.94	5	67.66	3	61.33	13	59.18	8	48.74	11
福建	58.68	12	59.29	14	55.84	24	50.76	27	49.79	10
江西	40.98	31	52.63	27	57.97	20	52.99	19	50.37	8
山东	56.15	17	55.80	21	61.66	12	54.70	15	47.03	17
河南	55.30	20	59.05	15	60.10	17	52.56	21	44.54	21
湖北	50.47	25	58.72	16	53.52	26	50.93	25	34.43	30
湖南	49.75	26	52.82	26	56.48	22	49.36	28	37.83	28
广东	63.93	4	54.28	23	65.25	7	58.18	9	47.98	13
广西	55.71	19	62.37	9	51.81	28	51.09	24	47.86	15
海南	60.41	9	61.59	10	70.43	3	63.54	5	53.07	5
重庆	54.67	21	61.42	11	50.42	29	48.38	29	47.74	16
四川	58.83	11	56.26	19	61.14	14	50.80	26	54.51	4
贵州	49.48	27	52.44	28	48.77	30	67.08	4	43.93	22
云南	53.95	23	61.24	12	52.24	27	54.99	14	51.93	6
西藏	58.31	14	54.54	22	61.12	15	47.23	31	24.01	31
陕西	44.30	30	66.66	5	66.42	5	57.25	10	49.83	9
甘肃	56.29	16	55.83	20	65.05	9	51.94	22	43.86	23
青海	44.64	29	45.19	30	56.42	23	59.29	7	48.00	12
宁夏	60.97	8	62.58	8	58.73	19	51.54	23	43.34	25
新疆	58.89	10	56.81	18	56.74	21	54.25	17	45.55	20

2020年财政运营指数的排名和人均GDP的排名存在较大的差异。财政运营指数高于全国均值的省份有17个，人均GDP高于全国均值的省份有11个（见图7）。特别是，山西、云南、青海等人均GDP排名靠后的省份的财政运营指数排名靠前，而北京、浙江等人均GDP排名靠前的省份的财政运营指数排名靠后。其背后的原因值得深思。

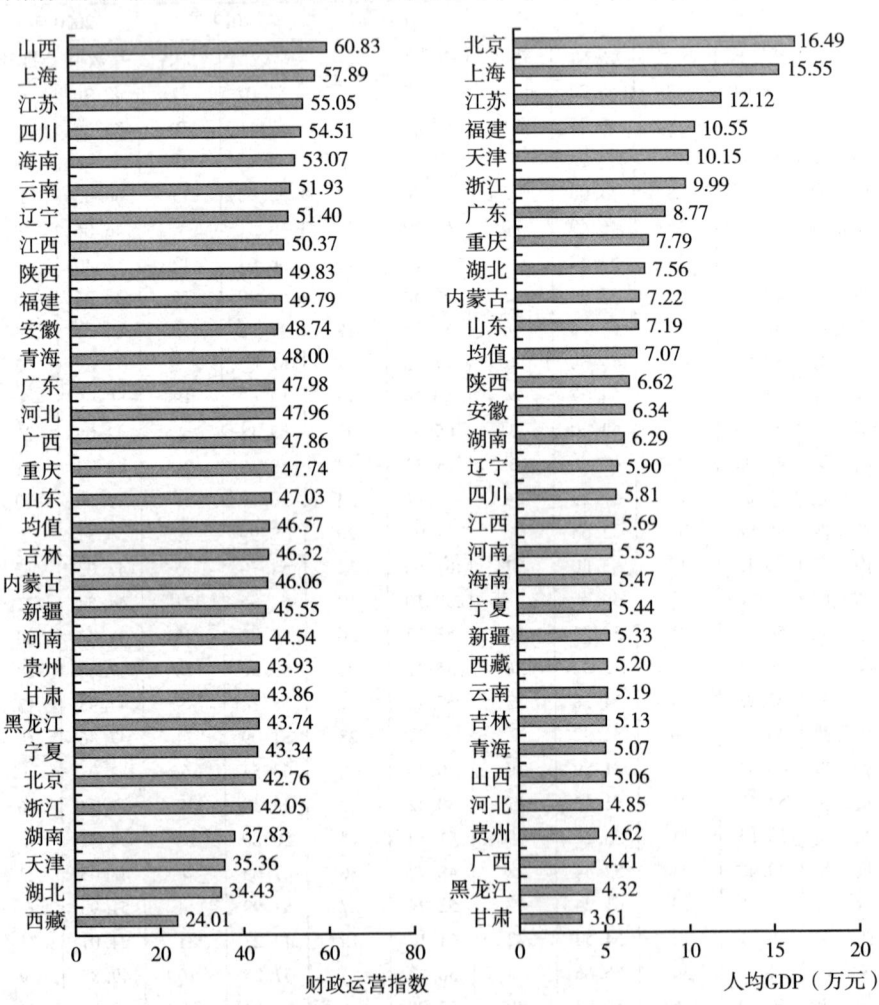

省份	财政运营指数	省份	人均GDP（万元）
山西	60.83	北京	16.49
上海	57.89	上海	15.55
江苏	55.05	江苏	12.12
四川	54.51	福建	10.55
海南	53.07	天津	10.15
云南	51.93	浙江	9.99
辽宁	51.40	广东	8.77
江西	50.37	重庆	7.79
陕西	49.83	湖北	7.56
福建	49.79	内蒙古	7.22
安徽	48.74	山东	7.19
青海	48.00	均值	7.07
广东	47.98	陕西	6.62
河北	47.96	安徽	6.34
广西	47.86	湖南	6.29
重庆	47.74	辽宁	5.90
山东	47.03	四川	5.81
均值	46.57	江西	5.69
吉林	46.32	河南	5.53
内蒙古	46.06	海南	5.47
新疆	45.55	宁夏	5.44
河南	44.54	新疆	5.33
贵州	43.93	西藏	5.20
甘肃	43.86	云南	5.19
黑龙江	43.74	吉林	5.13
宁夏	43.34	青海	5.07
北京	42.76	山西	5.06
浙江	42.05	河北	4.85
湖南	37.83	贵州	4.62
天津	35.36	广西	4.41
湖北	34.43	黑龙江	4.32
西藏	24.01	甘肃	3.61

图7 2020年全国31个省份财政运营指数、人均GDP与均值

2. 31个省份财政运营指数的内在结构比较分析

通过统计2016~2020年31个省份财政运营指数下二级指标的变异系数

可以发现,规模增长指数的变异系数最大,收入结构指数的变异系数次之,支出结构指数的变异系数最小(见表7)。但是不同年份各二级指标的变异系数的差距较大,整体上,变异系数随时间推移呈现增大的趋势。就均值而言,整体上,收入结构指数最高,规模增长指数次之,支出结构指数最小(见表8)。财政运营指数下二级指标的水平和差异性共同决定了二级指标排名和财政运营指数排名的相关系数。可以看到,2016~2020年,支出结构指数排名和财政运营指数排名的相关系数最小(见表9)。

表7 2016~2020年全国31个省份财政运营指数下二级指标变异系数

指数	2016年	2017年	2018年	2019年	2020年	2016~2020年
收入结构指数	0.162	0.181	0.204	0.250	0.206	0.200
支出结构指数	0.182	0.181	0.183	0.199	0.240	0.197
规模增长指数	0.317	0.304	0.257	0.343	0.435	0.331

表8 2016~2020年全国31个省份财政运营指数下二级指标均值

指数	2016年	2017年	2018年	2019年	2020年	2016~2020年
收入结构指数	64.75	63.97	64.22	61.01	56.33	62.058
支出结构指数	51.76	48.78	47.90	47.20	45.38	48.203
规模增长指数	53.97	62.83	68.78	59.82	39.61	57.002

表9 2016~2020年全国31个省份财政运营指数下二级指标排名与财政运营指数排名相关系数

指数	2016年	2017年	2018年	2019年	2020年	2016~2020年
收入结构指数	0.569	0.437	0.614	0.467	0.219	0.461
支出结构指数	0.330	0.319	0.089	0.130	0.356	0.245
规模增长指数	0.660	0.517	0.555	0.538	0.573	0.569

具体到某一年份,二级指标排名和财政运营指数排名的相关性有所变动。以2020年为例,规模增长指数排名与财政运营指数排名的相关系数最高,收入结构指数排名与财政运营指数排名的相关系数最低。2020年,支出结构指数排名靠前的天津、内蒙古、重庆、贵州的财政运营指数排名相对

靠后；而支出结构指数排名靠后的山西、辽宁、江苏、海南的财政运营指数排名却相对靠前（见表10）。

表10　2020年全国31个省份财政运营指数值和排名

省份	收入结构指数 指数值	收入结构指数 排名	支出结构指数 指数值	支出结构指数 排名	规模增长指数 指数值	规模增长指数 排名	财政运营指数 指数值	财政运营指数 排名
北　京	84.24	1	27.55	29	16.48	29	42.76	26
天　津	74.31	3	56.55	4	-24.79	31	35.36	29
河　北	54.30	17	41.66	22	47.92	10	47.96	14
山　西	66.31	6	47.66	15	68.53	1	60.83	1
内蒙古	67.01	5	55.54	5	25.12	28	46.06	19
辽　宁	63.45	9	45.75	19	45.01	14	51.40	7
吉　林	45.63	27	51.71	11	41.62	18	46.32	18
黑龙江	55.03	14	30.19	28	46.00	13	43.74	24
上　海	82.12	2	59.96	2	31.60	24	62.97	2
江　苏	63.56	8	42.44	21	59.15	3	55.05	3
浙　江	64.77	7	23.43	30	37.95	21	42.05	27
安　徽	85.49	19	62.12	1	30.48	26	48.74	11
福　建	54.93	15	43.61	20	50.84	6	49.79	10
江　西	47.94	24	49.67	13	53.51	4	50.37	8
山　东	57.14	12	39.65	25	44.31	15	47.03	17
河　南	53.95	18	40.70	23	38.97	20	44.54	21
湖　北	49.59	23	46.77	16	6.92	30	34.43	30
湖　南	47.01	25	16.93	31	49.56	8	37.83	28
广　东	71.05	4	30.68	27	42.21	16	47.98	13
广　西	39.93	28	55.21	7	48.46	9	47.86	15
海　南	60.18	11	48.58	14	50.45	7	53.07	5
重　庆	51.39	21	55.21	6	36.61	22	47.74	16
四　川	50.08	22	50.55	12	62.90	2	54.51	4
贵　州	37.02	31	52.91	9	41.85	17	43.93	22
云　南	54.80	16	53.56	8	47.42	11	51.93	6
西　藏	39.22	29	40.23	24	32.82	23	24.01	31
陕　西	62.50	10	46.11	18	40.89	19	49.83	9
甘　肃	46.83	26	33.69	26	51.06	5	43.86	23
青　海	38.79	30	58.92	3	46.30	12	48.00	12
宁　夏	56.24	13	46.60	17	27.18	27	43.34	25
新　疆	53.34	20	52.64	10	30.66	25	45.55	20

就地区而言，2020年，东部地区收入结构指数均值领先于西部和中部地区，且领先幅度较大，中部地区在规模增长指数均值方面领先，西部地区在支出结构指数均值方面领先（见图8）。

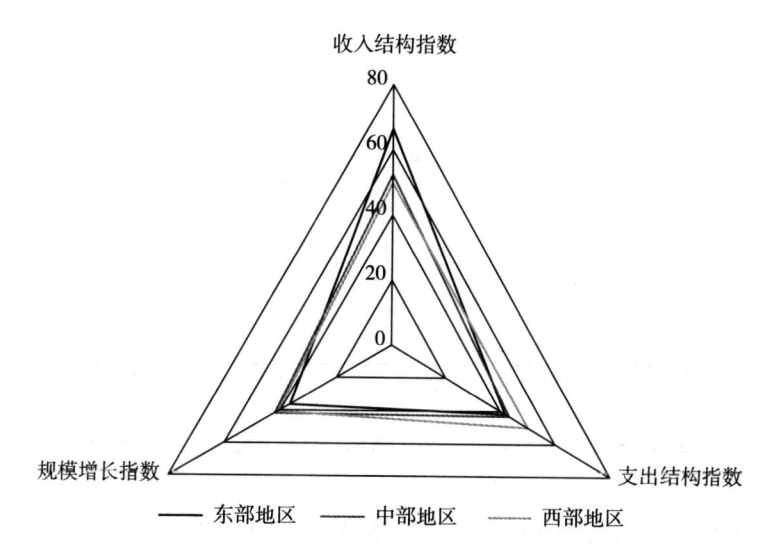

图8 2020年东、中、西部地区财政运营指数均值

（二）财政运营指数的二级指标——收入结构指数

"收入结构指数"依据财政收入的主要来源设置了税收集中度、转移支付依赖度、债务依赖度和土地出让依赖度四个指标。其中，税收集中度反映税收收入的占比。作为政府的法定和稳定收入来源，税收收入的占比应该越大越好，而其他三个指标反映的三类收入来源的占比一般越小则意味着财政运营能力越强。考虑到土地出让收入归入政府性基金，因此，在计算土地出让依赖度时，分母中加入了政府性基金收入。

1. 2016~2020年31个省份收入结构指数的变化趋势比较分析

从整体上看，2016~2020年，全国31个省份的平均收入结构指数表现出下滑趋势（见图9），从2016年的64.75降至2020年的56.33，下滑幅度接近13%。东、中、西部地区的收入结构指数表现出相似的趋势，但东部地区和中部地区在2018年相对2017年有所上升,而西部地区则有所下滑。东部地区的收入结构指数显著高于中部和西部地区。

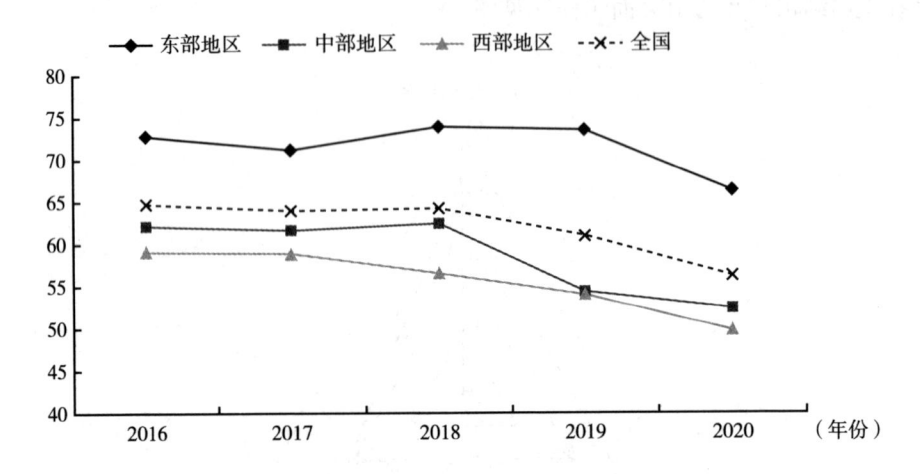

图9 2016~2020年东、中、西部地区及全国收入结构指数

就具体省份而言,2016~2020年,在31个省份的收入结构指数中,内蒙古、天津的排名上升幅度较大;吉林、海南的排名下降幅度较大(见表11)。

表11 2016~2020年全国31个省份收入结构指数值和排名

省份	2016年 指数值	排名	2017年 指数值	排名	2018年 指数值	排名	2019年 指数值	排名	2020年 指数值	排名
北 京	96.15	1	83.07	2	89.32	2	85.33	3	84.24	1
天 津	58.91	25	68.63	10	76.07	5	65.68	13	74.31	3
河 北	61.34	21	60.39	20	61.78	20	59.85	18	54.30	17
山 西	67.76	10	77.25	4	77.30	4	72.70	7	66.31	6
内蒙古	62.17	17	74.65	5	72.70	9	74.05	6	67.01	5
辽 宁	68.74	7	72.51	8	70.49	11	68.08	11	63.45	9
吉 林	68.02	8	62.82	16	65.68	14	68.63	10	45.63	27
黑龙江	67.02	12	66.61	12	69.88	12	65.13	14	55.03	14
上 海	93.16	2	95.90	1	93.12	1	89.73	1	82.12	2
江 苏	65.16	14	64.41	13	71.55	10	69.13	9	63.56	8
浙 江	71.27	5	63.76	14	67.01	13	86.34	2	64.77	7

续表

省份	2016年 指数值	排名	2017年 指数值	排名	2018年 指数值	排名	2019年 指数值	排名	2020年 指数值	排名
安徽	70.27	6	73.49	7	73.50	7	54.10	23	53.63	19
福建	66.06	13	60.18	21	63.95	17	62.69	16	54.93	15
江西	54.01	27	36.47	31	41.16	30	19.83	31	47.94	24
山东	67.85	9	66.98	11	64.71	16	67.59	12	57.14	12
河南	60.16	22	57.26	23	57.07	23	56.93	19	53.95	18
湖北	61.52	20	62.37	19	58.72	21	46.89	27	49.59	23
湖南	48.36	31	56.84	24	56.18	25	50.76	24	47.01	25
广东	80.65	3	68.94	9	79.18	3	79.95	4	71.05	4
广西	57.67	26	59.96	22	49.95	27	47.16	26	39.93	28
海南	71.65	4	78.26	3	75.77	6	74.30	5	60.18	11
重庆	61.61	19	55.39	25	56.42	24	59.95	17	51.39	21
四川	62.49	16	53.48	27	55.09	26	54.27	22	50.08	22
贵州	51.11	29	49.10	29	32.14	31	41.20	29	37.02	31
云南	59.86	23	53.22	28	57.10	22	47.92	25	54.80	16
西藏	51.55	28	54.51	26	49.53	28	43.85	28	39.22	29
陕西	63.63	15	74.38	6	72.74	8	69.62	8	62.50	10
甘肃	62.05	18	63.65	15	62.23	19	55.41	21	46.83	26
青海	49.82	30	43.38	30	41.74	29	33.97	30	38.79	30
宁夏	59.73	24	62.75	17	65.03	15	56.43	20	56.24	13
新疆	67.42	11	62.46	18	63.81	18	63.96	15	53.34	20

2. 31个省份收入结构指数的内在结构比较分析

2020年，从31个省份收入结构指数组成情况可以看出，北京、上海、天津、广东分列收入结构指数前四名，这些省份在四项底层指标上的表现都优异。尽管江苏、山东、福建、重庆、四川等省份在税收集中度、转移支付依赖度和债务依赖度方面的表现优异，但受制于土地出让依赖度方面较差的表现，即土地出让收入占比过大，收入结构指数的排名被拖累（见图10）。

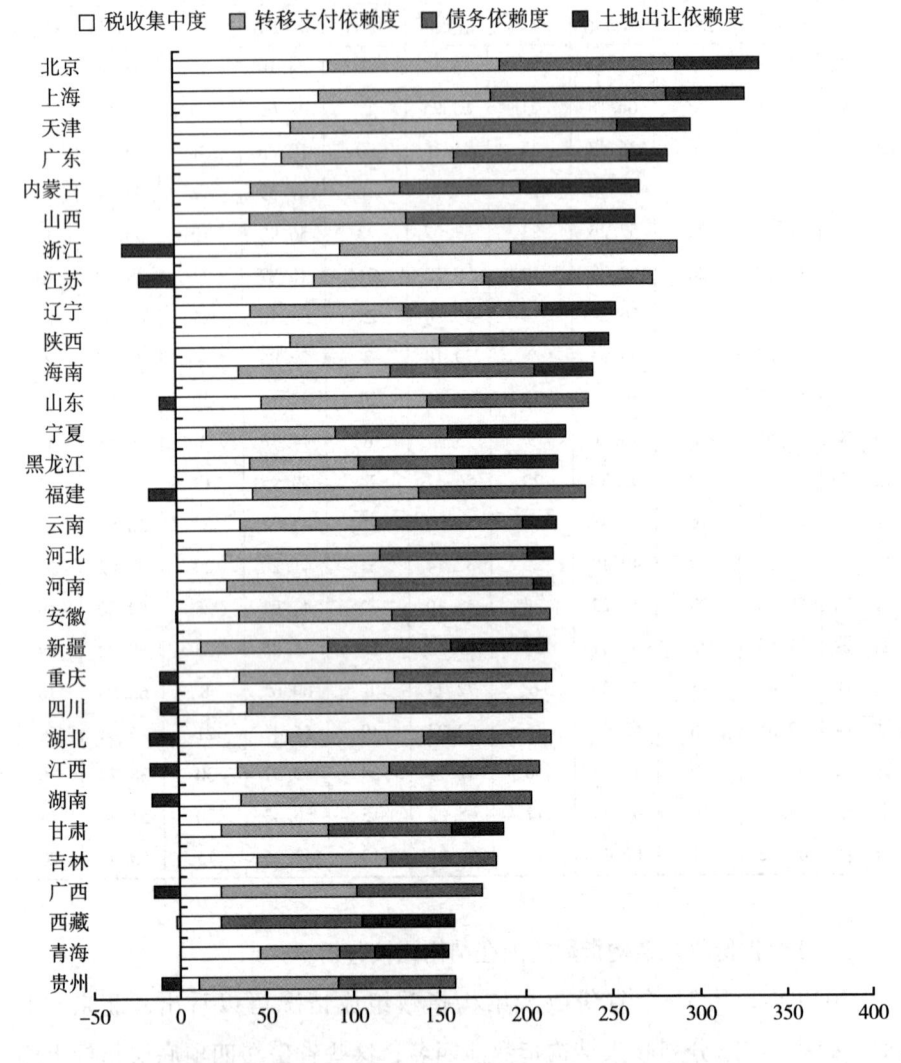

图10 2020年全国31个省份收入结构指数组成情况

注：横坐标表示四项底层指标的得分；纵轴左边表示底层指标得分为负值，即该指标相对于基年表现最差省份的表现更差；31个省份按四项底层指标得分的简单加总从大到小在纵轴上从上到下依次排列，在等权赋值下，31个省份的排列顺序即31个省份收入结构指数的排列顺序（本报告中此类图的含义相似，下文不再一一说明）。

就东、中、西部地区而言，东部地区在税收集中度、转移支付依赖度和债务依赖度三个方面都有较大优势；在土地出让依赖度方面，西部地区和东部地区均领先于中部地区，且西部地区相对于东部地区略占优势（见图11）。

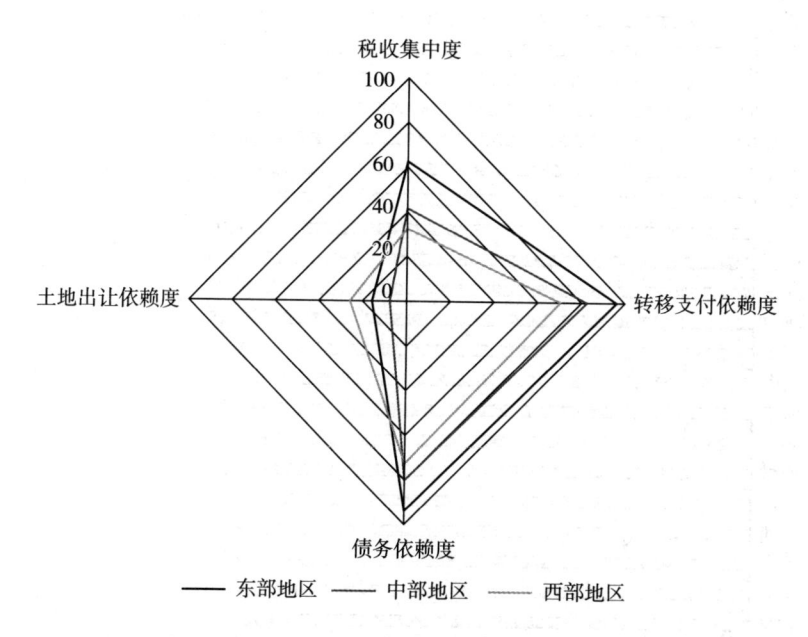

图11 2020年东、中、西部地区收入结构指数构成情况

（1）税收集中度

在税收集中度方面，超过全国均值的省份有10个，其中，浙江、北京、上海、江苏、天津和陕西分列前6位（见图12），这些省份的税收集中度都超过77%，浙江以86.39%位列第一，且排名前4的省份都是经济发达的省份。甘肃、广西、西藏、宁夏、新疆、贵州排在后6位，其中甘肃的税收集中度为64.94%，而贵州以60.78%排在最后一名。

（2）转移支付依赖度

在转移支付依赖度方面，2020年超过全国均值的省份有11个，超过100%的省份有22个，低于30%的省份有5个，即上海、广东、浙江、北京和江苏在转移支付依赖度方面较低，上海的转移支付依赖度只有

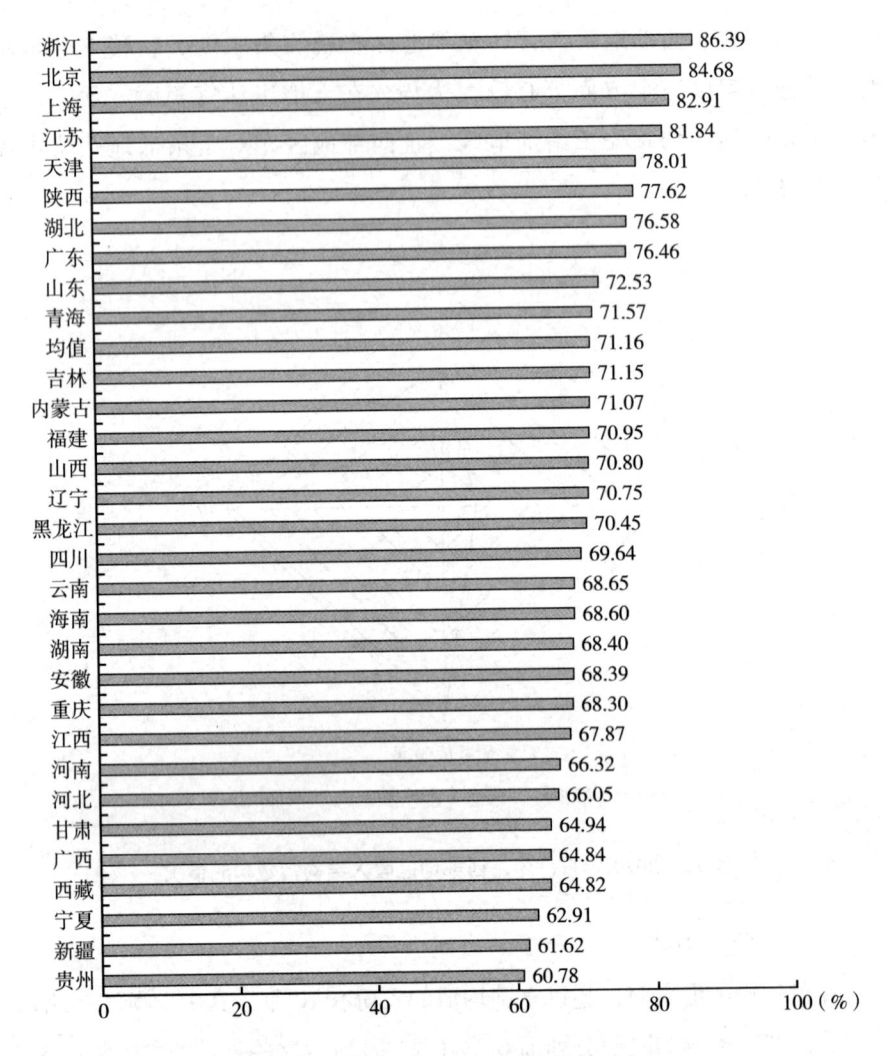

省份	数值
浙江	86.39
北京	84.68
上海	82.91
江苏	81.84
天津	78.01
陕西	77.62
湖北	76.58
广东	76.46
山东	72.53
青海	71.57
均值	71.16
吉林	71.15
内蒙古	71.07
福建	70.95
山西	70.80
辽宁	70.75
黑龙江	70.45
四川	69.64
云南	68.65
海南	68.60
湖南	68.40
安徽	68.39
重庆	68.30
江西	67.87
河南	66.32
河北	66.05
甘肃	64.94
广西	64.84
西藏	64.82
宁夏	62.91
新疆	61.62
贵州	60.78

图 12　2020 年全国 31 个省份税收集中度与均值

15.89%。新疆、黑龙江、甘肃、青海和西藏的转移支付依赖度较高，其中，西藏对中央转移支付的依赖度特别高，转移支付依赖度达到893.82%（见图13）。2020年，东、中、西部地区的转移支付依赖度分别为52.75%、170.35%、274.96%。

(3) 债务依赖度

在债务依赖度方面，2020年，高于全国均值的省份有12个，低于15%

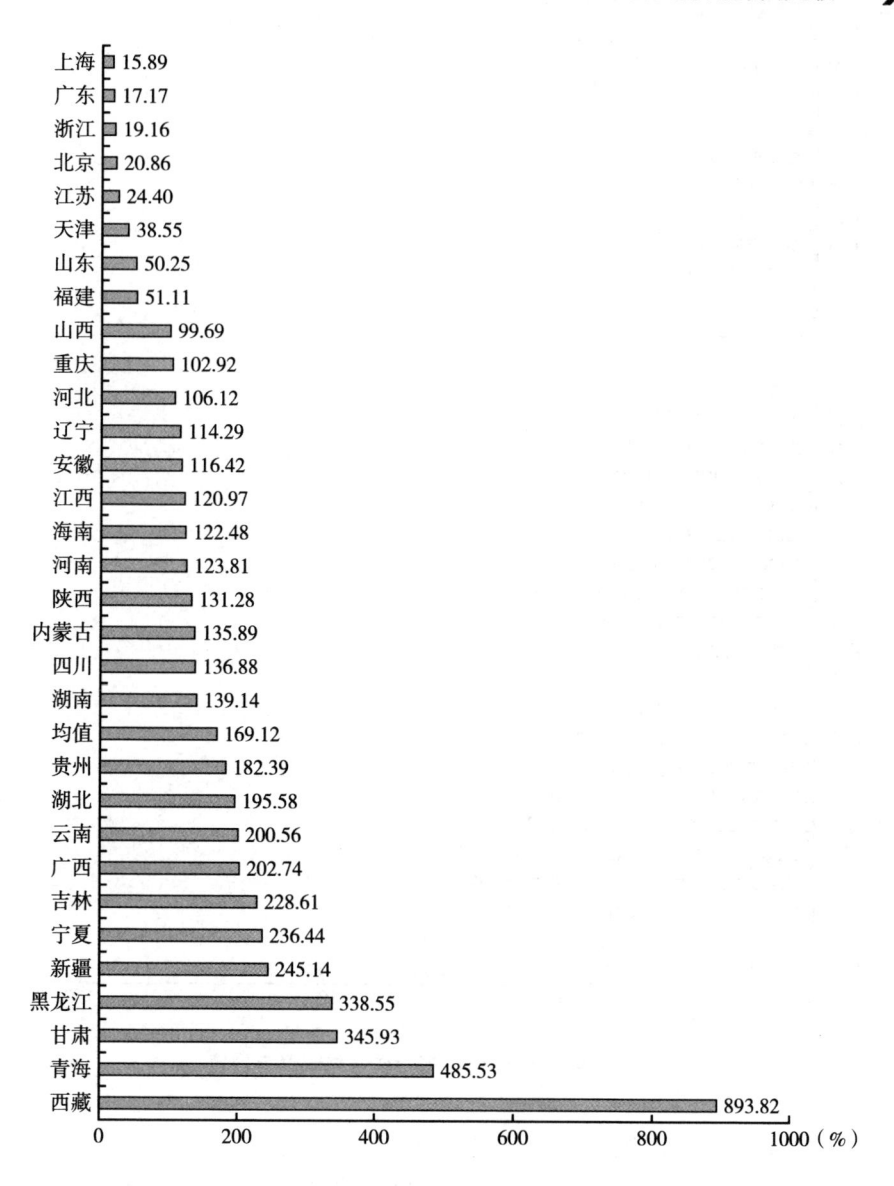

省份	值
上海	15.89
广东	17.17
浙江	19.16
北京	20.86
江苏	24.40
天津	38.55
山东	50.25
福建	51.11
山西	99.69
重庆	102.92
河北	106.12
辽宁	114.29
安徽	116.42
江西	120.97
海南	122.48
河南	123.81
陕西	131.28
内蒙古	135.89
四川	136.88
湖南	139.14
均值	169.12
贵州	182.39
湖北	195.58
云南	200.56
广西	202.74
吉林	228.61
宁夏	236.44
新疆	245.14
黑龙江	338.55
甘肃	345.93
青海	485.53
西藏	893.82

图 13　2020 年全国 31 个省份转移支付依赖度与均值

的省份有 5 个，即广东、上海、北京、江苏和福建，其中广东的债务依赖度仅为 7.15%。贵州、宁夏、吉林、黑龙江和青海的债务依赖度较高，其中，青海的债务依赖度达到了 125.36%（见图 14）。2020 年，东、中、西部地区的债务依赖度分别为 18.71%、38.92%、49.51%。

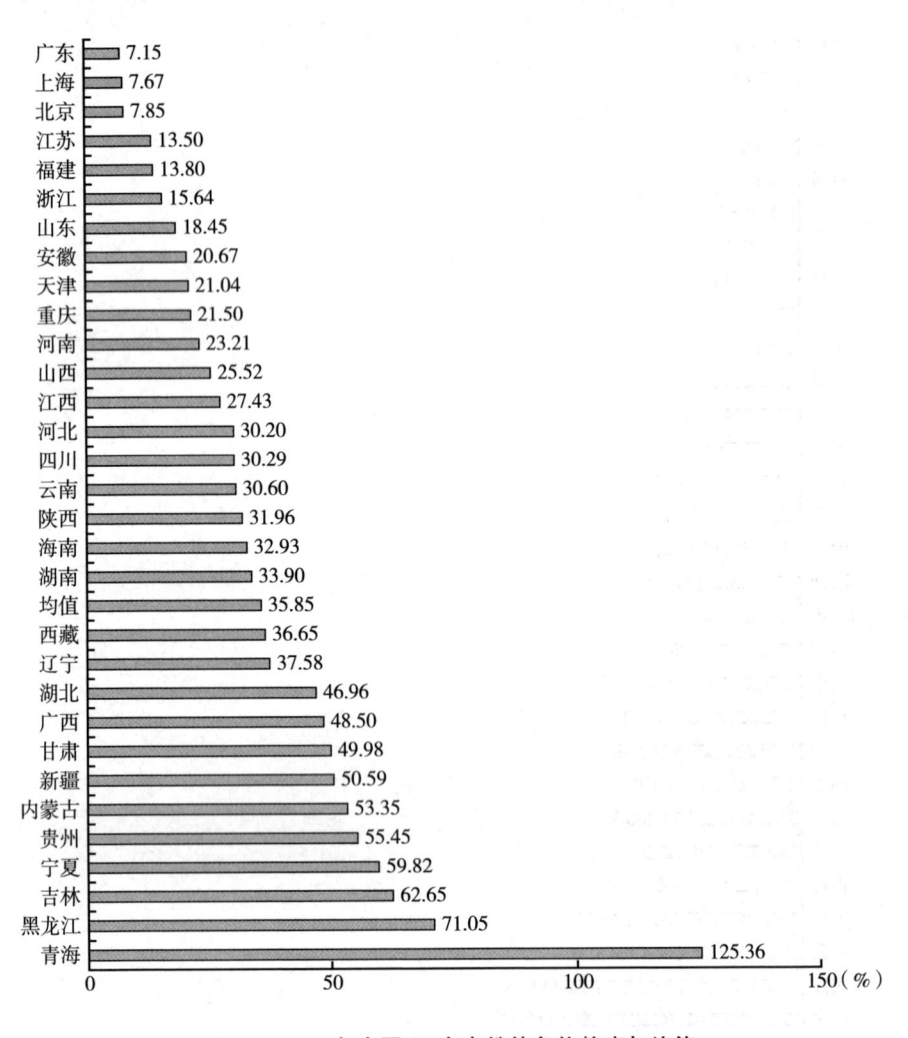

省份	数值
广东	7.15
上海	7.67
北京	7.85
江苏	13.50
福建	13.80
浙江	15.64
山东	18.45
安徽	20.67
天津	21.04
重庆	21.50
河南	23.21
山西	25.52
江西	27.43
河北	30.20
四川	30.29
云南	30.60
陕西	31.96
海南	32.93
湖南	33.90
均值	35.85
西藏	36.65
辽宁	37.58
湖北	46.96
广西	48.50
甘肃	49.98
新疆	50.59
内蒙古	53.35
贵州	55.45
宁夏	59.82
吉林	62.65
黑龙江	71.05
青海	125.36

图14　2020年全国31个省份债务依赖度与均值

（4）土地出让依赖度

在土地出让依赖度方面，2020年，超过全国均值的省份有16个，低于25%的省份有3个，即内蒙古、宁夏和黑龙江（见图15）。其中，内蒙古的土地出让依赖度最低，为21.08%。湖南、福建、江西、湖北、江苏和浙江的土地出让依赖度较高，都超过50%，其中浙江的土地出让依赖度达到55.23%。相比之下，北京、上海和广东的土地出让依赖度不高，这说明尽管这些省份的房价高，土地出让收入多，但相对全国其他省份来说，土地出让依赖度并不高。2020年，东、中、西部地区的土地出让依赖度分别为39.40%、42.14%、35.94%。

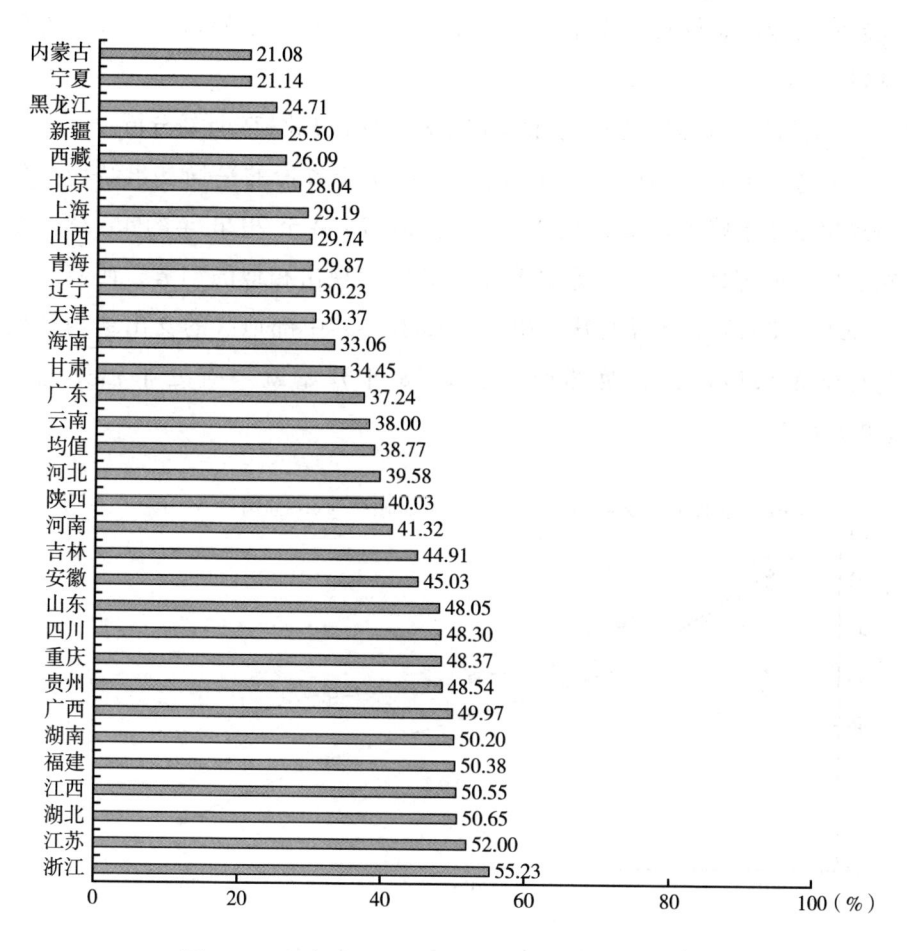

省份	土地出让依赖度(%)
内蒙古	21.08
宁夏	21.14
黑龙江	24.71
新疆	25.50
西藏	26.09
北京	28.04
上海	29.19
山西	29.74
青海	29.87
辽宁	30.23
天津	30.37
海南	33.06
甘肃	34.45
广东	37.24
云南	38.00
均值	38.77
河北	39.58
陕西	40.03
河南	41.32
吉林	44.91
安徽	45.03
山东	48.05
四川	48.30
重庆	48.37
贵州	48.54
广西	49.97
湖南	50.20
福建	50.38
江西	50.55
湖北	50.65
江苏	52.00
浙江	55.23

图15　2020年全国31个省份土地出让依赖度与均值

（三）财政运营指数的二级指标——支出结构指数

财政支出按经济性质可分为行政支出、经济性支出和民生性支出。因此，"支出结构指数"下设行政支出水平、经济性支出水平和民生性支出水

063

平三个指标。具体的指标内涵根据国际一般标准和"八项民生性支出"定义以及财政支出功能性划分款项综合确定。本报告认为，财政支出用于民生和经济建设对我国来说都是好的，分别体现了财政保障民生权益和促进经济发展的功能，而行政支出水平作为衡量政府运行成本的指标，应该越低越好。

1. 2016～2020年31个省份支出结构指数的变化趋势比较分析

从整体上看，2016～2020年，全国31个省份的平均支出结构指数表现出不断下降的趋势，从2016年的51.76降至2020年的45.38。就东、中、西部地区而言，东部和中部地区表现出相似的趋势，西部地区在2018～2020年有所上升。2016～2020年，中部地区的支出结构指数都优于东部地区，而西部地区从2018年开始就一直处于领先地位（见图16）。

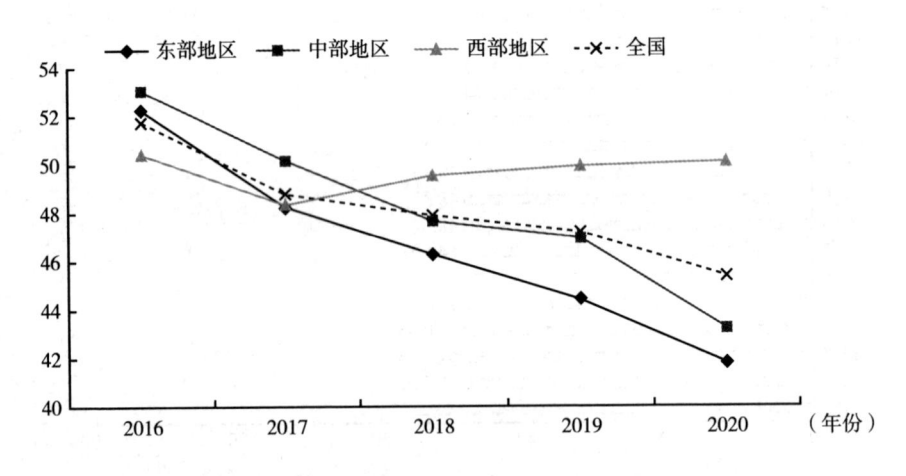

图16 2016～2020年东、中、西部地区及全国支出结构指数

就具体省份而言，2016～2020年，广西、贵州、海南、新疆等排名上升幅度较大；黑龙江、甘肃、北京、宁夏的排名下降幅度较大（见表12）。可以大致发现，支出结构指数排名和地区人均GDP的相关性不大，而且，整体上，经济欠发达地区的排名呈现上升趋势，而经济发达地区的排名则呈现下降趋势。

表12　2016～2020年全国31个省份支出结构指数值和排名

省份	2016年 指数值	排名	2017年 指数值	排名	2018年 指数值	排名	2019年 指数值	排名	2020年 指数值	排名
北 京	52.51	15	45.35	20	49.49	12	47.86	13	27.55	29
天 津	63.90	4	53.46	8	51.13	10	47.68	14	56.55	4
河 北	44.53	25	40.45	27	39.94	26	37.63	28	41.66	22
山 西	53.55	11	50.48	11	47.84	14	48.60	11	47.66	15
内蒙古	58.67	8	45.96	19	61.22	4	59.66	5	55.54	5
辽 宁	47.48	21	46.30	17	45.08	17	44.01	19	45.75	19
吉 林	59.47	6	56.37	6	52.08	9	54.17	6	51.71	11
黑龙江	68.21	2	66.01	2	63.62	2	61.52	3	30.19	28
上 海	75.99	1	74.80	1	70.65	1	74.66	1	59.96	2
江 苏	47.80	20	42.43	24	41.07	25	39.90	26	42.44	21
浙 江	45.28	24	38.91	29	39.86	27	38.36	27	23.43	30
安 徽	64.03	3	58.41	4	55.16	7	53.37	7	62.12	1
福 建	51.34	17	49.15	14	44.84	19	42.33	21	43.61	20
江 西	51.82	16	48.68	16	45.63	15	43.39	20	49.67	13
山 东	47.80	19	44.66	21	43.21	21	40.21	25	39.65	25
河 南	41.77	29	39.85	28	36.42	29	35.61	30	40.70	23
湖 北	46.33	22	43.72	23	41.61	23	41.26	24	46.77	16
湖 南	39.29	30	37.83	30	38.94	28	37.62	29	16.93	31
广 东	52.76	13	41.49	25	34.71	30	27.67	31	30.68	27
广 西	43.59	27	49.14	15	44.57	20	42.08	23	55.21	7
海 南	45.47	23	53.81	7	49.08	13	48.11	12	48.58	14
重 庆	58.02	9	56.46	5	54.29	8	49.19	9	55.21	6
四 川	53.63	10	50.52	10	50.94	11	45.36	16	50.55	12
贵 州	42.75	28	43.86	22	45.02	18	44.63	18	52.91	9
云 南	51.26	18	41.02	26	41.50	24	48.74	10	53.56	8
西 藏	26.90	31	30.85	31	34.31	31	45.43	15	40.23	24
陕 西	52.81	12	49.28	13	45.40	16	42.12	22	46.11	18
甘 肃	52.51	14	50.47	12	56.56	5	52.56	8	33.69	26
青 海	58.89	7	52.76	9	55.65	6	61.00	4	58.92	3
宁 夏	61.93	5	63.71	3	63.27	3	63.44	2	46.60	17
新 疆	44.16	26	46.09	18	41.76	22	44.90	17	52.64	10

2. 31个省份支出结构指数的内在结构比较分析

2020年，从31个省份支出结构指数组成情况可以看出，安徽、上海、青海、天津和内蒙古分列支出结构指数前5名（见图17）。宁夏的民生性支出水平为负数，表示其民生性支出水平的数值比2016年（基年）民生性支出水平最低的省份的数值还低。广东、黑龙江、北京、浙江和湖南的支出结构指数排在后5位，其中黑龙江和湖南的民生性支出水平的数值都为负值。

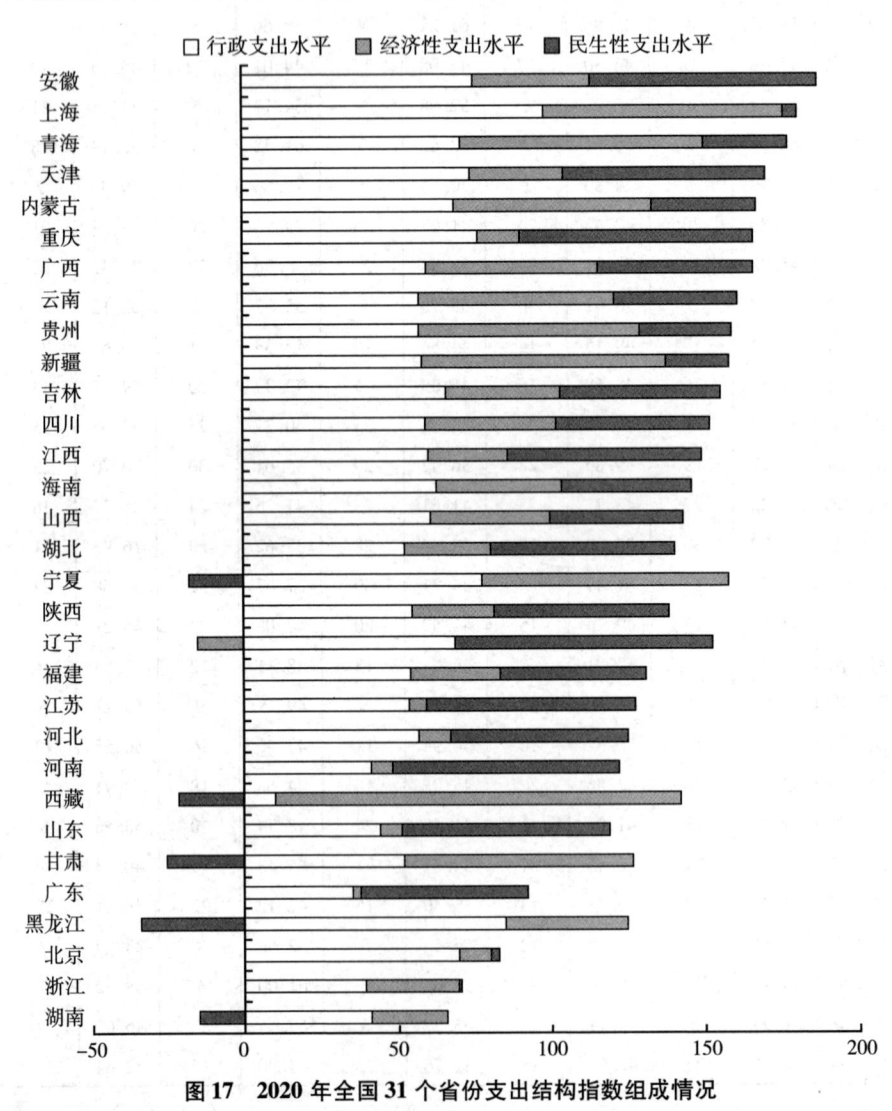

图17 2020年全国31个省份支出结构指数组成情况

就东、中、西部地区而言，2020年东、中、西部地区在三个指标方面各占优势，其中，东部地区的民生性支出水平最高，中部地区的行政支出水平最高，西部地区的经济性支出水平最高（见图18）。

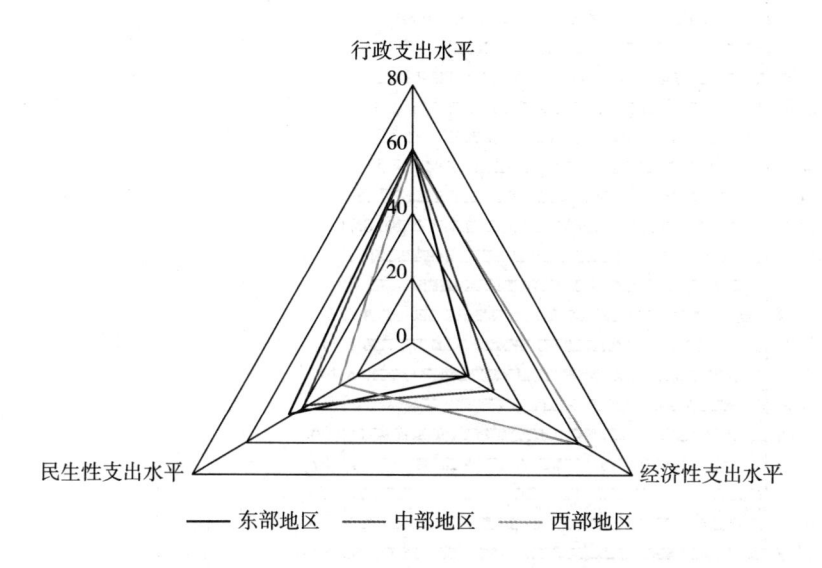

图18 2020年东、中、西部地区支出结构指数构成情况

（1）行政支出水平

行政支出水平指的是一般公共服务支出占一般公共预算支出的比重。在行政支出水平方面，2020年，低于全国均值的省份有15个，上海的行政支出水平最低，只有4.58%（见图19）。河南、湖南、浙江、广东和西藏的行政支出水平较高，其中，西藏的行政支出水平达到13.32%。

（2）经济性支出水平

经济性支出水平指的是科学技术支出、农林水支出、资源勘探性支出、交通运输支出、商业服务支出、国土海洋气象等支出与金融支出之和占一般公共预算支出的比重。在经济性支出水平方面，2020年，高于全国均值的省份有12个，其中，西藏的经济性支出水平最高，达到37.88%。宁夏、新疆和青海紧随其后，经济性支出水平分别为30.68%、30.58%和30.53%（见图20）。

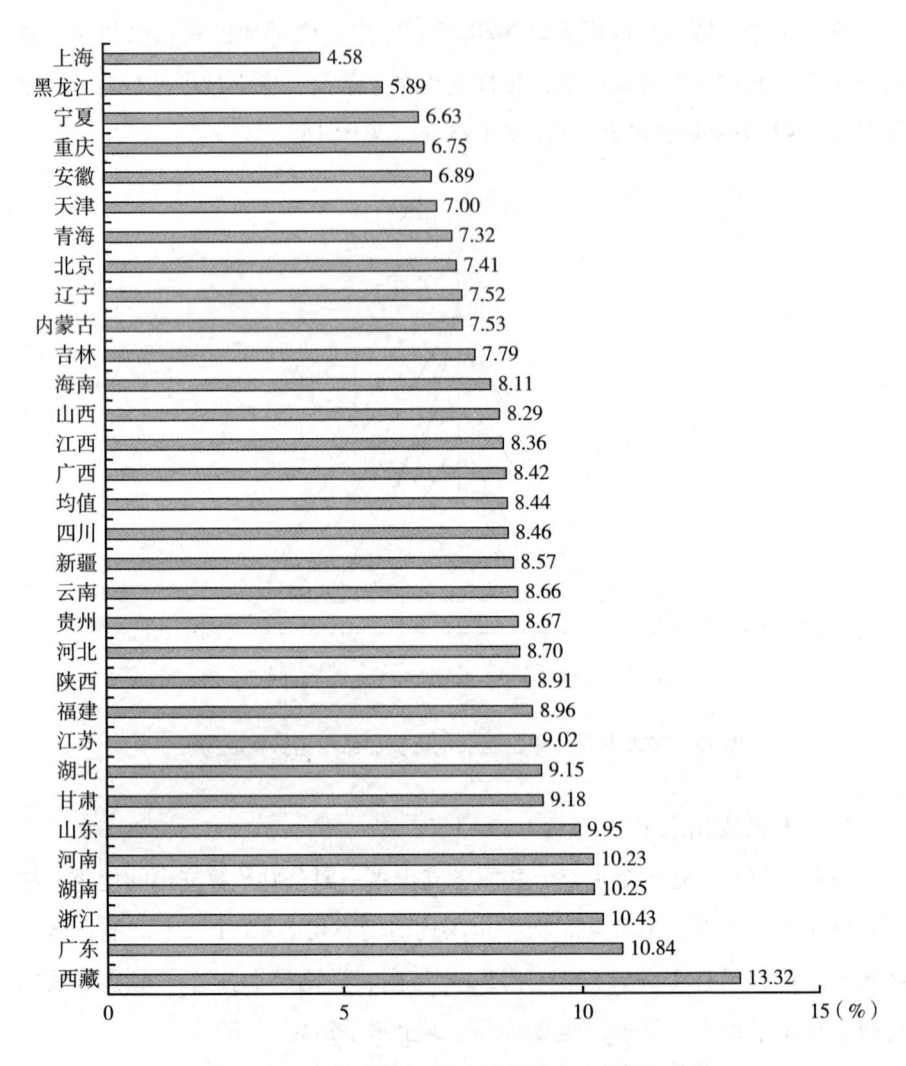

省份	数值
上海	4.58
黑龙江	5.89
宁夏	6.63
重庆	6.75
安徽	6.89
天津	7.00
青海	7.32
北京	7.41
辽宁	7.52
内蒙古	7.53
吉林	7.79
海南	8.11
山西	8.29
江西	8.36
广西	8.42
均值	8.44
四川	8.46
新疆	8.57
云南	8.66
贵州	8.67
河北	8.70
陕西	8.91
福建	8.96
江苏	9.02
湖北	9.15
甘肃	9.18
山东	9.95
河南	10.23
湖南	10.25
浙江	10.43
广东	10.84
西藏	13.32

图19 2020年全国31个省份行政支出水平与均值

(3) 民生性支出水平

民生性支出水平指的是教育支出、社会保障和就业支出、医疗卫生和计划生育支出、住房保障支出、城乡社区事务支出之和占一般公共预算支出的比重。在民生性支出水平方面，2020年，高于全国均值的省份有19个，其中辽宁的民生性支出水平最高，达到59.72%。而西藏、甘肃和黑

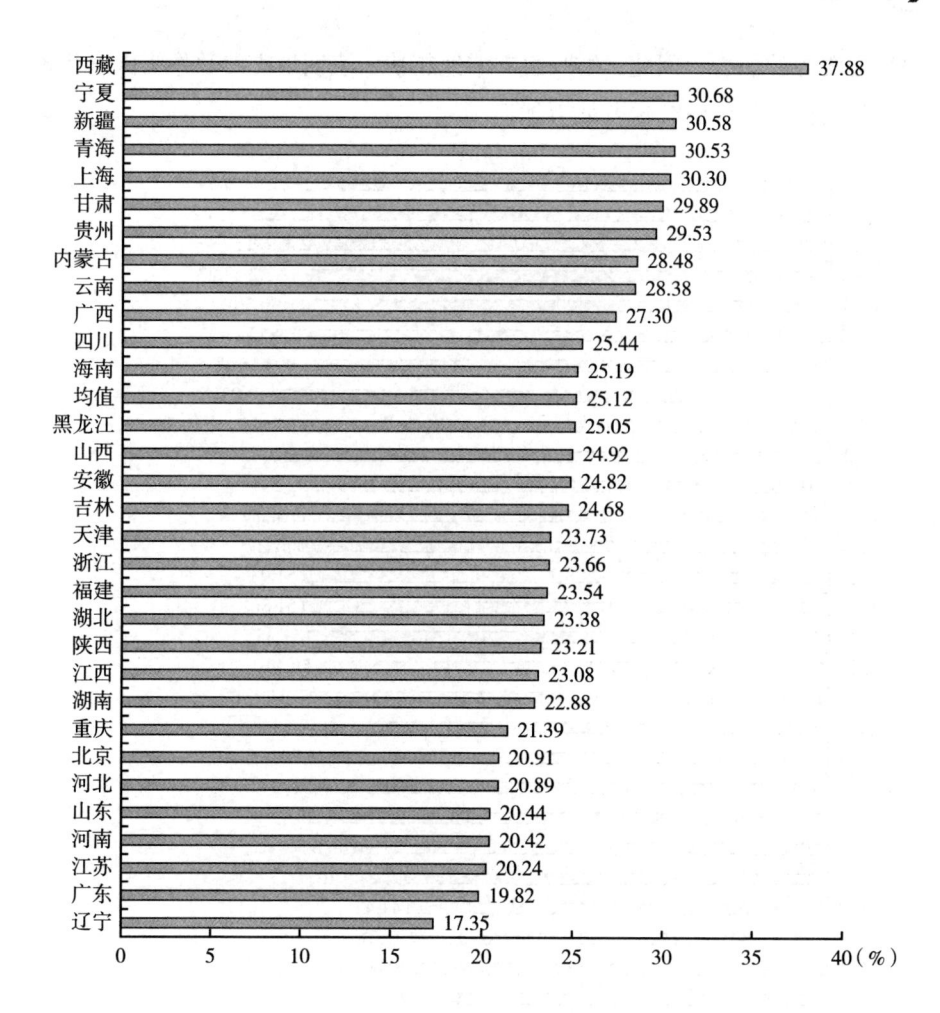

省份	数值
西藏	37.88
宁夏	30.68
新疆	30.58
青海	30.53
上海	30.30
甘肃	29.89
贵州	29.53
内蒙古	28.48
云南	28.38
广西	27.30
四川	25.44
海南	25.19
均值	25.12
黑龙江	25.05
山西	24.92
安徽	24.82
吉林	24.68
天津	23.73
浙江	23.66
福建	23.54
湖北	23.38
陕西	23.21
江西	23.08
湖南	22.88
重庆	21.39
北京	20.91
河北	20.89
山东	20.44
河南	20.42
江苏	20.24
广东	19.82
辽宁	17.35

图20　2020年全国31个省份经济性支出水平与均值

龙江的民生性支出水平较低，分别为35.45%、34.54%和32.52%（见图21）。

（四）财政运营指数的二级指标——规模增长指数

"规模增长指数"从我国四本预算角度出发，设立大口径收入增速、小口径收入增速、大口径支出增速、小口径支出增速指标，以全面反映我国财政收支的增长情况。本报告认为，财政收支状况反映财政集中统筹与分配使用社会资源的能力，因此，财政收支增速越快，表明地方财政作为国家治理基础的条件越好，财政运营能力越强。

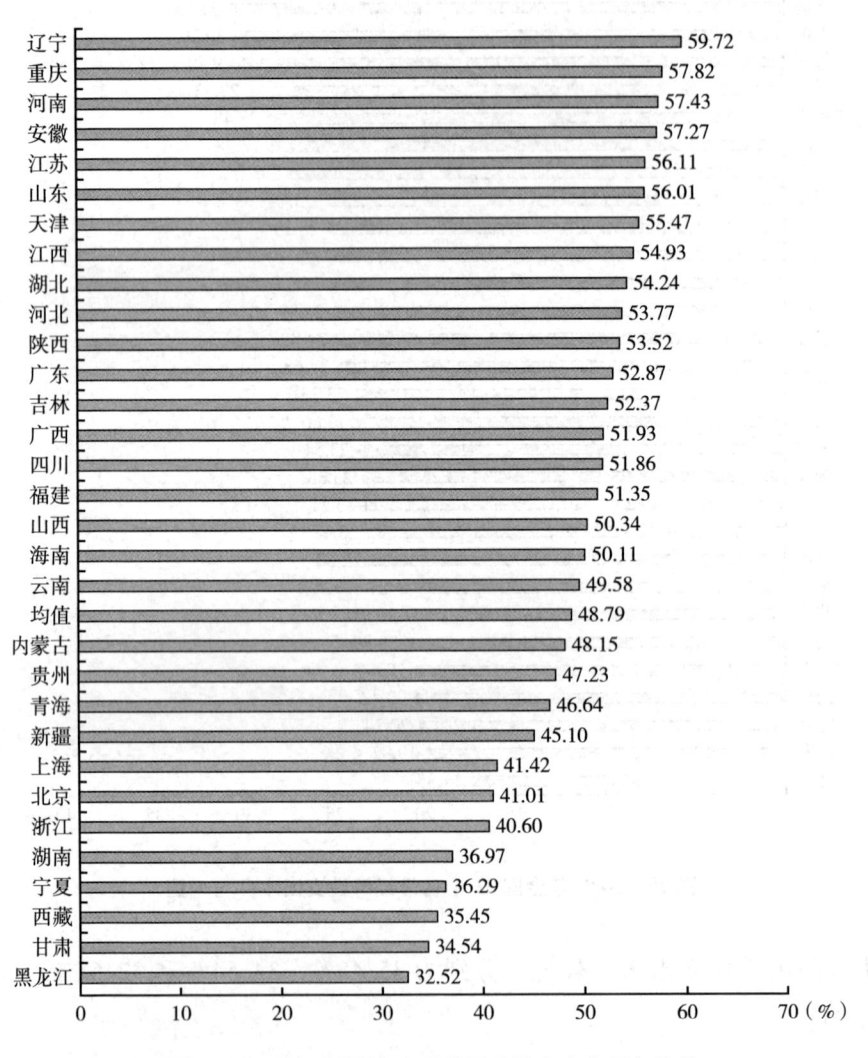

省份	数值
辽宁	59.72
重庆	57.82
河南	57.43
安徽	57.27
江苏	56.11
山东	56.01
天津	55.47
江西	54.93
湖北	54.24
河北	53.77
陕西	53.52
广东	52.87
吉林	52.37
广西	51.93
四川	51.86
福建	51.35
山西	50.34
海南	50.11
云南	49.58
均值	48.79
内蒙古	48.15
贵州	47.23
青海	46.64
新疆	45.10
上海	41.42
北京	41.01
浙江	40.60
湖南	36.97
宁夏	36.29
西藏	35.45
甘肃	34.54
黑龙江	32.52

图 21　2020 年全国 31 个省份民生性支出水平与均值

1. 2016~2020 年 31 个省份规模增长指数的变化趋势比较分析

从整体上看，全国 31 个省份的平均规模增长指数从 2016 年的 53.97 升至 2018 年的 68.78，在 2020 年下滑为 39.61（见图 22）。2018~2020 年，

070

财政发展综合性指数的省域比较

东、中、西部地区表现出相似的趋势,2020年,它们的下降幅度均较大,其中西部地区的下降幅度最大,东部地区的规模增长指数最低。

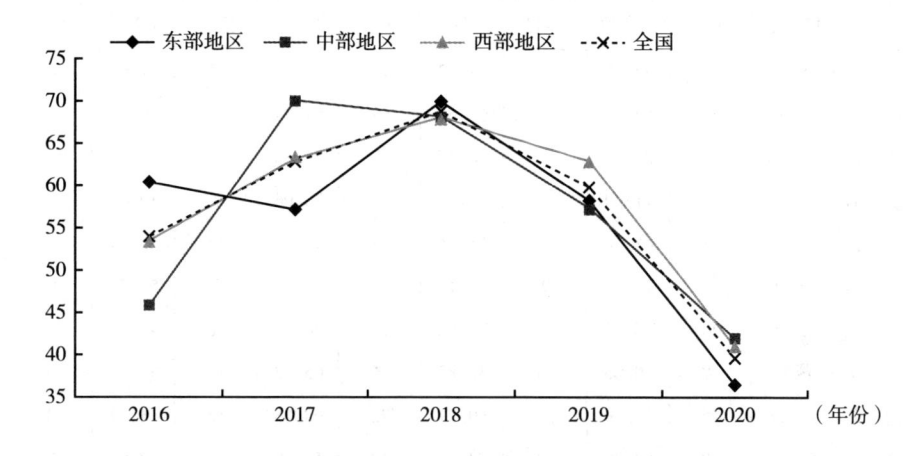

图22 2016～2020年东、中、西部地区及全国规模增长指数

就具体省份而言,2016～2020年,山西、江苏、黑龙江、福建、四川、甘肃的排名上升幅度较大;天津、内蒙古、安徽、湖北的排名下降幅度较大(见表13)。天津、山西、河南、湖北、广东、广西、海南、重庆等的排名波动幅度较大,这可能是因为部分年份的大口径财政收支数据缺失。

表13 2016～2020年全国31个省份规模增长指数值和排名

省份	2016年 指数值	排名	2017年 指数值	排名	2018年 指数值	排名	2019年 指数值	排名	2020年 指数值	排名
北 京	60.26	14	67.39	15	56.86	25	38.01	27	16.48	29
天 津	70.11	3	0.77	31	16.36	31	88.13	3	-24.79	31
河 北	66.19	5	78.97	5	90.81	3	61.49	14	47.92	10
山 西	24.83	29	94.45	1	89.96	4	46.63	25	68.53	1
内蒙古	47.27	23	18.86	30	69.73	16	86.84	4	25.12	28
辽 宁	35.68	27	56.73	21	74.23	14	57.91	17	45.01	14
吉 林	61.30	11	39.63	28	48.98	27	40.39	26	41.62	18
黑龙江	39.86	26	68.85	13	42.76	29	16.52	31	46.00	13

071

续表

省份	2016年 指数值	排名	2017年 指数值	排名	2018年 指数值	排名	2019年 指数值	排名	2020年 指数值	排名
上 海	78.77	2	52.45	26	67.62	19	24.52	30	31.60	24
江 苏	49.55	22	55.97	22	68.56	18	51.77	22	59.15	3
浙 江	69.94	4	86.92	3	90.85	2	79.85	6	37.95	21
安 徽	54.51	18	71.09	11	55.33	26	70.06	7	30.48	26
福 建	58.64	15	68.54	14	58.74	23	47.27	24	50.84	6
江 西	17.10	30	72.74	9	87.12	5	95.75	2	53.51	4
山 东	52.79	20	55.76	23	77.06	11	56.31	18	44.31	15
河 南	63.97	9	80.05	4	86.82	6	65.13	11	38.97	20
湖 北	43.57	25	70.06	12	60.21	22	64.65	12	6.92	30
湖 南	61.61	10	63.80	18	74.32	13	59.69	16	49.56	8
广 东	58.36	16	52.42	27	81.86	8	66.91	10	42.21	16
广 西	65.86	6	78.00	7	60.91	21	64.04	13	48.46	9
海 南	64.09	8	52.70	25	86.43	7	68.22	9	50.45	7
重 庆	44.38	24	72.41	10	40.53	30	35.99	28	36.61	22
四 川	60.37	13	64.77	16	77.38	10	52.77	20	62.90	2
贵 州	54.57	17	64.36	17	69.16	17	115.41	1	41.85	17
云 南	50.71	21	89.49	2	58.12	24	68.32	8	47.42	11
西 藏	96.47	1	78.26	6	99.51	1	52.41	21	32.82	23
陕 西	16.45	31	76.31	8	81.12	9	60.00	15	40.89	19
甘 肃	54.32	19	53.37	24	76.35	12	47.83	23	51.06	5
青 海	25.21	28	39.43	29	71.88	15	82.90	5	46.30	12
宁 夏	61.26	12	61.28	20	47.88	28	34.74	29	27.18	27
新 疆	65.10	7	61.89	19	64.63	20	53.90	19	30.66	25

2.31个省份规模增长指数的内在结构比较分析

2020年，从31个省份规模增长指数组成情况可以看出，山西、四川、江苏、江西和甘肃分列规模增长指数前5名，宁夏、内蒙古、北京、湖北和天津排在后5位，特别地，天津只有大口径支出增速为正值（见图23）。

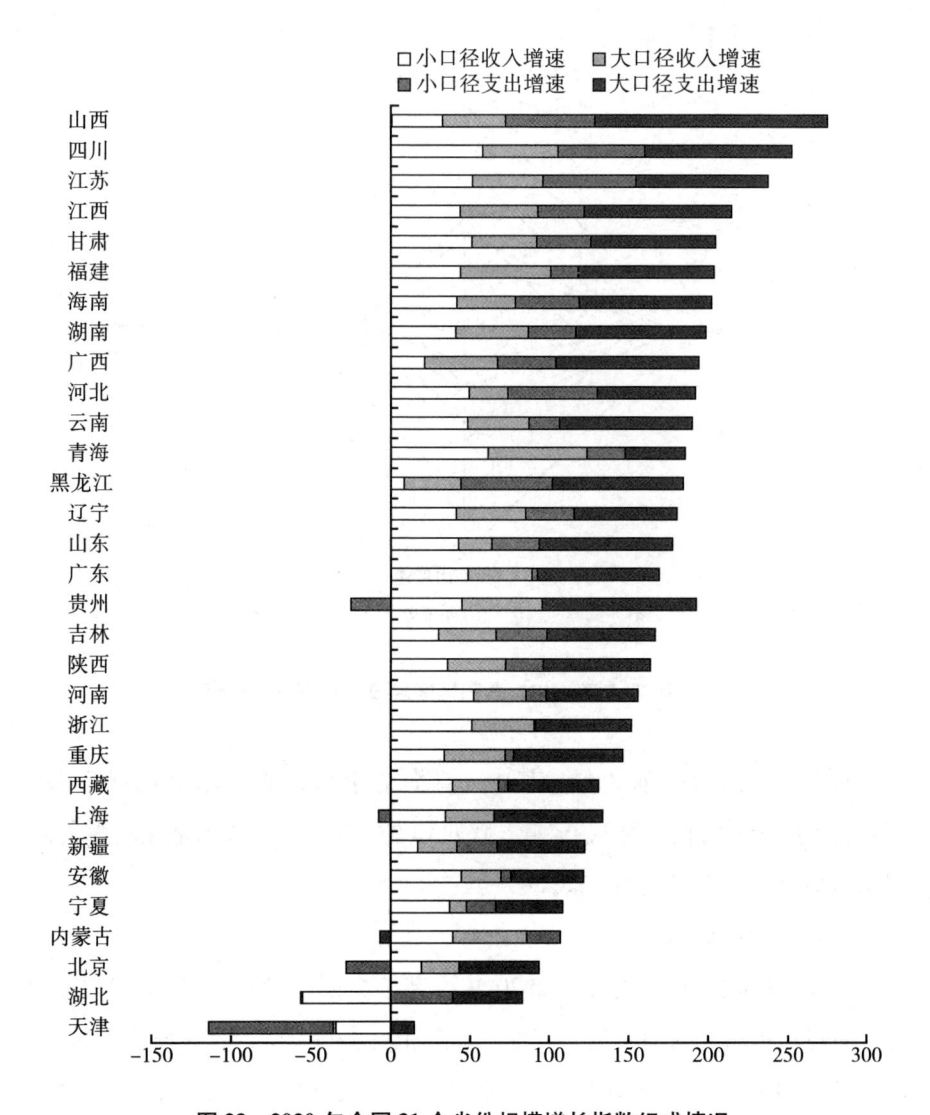

图 23　2020 年全国 31 个省份规模增长指数组成情况

就东、中、西部地区而言，2020年，中部地区在小口径支出增速与大口径支出增速方面领先，而西部地区在小口径收入增速和大口径收入增速方面领先（见图24）。

（1）小口径收入增速

在小口径收入增速方面，2020年，高于全国均值的省份有21个，青

073

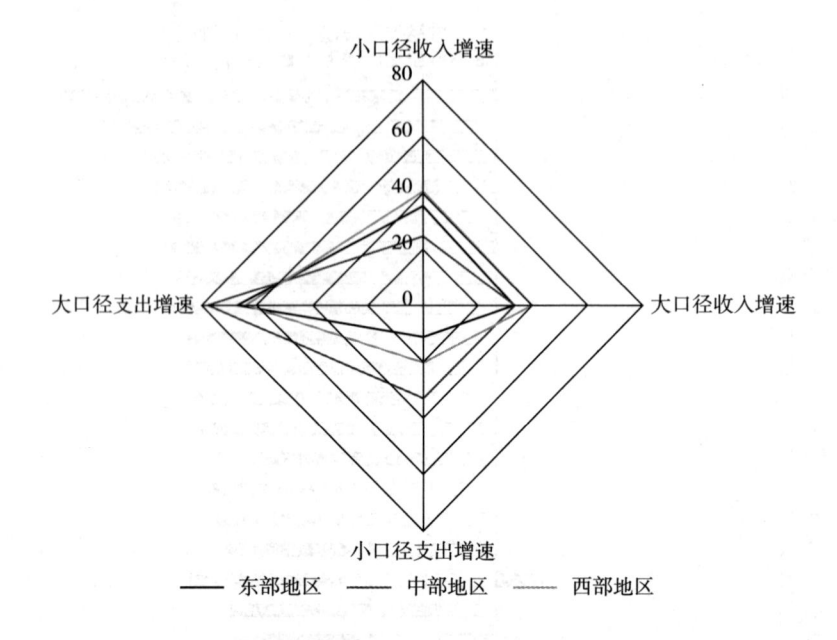

图24　2020年东、中、西部地区规模增长指数构成情况

海、四川、河南分列前3位,其中,青海的小口径收入增速达到5.58%(见图25)。内蒙古、西藏、宁夏、陕西等省份的小口径收入增速均为负值,湖北的小口径收入增速为-25.88%。

(2)大口径收入增速

在大口径收入增速方面,2020年,高于全国均值的省份有20个,青海、福建和贵州分列前3位,其中,青海和福建的大口径收入增速分别达到16.40%和13.14%(见图26)。湖北和天津的大口径收入增速排在后两位,分别为-22.04%和-22.85%。

(3)小口径支出增速

在小口径支出增速方面,2020年,高于全国均值的省份有18个,江苏、黑龙江和河北分列前3位,其中,江苏的小口径支出增速达到8.81%,有9个省份的增速超过5%。上海、贵州、北京和天津的小口径支出增速都为负值,分别为-0.94%、-3.52%、-3.94%和-11.37%(见图27)。

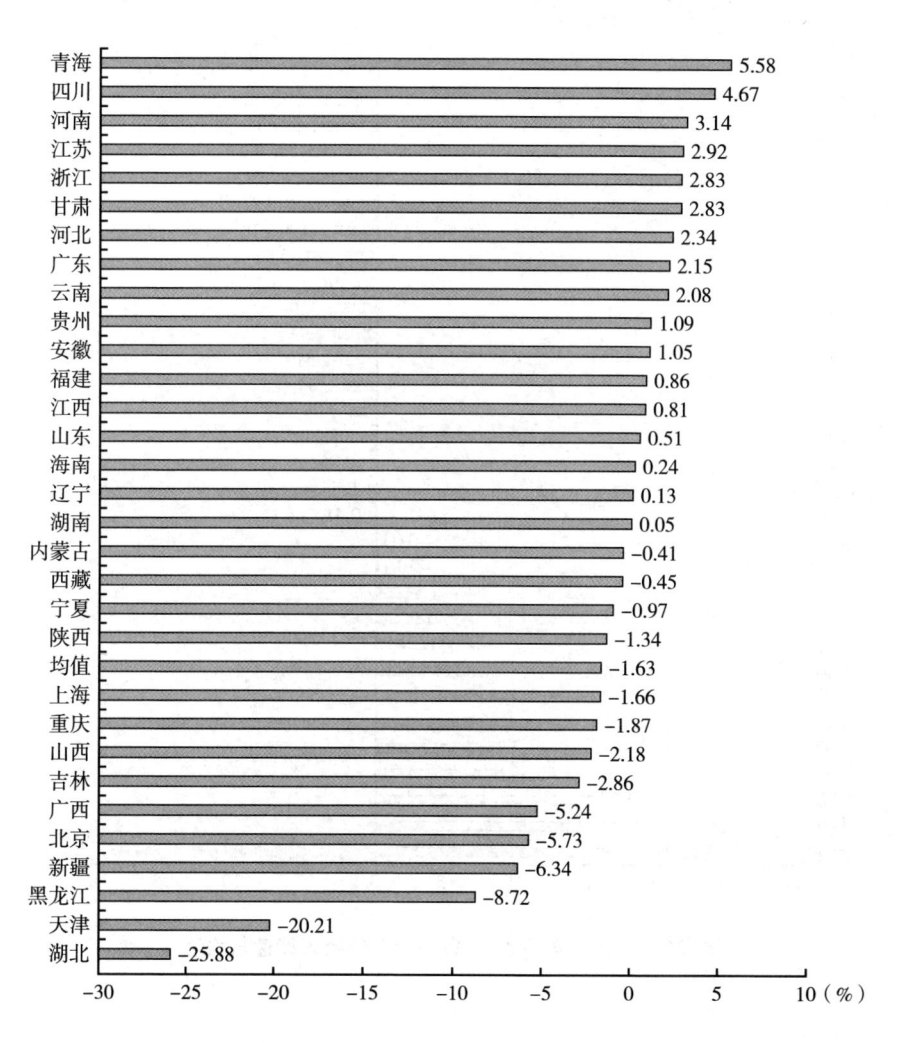

图25 2020年全国31个省份小口径收入增速与均值

(4) 大口径支出增速

在大口径支出增速方面，2020年，高于全国均值的省份有16个，山西、贵州和江西分列前3位，其中，山西的大口径支出增速达到33.00%（见图28）。天津和内蒙古的大口径支出增速均为负值，其中，内蒙古的大口径支出增速为-13.49%。

财政发展蓝皮书·中国

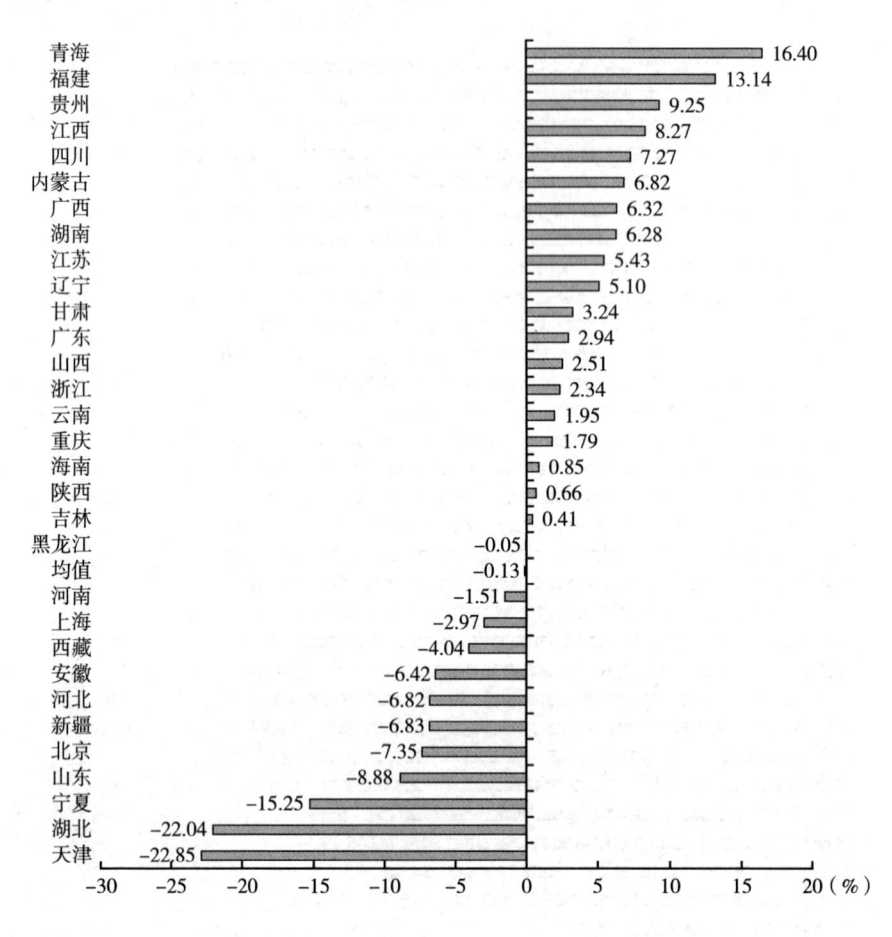

省份	数值
青海	16.40
福建	13.14
贵州	9.25
江西	8.27
四川	7.27
内蒙古	6.82
广西	6.32
湖南	6.28
江苏	5.43
辽宁	5.10
甘肃	3.24
广东	2.94
山西	2.51
浙江	2.34
云南	1.95
重庆	1.79
海南	0.85
陕西	0.66
吉林	0.41
黑龙江	-0.05
均值	-0.13
河南	-1.51
上海	-2.97
西藏	-4.04
安徽	-6.42
河北	-6.82
新疆	-6.83
北京	-7.35
山东	-8.88
宁夏	-15.25
湖北	-22.04
天津	-22.85

图 26 2020 年全国 31 个省份大口径收入增速与均值

三 财政稳定指数的省域比较

（一）财政稳定指数总体分析

"量入为出"是财政收支的基本原则。财政稳定指数主要关注收支差距。一般而言，收支差额由债务承担和反映，但由于我国地方政府财政收入分为自有财政收入和中央转移支付收入，自有财政收支差距不一定会转化为债务。因此，财政稳定指数需要考虑自有财政收支差距，以及纳入中央转移支付和结转、结余后必须由债务承担的部分。据此，本报告的财政稳定指数包括收支缺口和债务风险两个维度，下设 2 个二级指标和 7 个底层指标，以反映我国 31 个省份财政收支差距和债务状况。

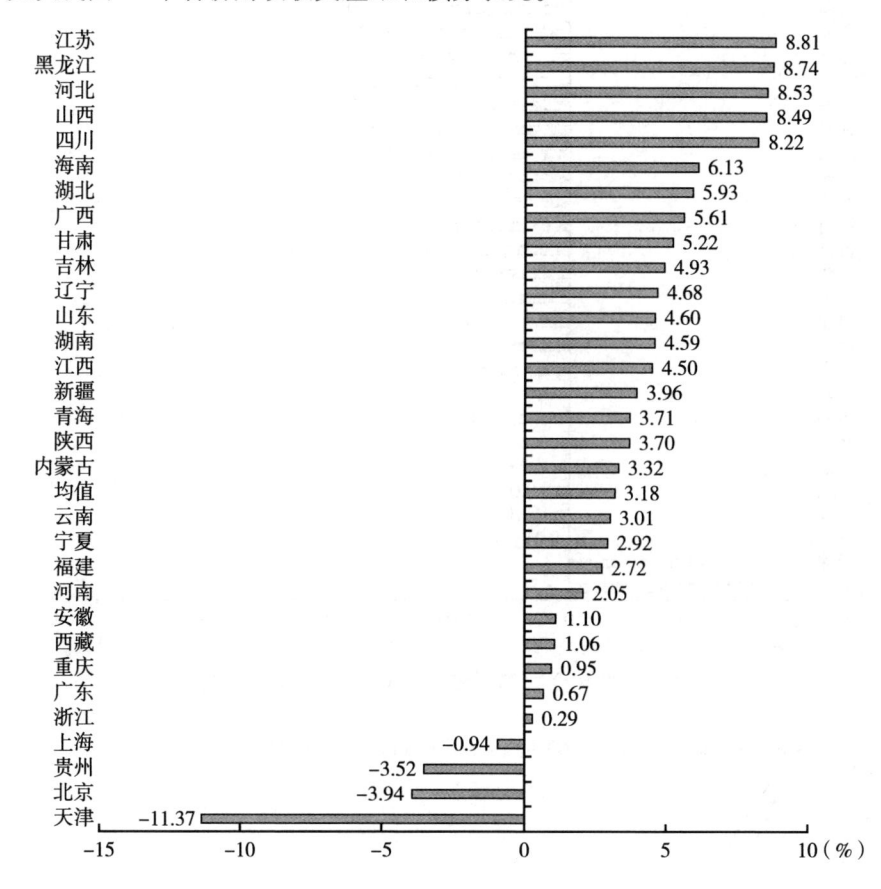

省份	数值
江苏	8.81
黑龙江	8.74
河北	8.53
山西	8.49
四川	8.22
海南	6.13
湖北	5.93
广西	5.61
甘肃	5.22
吉林	4.93
辽宁	4.68
山东	4.60
湖南	4.59
江西	4.50
新疆	3.96
青海	3.71
陕西	3.70
内蒙古	3.32
均值	3.18
云南	3.01
宁夏	2.92
福建	2.72
河南	2.05
安徽	1.10
西藏	1.06
重庆	0.95
广东	0.67
浙江	0.29
上海	-0.94
贵州	-3.52
北京	-3.94
天津	-11.37

图 27　2020 年全国 31 个省份小口径支出增速与均值

1. 2016～2020 年 31 个省份财政稳定指数的变化趋势比较分析

财政稳定指数主要反映 31 个省份财政收支缺口和债务的基本状况。从整体上看，2016～2017 年，全国 31 个省份的平均财政稳定指数呈现大幅下降趋势，2017～2019 年出现小幅上升，2019～2020 年出现小幅下降，2020年的平均财政稳定指数为 34.95（见图 29）。就东、中、西部地区而言，东部

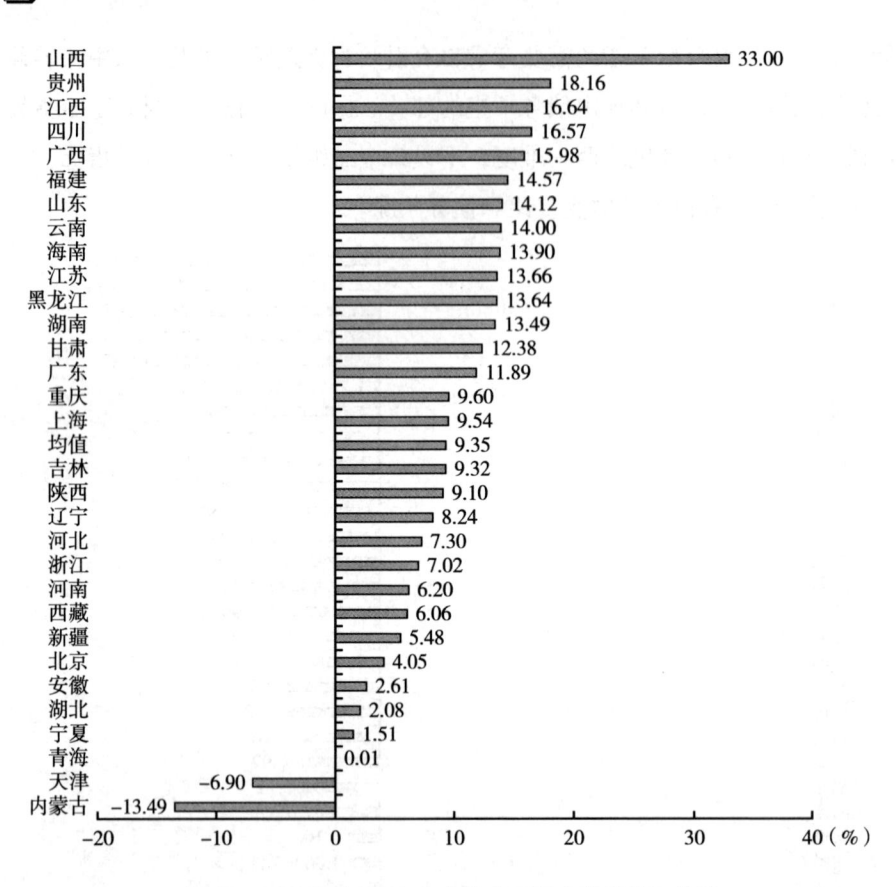

图 28　2020 年全国 31 个省份大口径支出增速与均值

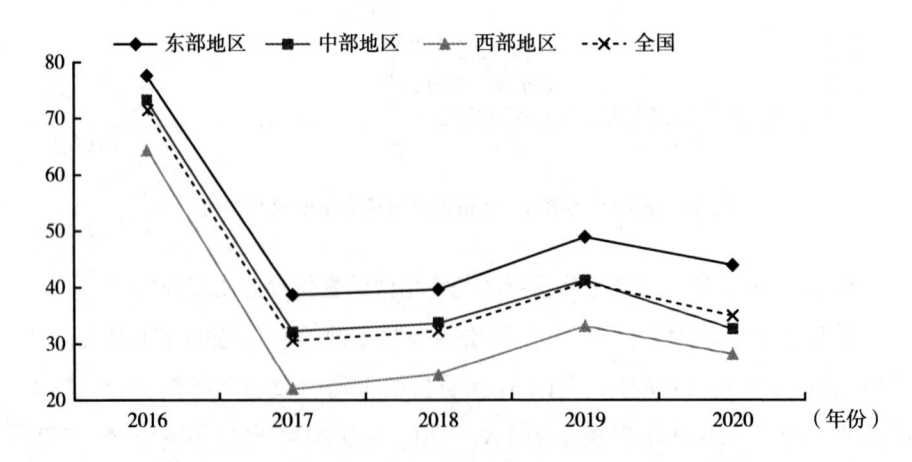

图 29　2016～2020 年东、中、西部地区及全国财政稳定指数

地区的财政稳定指数在 2020 年下降，从 2019 年的 48.90 下降至 2020 年的 43.90。中部地区和西部地区的财政稳定指数在 2020 年均下降，分别从 2019 年的 41.28 和 33.10 下降至 32.88 和 28.14。总体而言，东部、中部和西部地区的财政稳定指数均下降，东部地区和中部地区间的差距较大。

具体到每个省份，2016~2020 年，山西、山东、江西、河北、天津的财政稳定指数的排名降幅较大；辽宁、重庆、广东的排名则有比较大的提升；四川、湖北的排名的波动幅度较大（见表14）。

表14　2016~2020 年全国 31 个省份财政稳定指数值和排名

省份	2016 年 指数值	排名	2017 年 指数值	排名	2018 年 指数值	排名	2019 年 指数值	排名	2020 年 指数值	排名
北　京	80.66	3	47.90	1	44.03	4	54.79	5	55.71	2
天　津	70.10	20	29.73	18	28.00	23	24.16	26	15.99	27
河　北	79.38	8	44.93	4	33.94	15	42.45	17	37.87	15
山　西	76.83	9	37.44	9	35.69	13	51.35	9	31.17	20
内蒙古	67.05	24	13.78	29	19.72	27	17.75	29	25.53	25
辽　宁	62.93	25	28.59	20	38.91	11	45.71	15	42.42	10
吉　林	68.78	22	31.52	13	33.84	16	15.68	30	10.56	28
黑龙江	57.72	28	27.07	22	31.60	19	23.62	28	6.43	31
上　海	91.23	1	45.49	2	44.52	3	63.36	1	57.58	1
江　苏	80.59	4	40.89	7	40.18	10	52.79	8	46.18	7
浙　江	80.44	5	45.16	3	40.72	8	50.89	10	44.85	8
安　徽	76.34	12	30.14	15	31.69	18	47.49	11	46.81	6
福　建	79.54	7	34.15	12	43.59	5	56.86	3	54.58	4
江　西	76.45	11	37.42	10	14.67	30	33.42	23	35.90	18
山　东	81.55	2	40.34	8	46.69	2	53.76	7	40.46	12
河　南	79.90	6	41.41	6	42.33	7	54.71	6	52.73	5
湖　北	74.77	16	29.91	16	42.63	6	56.54	4	37.48	17
湖　南	75.17	14	23.41	25	36.57	12	47.44	12	41.93	11
广　东	75.42	13	44.87	5	48.53	1	58.21	2	54.80	3
广　西	74.85	15	21.59	27	24.77	26	32.26	24	29.78	21
海　南	72.12	18	23.48	24	26.68	24	34.96	20	32.45	19

续表

省份	2016年 指数值	排名	2017年 指数值	排名	2018年 指数值	排名	2019年 指数值	排名	2020年 指数值	排名
重 庆	69.51	21	37.41	11	40.36	9	46.22	13	43.23	9
四 川	76.66	10	27.82	21	28.68	21	40.55	18	38.09	14
贵 州	50.95	30	19.69	28	19.20	28	31.50	25	22.35	26
云 南	71.81	19	29.76	17	29.83	20	43.23	16	37.75	16
西 藏	50.00	31	-4.70	31	-6.55	31	23.63	27	10.13	29
陕 西	72.89	17	31.36	14	33.38	17	46.00	14	38.84	13
甘 肃	58.70	27	28.86	19	25.91	25	34.15	22	28.22	23
青 海	54.22	29	12.50	30	17.88	29	11.16	31	9.14	30
宁 夏	67.25	23	21.87	26	34.01	14	36.22	19	28.83	22
新 疆	62.08	26	23.58	23	28.29	22	34.58	21	25.74	24

2020年，财政稳定指数的排名和人均GDP的排名存在较大的差距（见图30）。2020年，财政稳定指数高于全国均值的省份有18个，高于50的省份有5个，上海排名第一，达到57.58；人均GDP高于全国均值的省份有11个，高于10万元的省份有5个，其中北京排名第一，人均GDP达到16.49万元；而人均GDP低于全国均值的河南、辽宁等省份的财政稳定指数排名靠前，天津的人均GDP排在全国第五名，但财政稳定指数的排名倒数第五。天津的排名明显出乎人们的意料，需要对天津的财政内部结构进行深入研究，以解开谜团。

2. 31个省份财政稳定指数的内在结构比较分析

通过统计2016~2020年财政稳定指数下二级指标的变异系数可以发现，收支缺口指数的变异系数总体上呈上升趋势，债务风险指数的变异系数则有所波动，总体而言，债务风险指数的变异系数高于收支缺口指数（见表15）。就均值而言，收支缺口指数均值高于债务风险指数均值，2020年，收支缺口指数均值出现较大幅度的下降，债务风险指数均值也出现下降（见表16）。财政稳定指数下二级指标的水平和差异性共同决定了二级指标排名和财政稳定指数排名的相关系数，可以看到，2016~2020年，收支缺口指数排名和财政稳定指数排名的相关系数较债务风险指数大（见表17）。

财政发展综合性指数的省域比较

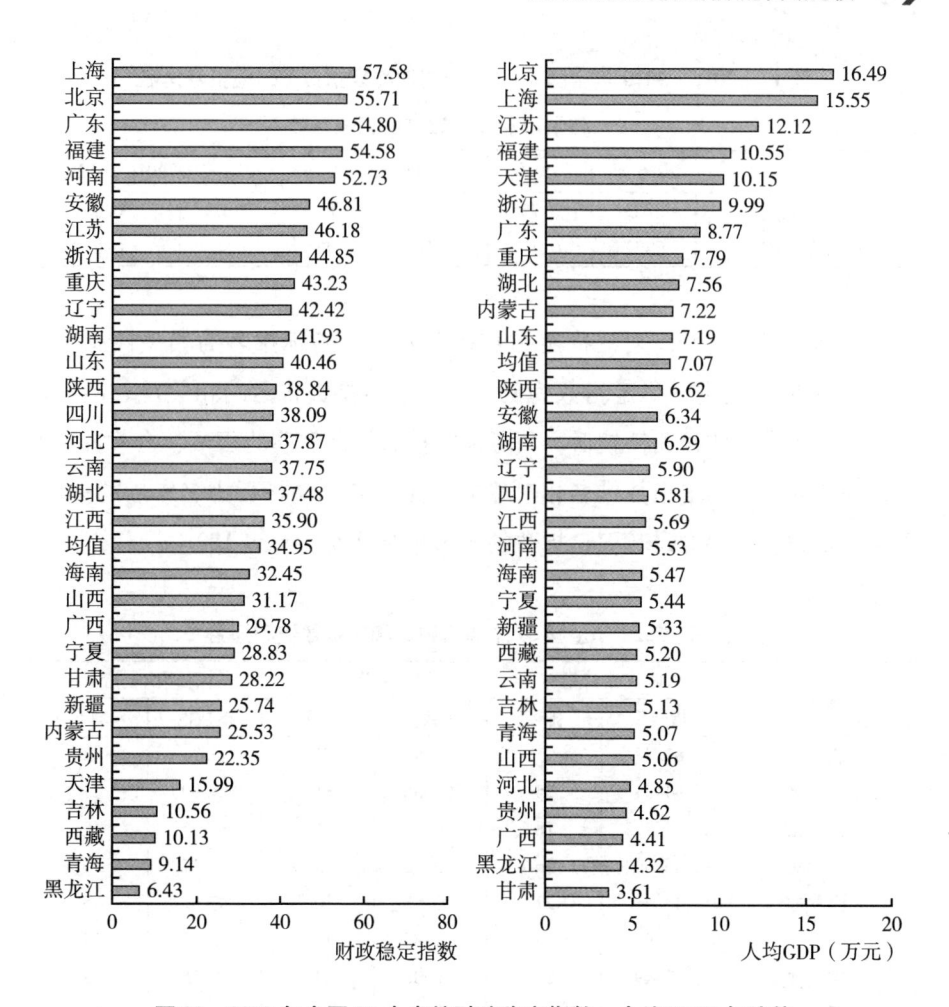

省份	财政稳定指数	省份	人均GDP
上海	57.58	北京	16.49
北京	55.71	上海	15.55
广东	54.80	江苏	12.12
福建	54.58	福建	10.55
河南	52.73	天津	10.15
安徽	46.81	浙江	9.99
江苏	46.18	广东	8.77
浙江	44.85	重庆	7.79
重庆	43.23	湖北	7.56
辽宁	42.42	内蒙古	7.22
湖南	41.93	山东	7.19
山东	40.46	均值	7.07
陕西	38.84	陕西	6.62
四川	38.09	安徽	6.34
河北	37.87	湖南	6.29
云南	37.75	辽宁	5.90
湖北	37.48	四川	5.81
江西	35.90	江西	5.69
均值	34.95	河南	5.53
海南	32.45	海南	5.47
山西	31.17	宁夏	5.44
广西	29.78	新疆	5.33
宁夏	28.83	西藏	5.20
甘肃	28.22	云南	5.19
新疆	25.74	吉林	5.13
内蒙古	25.53	青海	5.07
贵州	22.35	山西	5.06
天津	15.99	河北	4.85
吉林	10.56	贵州	4.62
西藏	10.13	广西	4.41
青海	9.14	黑龙江	4.32
黑龙江	6.43	甘肃	3.61

图30 2020年全国31个省份财政稳定指数、人均GDP与均值

表15 2016~2020年全国31个省份财政稳定指数下二级指标变异系数

指数	2016年	2017年	2018年	2019年	2020年	2016~2020年
收支缺口指数	0.25	0.23	0.23	0.26	0.34	0.26
债务风险指数	0.23	-0.57	-0.61	3.16	6.48	1.74

表16 2016~2020年全国31个省份财政稳定指数下二级指标均值

指数	2016年	2017年	2018年	2019年	2020年	2016~2020年
收支缺口指数	80.16	85.59	84.64	77.45	67.79	79.13
债务风险指数	62.80	-24.46	-20.10	4.19	2.12	4.91

表17 2016～2020年全国31个省份财政稳定指数下二级指标排名
与财政稳定指数排名相关系数

指数	2016年	2017年	2018年	2019年	2020年	2016~2020年
收支缺口指数	0.69	0.75	0.75	0.87	0.91	0.80
债务风险指数	0.52	0.71	0.74	0.77	0.60	0.67

具体到某一年份,财政稳定指数排名和二级指标排名的相关性有所变动。以2020年的财政稳定指数为例,收支缺口指数排名的相关性较高,债务风险指数排名的相关性较低。债务风险指数排名靠前的西藏、内蒙古、山西、湖北的财政稳定指数排名相对靠后;而债务风险指数排名靠后的重庆、浙江、安徽、四川的财政稳定指数的排名相对靠前(见表18)。

表18 2020年全国31个省份财政稳定指数值和排名

省份	收支缺口指数 指数值	排名	债务风险指数 指数值	排名	财政稳定指数 指数值	排名
北京	81.48	11	29.94	2	55.71	2
天津	54.54	25	-22.56	31	15.99	27
河北	68.17	18	7.57	11	37.87	15
山西	46.59	26	15.76	5	31.17	20
内蒙古	43.48	27	7.58	10	25.53	25
辽宁	82.99	9	1.85	14	42.42	10
吉林	27.49	29	-6.38	24	10.56	28
黑龙江	19.88	30	-7.03	25	6.43	31
上海	81.98	10	33.18	1	57.58	1
江苏	89.12	6	3.25	13	46.18	7
浙江	89.98	5	-0.29	17	44.85	8
安徽	92.33	2	1.30	15	46.81	6
福建	96.60	1	12.56	8	54.58	4
江西	76.30	14	-4.50	22	35.90	18
山东	72.18	15	8.74	9	40.46	12
河南	91.00	3	14.47	6	52.73	5
湖北	61.18	23	13.79	7	37.48	17
湖南	85.24	8	-1.39	18	41.93	11

续表

省份	收支缺口指数 指数值	收支缺口指数 排名	债务风险指数 指数值	债务风险指数 排名	财政稳定指数 指数值	财政稳定指数 排名
广 东	86.63	7	22.97	3	54.80	3
广 西	67.76	19	-8.21	26	29.78	21
海 南	64.31	21	0.60	16	32.45	19
重 庆	90.09	4	-3.63	21	43.23	9
四 川	80.84	13	-4.67	23	38.09	14
贵 州	66.44	20	-21.73	30	22.35	26
云 南	71.87	16	3.63	12	37.75	16
西 藏	-0.91	31	21.18	4	10.13	29
陕 西	81.21	12	-3.54	20	38.84	13
甘 肃	59.14	24	-2.70	19	28.22	23
青 海	39.32	28	-21.04	29	9.14	30
宁 夏	70.45	17	-12.79	28	28.83	22
新 疆	63.70	22	-12.23	27	25.74	24

就地区而言，2020年，东部、中部和西部地区的收支缺口指数和债务风险指数均依次降低（见图31）。

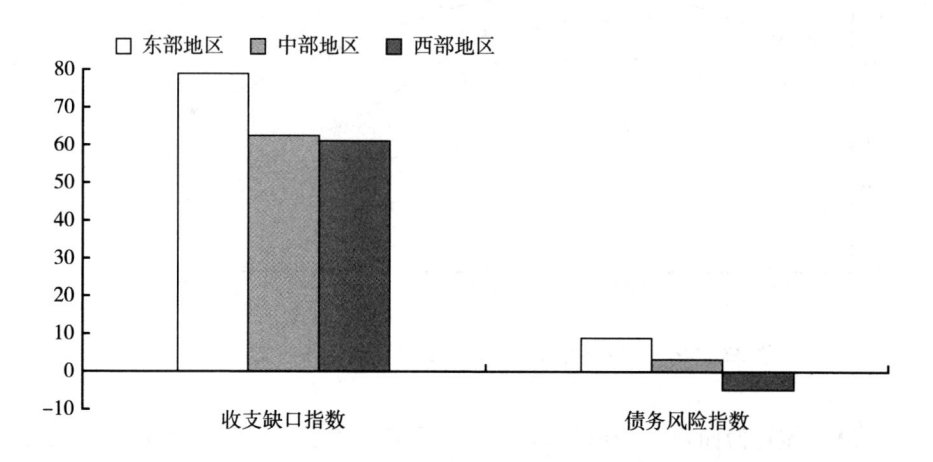

图31 2020年东、中、西部地区财政稳定指数均值

（二）财政稳定指数的二级指标——收支缺口指数

"收支缺口指数"设立大口径收支缺口、小口径收支缺口指标，缺口越大，越不利于财政可持续，财政稳定性越差，同时，设立大口径收支缺口波动、小口径收支缺口波动以反映财政收支实现过程中的稳定性情况，本报告用收支缺口的标准差来计算，指标越小，表明财政收支越稳定。

1. 2016～2020年31个省份收支缺口指数的变化趋势比较分析

从整体上看，2016～2020年，全国31个省份的平均收支缺口指数呈现先上升后下降的趋势，从2016年的80.16降至2020年的67.79（见图32）。东、中、西部地区的趋势与全国趋势相同，均总体上呈下降趋势，分别从2016年的87.76、82.78和71.44下降至2020年的78.91、62.50和61.12。东部、中部和西部地区的收支缺口指数依次降低，东部地区和中部地区的差距有所扩大，东部地区的收支缺口指数一直最大，2020年，各地区的收支缺口指数都有较大幅度的下降，表明2020年各地区的财政收支缺口都出现较大幅度的扩大。

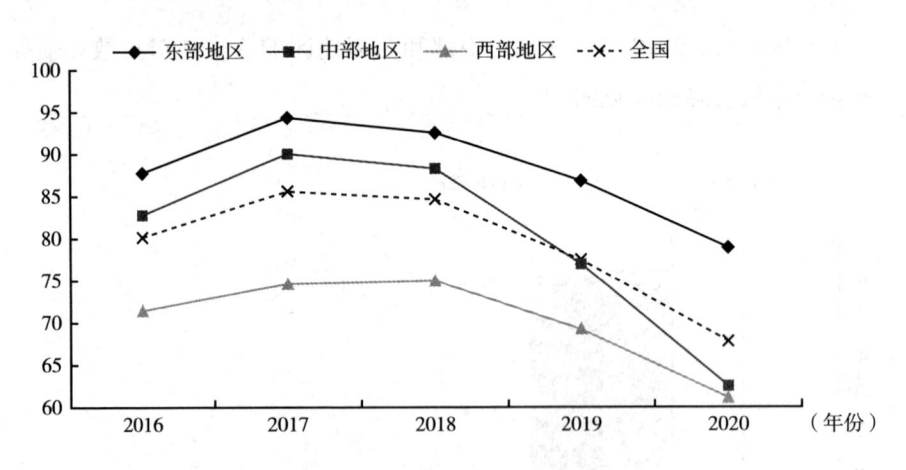

图32 2016～2020年东、中、西部地区及全国收支缺口指数

就具体省份而言，2016～2020年，辽宁、北京、广东的排名上升幅度较大；山东、天津、湖北、吉林、江西的排名下降幅度较大，上海、黑龙江的排名的波动幅度较大（见表19）。

表19 2016~2020年全国31个省份收支缺口指数值和排名

省份	2016年 指数值	排名	2017年 指数值	排名	2018年 指数值	排名	2019年 指数值	排名	2020年 指数值	排名
北京	76.06	23	90.57	15	87.91	18	83.35	16	81.48	11
天津	90.08	13	89.84	16	89.43	15	66.21	26	54.54	25
河北	86.04	18	98.13	6	86.81	20	77.00	20	68.17	18
山西	75.75	24	81.74	25	82.01	24	82.51	18	46.59	26
内蒙古	82.98	20	73.24	29	74.95	27	35.77	30	43.48	27
辽宁	70.46	26	80.59	26	98.62	2	90.88	12	82.99	9
吉林	80.88	21	83.22	22	90.42	12	37.37	29	27.49	29
黑龙江	50.35	30	81.90	24	89.63	14	49.02	27	19.88	30
上海	96.67	3	99.86	1	84.50	22	88.39	13	81.98	10
江苏	98.78	1	98.17	5	97.07	7	97.14	2	89.12	6
浙江	94.12	4	98.11	7	97.90	5	91.07	10	89.98	5
安徽	91.95	8	91.73	14	92.62	11	91.15	9	92.33	2
福建	91.96	7	99.28	2	98.22	4	97.13	3	96.60	1
江西	92.11	6	94.57	11	62.96	30	68.68	24	76.30	14
山东	96.83	2	98.90	3	98.85	1	93.58	7	72.18	15
河南	91.67	10	97.05	8	95.88	8	95.13	4	91.00	3
湖北	88.82	14	94.11	13	97.61	6	98.33	1	61.18	23
湖南	90.73	12	95.84	9	95.05	9	93.47	8	85.24	8
广东	86.05	17	98.87	4	98.30	3	94.90	5	86.63	7
广西	84.30	19	74.29	27	70.95	28	66.24	25	67.76	19
海南	78.29	22	85.35	21	80.36	25	75.40	21	64.31	21
重庆	93.68	5	95.42	10	90.18	13	90.97	11	90.09	4
四川	90.75	11	85.49	20	84.04	23	85.28	14	80.84	13
贵州	87.68	15	86.12	19	88.57	16	84.09	15	66.44	20
云南	91.89	9	86.36	18	87.58	19	83.20	17	71.87	16
西藏	0.00	31	-11.84	31	-9.91	31	25.77	31	-0.91	31
陕西	86.60	16	94.50	12	93.70	10	93.95	6	81.21	12
甘肃	52.24	29	82.46	23	70.34	29	69.74	23	59.14	24
青海	54.71	28	68.64	30	76.41	26	42.10	28	39.32	28
宁夏	74.35	25	86.68	17	88.38	17	78.96	19	70.45	17
新疆	58.11	27	73.95	28	84.51	21	74.27	22	63.70	22

2.31个省份收支缺口指数的内在结构比较分析

就东、中、西部地区而言，2020年，东、中、西部地区大口径收支缺口波动差距较大，东部地区和中、西部地区小口径收支缺口波动差距较大，东部地区和中部地区的大、小口径收支缺口相差较小（见图33）。

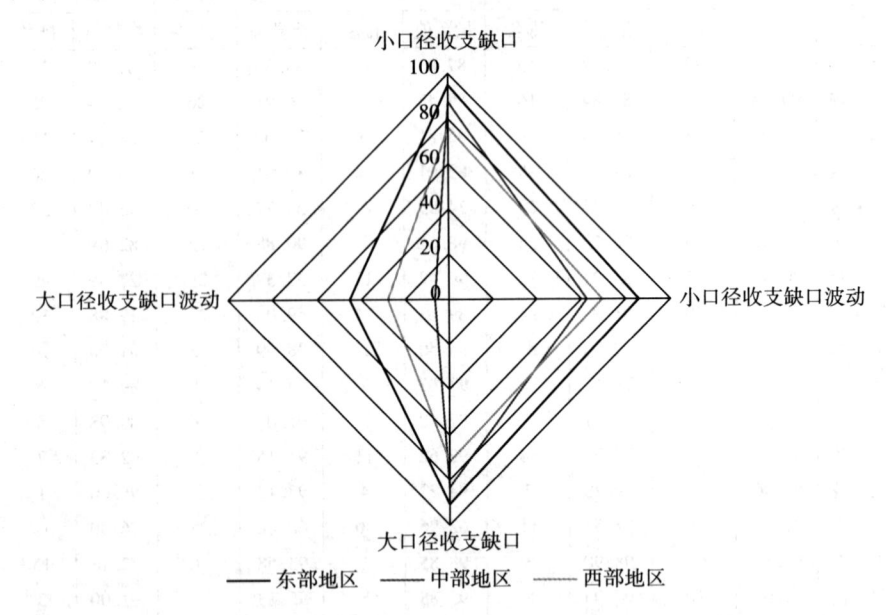

图33　2020年东、中、西部地区收支缺口指数构成情况

2020年，从31个省份收支缺口指数组成情况可以看出，福建、安徽、河南、重庆和浙江分列收支缺口指数前5位；内蒙古、青海、吉林、黑龙江和西藏排在后5位。黑龙江、吉林、内蒙古、山西、天津的大口径收支缺口波动均为负值（见图34）。

(1) 小口径收支缺口

在小口径收支缺口方面，发达地区的小口径收支缺口相对较小，欠发达地区的小口径收支缺口相对较大。2020年，小口径收支缺口低于全国均值的省份有20个，高于全国均值的省份有11个（见图35）；上海、广东、浙江、江苏、北京和福建分列前6位，小口径收支缺口均低于5%；黑龙江、甘肃、青海和西藏排在后4位，小口径收支缺口均高于30%，其中西藏的小口径收支缺口达到104.58%，远高于其他省份。2020年，东、中、西部地区的小口径收支缺口分别为8.07%、17.14%、31.01%。

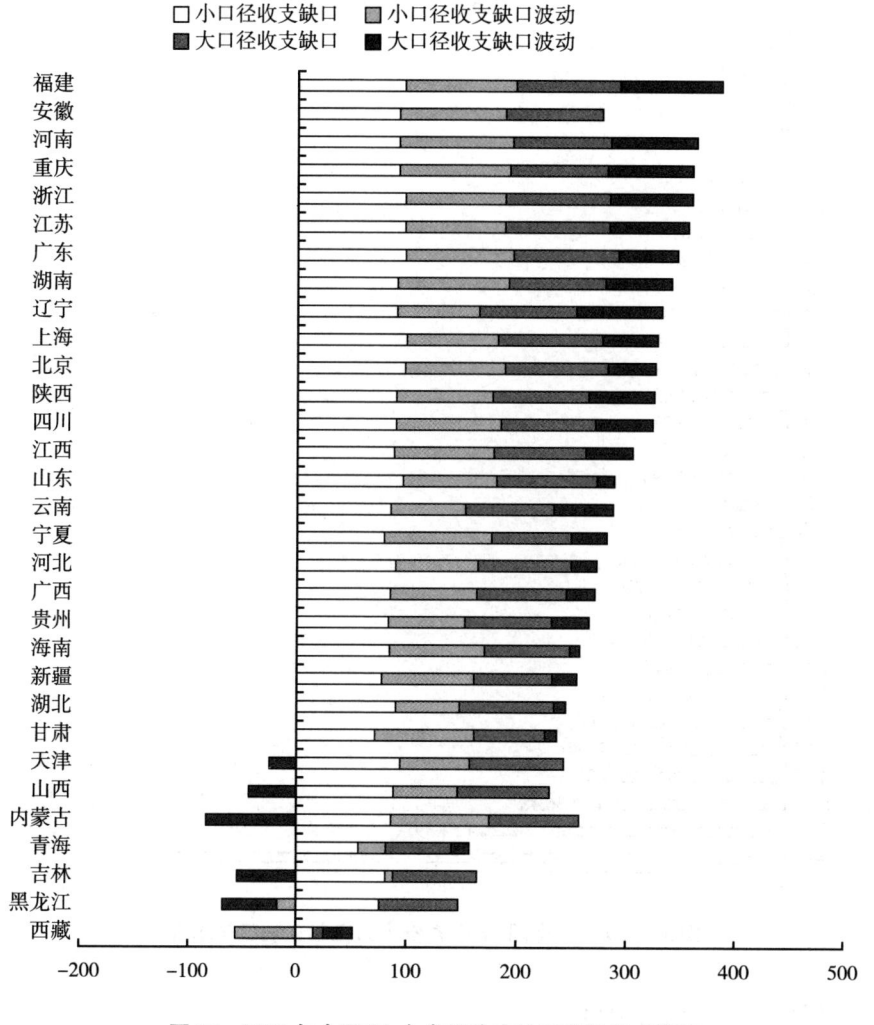

图34 2020年全国31个省份收支缺口指数组成情况

（2）小口径收支缺口波动

在小口径收支缺口波动方面，2020年，小口径收支缺口波动低于全国均值的省份有22个，高于全国均值的省份有9个；河南、湖南和福建的小口径收支缺口波动较小，其中，河南的小口径收支缺口波动为0.05%；吉林、黑龙江和西藏的小口径收支缺口波动较大，分别为3.53%、4.40%和5.81%（见图36）。

087

省份	数值
上海	2.73
广东	4.07
浙江	4.39
江苏	4.50
北京	4.52
福建	4.87
山东	6.39
天津	8.72
安徽	11.01
重庆	11.20
河南	11.28
湖南	12.91
辽宁	13.37
湖北	13.65
陕西	14.03
四川	14.28
河北	14.35
山西	15.94
江西	16.22
内蒙古	18.54
均值	19.29
云南	19.81
广西	20.14
海南	20.90
贵州	22.17
吉林	24.71
宁夏	27.06
新疆	29.40
黑龙江	31.37
甘肃	36.48
青海	54.39
西藏	104.58

图35 2020年全国31个省份小口径收支缺口与均值

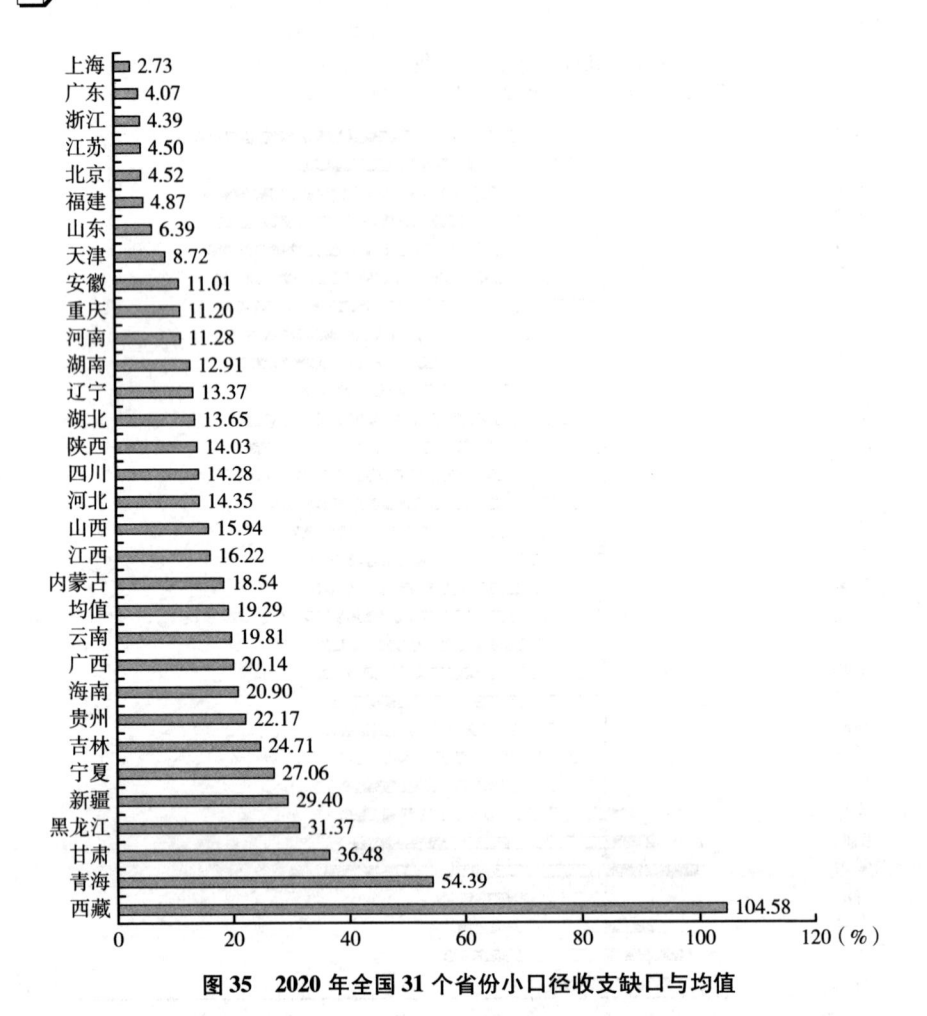

(3) 大口径收支缺口

在大口径收支缺口方面，2020年，低于全国均值的省份有21个，高于全国均值的省份有10个；广东、江苏和浙江的大口径收支缺口较小，甘肃、青海和西藏的大口径收支缺口较大，其中西藏的大口径收支缺口达到109.39%，远高于其他省份（见图37）。

(4) 大口径收支缺口波动

在大口径收支缺口波动方面，2020年，低于全国均值的省份有16个，高于全国均值的省份14个，福建、河南和重庆的大口径收支缺口波动较小，

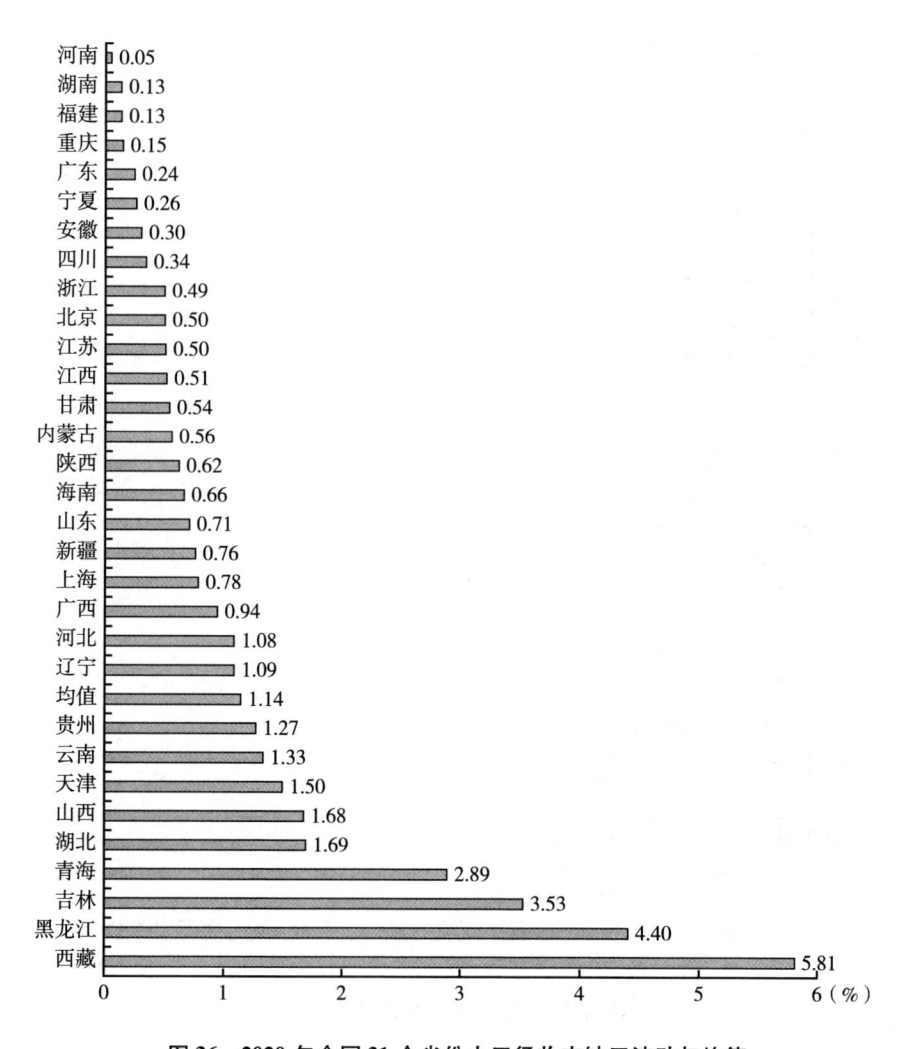

省份	值
河南	0.05
湖南	0.13
福建	0.13
重庆	0.15
广东	0.24
宁夏	0.26
安徽	0.30
四川	0.34
浙江	0.49
北京	0.50
江苏	0.50
江西	0.51
甘肃	0.54
内蒙古	0.56
陕西	0.62
海南	0.66
山东	0.71
新疆	0.76
上海	0.78
广西	0.94
河北	1.08
辽宁	1.09
均值	1.14
贵州	1.27
云南	1.33
天津	1.50
山西	1.68
湖北	1.69
青海	2.89
吉林	3.53
黑龙江	4.40
西藏	5.81

图 36　2020 年全国 31 个省份小口径收支缺口波动与均值

黑龙江、吉林和内蒙古的大口径收支缺口波动较大，其中，内蒙古的大口径收支缺口波动达到 6.13%，与其他省份的差距较大（见图 38）。

（三）财政稳定指数的二级指标——债务风险指数

"债务风险指数"主要从我国地方政府的实际债务内涵入手，考虑显性债务和隐性债务规模和成本，下设显性负债率、隐性负债率和显性负债平均

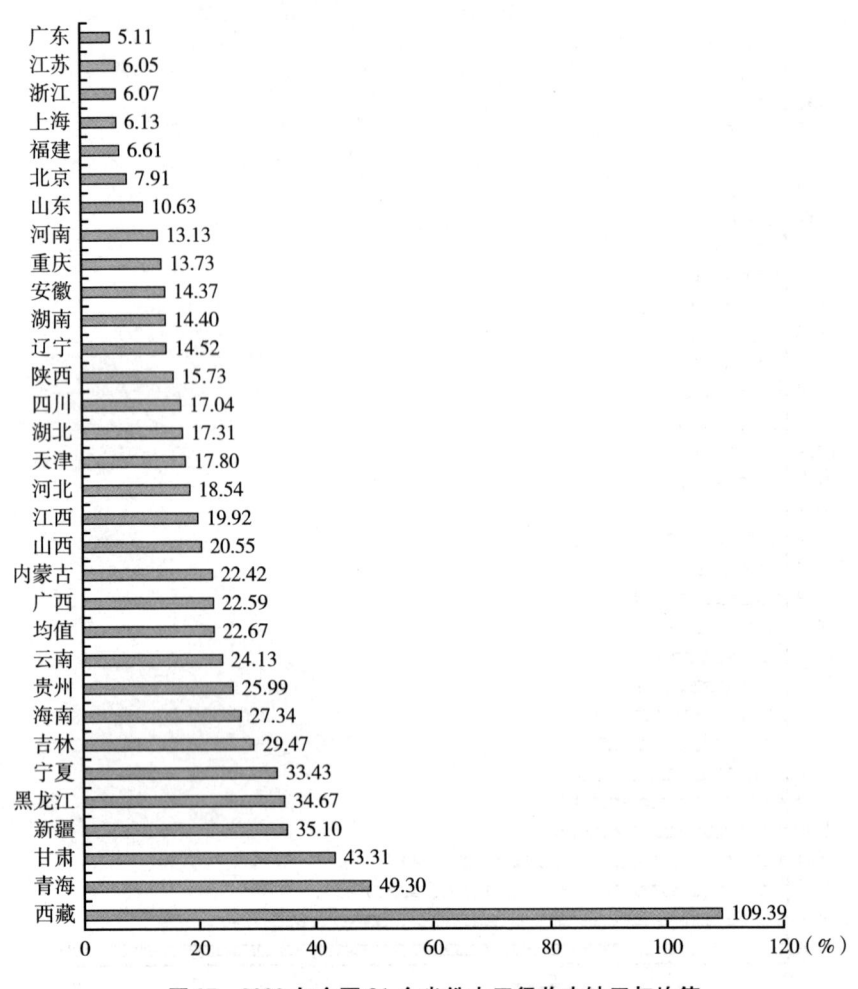

省份	数值
广东	5.11
江苏	6.05
浙江	6.07
上海	6.13
福建	6.61
北京	7.91
山东	10.63
河南	13.13
重庆	13.73
安徽	14.37
湖南	14.40
辽宁	14.52
陕西	15.73
四川	17.04
湖北	17.31
天津	17.80
河北	18.54
江西	19.92
山西	20.55
内蒙古	22.42
广西	22.59
均值	22.67
云南	24.13
贵州	25.99
海南	27.34
吉林	29.47
宁夏	33.43
黑龙江	34.67
新疆	35.10
甘肃	43.31
青海	49.30
西藏	109.39

图 37 2020 年全国 31 个省份大口径收支缺口与均值

利率。其中隐性负债率用地方城投公司的有息债务余额占 GDP 的比重表示，由于暂时无法获得该类债务的发行利率，因此，本报告没有考虑隐性债务的成本。债务风险指数的数值越大，表示财政越不稳定。

1. 2016~2020年 31 个省份债务风险指数的趋势比较分析

从整体上看，2017 年，全国 31 个省份的平均债务风险指数大幅度下降，从 2016 年的 62.80 下降至 2017 年的 -24.46，随后在 2018 年和 2019 年开始缓慢回升，2020 年较 2019 年略微有所下降（见图 39）。就东、中、西部地区而言,债务风险指数的变化趋势与全国平均水平基本一致,都在2017年出现大幅下降。2020年,东部地区的债务风险指数高于中部地区,两者均高于西部地区。

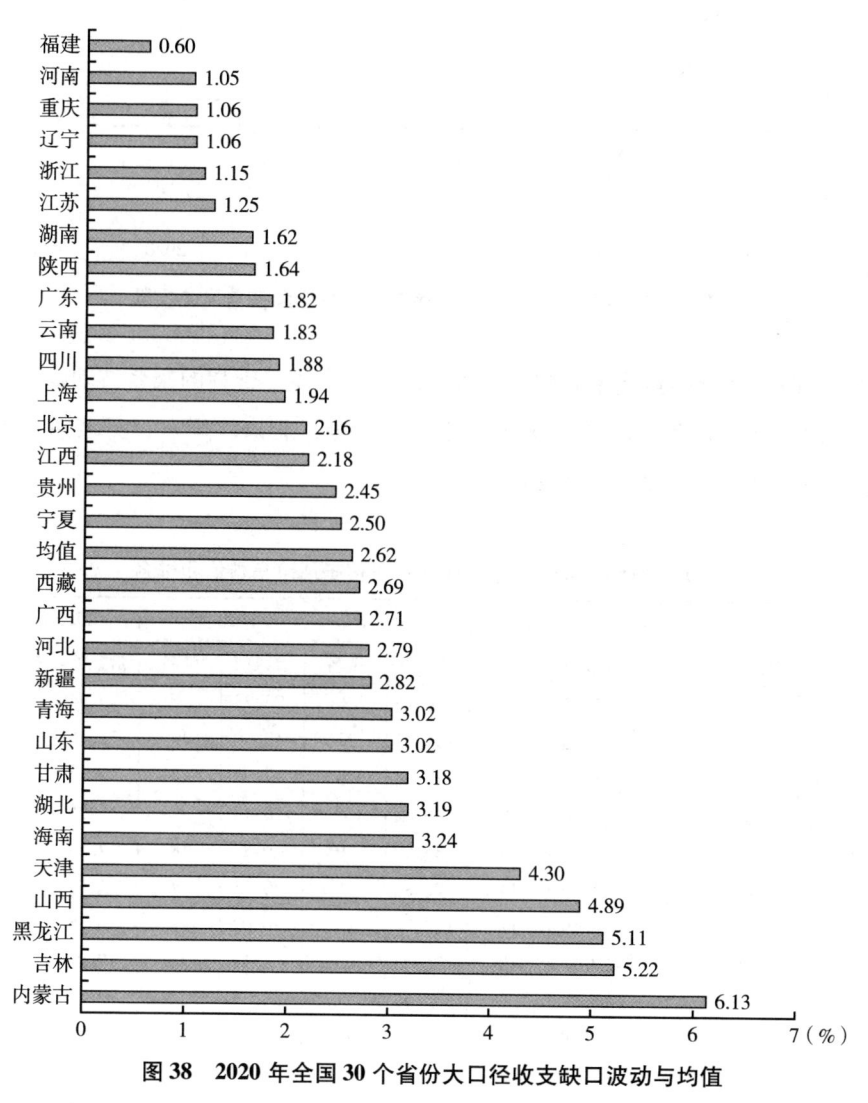

省份	指数
福建	0.60
河南	1.05
重庆	1.06
辽宁	1.06
浙江	1.15
江苏	1.25
湖南	1.62
陕西	1.64
广东	1.82
云南	1.83
四川	1.88
上海	1.94
北京	2.16
江西	2.18
贵州	2.45
宁夏	2.50
均值	2.62
西藏	2.69
广西	2.71
河北	2.79
新疆	2.82
青海	3.02
山东	3.02
甘肃	3.18
湖北	3.19
海南	3.24
天津	4.30
山西	4.89
黑龙江	5.11
吉林	5.22
内蒙古	6.13

图38 2020年全国30个省份大口径收支缺口波动与均值

注:2020年安徽省数据缺失。

就具体省份而言,2016~2020年,多数省份的债务风险指数排名较为稳定,但有些省份的排名变化较大,其中,内蒙古、云南的排名上升幅度较

财政发展蓝皮书·中国

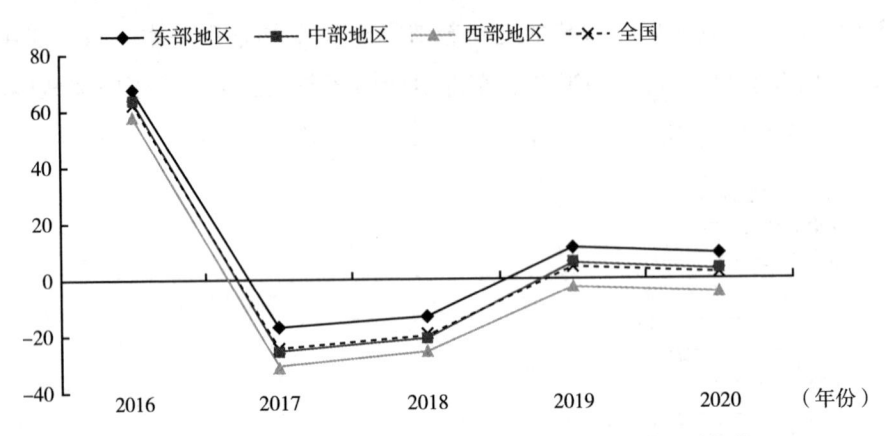

图39 2016~2020年东、中、西部地区及全国债务风险指数

大；广西、新疆的排名下降幅度较大；湖南、宁夏、吉林的排名波动幅度较大。2020年，债务风险指数排名前三的是上海、北京、广东，排名后三的是青海、贵州、天津（见表20）。

表20 2016~2020年全国31个省份债务风险指数值和排名

省份	2016年 指数值	排名	2017年 指数值	排名	2018年 指数值	排名	2019年 指数值	排名	2020年 指数值	排名
北京	85.26	3	5.23	1	0.15	2	26.23	2	29.94	2
天津	50.12	29	-30.38	20	-33.42	27	-17.90	29	-22.56	31
河北	72.72	5	-8.26	5	-18.94	14	7.91	12	7.57	11
山西	77.91	4	-6.86	3	-10.62	7	20.19	5	15.76	5
内蒙古	51.13	28	-45.67	29	-35.50	29	-0.27	18	7.58	10
辽宁	55.40	25	-23.40	14	-20.81	16	0.55	17	1.85	14
吉林	56.67	24	-20.19	12	-22.74	19	-6.02	27	-6.38	24
黑龙江	65.09	14	-27.75	18	-26.43	20	-1.79	21	-7.03	25
上海	85.79	2	-8.89	6	4.53	1	38.33	1	33.18	1
江苏	62.40	17	-16.39	9	-16.71	12	8.44	11	3.25	13
浙江	66.75	8	-7.79	4	-16.46	11	10.71	10	-0.29	17
安徽	60.73	19	-31.44	23	-29.24	26	3.84	13	1.30	15
福建	67.11	7	-30.97	21	-11.03	8	16.60	6	12.56	8
江西	60.80	18	-19.73	11	-33.62	28	-1.85	22	-4.50	22
山东	66.26	9	-18.22	10	-5.46	5	13.94	9	8.74	9

续表

省份	2016年 指数值	排名	2017年 指数值	排名	2018年 指数值	排名	2019年 指数值	排名	2020年 指数值	排名
河 南	68.14	6	-14.24	8	-11.22	9	14.29	8	14.47	6
湖 北	60.71	20	-34.29	25	-12.36	10	14.75	7	13.79	7
湖 南	59.61	22	-49.03	31	-21.91	18	1.41	16	-1.39	18
广 东	64.79	15	-9.13	7	-1.23	3	21.53	3	22.97	3
广 西	65.40	12	-31.11	22	-21.42	17	-1.73	20	-8.21	26
海 南	65.95	11	-38.39	26	-27.01	23	-5.49	26	0.60	16
重 庆	45.34	30	-20.60	13	-9.46	6	1.48	15	-3.63	21
四 川	62.58	16	-29.84	19	-26.67	21	-4.17	24	-4.67	23
贵 州	14.21	31	-46.74	30	-50.17	31	-21.08	31	-21.73	30
云 南	51.74	27	-26.83	17	-27.91	24	3.25	14	3.63	12
西 藏	100.00	1	2.43	2	-3.18	4	21.49	4	21.18	4
陕 西	59.19	23	-31.78	24	-26.94	22	-1.95	23	-3.54	20
甘 肃	65.15	13	-24.74	15	-18.52	13	-1.43	19	-2.70	19
青 海	53.73	26	-43.64	28	-40.65	30	-19.78	30	-21.04	29
宁 夏	60.14	21	-42.94	27	-20.36	15	-6.52	28	-12.79	28
新 疆	66.05	10	-26.79	16	-27.93	25	-5.11	25	-12.23	27

2. 31个省份债务风险指数的内在结构比较分析

就债务风险指数的内在结构而言，不同省份间的差异较大。以2020年为例，从31个省份的债务风险指数组成情况可以看出，上海、北京、广东、西藏和山西分列债务风险指数前五名，显性负债率与隐性负债率大致接近（见图40）。新疆、宁夏、青海、贵州和天津的债务风险指数排在后五位。内蒙古、辽宁、黑龙江等省份的隐性负债率较高，而广东、江苏、北京等省份的显性负债率较高。

就东、中、西部地区而言，2020年，东、中、西部地区在隐性负债率方面的差距不大。对于显性负债率，东部地区和中部地区高于西部地区。对于显性负债平均利率，东部地区高于中部地区和西部地区（见图41）。

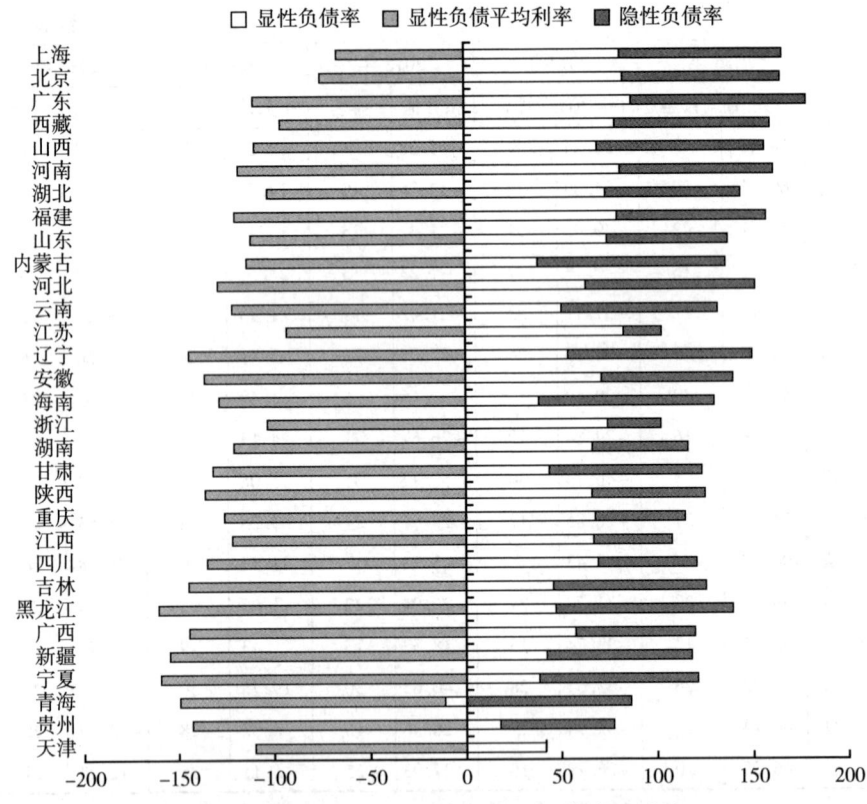

图 40　2020 年全国 31 个省份债务风险指数组成情况

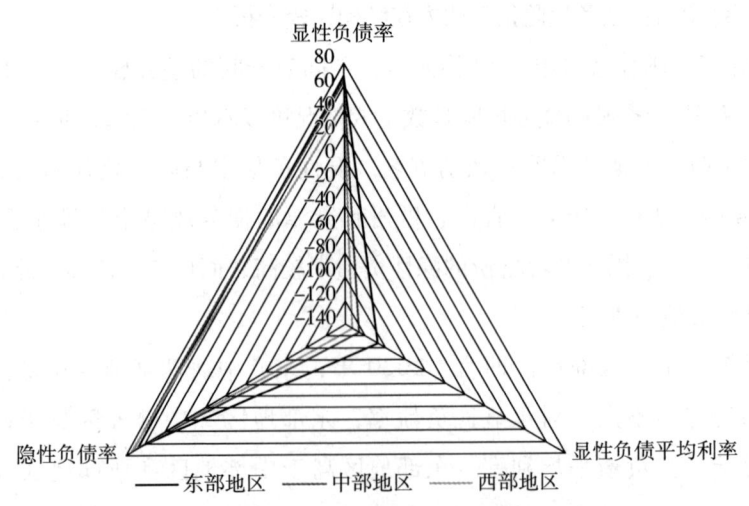

图 41　2020 年东、中、西部地区债务风险指数构成情况

（1）显性负债率

在显性负债率方面，2020 年，低于全国均值的省份有 18 个，高于全国均值的省份有 13 个，其中广东的显性负债率为 13.83%；海南、宁夏、内蒙古、贵州和青海的显性负债率较高，特别是贵州和青海的显性负债率超过50%，贵州为 61.65%，青海为 81.64%（见图 42）。

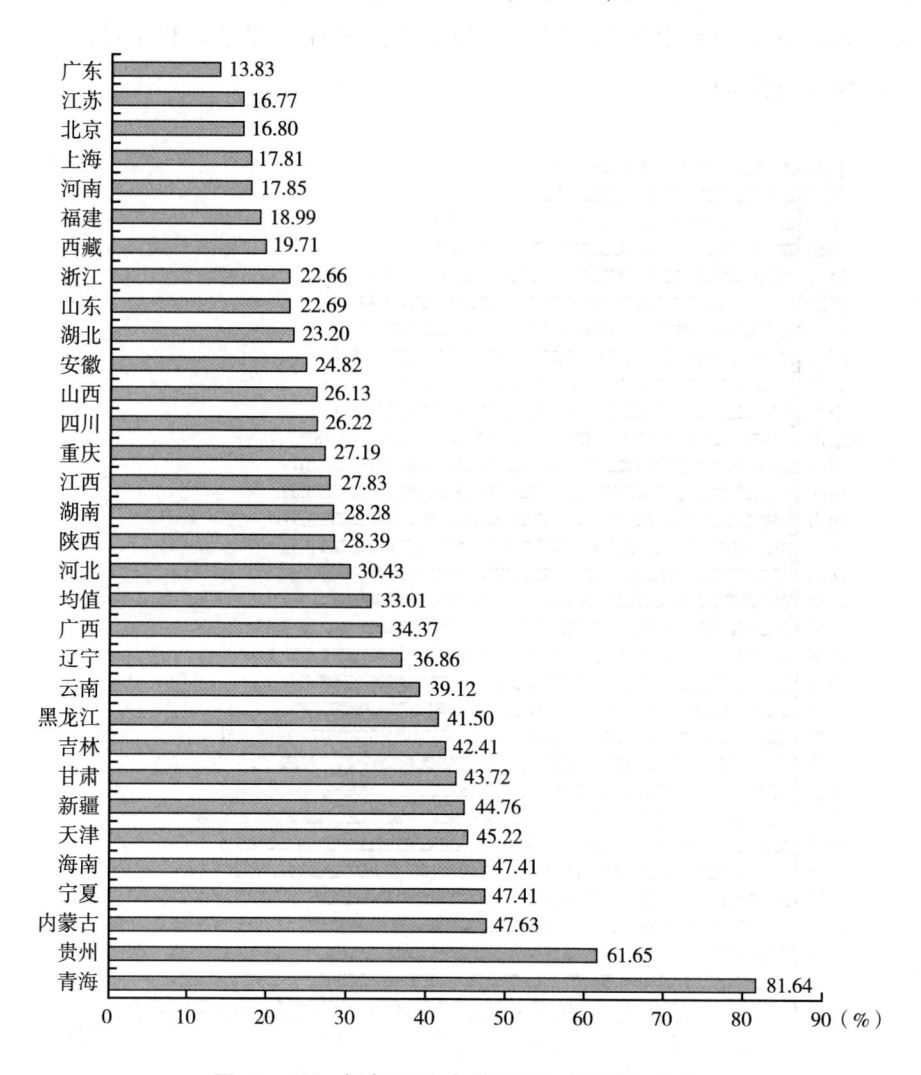

省份	显性负债率（%）
广东	13.83
江苏	16.77
北京	16.80
上海	17.81
河南	17.85
福建	18.99
西藏	19.71
浙江	22.66
山东	22.69
湖北	23.20
安徽	24.82
山西	26.13
四川	26.22
重庆	27.19
江西	27.83
湖南	28.28
陕西	28.39
河北	30.43
均值	33.01
广西	34.37
辽宁	36.86
云南	39.12
黑龙江	41.50
吉林	42.41
甘肃	43.72
新疆	44.76
天津	45.22
海南	47.41
宁夏	47.41
内蒙古	47.63
贵州	61.65
青海	81.64

图 42 2020 年全国 31 个省份显性负债率与均值

（2）显性负债平均利率

在显性负债平均利率方面，2020年，全国31个省份的显性负债平均利率为3.30%~3.66%，低于全国均值的省份有16个，高于全国均值的省份有15个，上海、北京、江苏、西藏和湖北的显性负债平均利率较低，上海的显性负债平均利率最低，为3.30%。广西、吉林、新疆、宁夏和黑龙江的显性负债平均利率较高，黑龙江和宁夏的显性负债平均利率最高，为3.66%（见图43）。

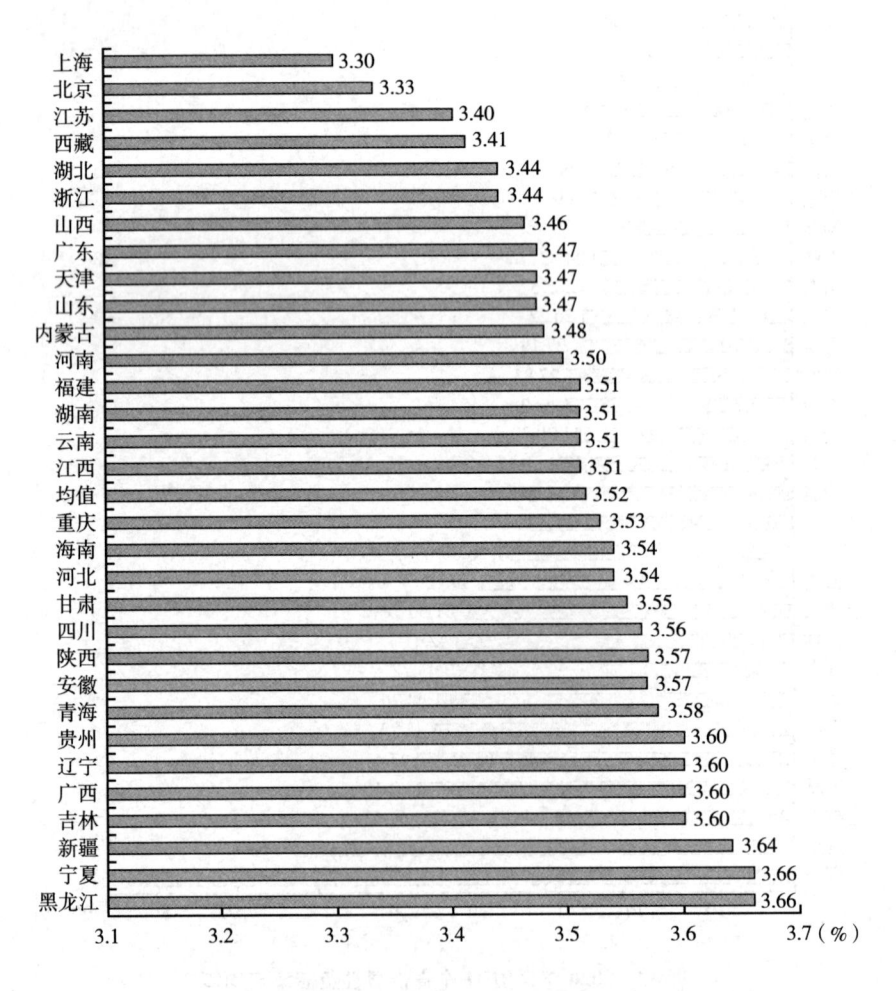

省份	显性负债平均利率（%）
上海	3.30
北京	3.33
江苏	3.40
西藏	3.41
湖北	3.44
浙江	3.44
山西	3.46
广东	3.47
天津	3.47
山东	3.47
内蒙古	3.48
河南	3.50
福建	3.51
湖南	3.51
云南	3.51
江西	3.51
均值	3.52
重庆	3.53
海南	3.54
河北	3.54
甘肃	3.55
四川	3.56
陕西	3.57
安徽	3.57
青海	3.58
贵州	3.60
辽宁	3.60
广西	3.60
吉林	3.60
新疆	3.64
宁夏	3.66
黑龙江	3.66

图43　2020年全国31个省份显性负债平均利率与均值

(3) 隐性负债率

在隐性负债率方面，2020 年，高于全国均值的省份有 12 个，低于全国均值的省份有 19 个。其中，内蒙古、辽宁和黑龙江的隐性负债率较低，均不超过 1%。四川、湖南、重庆、江西、浙江、江苏和天津的隐性负债率较高，均超过 5%，其中，天津的隐性负债率超过 10%，达到 12.10%（见图 44）。

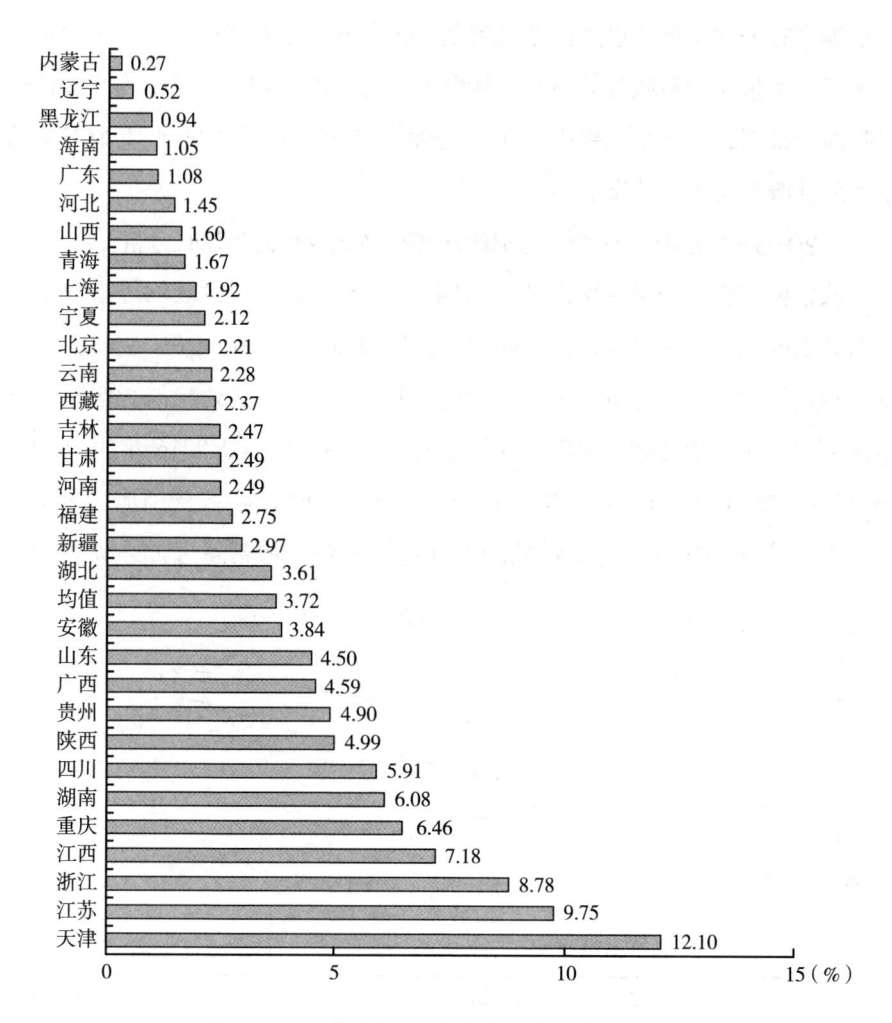

省份	隐性负债率(%)
内蒙古	0.27
辽宁	0.52
黑龙江	0.94
海南	1.05
广东	1.08
河北	1.45
山西	1.60
青海	1.67
上海	1.92
宁夏	2.12
北京	2.21
云南	2.28
西藏	2.37
吉林	2.47
甘肃	2.49
河南	2.49
福建	2.75
新疆	2.97
湖北	3.61
均值	3.72
安徽	3.84
山东	4.50
广西	4.59
贵州	4.90
陕西	4.99
四川	5.91
湖南	6.08
重庆	6.46
江西	7.18
浙江	8.78
江苏	9.75
天津	12.10

图 44　2020 年全国 31 个省份隐性负债率与均值

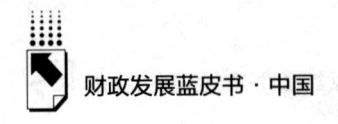

四 财政均等指数的省域比较

（一）财政均等指数总体分析

财政均等指数主要从基本公共服务均等化角度反映社会共同需要论和人民平等享有公共服务的思想。考虑到基本公共服务主要涵盖教育、医疗和社会保障，本报告的财政均等指数包括财力均等、教育均等、医疗均等和社会保障四个维度，共4个二级指标和12个底层指标，以反映我国31个省份的基本公共服务均等化状况。

1. 2016~2020年31个省份财政均等指数的变化趋势比较分析

从整体上看，2016~2020年，全国31个省份的平均财政均等指数呈现逐渐升高的态势，从2016年的40.35上升到2020年的59.06（见图45），增幅超过46.3%，反映出这段时间内我国财政均等化成效越来越明显。分地区来看，东、中、西部地区均保持上升的态势，分别从2016年的48.07、34.48和37.19上升至2020年的61.82、59.21和56.43。特别地，2016~2020年，中部地区财政均等指数的上升速度较快，增幅超过71.7%。2016

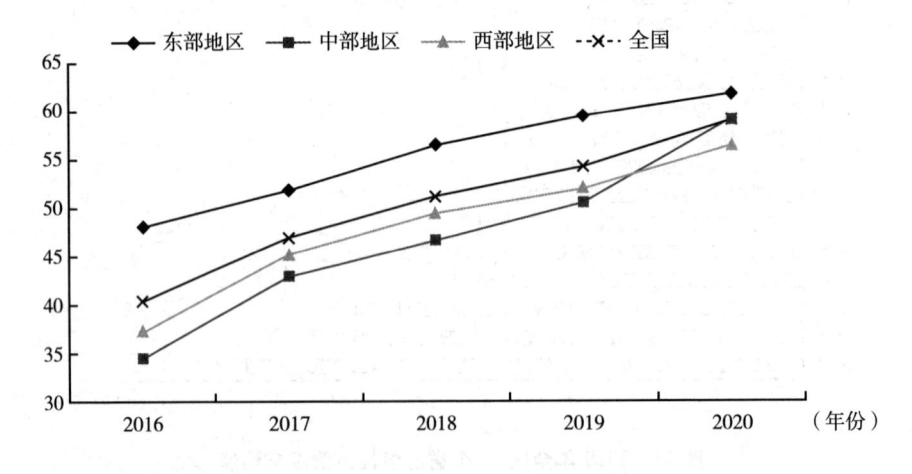

图45 2016~2020年东、中、西部地区及全国财政均等指数

年，中部地区的财政均等指数不仅略低于西部地区，而且远低于东部地区，而2020年中部地区财政均等指数略高于西部地区，与东部地区的差距也明显缩小，已接近东部地区的水平。

具体到每个省份，大多数省份的财政均等指数呈上升趋势，就排名而言，北京、上海领航全国；安徽、西藏、青海、黑龙江、江西、甘肃、云南的排名上升幅度较大；广东、宁夏、浙江、山东的排名下降幅度较大；辽宁、海南、河南的排名的波动幅度较大（见表21）。

表21　2016~2020年全国31个省份财政均等指数值和排名

省份	2016年 指数值	排名	2017年 指数值	排名	2018年 指数值	排名	2019年 指数值	排名	2020年 指数值	排名
北　京	83.71	1	87.78	1	94.12	1	98.79	1	100.55	1
天　津	54.17	3	54.73	4	56.95	7	57.47	9	64.92	5
河　北	32.70	25	39.08	27	41.97	28	44.24	30	48.38	29
山　西	37.98	15	43.91	18	47.54	20	50.74	21	59.07	15
内蒙古	38.22	14	46.51	13	49.57	13	50.76	20	57.72	17
辽　宁	37.41	17	40.48	25	55.05	10	55.42	10	59.85	13
吉　林	41.31	10	43.66	20	48.58	17	52.69	12	63.24	7
黑龙江	35.30	21	41.97	23	40.08	29	45.94	28	60.98	11
上　海	68.92	2	70.99	2	73.53	2	77.67	2	78.83	2
江　苏	46.81	6	53.29	5	56.54	9	59.89	8	60.02	12
浙　江	50.05	4	52.87	6	56.89	8	60.26	7	56.54	19
安　徽	22.22	31	35.49	30	47.77	18	51.96	15	61.39	10
福　建	32.65	26	43.08	21	46.53	22	49.13	23	50.59	28
江　西	30.03	29	39.65	26	43.77	27	48.11	25	55.89	21
山　东	44.95	8	47.06	12	49.10	15	52.50	14	58.89	16
河　南	33.17	23	44.43	15	47.61	19	50.92	19	52.97	26
湖　北	40.21	13	49.90	8	51.11	12	53.30	11	62.61	8
湖　南	35.65	20	44.26	16	46.65	21	50.44	22	57.53	18
广　东	40.70	12	43.75	19	45.01	25	47.78	26	46.13	30
广　西	27.17	30	37.97	28	39.91	30	44.96	29	51.55	27
海　南	36.72	18	37.04	29	45.38	23	51.13	18	55.27	23

099

续表

省份	2016年 指数值	排名	2017年 指数值	排名	2018年 指数值	排名	2019年 指数值	排名	2020年 指数值	排名
重 庆	49.74	5	52.70	7	60.02	3	62.33	4	63.76	6
四 川	33.88	22	40.96	24	44.39	26	47.24	27	54.81	25
贵 州	41.22	11	47.93	11	58.81	4	61.91	5	61.77	9
云 南	30.19	28	42.67	22	45.32	24	48.68	24	55.30	22
西 藏	36.60	19	54.76	3	58.38	5	65.61	3	67.39	4
陕 西	41.32	9	46.43	14	49.51	14	51.63	17	59.35	14
甘 肃	32.12	27	44.18	17	49.03	16	52.54	13	56.33	20
青 海	37.59	16	48.56	10	57.79	6	61.78	6	69.01	3
宁 夏	45.21	7	49.38	9	51.35	11	51.85	16	55.23	24
新 疆	32.99	24	30.59	31	29.24	31	24.04	31	24.98	31

财政均等指数的排名和人均GDP的排名存在较大的差距。2020年，财政均等指数高于全国均值的省份有15个，低于全国均值的省份有16个（见图46），北京、上海领航全国，在中央转移支付的保障下，西藏、青海、贵州等人均GDP较低的省份的财政均等指数的排名靠前，福建、广东等人均GDP较高的省份的财政均等指数的排名靠后。

2.31个省份财政均等指数的内在结构比较分析

通过统计2016～2020年财政均等指数下二级指标的变异系数，可以发现，教育均等指数的变异系数最大且各年变化不大，社会保障指数的变异系数逐年下降，医疗均等指数的变异系数整体上呈下降趋势但降幅较小，财力均等指数的变异系数呈波动上升趋势（见表22）。就均值而言，2020年，医疗均等指数最大，教育均等指数最小，医疗均等指数和社会保障指数均出现较大幅度的上升，财力均等指数和教育均等指数整体上变化不大（见表23）。就二级指数排名与财政均等指数排名的相关系数而言，2016～2020年，财力均等指数、社会保障指数排名与财政均等指数排名的相关系数整体上呈下降趋势，医疗均等指数排名与财政均等指数排名的相关系数整体上呈上升趋势（见表24）。

财政发展综合性指数的省域比较

2020年全国31个省份财政均等指数

省份	财政均等指数
北京	100.55
上海	78.83
青海	69.01
西藏	67.39
天津	64.92
重庆	63.76
吉林	63.24
湖北	62.61
贵州	61.77
安徽	61.39
黑龙江	60.98
江苏	60.02
辽宁	59.85
陕西	59.35
山西	59.07
均值	59.06
山东	58.89
内蒙古	57.72
湖南	57.53
浙江	56.54
甘肃	56.33
江西	55.89
云南	55.30
海南	55.27
宁夏	55.23
四川	54.81
河南	52.97
广西	51.55
福建	50.59
河北	48.38
广东	46.13
新疆	24.98

2020年全国31个省份人均GDP（万元）

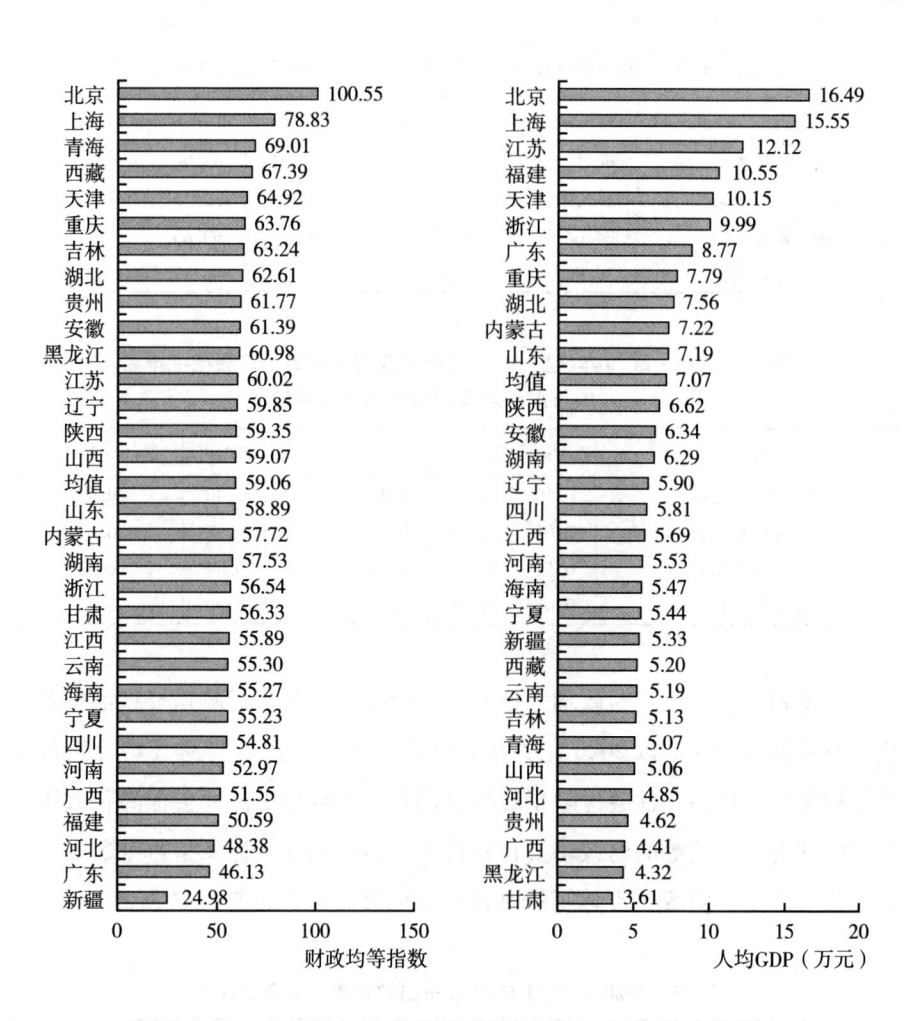

省份	人均GDP
北京	16.49
上海	15.55
江苏	12.12
福建	10.55
天津	10.15
浙江	9.99
广东	8.77
重庆	7.79
湖北	7.56
内蒙古	7.22
山东	7.19
均值	7.07
陕西	6.62
安徽	6.34
湖南	6.29
辽宁	5.90
四川	5.81
江西	5.69
河南	5.53
海南	5.47
宁夏	5.44
新疆	5.33
西藏	5.20
云南	5.19
吉林	5.13
青海	5.07
山西	5.06
河北	4.85
贵州	4.62
广西	4.41
黑龙江	4.32
甘肃	3.61

图46 2020年全国31个省份财政均等指数、人均GDP与均值

表22 2016~2020年全国31个省份财政均等指数下二级指标变异系数

指数	2016年	2017年	2018年	2019年	2020年	2016~2020年
财力均等指数	0.27	0.24	0.32	0.40	0.39	0.32
教育均等指数	0.69	0.67	0.64	0.63	0.60	0.64
医疗均等指数	0.44	0.37	0.33	0.31	0.27	0.34
社会保障指数	0.43	0.27	0.20	0.18	0.16	0.25

101

表23　2016~2020年全国31个省份财政均等指数下二级指标均值

指数	2016年	2017年	2018年	2019年	2020年	2016~2020年
财力均等指数	64.52	64.92	63.04	63.81	65.96	64.45
教育均等指数	26.00	27.76	29.38	31.01	32.46	29.32
医疗均等指数	34.04	43.51	51.62	59.27	69.65	51.62
社会保障指数	36.85	51.69	60.80	62.90	68.17	56.08

表24　2016~2020年全国31个省份财政均等指数下二级指标排名与财政均等指数排名相关系数

指数	2016年	2017年	2018年	2019年	2020年	2016~2020年
财力均等指数	0.50	0.33	0.40	0.41	0.40	0.41
教育均等指数	0.66	0.60	0.60	0.60	0.57	0.61
医疗均等指数	0.51	0.52	0.57	0.49	0.55	0.53
社会保障指数	0.67	0.55	0.54	0.51	0.34	0.52

具体到某一年份，财政均等指数下二级指标排名与财政均等指数排名的相关系数有所变动。以2020年为例，教育均等指数排名与财政均等指数排名的相关系数最高，社会保障指数排名的相关系数最低。社会保障指数排名靠前的甘肃、广西等的财政均等指数排名靠后；而社会保障指数排名靠后的黑龙江、辽宁、西藏、吉林等的财政均等指数的排名靠前（见表25）。

表25　2020年全国31个省份财政均等指数值和排名

省份	财力均等指数 指数值	排名	教育均等指数 指数值	排名	医疗均等指数 指数值	排名	社会保障指数 指数值	排名	财政均等指数 指数值	排名
北京	89.82	3	97.55	1	114.81	1	100.03	1	100.55	1
天津	90.42	2	49.34	4	42.95	29	76.99	4	64.92	5
河北	61.39	24	18.85	24	46.39	28	66.88	17	48.38	29
山西	71.96	17	30.44	15	60.84	20	73.04	8	59.07	15
内蒙古	49.04	27	41.05	8	77.13	10	63.64	21	57.72	17
辽宁	78.66	7	30.91	14	66.87	18	62.98	24	59.85	13
吉林	76.80	11	41.63	7	78.30	9	56.25	28	63.24	7
黑龙江	65.89	21	31.49	12	82.98	5	63.57	22	60.98	11

续表

省份	财力均等指数		教育均等指数		医疗均等指数		社会保障指数		财政均等指数	
	指数值	排名	指数值	排名	指数值	排名	指数值	排名	指数值	排名
上 海	93.38	1	72.33	3	84.13	4	65.49	18	78.83	2
江 苏	69.40	20	46.67	5	59.01	22	65.01	19	60.02	12
浙 江	74.68	12	43.36	6	54.89	26	53.24	29	56.54	19
安 徽	77.23	9	16.52	26	59.73	21	92.06	2	61.39	10
福 建	77.75	8	22.80	21	38.50	30	63.31	23	50.59	28
江 西	80.53	5	14.15	29	56.54	25	72.34	10	55.89	21
山 东	77.14	10	29.40	16	56.96	24	72.06	12	58.89	16
河 南	73.59	15	12.92	30	58.43	23	66.96	16	52.97	26
湖 北	79.09	6	17.19	25	82.11	6	72.07	11	62.61	8
湖 南	70.61	19	15.58	28	76.81	12	67.13	15	57.53	18
广 东	62.11	23	31.03	13	31.03	31	60.34	25	46.13	30
广 西	73.37	16	7.56	31	52.14	27	73.11	7	51.55	27
海 南	74.34	13	23.36	20	72.45	16	50.92	30	55.27	23
重 庆	81.89	4	24.93	18	75.46	14	72.76	9	63.76	6
四 川	56.57	26	16.02	27	79.33	8	67.30	14	54.81	25
贵 州	74.17	14	21.30	22	75.75	13	75.87	5	61.77	9
云 南	62.72	22	19.60	23	74.33	15	64.56	20	55.30	22
西 藏	40.12	29	74.81	2	97.83	3	56.81	27	67.39	4
陕 西	48.53	28	36.25	9	76.97	11	75.65	6	59.35	14
甘 肃	35.46	30	34.54	10	70.60	17	84.72	3	56.33	20
青 海	60.57	25	32.43	11	111.13	2	71.90	13	69.01	3
宁 夏	70.69	18	28.09	17	63.05	19	59.07	26	55.23	24
新 疆	-53.14	31	24.32	19	81.60	7	47.14	31	24.98	31

就地区而言，2020年，东部地区的财力均等指数、教育均等指数都领先于中部和西部地区，中部地区在社会保障指数方面领先，西部地区在医疗均等指数方面领先（见图47）。

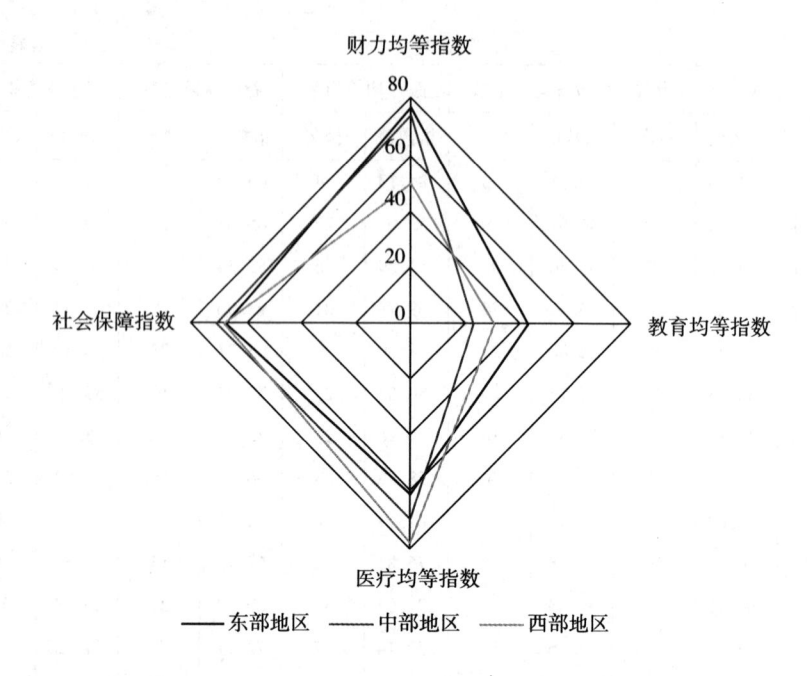

图47　2020年东、中、西部地区财政均等指数构成情况

（二）财政均等指数的二级指标——财力均等指数

"财力均等指数"反映31个省份辖区内县级财政收入、支出和财政自给率的差异性。差异性用指标的标准差与均值的比值表示。差异性越小，表明该省份的均等化程度越高。

1. 2016~2020年31个省份财力均等指数的变化趋势比较分析

从整体上看，2016~2020年，全国31个省份的平均财力均等指数有降有升，2020年的65.96相比2016年的64.52有所上升。就东、中、西部地区而言，中部地区的财力均等指数在2018年下降之后重新上升，西部地区的财力均等指数到2019年已有较大幅度的下降但在2020年有所上升，而东部地区的财力均等指数在小幅下降之后呈逐年上升趋势，从2017年的71.52上升至2020年的77.19。东部地区的财力均等指数高于中部和西部地区，西部地区的财力均等指数最低，在2018~2020年均在50以下（见图48）。

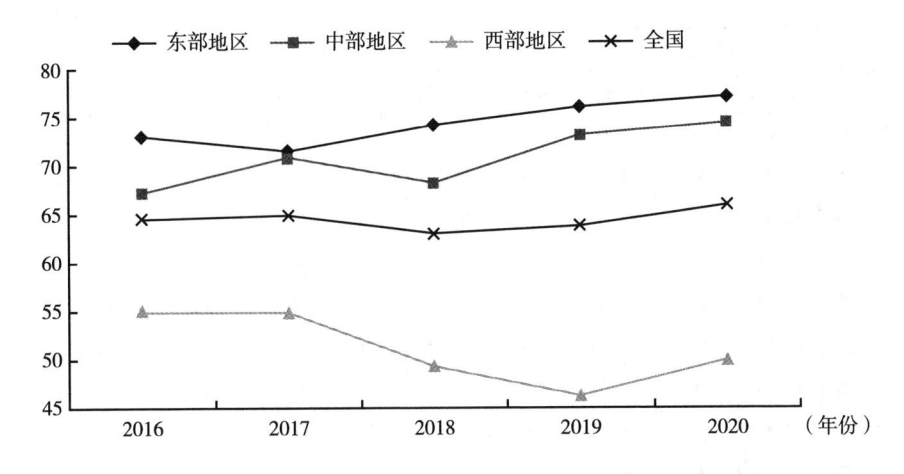

图 48 2016~2020 年东、中、西部地区及全国财力均等指数

就具体省份而言，2016~2020 年，北京、上海、天津的排名稳居前三；河南、湖南、陕西的排名整体上呈下降趋势；辽宁、安徽、重庆、青海、江西的排名整体上呈上升趋势；吉林、福建、贵州的排名出现比较大的波动（见表 26）。

表 26 2016~2020 年全国 31 个省份财力均等指数值和排名

省份	2016 年 指数值	排名	2017 年 指数值	排名	2018 年 指数值	排名	2019 年 指数值	排名	2020 年 指数值	排名
北 京	91.79	3	90.33	2	89.78	2	88.91	3	89.82	3
天 津	93.45	2	87.18	3	89.73	3	89.01	2	90.42	2
河 北	52.74	22	62.25	21	60.23	22	62.08	21	61.39	24
山 西	75.21	7	69.62	17	70.94	12	71.51	16	71.96	17
内蒙古	50.09	24	48.30	26	50.34	25	48.70	26	49.04	27
辽 宁	42.32	27	41.66	28	75.70	6	73.78	11	78.66	7
吉 林	77.25	4	77.98	4	65.77	20	77.68	6	76.80	11
黑龙江	55.57	21	59.47	22	45.31	26	60.50	23	65.89	21
上 海	100.00	1	95.00	1	90.35	1	95.37	1	93.38	1
江 苏	70.46	17	67.16	19	68.90	15	68.48	20	69.40	20

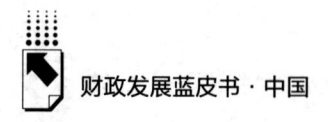

续表

省份	2016年 指数值	排名	2017年 指数值	排名	2018年 指数值	排名	2019年 指数值	排名	2020年 指数值	排名
浙江	75.06	8	71.60	12	74.27	8	75.78	10	74.68	12
安徽	33.72	31	67.66	18	75.21	7	76.44	9	77.23	9
福建	70.38	18	73.89	7	69.69	14	77.38	7	77.75	8
江西	76.08	6	73.68	8	76.62	5	81.02	5	80.53	5
山东	73.03	12	71.03	13	70.02	13	73.45	12	77.14	10
河南	73.22	11	73.25	9	71.55	11	72.66	13	73.59	15
湖北	73.89	10	74.43	6	72.87	10	77.23	8	79.09	6
湖南	72.85	13	71.01	14	67.69	18	68.50	19	70.61	19
广东	57.49	20	54.88	24	53.58	24	60.64	22	62.11	23
广西	71.99	15	72.24	10	68.89	16	72.57	14	73.37	16
海南	76.88	5	71.76	11	74.17	9	72.19	15	74.34	13
重庆	71.74	16	70.05	16	82.60	4	81.51	4	81.89	4
四川	48.30	25	45.23	27	42.07	28	38.33	29	56.57	26
贵州	73.97	9	75.77	5	68.49	17	68.91	18	74.17	14
云南	62.50	19	64.58	20	63.26	21	59.69	24	62.72	22
西藏	34.13	30	55.69	23	29.42	29	45.48	27	40.12	29
陕西	50.93	23	51.92	25	26.38	30	20.82	30	48.53	28
甘肃	44.45	26	40.78	29	44.45	27	41.38	28	35.46	30
青海	37.65	29	34.06	30	56.83	23	56.43	25	60.57	25
宁夏	72.04	14	70.12	15	67.44	19	69.47	17	70.69	18
新疆	40.93	28	29.90	31	-8.33	31	-47.75	31	-53.14	31

2.31个省份财力均等指数的内在结构比较分析

2020年,从31个省份的财力均等指数组成情况可以看出,上海、天津、北京分列财力均等指数前3名(见图49),这些省份的三项底层指标都表现优异。西藏、甘肃和新疆的财力均等指数排名后3;特别地,新疆的支出均等指数和收入均等指数均为负值,甘肃的支出均等指数为负值;陕西、河北、内蒙古的收入均等指数均较低。

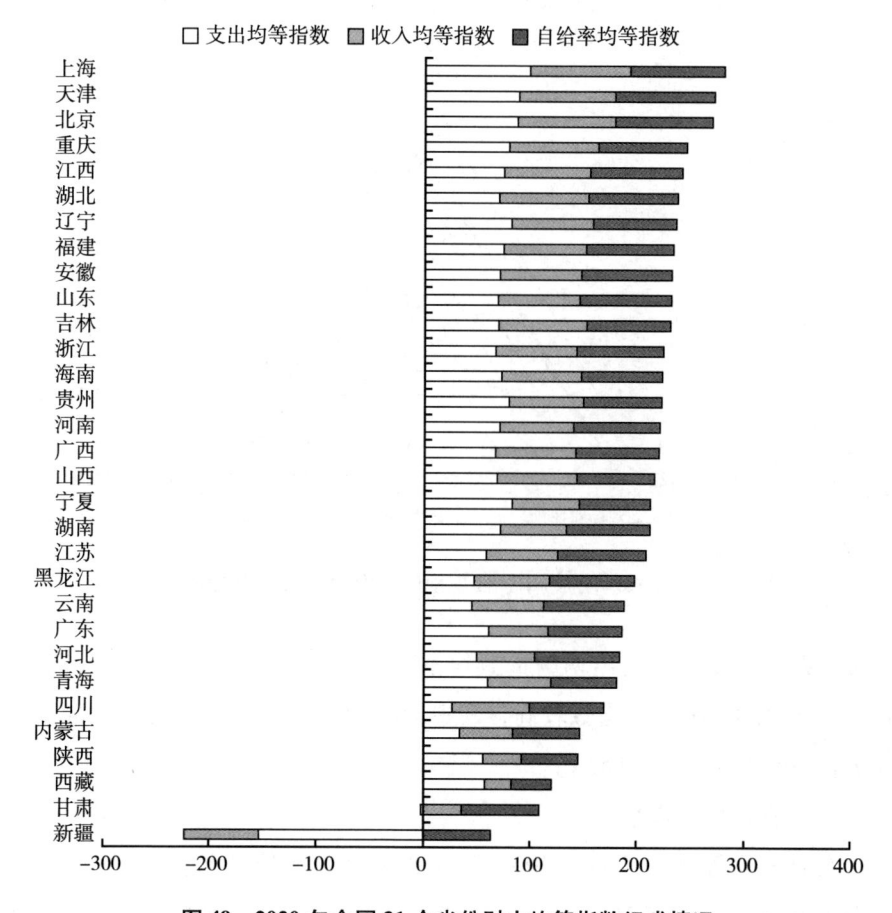

图 49　2020 年全国 31 个省份财力均等指数组成情况

就东、中、西部地区而言，2020 年，东部地区和中部地区在支出均等指数、自给率均等指数和收入均等指数方面的差距不大，西部地区的支出均等指数、自给率均等指数和收入均等指数低于东部和中部地区，总体而言，各地区的自给率均等指数高于支出均等指数和收入均等指数（见图 50）。

（1）支出均等指数

在支出均等指数方面，2020 年，低于全国均值的省份有 23 个，高于全国均值的省份有 8 个。上海、天津、北京、宁夏和辽宁分列前 5 位，其中，

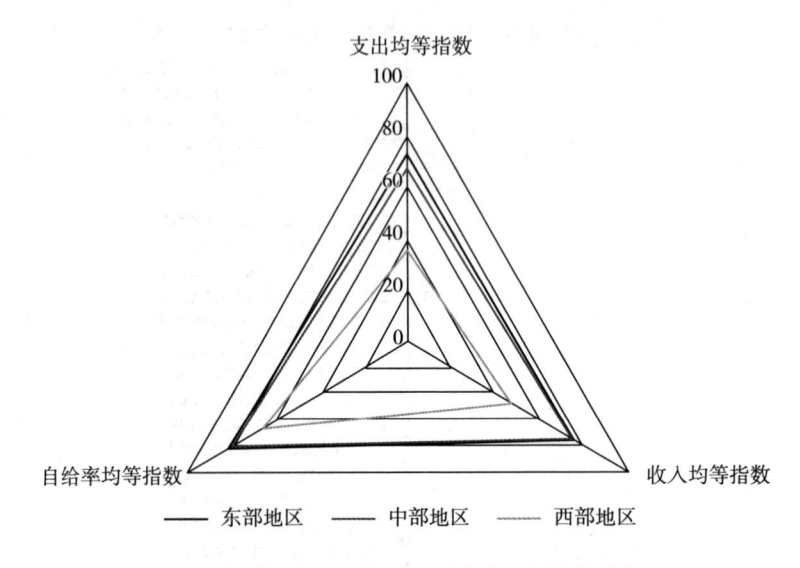

图50　2020年东、中、西部地区财力均等指数构成情况

上海、天津和北京的支出均等指数均不高于0.20；云南、内蒙古、四川、甘肃、新疆的支出均等指数较高，其中新疆的支出均等指数达到2.58，远高于甘肃的1.08（见图51）。

（2）收入均等指数

在收入均等指数方面，2020年，低于全国均值的省份有21个，高于全国均值的省份有10个。上海、北京、天津、重庆和湖北的收入均等指数较小，内蒙古、陕西、甘肃、西藏和新疆的收入均等指数较大，其中新疆的收入均等指数达到4.41，西藏达到2.01（见图52）。

（3）自给率均等指数

在自给率均等指数方面，2020年，低于全国均值的省份有19个，高于全国均值的省份有12个。天津、北京、上海、江西、山东的自给率均等指数均不高于0.40；宁夏、新疆、内蒙古、青海、陕西和西藏的自给率均等指数均高于0.8（见图53）。

财政发展综合性指数的省域比较

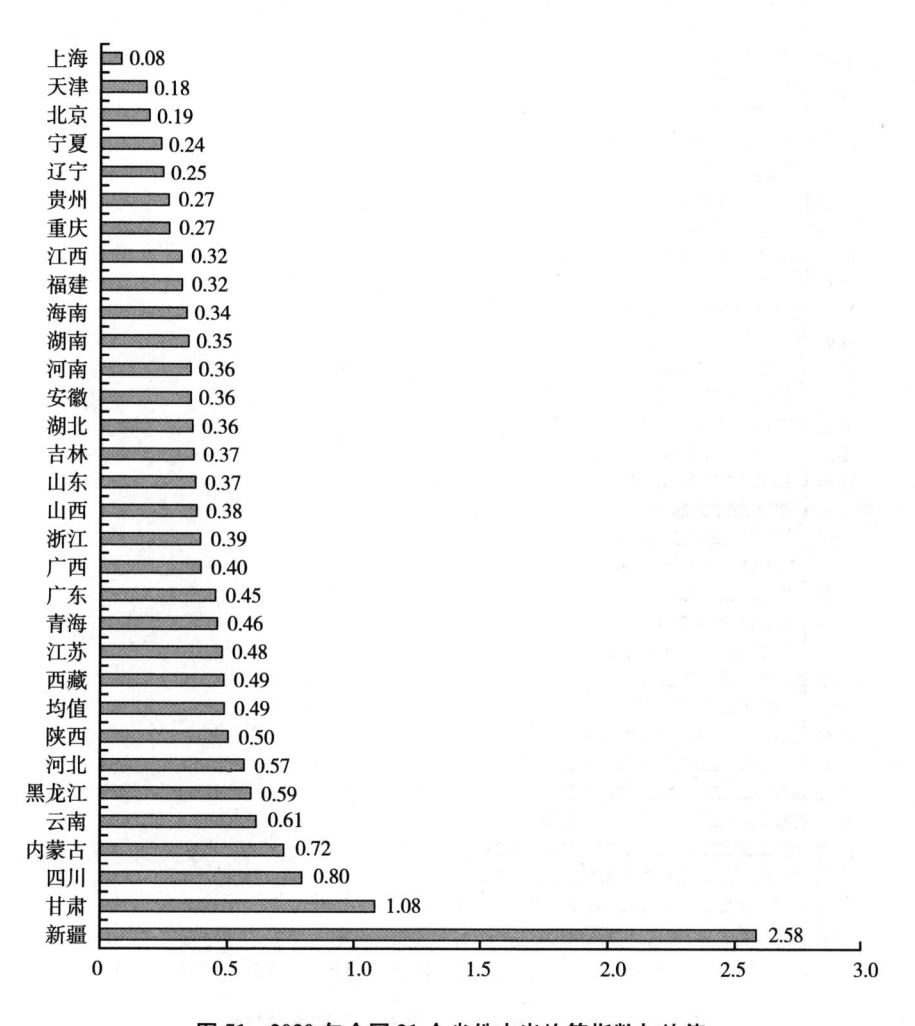

省份	数值
上海	0.08
天津	0.18
北京	0.19
宁夏	0.24
辽宁	0.25
贵州	0.27
重庆	0.27
江西	0.32
福建	0.32
海南	0.34
湖南	0.35
河南	0.36
安徽	0.36
湖北	0.36
吉林	0.37
山东	0.37
山西	0.38
浙江	0.39
广西	0.40
广东	0.45
青海	0.46
江苏	0.48
西藏	0.49
均值	0.49
陕西	0.50
河北	0.57
黑龙江	0.59
云南	0.61
内蒙古	0.72
四川	0.80
甘肃	1.08
新疆	2.58

图 51　2020 年全国 31 个省份支出均等指数与均值

注：①支出均等指数以负向指标构造，数值越低表示均等程度越高；②西藏的数据、均值保留 3 位小数分别为 0.486、0.488。

（三）财政均等指数的二级指标——教育均等指数

教育主要依靠经费投入和教师人力资本投入，因此"教育均等指数"从教育经费、教师数量和教师学历水平三个方面进行考虑。其中，教育经费用国家财政性教育经费预算内支出/辖区人口表示；教师数量通过将普通小

109

省份	收入均等指数
上海	0.26
北京	0.33
天津	0.36
重庆	0.52
湖北	0.52
吉林	0.55
江西	0.60
福建	0.68
山东	0.70
辽宁	0.71
安徽	0.71
浙江	0.72
广西	0.73
海南	0.75
山西	0.75
四川	0.80
黑龙江	0.85
贵州	0.88
河南	0.89
云南	0.93
江苏	0.95
均值	1.01
宁夏	1.04
湖南	1.08
青海	1.14
广东	1.24
河北	1.26
内蒙古	1.38
陕西	1.73
甘肃	1.74
西藏	2.01
新疆	4.41

图 52　2020 年全国 31 个省份收入均等指数与均值

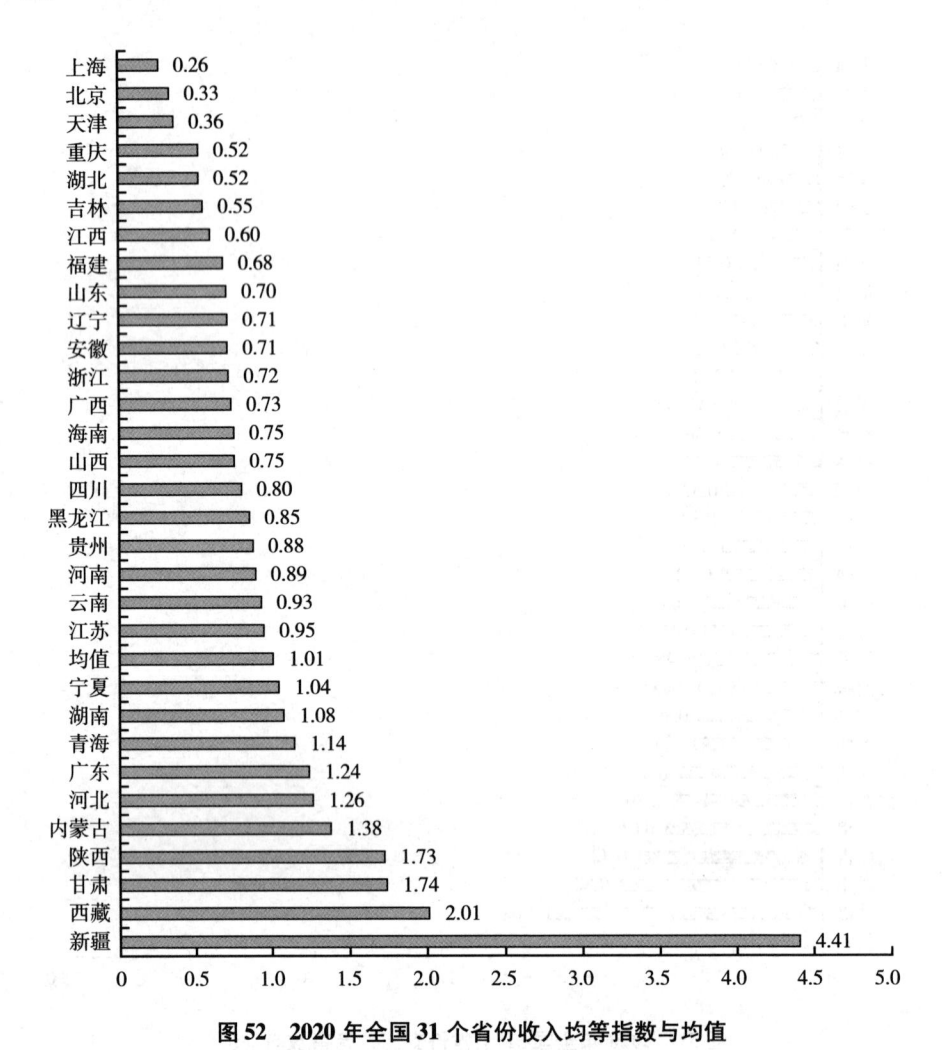

注：收入均等指数以负向指标构造，数值越低表示均等程度越高。

学、普通初中、普通高中、普通高校的师生比等权加总得到；教师学历水平通过将普通小学、普通初中的本科及以上学历教师占比，普通高中的硕士及以上学历教师占比，普通高校的博士学历教师占比等权加总得到。

1. 2016~2020 年 31 个省份教育均等指数的变化趋势比较分析

从整体上看，2016~2020 年，全国 31 个省份的平均教育均等指数呈现逐年上升趋势，从 2016 年的 26.00 升至 2020 年的 32.46。就东、中、西部地区

财政发展综合性指数的省域比较

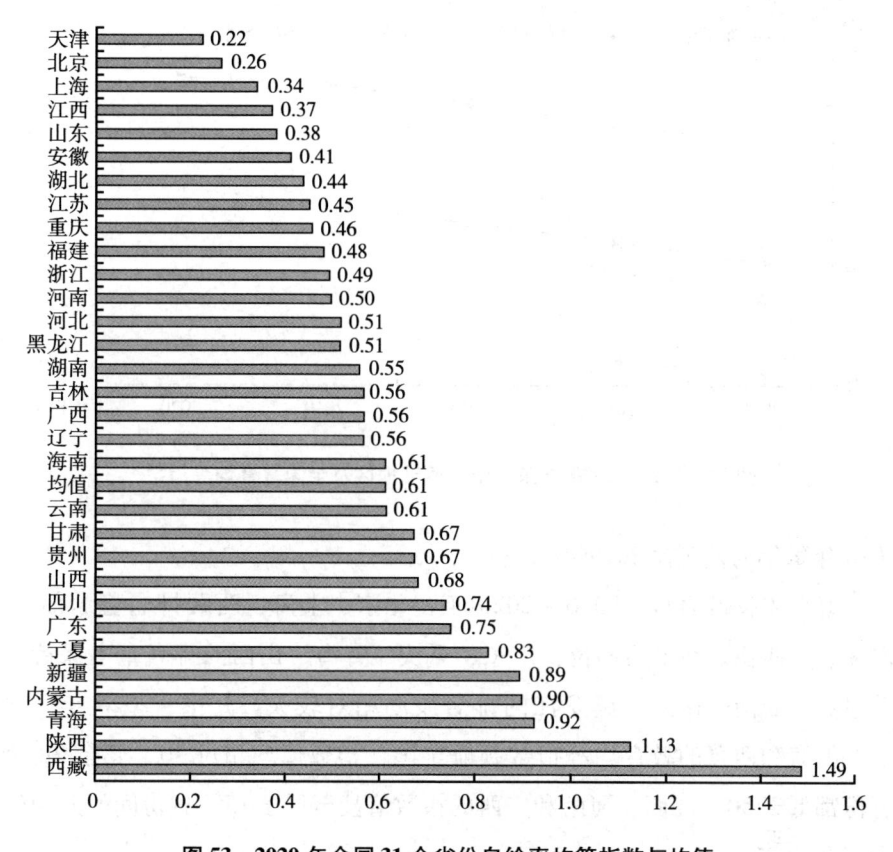

省份	数值
天津	0.22
北京	0.26
上海	0.34
江西	0.37
山东	0.38
安徽	0.41
湖北	0.44
江苏	0.45
重庆	0.46
福建	0.48
浙江	0.49
河南	0.50
河北	0.51
黑龙江	0.51
湖南	0.55
吉林	0.56
广西	0.56
辽宁	0.56
海南	0.61
均值	0.61
云南	0.61
甘肃	0.67
贵州	0.67
山西	0.68
四川	0.74
广东	0.75
宁夏	0.83
新疆	0.89
内蒙古	0.90
青海	0.92
陕西	1.13
西藏	1.49

图53　2020年全国31个省份自给率均等指数与均值

注：①自给率均等指数以负向指标构造，数值越低表示均等程度越高；②海南的数据、均值、云南的数据保留4位小数分别为0.6111、0.6113、0.6135。

而言，教育均等指数的变化趋势相同，均呈现逐年上升趋势（见图54）。

东部地区的教育均等指数从2016年的36.61升至2020年的42.33，2017~2019年每年的上升幅度在4%以上，2020年的上升幅度有所下降，为1.36%；中部地区的教育均等指数从2016年的16.13升至2020年的22.49，2017~2020年每年的上升幅度在6%以上；西部地区的教育均等指数从2016年的22.86升至2020年的30.07，2017~2020年每年的上升幅度在5%以上。东部地区的教育均等指数明显高于中部和西部地区，不过到2020年时差距有所缩小，西部地区教育均等指数高于中部地区，且2017~

财政发展蓝皮书·中国

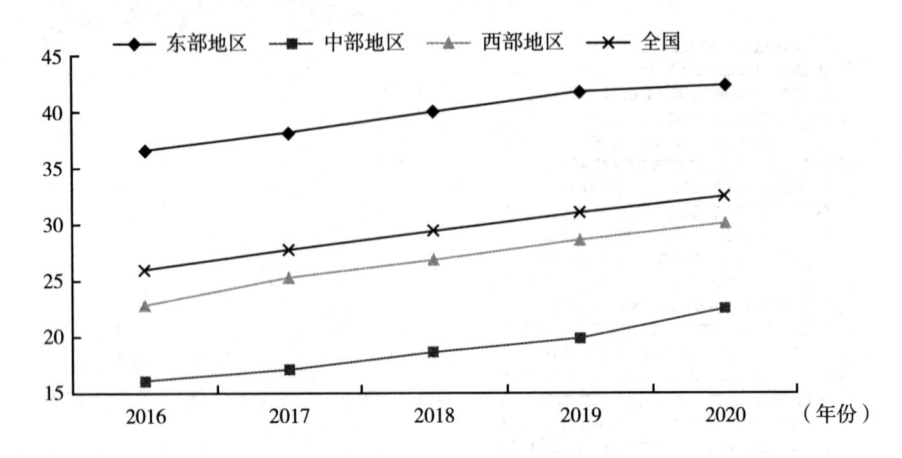

```
    ◆ 东部地区  ■ 中部地区  ▲ 西部地区  ✕ 全国
45
40
35
30
25
20
15
   2016      2017      2018      2019      2020   (年份)
```

图54　2016~2020年东、中、西部地区及全国教育均等指数

2020年每年的差距比2016年大。

就具体省份而言,2016~2020年,北京、上海、西藏排名稳居前3,河南、广西稳定在最后两位;广东、重庆、青海、山西的排名基本保持上升趋势;云南、山东、黑龙江的排名波动相对较大。其中,2020年,北京、上海和西藏的教育均等指数领航全国,指数值均超过70,其余28个省份都低于50。江西、河南和广西的指数值甚至低于15,省份间的差距较大(见表27)。

表27　2016~2020年全国31个省份教育均等指数值和排名

省份	2016年 指数值	排名	2017年 指数值	排名	2018年 指数值	排名	2019年 指数值	排名	2020年 指数值	排名
北京	89.58	1	92.19	1	95.04	1	98.47	1	97.55	1
天津	48.96	4	49.31	4	49.80	4	49.43	4	49.34	4
河北	13.57	23	15.13	24	16.25	24	17.84	23	18.85	24
山西	23.23	17	23.47	18	26.04	17	27.16	16	30.44	15
内蒙古	31.89	8	32.84	8	35.08	8	37.61	8	41.05	8
辽宁	27.26	10	27.56	11	28.21	13	29.09	13	30.91	14
吉林	33.74	7	34.06	7	35.76	7	37.71	7	41.63	7
黑龙江	26.58	12	26.60	13	26.98	15	28.04	14	31.49	12

续表

省份	2016年 指数值	排名	2017年 指数值	排名	2018年 指数值	排名	2019年 指数值	排名	2020年 指数值	排名
上海	64.86	2	67.04	2	69.94	2	72.80	2	72.33	3
江苏	40.27	5	41.79	5	42.82	5	45.66	5	46.67	5
浙江	34.88	6	37.65	6	40.73	6	43.63	6	43.36	6
安徽	11.07	26	12.42	26	13.74	26	14.78	26	16.52	26
福建	21.47	19	22.53	19	23.39	20	22.85	20	22.80	21
江西	6.35	29	8.62	29	10.61	29	11.94	29	14.15	29
山东	23.45	16	24.75	17	26.36	16	27.92	15	29.40	16
河南	5.03	31	7.67	30	9.67	30	11.49	30	12.92	30
湖北	15.65	21	15.20	23	15.36	25	15.49	25	17.19	25
湖南	7.39	28	8.82	28	10.86	28	12.34	28	15.58	28
广东	22.86	18	25.86	15	28.06	14	30.39	12	31.03	13
广西	5.76	30	6.51	31	6.21	31	7.82	31	7.56	31
海南	15.53	22	16.15	21	19.30	21	21.29	21	23.36	20
重庆	19.38	20	20.86	20	23.43	19	24.55	19	24.93	18
四川	10.10	27	11.62	27	13.16	27	14.54	27	16.02	27
贵州	13.02	24	15.71	22	17.93	22	18.99	22	21.30	22
云南	12.75	25	14.87	25	16.27	23	17.51	24	19.60	23
西藏	50.00	3	62.23	3	63.96	3	70.42	3	74.81	2
陕西	30.38	9	31.78	9	33.54	9	35.87	9	36.25	9
甘肃	27.06	11	28.05	10	30.06	10	31.61	10	34.54	10
青海	25.65	13	27.41	12	28.99	11	31.38	11	32.43	11
宁夏	23.92	15	25.79	16	24.93	18	25.76	18	28.09	17
新疆	24.45	14	25.93	14	28.30	12	27.09	17	24.32	19

2.31个省份教育均等指数的内在结构比较分析

2020年，从31个省份的教育均等指数组成情况可以看出，北京、西藏和上海分列教育均等指数前3名，且远高于其他省份；天津、江苏、浙江的教育均等指数的排名进入前6（见图55）。四川、湖南、江西、河南和广西的教育均等指数排在后5位；31个省份教育均等指数的内在结构差距较大，如黑龙江、山西、甘肃等省份的教师数量较多，但教育经费相对较少，教师学历水平较低；而新疆、江西等省份的教育经费较多，但教师数量较少，教师学历水平较低。

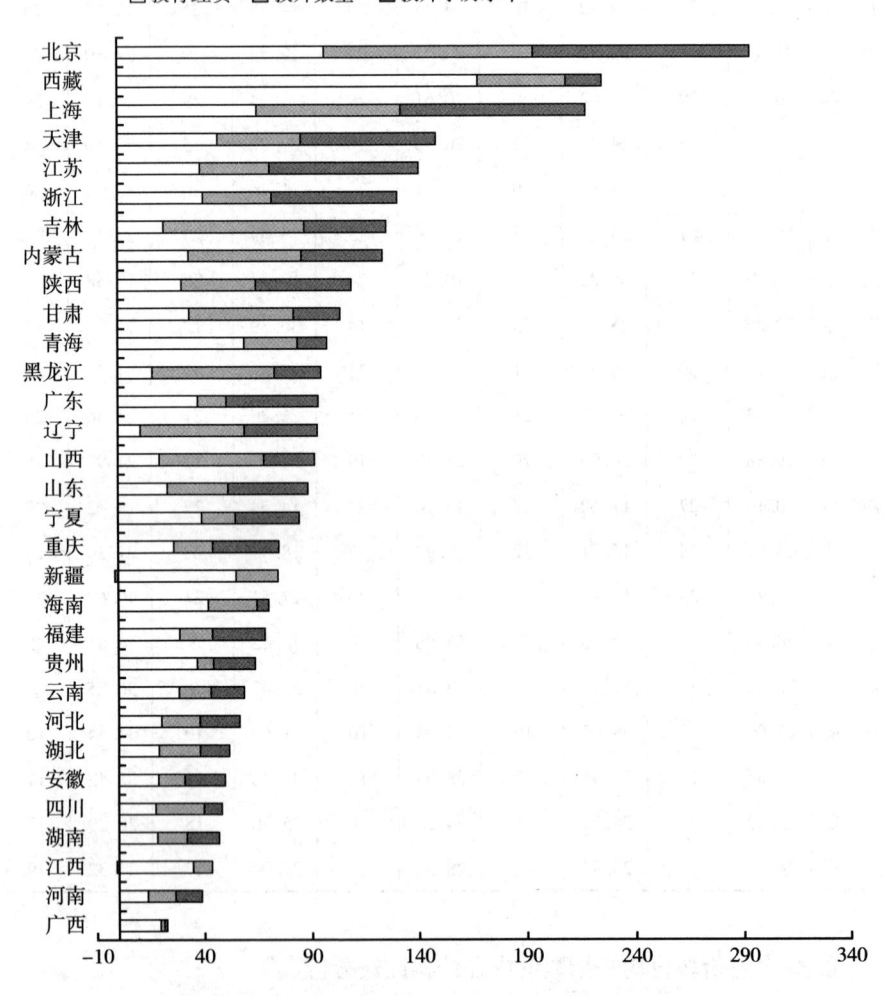

图55 2020年全国31个省份教育均等指数组成情况

就东、中、西部地区而言，2020年，东部地区在教师学历水平和教师数量方面领先于中部和西部地区，其中教师学历水平领先幅度较大，而在教育经费方面，西部地区和东部地区较为接近，较大幅度高于中部地区（见图56）。

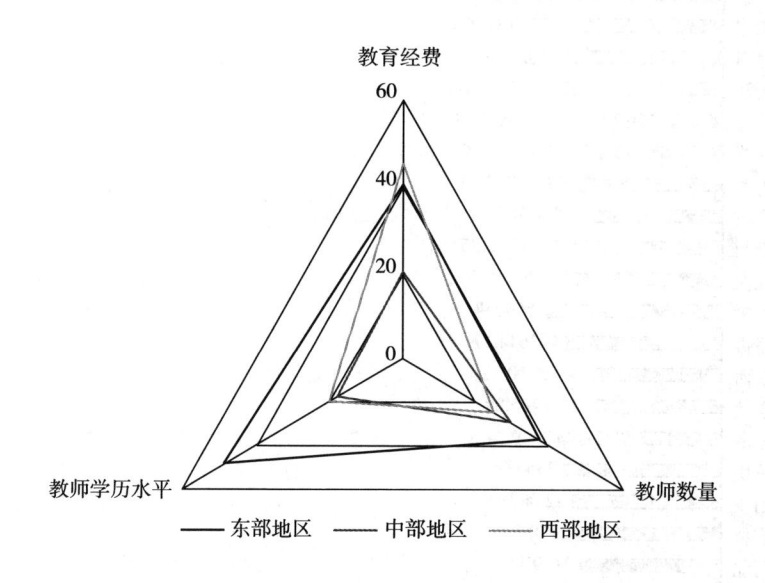

图56　2020年东、中、西部地区教育均等指数构成情况

（1）教育经费

本报告用人均教育经费衡量教育经费。在人均教育经费方面，2020年，高于全国均值（2803.82元）的省份有10个，低于全国均值的省份有21个，其中西藏的人均教育经费最高，达到8015.63元，比最低的辽宁（1740.45元）高出6275.18元；西藏、北京、上海、青海、新疆分列前5位；湖南、四川、黑龙江、河南和辽宁排在全国后5位（见图57）。

（2）教师数量

本报告用学生人均教师数量衡量教师数量。在学生人均教师数量方面，2020年，高于全国均值（1.13人）的省份有13个，低于全国均值的省份

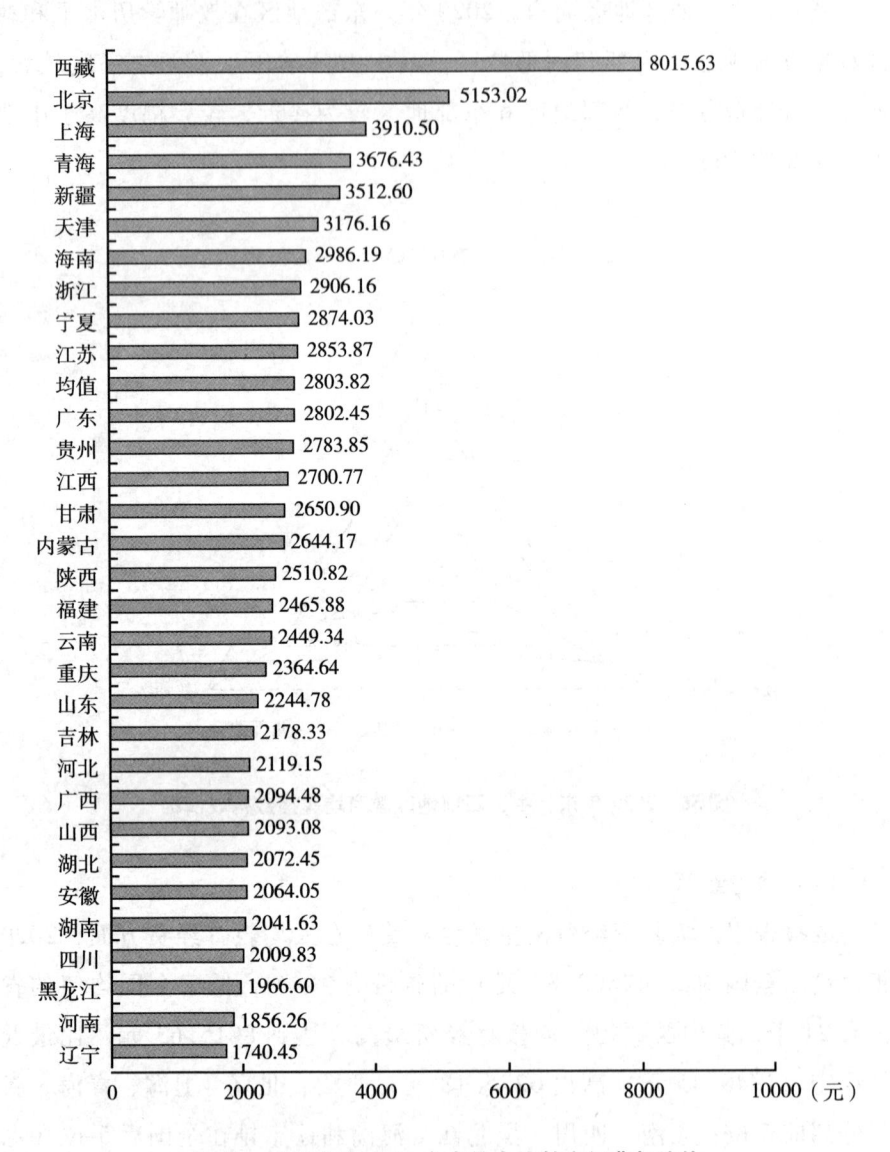

省份	人均教育经费（元）
西藏	8015.63
北京	5153.02
上海	3910.50
青海	3676.43
新疆	3512.60
天津	3176.16
海南	2986.19
浙江	2906.16
宁夏	2874.03
江苏	2853.87
均值	2803.82
广东	2802.45
贵州	2783.85
江西	2700.77
甘肃	2650.90
内蒙古	2644.17
陕西	2510.82
福建	2465.88
云南	2449.34
重庆	2364.64
山东	2244.78
吉林	2178.33
河北	2119.15
广西	2094.48
山西	2093.08
湖北	2072.45
安徽	2064.05
湖南	2041.63
四川	2009.83
黑龙江	1966.60
河南	1856.26
辽宁	1740.45

图 57　2020 年全国 31 个省份人均教育经费与均值

有 18 个（见图 58），北京、上海、吉林和黑龙江分列前 4 位，均超过 2 人；河南、安徽、江西、贵州和广西排在后 5 位，其中只有广西的学生人均教师数量小于 0.2 人，为 0.11 人。

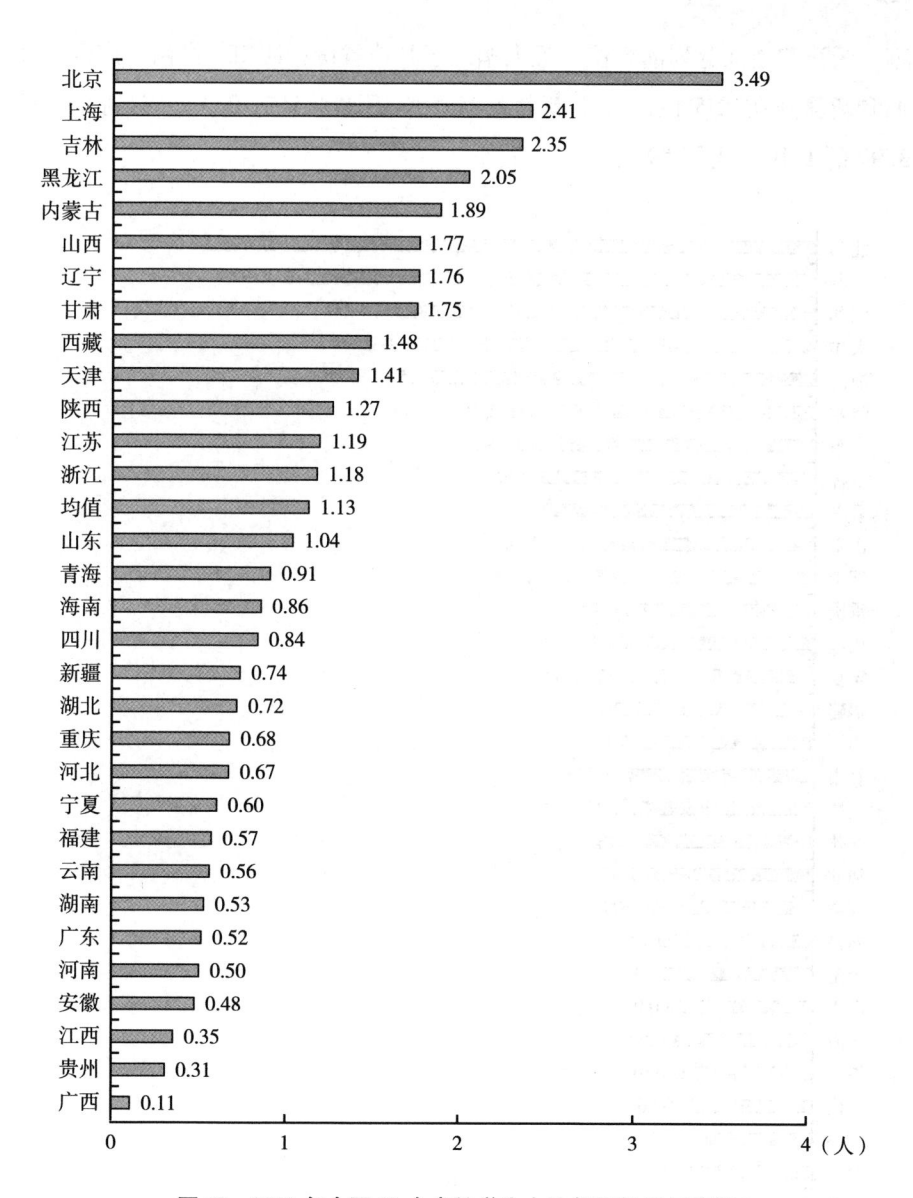

省份	数值
北京	3.49
上海	2.41
吉林	2.35
黑龙江	2.05
内蒙古	1.89
山西	1.77
辽宁	1.76
甘肃	1.75
西藏	1.48
天津	1.41
陕西	1.27
江苏	1.19
浙江	1.18
均值	1.13
山东	1.04
青海	0.91
海南	0.86
四川	0.84
新疆	0.74
湖北	0.72
重庆	0.68
河北	0.67
宁夏	0.60
福建	0.57
云南	0.56
湖南	0.53
广东	0.52
河南	0.50
安徽	0.48
江西	0.35
贵州	0.31
广西	0.11

图58 2020年全国31个省份学生人均教师数量与均值

(3) 教师学历水平

在教师学历水平方面，31个省份间的差距较大。2020年，高于全国均值（1.48）的省份有12个，低于全国均值的省份有19个；北京、上海、江

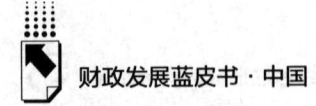

苏、天津和浙江分列前5位,且大幅高于其他省份;四川、海南、广西、江西和新疆排在后5位,其中新疆的教师学历水平只有0.37,不到北京的3.99的1/10(见图59)。

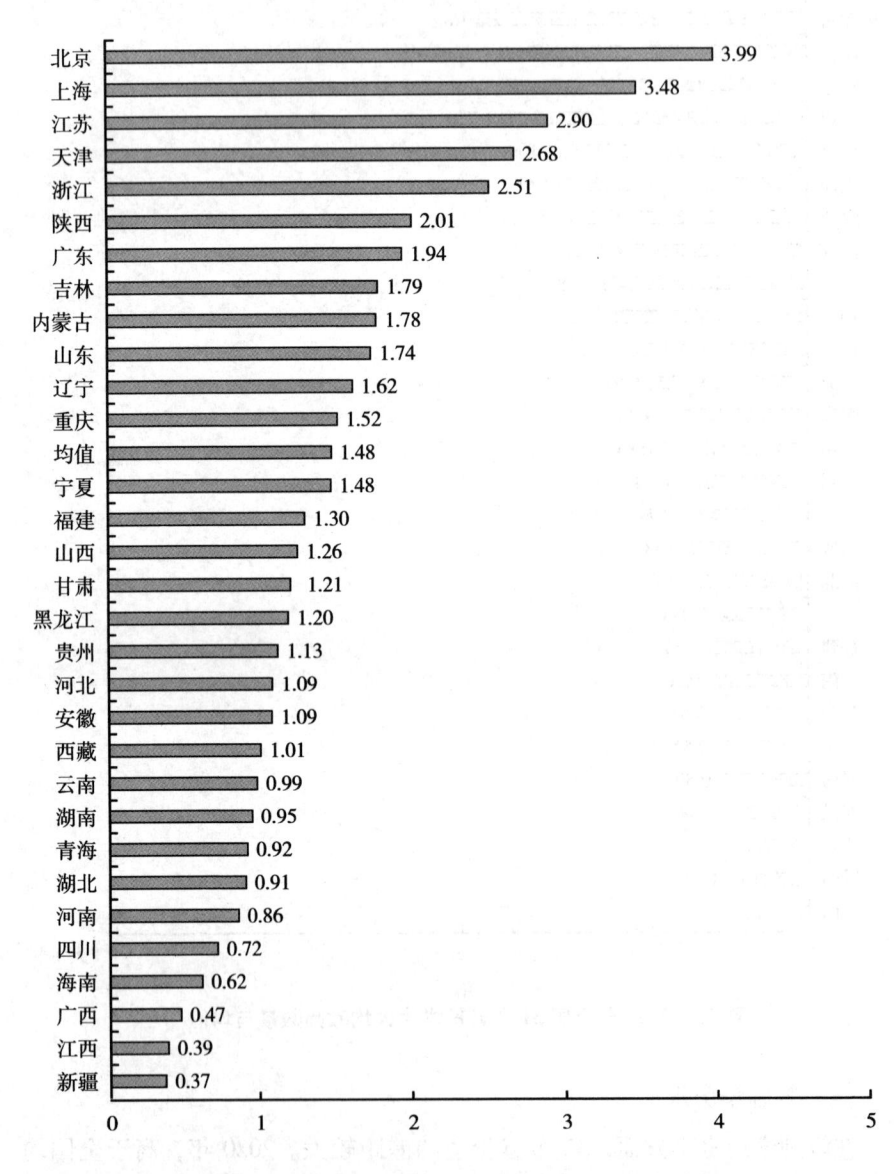

省份	数值
北京	3.99
上海	3.48
江苏	2.90
天津	2.68
浙江	2.51
陕西	2.01
广东	1.94
吉林	1.79
内蒙古	1.78
山东	1.74
辽宁	1.62
重庆	1.52
均值	1.48
宁夏	1.48
福建	1.30
山西	1.26
甘肃	1.21
黑龙江	1.20
贵州	1.13
河北	1.09
安徽	1.09
西藏	1.01
云南	0.99
湖南	0.95
青海	0.92
湖北	0.91
河南	0.86
四川	0.72
海南	0.62
广西	0.47
江西	0.39
新疆	0.37

图59 2020年全国31个省份教师学历水平与均值

（四）财政均等指数的二级指标——医疗均等指数

医疗主要依靠经费投入、医护人员和医护设施投入，因此"医疗均等指数"从医疗卫生支出、医护人员数量、医疗设施数量三个方面考虑。其中，医疗卫生支出用医疗卫生支出/辖区人口表示；医护人员数量用卫生技术人员数量/辖区人口表示；医疗设施数量用卫生机构床位数量/辖区人口表示。

1. 2016~2020年31个省份医疗均等指数的变化趋势比较分析

从整体上看，2016~2020年，全国31个省份的平均医疗均等指数表现出上升趋势，从2016年的34.04升至2020年的69.65，增幅超过100%。东、中、西部地区的医疗均等指数都呈现上升趋势，其中中部地区的医疗均等指数上升最快，从2016年的27.03升至2020年的69.47，增幅超过150%。西部地区的医疗均等指数最高；2016~2019年，东部地区的医疗均等指数高于中部地区；2020年，中部地区的医疗均等指数超过东部地区（见图60）。

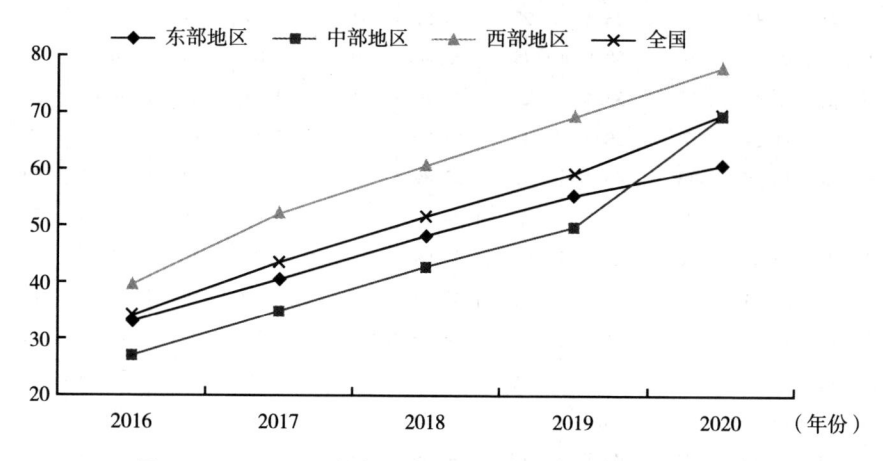

图60　2016~2020年东、中、西部地区及全国医疗均等指数

就具体省份而言，2016~2020年，北京、上海和青海的排名保持不变，其他省份的排名有的上升，有的下降，其中，西藏、安徽和黑龙江的排名上升较大；浙江、辽宁的排名下降较大。2020年，北京（指数值最高）和广东（指数值最低）的指数值的差距超过80（见表28）。

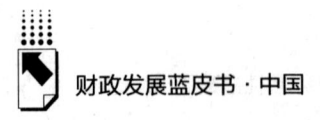

表28 2016~2020年全国31个省份医疗均等指数值和排名

省份	2016年 指数值	排名	2017年 指数值	排名	2018年 指数值	排名	2019年 指数值	排名	2020年 指数值	排名
北京	76.88	1	85.6	1	98.39	1	109.83	1	114.81	1
天津	22.02	25	23.7	26	26.13	30	28.65	31	42.95	29
河北	13.03	29	22.9	29	32.61	27	35.72	27	46.39	28
山西	24.31	24	29.2	24	36.96	24	42.62	25	60.84	20
内蒙古	40.54	10	52.0	11	57.50	12	60.68	14	77.13	10
辽宁	42.04	9	50.1	13	57.93	11	59.53	15	66.87	18
吉林	33.93	16	36.8	20	47.94	17	51.39	22	78.30	9
黑龙江	29.98	18	40.7	17	44.97	22	52.41	21	82.98	5
上海	51.79	4	60.0	4	69.78	4	78.01	4	84.13	4
江苏	33.43	17	41.9	16	50.06	16	58.60	16	59.01	22
浙江	37.24	15	45.8	14	52.65	15	61.71	13	54.89	26
安徽	7.18	31	17.8	31	24.33	31	32.42	30	59.73	21
福建	17.83	27	22.8	30	28.43	29	34.67	29	38.50	30
江西	11.82	30	23.3	27	33.51	26	43.04	24	56.54	25
山东	29.66	19	38.5	19	45.46	21	51.04	23	56.96	24
河南	26.75	20	35.4	21	46.72	19	54.03	20	58.43	23
湖北	44.84	7	50.5	12	53.90	13	57.43	17	82.11	6
湖南	37.45	14	45.4	15	53.89	14	64.77	10	76.81	12
广东	15.50	28	23.2	28	28.74	28	35.48	28	31.03	31
广西	19.81	26	27.4	25	33.99	25	42.29	26	52.14	27
海南	24.44	23	30.7	23	40.27	23	54.81	19	72.45	16
重庆	45.19	6	55.0	8	64.66	7	72.20	9	75.46	14
四川	42.55	8	53.5	10	62.31	9	72.29	8	79.33	8
贵州	40.09	11	54.2	9	64.25	8	77.61	5	75.75	13
云南	25.53	21	38.9	18	46.39	20	57.43	18	74.33	15
西藏	37.48	13	58.8	5	71.34	3	82.57	3	97.83	3
陕西	47.34	5	57.7	6	65.96	6	74.32	6	76.97	11
甘肃	24.47	22	34.2	22	46.76	18	61.72	12	70.60	17
青海	56.80	2	77.1	2	86.47	2	95.50	2	111.13	2
宁夏	39.66	12	55.1	7	61.40	10	61.98	11	63.05	19
新疆	55.58	3	60.5	3	66.58	5	72.45	7	81.60	7

2. 31个省份医疗均等指数的内在结构比较分析

2020年，从31个省份的医疗均等指数组成情况可以看出，北京、青海、西藏、上海和黑龙江分列医疗均等指数前5名，其中，西藏的医疗卫生支出较高，但医护人员数量和医疗设施数量较少；广西、河北、天津、福建和广东的医疗均等指数排在后5位，其中广东的医疗设施数量和医护人员数量均较少（见图61）。

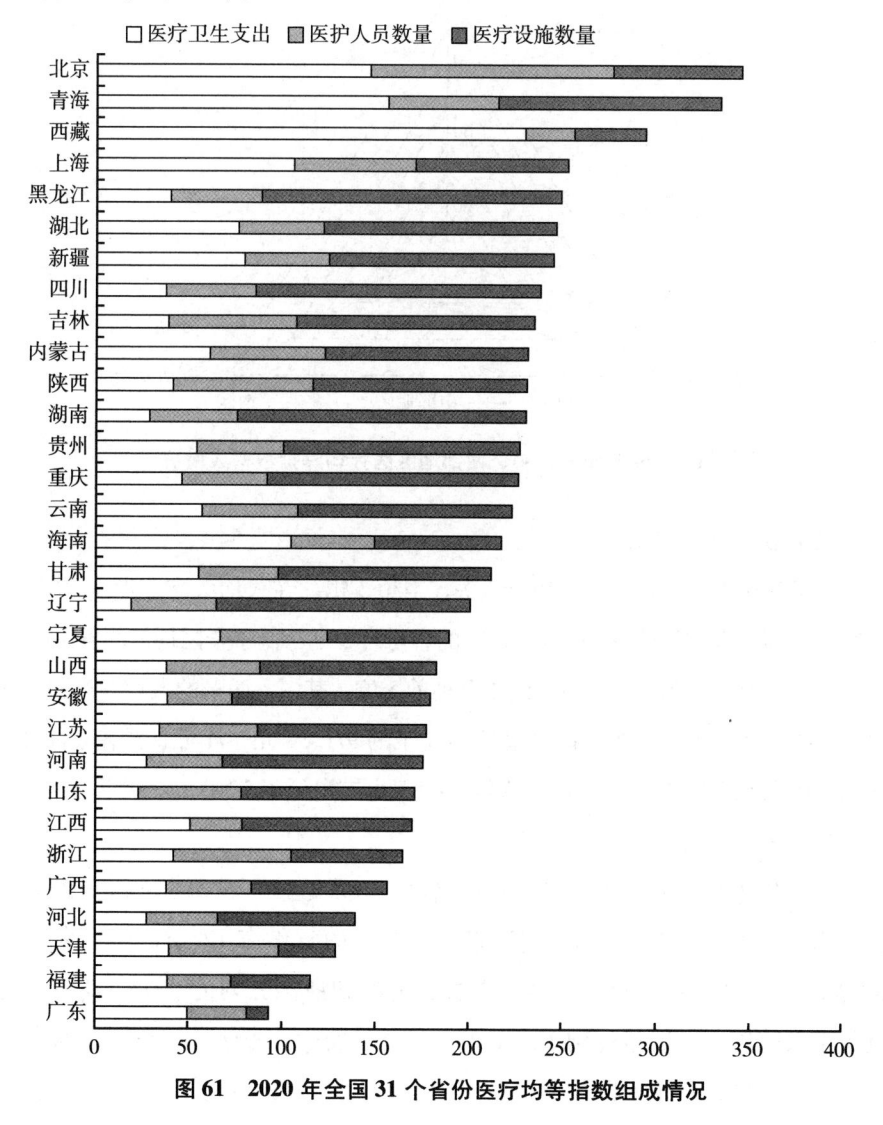

图61　2020年全国31个省份医疗均等指数组成情况

就东、中、西部地区而言，2020年，在医疗设施数量方面，西部和中部地区较为接近，领先于东部地区；在医疗卫生支出方面，西部地区最高，东部地区次之，中部地区最低；在医护人员数量方面，东部地区最高，西部地区次之，中部地区最低，但差距较小（见图62）。

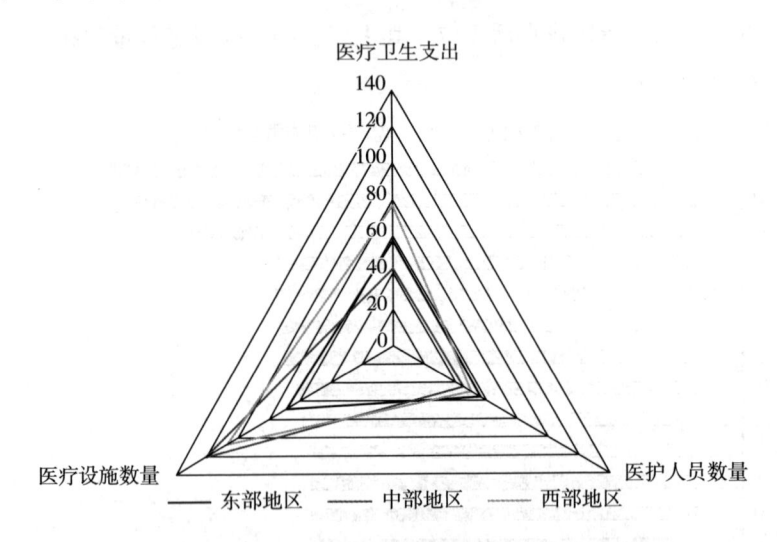

图62 2020年东、中、西部地区医疗均等指数构成情况

（1）医疗卫生支出

本报告用人均医疗卫生支出衡量医疗卫生支出。在人均医疗卫生支出方面，2020年，高于全国均值（1564.03元）的省份有8个，低于全国均值的省份有23个；西藏、青海、北京、上海和海南分列前5位，其中，西藏的人均医疗卫生支出达到3944.54元，远高于排名最后的辽宁的971.84元；江苏、湖南、河北、河南、山东和辽宁排在后6位，人均医疗卫生支出低于1200元（见图63）。

（2）医护人员数量

本报告用每千人医护人员数量衡量医护人员数量。在每千人医护人员数量方面，2020年，高于全国均值（7.76人）的省份有12个，低于全国均值的省份有19个；北京、陕西、吉林、上海和浙江分列前5位，其中，北京每千人医护人员数量达到12.61人；河北、安徽、福建、广东、江西和西藏排在后6位，每千人医护人员数量少于7人（见图64）。

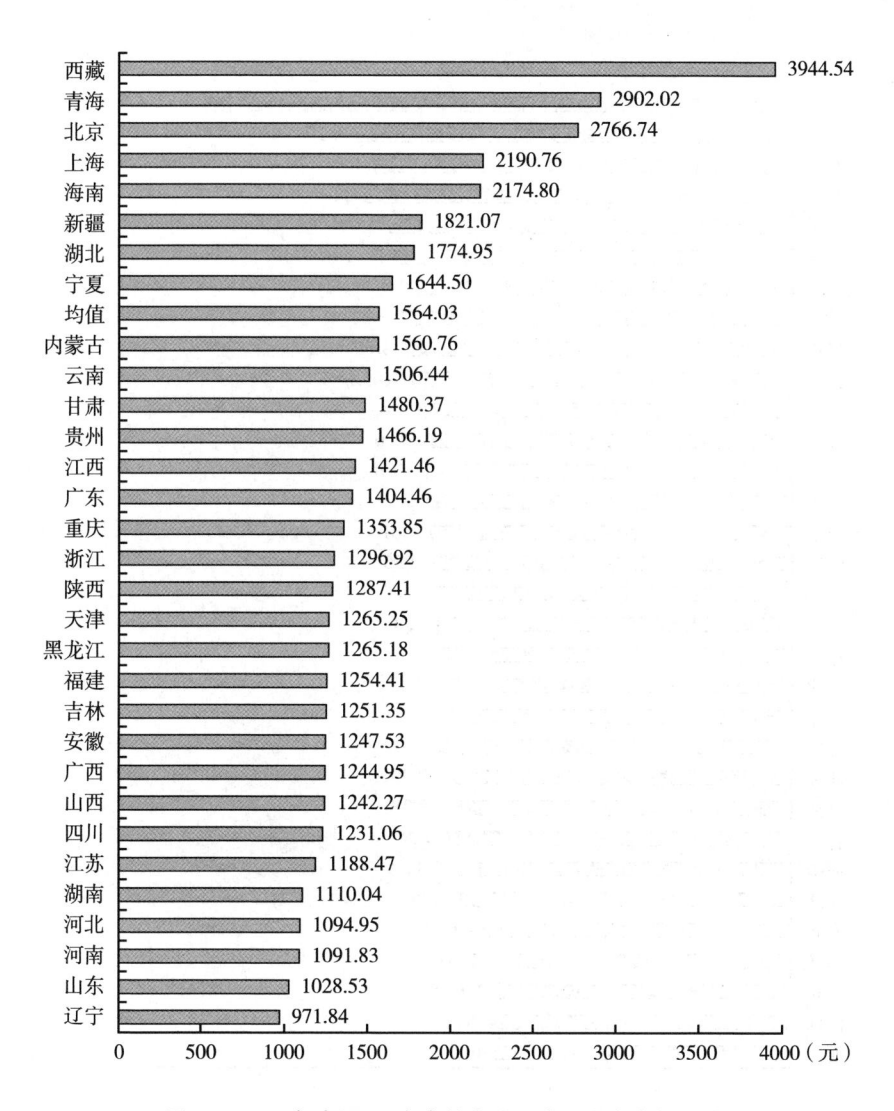

省份	人均医疗卫生支出（元）
西藏	3944.54
青海	2902.02
北京	2766.74
上海	2190.76
海南	2174.80
新疆	1821.07
湖北	1774.95
宁夏	1644.50
均值	1564.03
内蒙古	1560.76
云南	1506.44
甘肃	1480.37
贵州	1466.19
江西	1421.46
广东	1404.46
重庆	1353.85
浙江	1296.92
陕西	1287.41
天津	1265.25
黑龙江	1265.18
福建	1254.41
吉林	1251.35
安徽	1247.53
广西	1244.95
山西	1242.27
四川	1231.06
江苏	1188.47
湖南	1110.04
河北	1094.95
河南	1091.83
山东	1028.53
辽宁	971.84

图63　2020年全国31个省份人均医疗卫生支出与均值

（3）医疗设施数量

本报告用每千人医疗设施数量衡量医疗设施数量。在每千人医疗设施数量方面，2020年，高于全国均值（6.47张）的省份有16个，低于全国均值的省份有15个；黑龙江、湖南、四川、辽宁和重庆分列前5位，指标值不低于7.30张；天津和广东的指标值排在后2位，低于5张（见图65）。

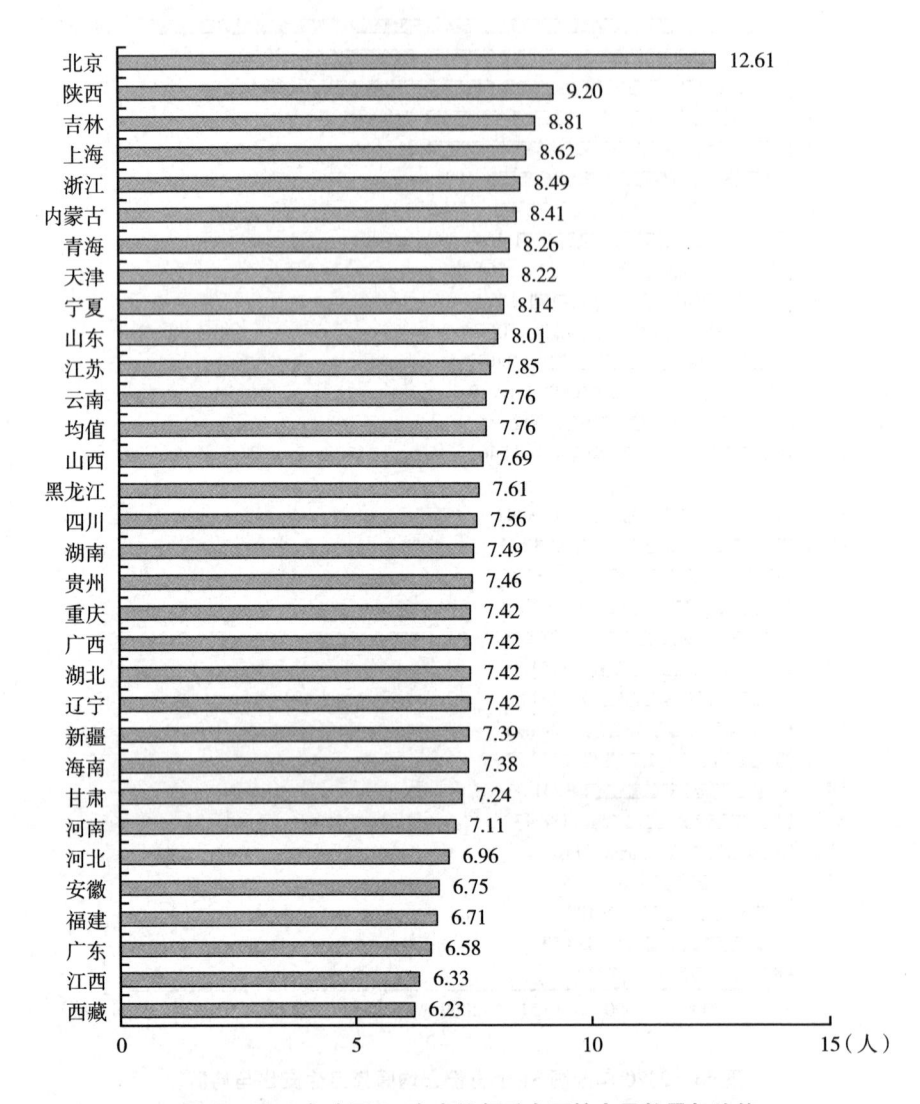

省份	数值
北京	12.61
陕西	9.20
吉林	8.81
上海	8.62
浙江	8.49
内蒙古	8.41
青海	8.26
天津	8.22
宁夏	8.14
山东	8.01
江苏	7.85
云南	7.76
均值	7.76
山西	7.69
黑龙江	7.61
四川	7.56
湖南	7.49
贵州	7.46
重庆	7.42
广西	7.42
湖北	7.42
辽宁	7.42
新疆	7.39
海南	7.38
甘肃	7.24
河南	7.11
河北	6.96
安徽	6.75
福建	6.71
广东	6.58
江西	6.33
西藏	6.23

图64　2020年全国31个省份每千人医护人员数量与均值

（五）财政均等指数的二级指标——社会保障指数

"社会保障指数"从平均低保水平、医疗保险覆盖率、养老保险覆盖率三个方面考虑。其中，由于存在城乡差距，因此平均低保水平用（城市低

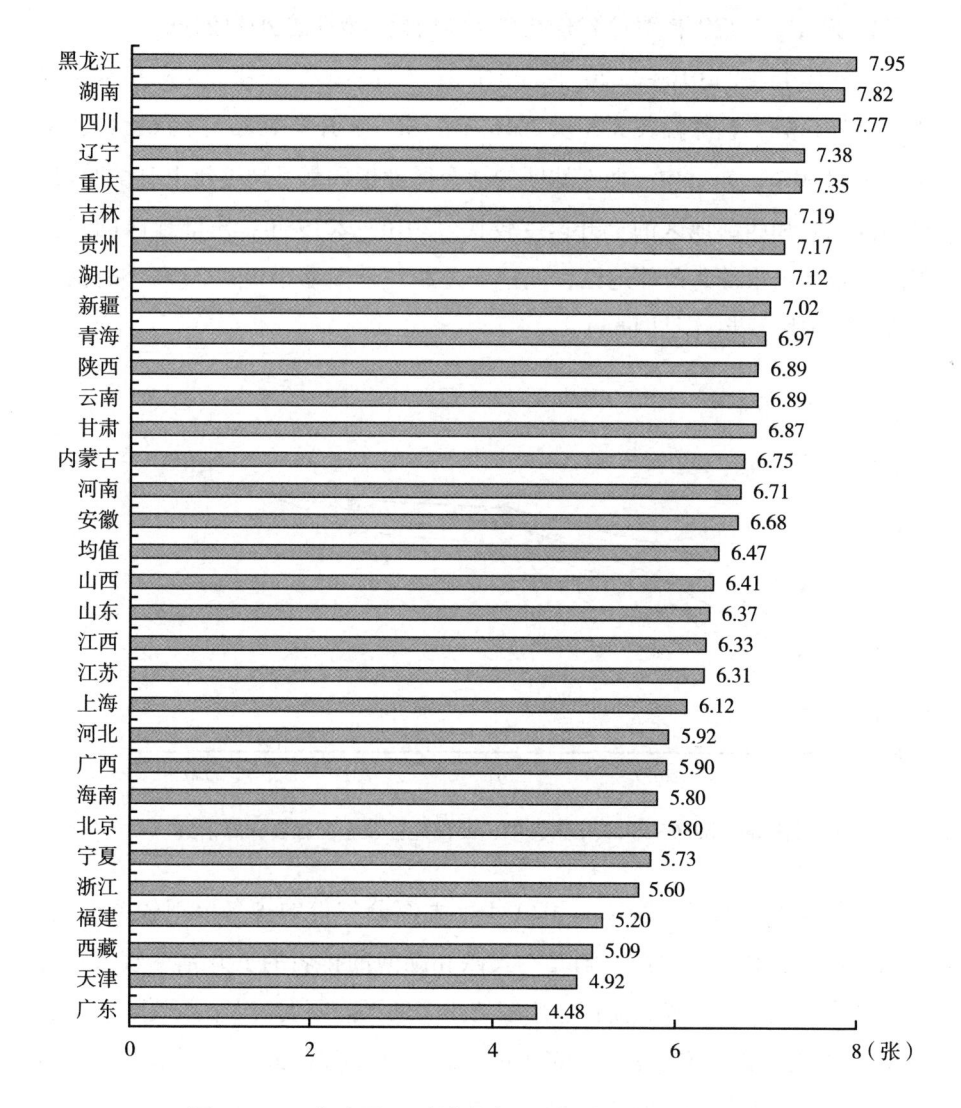

图 65　2020 年全国 31 个省份每千人医疗设施数量与均值

保标准/城市居民人均可支配收入＋农村低保标准/农村居民人均可支配收入）/2 表示；医疗保险覆盖率和养老保险覆盖率分别用（职工基本医疗保险参保人数＋城乡居民基本医疗保险参保人数）/辖区人口和（职工基本养老保险参保人数＋城乡居民基本养老保险参保人数）/辖区人口表示。

1. 2016~2020年31个省份社会保障指数的变化趋势比较分析

从整体上看，2016~2020年，全国31个省份的平均社会保障指数呈现逐年上升趋势，且涨幅较大，从2016年的36.85升至2020年的68.17，增幅接近85.0%。东、中、西部地区的社会保障指数都呈现逐年上升的趋势，且中部地区和西部地区的上升速度较快。2016~2019年，东部地区的社会保障指数高于中部和西部地区，但这一差距在逐渐缩小，到2020年时被中部和西部地区反超（见图66）。

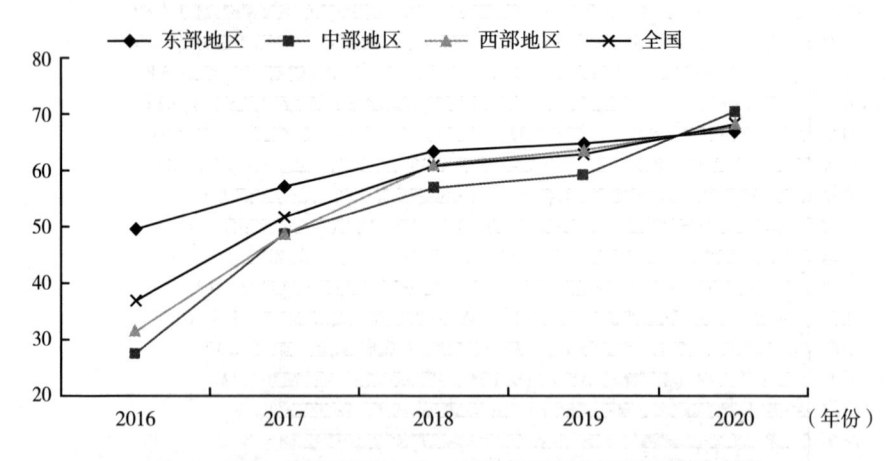

图66 2016~2020年东、中、西部地区及全国社会保障指数

就具体省份而言，2016~2020年，大部分省份的排名出现较大变化，广西、江西、甘肃、山西、湖北、安徽和湖南的排名的上升幅度较大；海南、辽宁、上海、宁夏、浙江、广东的排名的下降幅度较大；河南、福建和西藏的排名的波动幅度较大。2020年，北京（指数值最高）和新疆（指数值最低）的指数值的差距超过50（见表29）。

表29 2016~2020年全国31个省份社会保障指数值和排名

省份	2016年		2017年		2018年		2019年		2020年	
	指数值	排名	指数值	排名	指数值	排名	指数值	排名	指数值	排名
北京	76.60	1	82.95	1	93.28	1	97.95	1	100.03	1
天津	52.23	7	58.79	9	62.14	14	62.80	15	76.99	4

续表

省份	2016年 指数值	2016年 排名	2017年 指数值	2017年 排名	2018年 指数值	2018年 排名	2019年 指数值	2019年 排名	2020年 指数值	2020年 排名
河 北	51.47	8	56.05	11	58.78	18	61.34	18	66.88	17
山 西	29.17	20	53.39	15	56.20	20	61.68	16	73.04	8
内蒙古	30.36	17	52.94	18	55.36	22	56.06	27	63.64	21
辽 宁	38.03	11	42.56	26	58.36	19	59.26	21	62.98	24
吉 林	20.34	28	25.77	30	44.84	29	43.96	30	56.25	28
黑龙江	29.07	21	41.13	28	43.06	30	42.80	31	63.57	22
上 海	59.02	4	61.95	6	64.06	11	64.51	10	65.49	18
江 苏	43.09	10	62.36	5	64.39	10	66.80	7	65.01	19
浙 江	53.00	6	56.41	10	59.92	16	59.94	20	53.24	29
安 徽	36.90	13	44.08	25	77.80	3	84.20	2	92.06	2
福 建	20.91	27	53.09	16	64.60	9	61.65	17	63.31	23
江 西	25.86	24	52.99	17	54.33	24	56.45	24	72.34	10
山 东	53.67	5	53.93	13	54.55	23	57.57	22	72.06	12
河 南	27.67	22	61.37	7	62.48	12	65.49	8	66.96	16
湖 北	26.49	23	59.43	8	62.31	13	63.06	14	72.07	11
湖 南	24.91	25	51.81	20	54.17	25	56.17	26	67.13	15
广 东	66.95	2	71.12	3	69.65	6	64.61	9	60.34	25
广 西	11.14	30	45.70	23	50.54	27	57.16	23	73.11	7
海 南	30.04	19	29.51	29	47.78	28	56.24	25	50.92	30
重 庆	62.64	3	64.86	4	69.40	7	71.07	6	72.76	9
四 川	34.56	15	53.46	14	60.04	15	63.80	13	67.30	14
贵 州	37.79	12	46.01	22	84.58	2	82.14	3	75.87	5
云 南	19.97	29	52.32	19	55.36	21	60.08	19	64.56	20
西 藏	24.81	26	42.30	27	68.80	8	63.98	11	56.81	27
陕 西	36.61	14	44.28	24	72.14	5	75.52	4	75.65	6
甘 肃	32.51	16	73.64	2	74.86	4	75.43	5	84.72	3
青 海	30.26	18	55.67	12	58.86	17	63.80	12	71.90	13
宁 夏	45.24	9	46.52	21	51.63	26	50.17	28	59.07	26
新 疆	11.00	31	6.08	31	30.39	31	44.38	29	47.14	31

2. 31个省份社会保障指数的内在结构比较分析

2020年,从31个省份的社会保障指数组成情况可以看出,北京、安徽、甘肃、天津、贵州分列社会保障指数前5名,且前三者在平均低保水平、医疗保险覆盖率和养老保险覆盖率方面均较高,西藏、吉林、浙江、海南和新疆的社会保障指数排在后5位(见图67)。新疆、广东等省份的养老

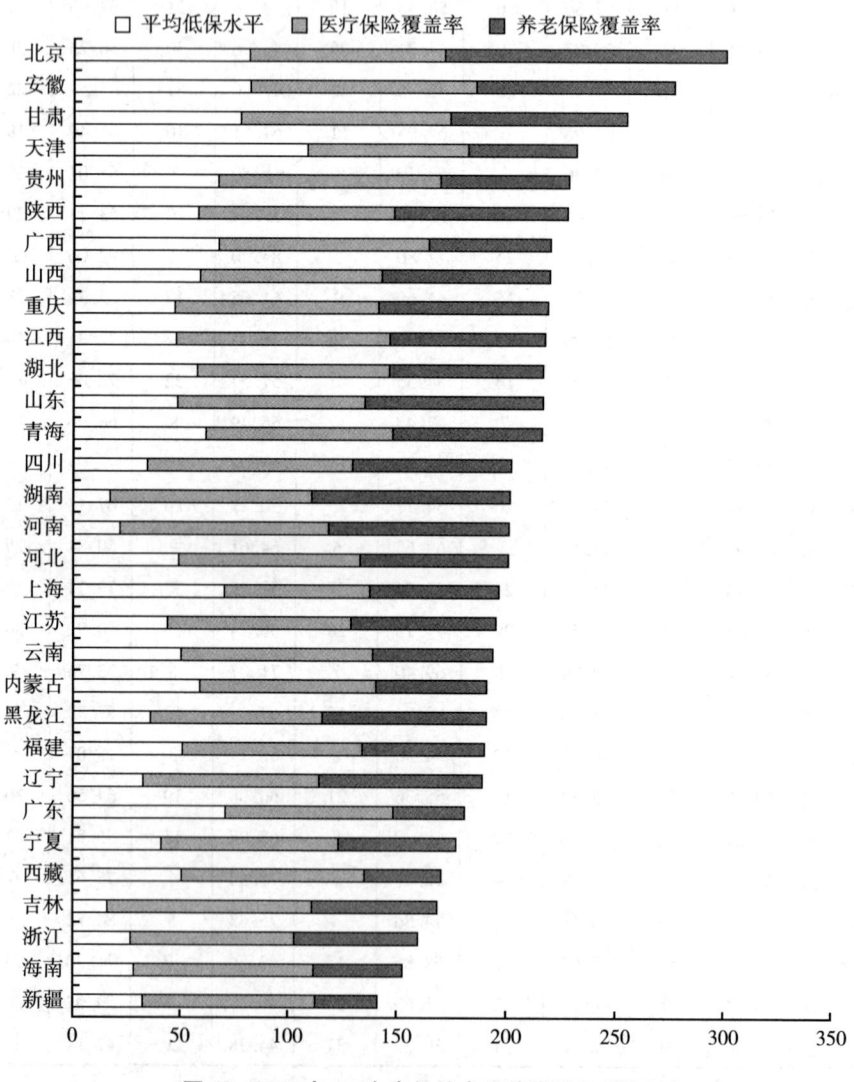

图67　2020年31个省份社会保障指数组成情况

保险覆盖率较低；上海、天津等省份的医疗保险覆盖率较低；吉林、湖南、河南、浙江、海南等省份的平均低保水平较低。

就东、中、西部地区而言，2020年，东部、西部地区在养老保险覆盖率和平均低保水平方面的差距不大，中部地区和西部地区在医疗保险覆盖率方面的差距不大，高于东部地区（见图68）。

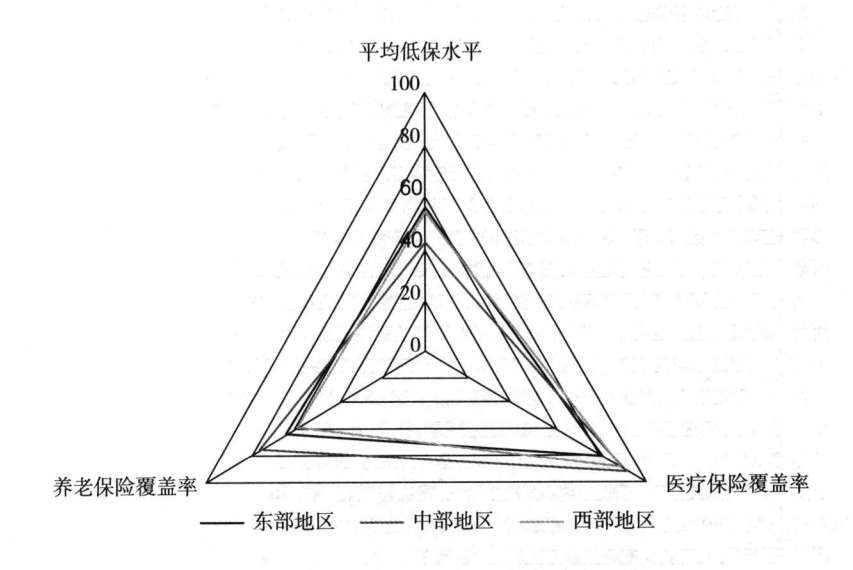

图68 2020年东、中、西部地区社会保障指数构成情况

（1）平均低保水平

在平均低保水平方面，总体而言，31个省份间的差距不大。2020年，高于全国均值（28.37%）的省份有13个，低于全国均值的省份有18个，天津、安徽、北京、甘肃和广东分列前5位；海南、浙江、河南、湖南和吉林排在后5位；平均低保水平最高的省份天津的指标值为36.30%，最低的省份吉林的指标值为23.42%，两者相差超过10个百分点（见图69）。

（2）医疗保险覆盖率

在医疗保险覆盖率方面，总体而言水平较高，超过90%的省份达到25个。2020年，高于全国均值（95.81%）的省份有14个，低于全国均值的省份有17个，安徽、贵州、江西、河南和广西分列前5位；黑龙

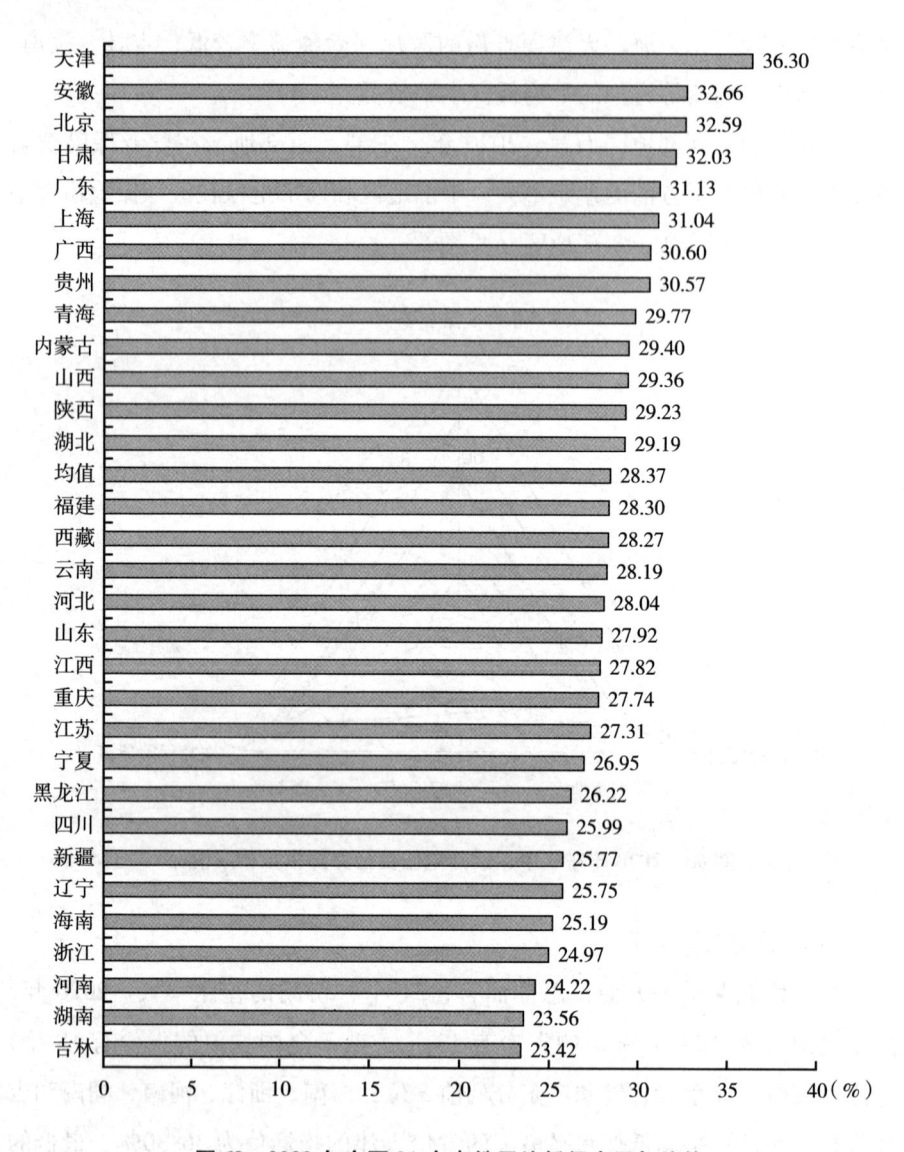

省份	数值
天津	36.30
安徽	32.66
北京	32.59
甘肃	32.03
广东	31.13
上海	31.04
广西	30.60
贵州	30.57
青海	29.77
内蒙古	29.40
山西	29.36
陕西	29.23
湖北	29.19
均值	28.37
福建	28.30
西藏	28.27
云南	28.19
河北	28.04
山东	27.92
江西	27.82
重庆	27.74
江苏	27.31
宁夏	26.95
黑龙江	26.22
四川	25.99
新疆	25.77
辽宁	25.75
海南	25.19
浙江	24.97
河南	24.22
湖南	23.56
吉林	23.42

图69　2020年全国31个省份平均低保水平与均值

江、广东、浙江、天津和上海排在后5位；其他省份间的差距不明显（见图70）。

（3）养老保险覆盖率

在养老保险覆盖率方面，2020年，高于全国均值（70.22%）的省份有

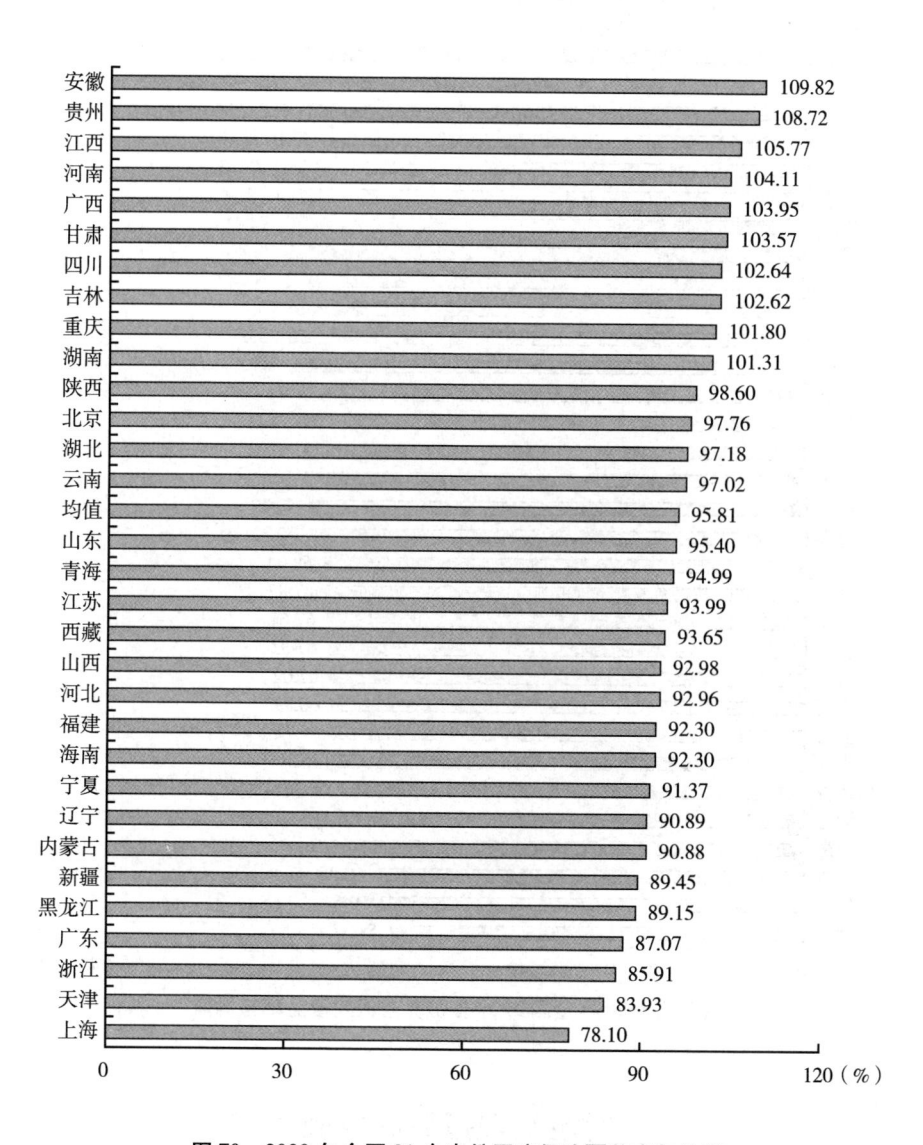

图70 2020年全国31个省份医疗保险覆盖率与均值

17个，低于全国均值的省份有14个，北京、湖南、安徽、河南和山东分列前5位，其中，北京的养老保险覆盖率为90.39%，较大幅度高于第二名湖南的78.19%；天津、海南、西藏、广东和新疆排在后5位，其中广东和新疆的养老保险覆盖率均低于60.00%（见图71）。

省份	覆盖率
北京	90.39
湖南	78.19
安徽	78.19
河南	75.49
山东	75.13
甘肃	74.88
陕西	74.41
重庆	73.86
山西	73.66
黑龙江	73.17
辽宁	73.03
四川	72.32
江西	71.82
湖北	71.60
青海	70.91
河北	70.79
江苏	70.29
均值	70.22
上海	68.04
贵州	67.87
吉林	67.61
浙江	67.33
福建	67.02
广西	66.89
云南	66.74
宁夏	66.39
内蒙古	65.36
天津	64.92
海南	62.26
西藏	60.38
广东	59.64
新疆	58.37

图 71　2020 年全国 31 个省份养老保险覆盖率与均值

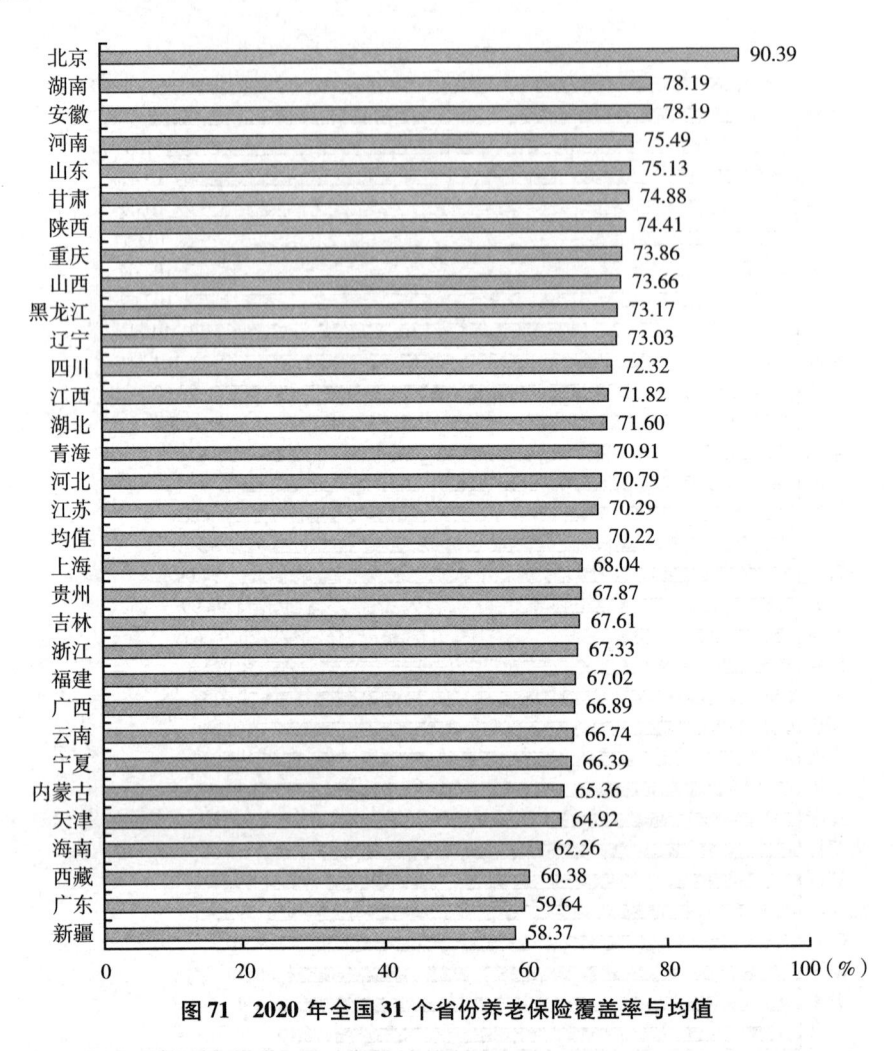

五　财政治理指数的省域比较

（一）财政治理指数总体分析

"治理"一词内涵丰富，在本书的指标体系里主要指财政的管理水平。本报告的财政治理指数包括预决算差异、信息公开和支出绩效三个维度，共 3 个二级指标和 5 个底层指标，以反映我国 31 个省份财政治理的状况。

1. 2016～2020年31个省份财政治理指数的变化趋势比较分析

从整体上看，2016～2020年，全国31个省份的平均财政治理指数总体呈现增长趋势，从2016年的47.87上升至2018年的57.07，在2019年下降到42.77之后在2020年上升至58.47（见图72）。就东、中、西部地区而言，东、中、西部三个地区的财政治理指数在2016～2018年均保持逐年增长的趋势，且都在2019年下降后在2020年迎来上升，与全国的平均财政治理指数的趋势一致。东部地区的财政治理指数由2016年的55.70上升至2020年的71.69（2019年下降至52.76）；中部地区的财政治理指数由2016年的42.72上升至2020年的55.97（2019年下降至34.28，下降幅度较大）；西部地区的财政治理指数由2016年的44.14上升至2020年的48.03（2019年下降至39.27，下降幅度较小）。从地区来看，东部地区的增长幅度最大且数值遥遥领先，而中部地区和西部地区的增长幅度相对较小，这说明东部地区仍存在较大优势。

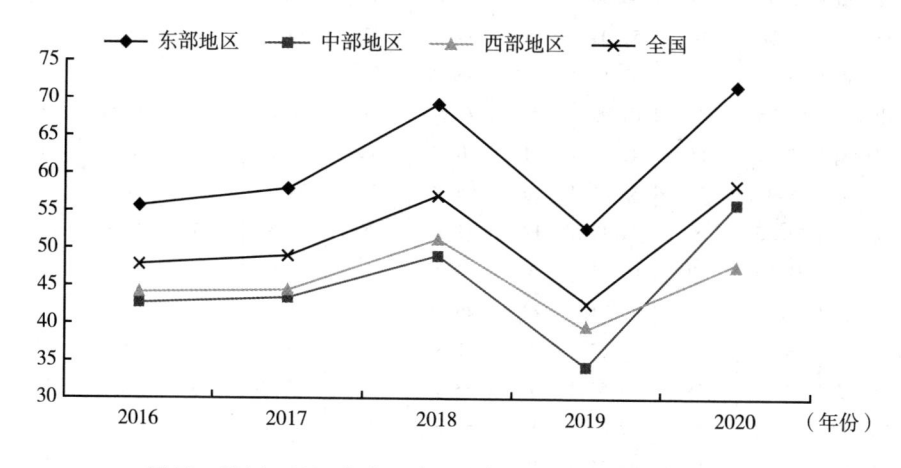

图72 2016～2020年东、中、西部地区及全国财政治理指数

具体到每个省份，2016～2020年，大多数省份的财政治理指数的排名的变动幅度保持在10名之内。有一些省份的变动幅度较大，如山西、江苏、浙江、河南的排名呈现较大幅度的提升；而湖南、吉林、西藏、海南的排名的下降幅度较大。北京、辽宁、上海、山东、广东、宁夏的财政治理指数的排名一直保持在前列；江西、广西、西藏的排名靠后（见表30）。

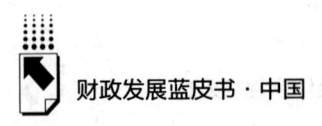

表30 2016～2020年全国31个省份财政治理指数值和排名

省份	2016年 指数值	排名	2017年 指数值	排名	2018年 指数值	排名	2019年 指数值	排名	2020年 指数值	排名
北京	67.20	2	72.56	2	90.05	1	78.17	1	71.56	9
天津	45.22	19	24.46	29	57.45	20	-1.92	31	52.29	21
河北	53.31	9	49.44	16	58.91	16	55.27	7	60.98	16
山西	35.13	28	17.74	31	27.52	29	36.09	23	64.51	13
内蒙古	36.14	27	29.75	27	38.76	27	41.08	19	47.04	24
辽宁	65.75	3	67.76	4	70.55	7	61.89	5	77.77	4
吉林	46.05	16	52.08	14	49.78	24	40.35	21	40.98	27
黑龙江	40.37	24	45.04	23	62.78	11	44.42	16	53.11	19
上海	54.70	7	60.81	6	75.59	4	52.81	10	74.35	6
江苏	45.90	17	48.29	20	63.87	9	55.14	8	73.95	7
浙江	43.07	21	52.45	13	63.01	10	40.85	20	72.99	8
安徽	45.51	18	46.88	21	58.17	18	43.89	18	69.87	10
福建	50.08	13	51.03	15	58.78	17	46.33	14	64.06	14
江西	35.00	29	39.13	25	36.18	28	0.60	30	48.44	23
山东	59.75	5	61.99	5	71.50	6	58.11	6	80.62	2
河南	47.83	15	41.73	24	60.72	12	49.57	13	76.68	5
湖北	38.31	26	55.47	10	56.13	21	34.73	24	49.92	22
湖南	53.56	8	49.17	17	41.14	26	24.57	25	44.25	26
广东	51.06	10	69.11	3	74.25	5	65.00	4	90.28	1
广西	27.86	31	45.71	22	26.26	30	8.89	29	34.22	30
海南	76.64	1	79.65	1	77.80	3	68.68	2	69.73	11
重庆	38.70	25	59.57	7	53.39	22	23.26	26	57.42	17
四川	56.38	6	57.02	9	57.64	19	46.03	15	61.93	15
贵州	50.26	11	48.37	19	59.83	13	22.40	27	55.78	18
云南	49.01	14	52.79	12	65.51	8	44.33	17	67.26	12
西藏	43.41	20	19.71	30	10.26	31	22.03	28	3.32	31
陕西	42.16	22	33.29	26	47.06	25	36.81	22	44.33	25
甘肃	50.11	12	52.83	11	59.29	15	51.91	11	53.02	20
青海	41.06	23	48.44	18	59.74	14	55.00	9	38.04	28
宁夏	62.97	4	58.77	8	83.97	2	67.95	3	78.38	3
新疆	31.62	30	27.01	28	53.31	23	51.52	12	35.60	29

财政治理指数排名和人均GDP排名不尽相同，2020年，高于全国均值（58.47）的省份有16个，低于全国均值的省份有15个，其中，宁夏、海南、河南、云南等人均GDP较低的省份的财政治理指数的排名靠前，湖北、天津、内蒙古等人均GDP较高的省份的财政治理指数的排名则较为靠后。西藏的财政治理指数低于10，有15个省份的指数低于60（见图73）。

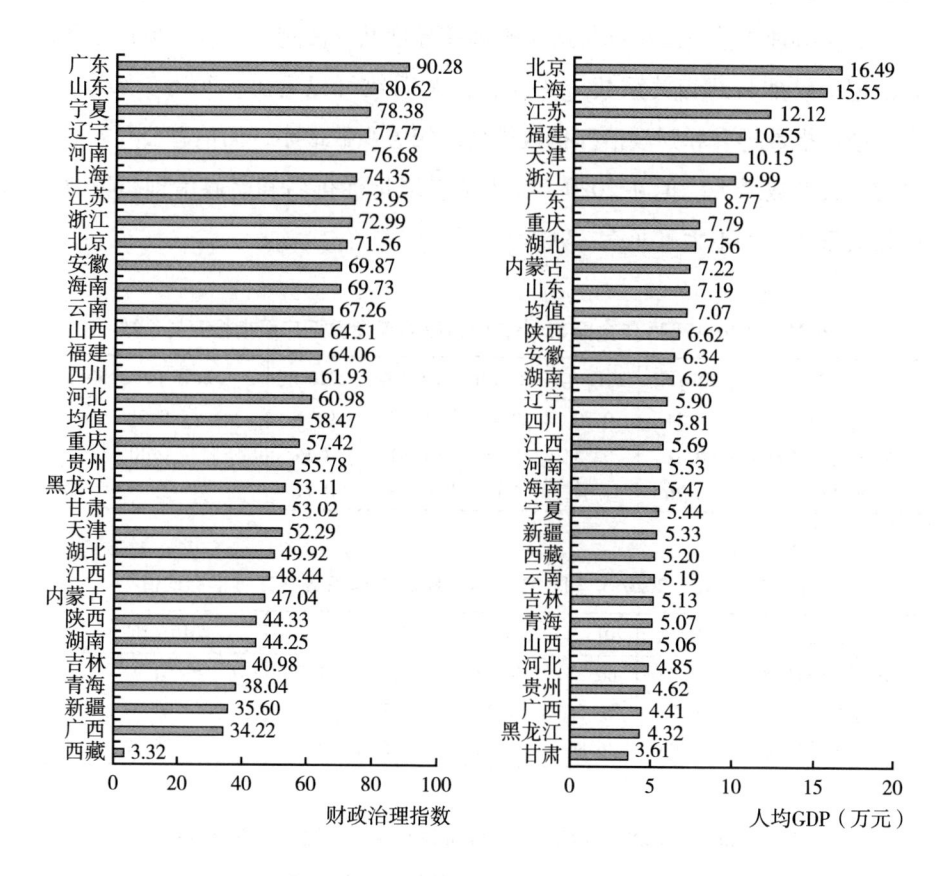

省份	财政治理指数	省份	人均GDP（万元）
广东	90.28	北京	16.49
山东	80.62	上海	15.55
宁夏	78.38	江苏	12.12
辽宁	77.77	福建	10.55
河南	76.68	天津	10.15
上海	74.35	浙江	9.99
江苏	73.95	广东	8.77
浙江	72.99	重庆	7.79
北京	71.56	湖北	7.56
安徽	69.87	内蒙古	7.22
海南	69.73	山东	7.19
云南	67.26	均值	7.07
山西	64.51	陕西	6.62
福建	64.06	安徽	6.34
四川	61.93	湖南	6.29
河北	60.98	辽宁	5.90
均值	58.47	四川	5.81
重庆	57.42	江西	5.69
贵州	55.78	河南	5.53
黑龙江	53.11	海南	5.47
甘肃	53.02	宁夏	5.44
天津	52.29	新疆	5.33
湖北	49.92	西藏	5.20
江西	48.44	云南	5.19
内蒙古	47.04	吉林	5.13
陕西	44.33	青海	5.07
湖南	44.25	山西	5.06
吉林	40.98	河北	4.85
青海	38.04	贵州	4.62
新疆	35.60	广西	4.41
广西	34.22	黑龙江	4.32
西藏	3.32	甘肃	3.61

图73 2020年全国31个省份财政治理指数、人均GDP与均值

2.31个省份财政治理指数的内在结构比较分析

通过统计2016~2020年财政治理指数下二级指标的变异系数可以发现，支出绩效指数的变异系数最大，预决算差异指数的变异系数次之，信息公开

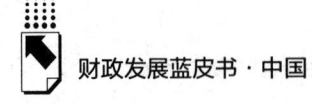

指数的变异系数最小（见表31）。支出绩效指数与预决算差异指数和信息公开指数的变异系数差距均较大，这说明各个省份间财政治理指数的差异主要体现在支出绩效方面。

就均值而言，2016年，预决算差异指数的均值最高，但信息公开指数均值在2017年和2018年快速增长，在2018年超越预决算差异指数，且一直领先（见表32）。

财政治理指数下二级指标的水平和差异性共同决定了二级指标排名和财政治理指数排名的相关系数。从排名相关系数可以看出，2016~2020年，支出绩效指数排名和财政治理指数排名的相关系数最小，而信息公开指数排名的相关系数最大。但在2020年，3个二级指标排名和财政治理指数排名的相关系数相差不大（见表33）。

表31 2016~2020年全国31个省份财政治理指数下二级指标变异系数

指数	2016年	2017年	2018年	2019年	2020年	2016~2020年
预决算差异指数	0.24	0.59	0.47	0.80	0.46	0.51
信息公开指数	0.52	0.33	0.36	0.41	0.35	0.40
支出绩效指数	0.76	1.04	1.04	1.58	0.71	1.03

表32 2016~2020年全国31个省份财政治理指数下二级指标均值

指数	2016年	2017年	2018年	2019年	2020年	2016~2020年
预决算差异指数	65.79	60.37	66.38	53.22	63.77	61.91
信息公开指数	46.77	59.68	80.11	58.33	79.57	64.89
支出绩效指数	31.06	26.86	24.72	16.75	32.07	26.29

表33 2016~2020年全国31个省份财政治理指数下二级指标排名与财政治理指数排名相关系数

指数	2016年	2017年	2018年	2019年	2020年	2016~2020年
预决算差异指数	0.21	0.58	0.54	0.65	0.63	0.52
信息公开指数	0.83	0.64	0.74	0.45	0.66	0.66
支出绩效指数	0.36	0.50	0.38	0.49	0.55	0.46

具体到某一年份，二级指标排名和财政治理指数排名的相关系数有所变动。以2020年为例，信息公开指数排名与财政治理指数排名的相关系数最大，支出绩效指数排名的相关系数最小。信息公开指数排名靠前的辽宁、广东、山东、河南等的财政治理指数的排名也靠前；信息公开指数排名靠前的如黑龙江、四川、贵州等的财政治理指数的排名却较为靠后；支出绩效指数排名靠前的北京、辽宁、宁夏等的财政治理指数的排名靠前（见表34）。这主要是因为2020年三个二级指标排名与财政治理指数排名的相关系数较为接近。

表34 2020年财政治理指数值和排名

省份	预决算差异指数 指数值	排名	信息公开指数 指数值	排名	支出绩效指数 指数值	排名	财政治理指数 指数值	排名
北 京	96.49	4	66.67	21	51.51	7	71.56	9
天 津	1.99	30	91.67	11	63.20	4	52.29	21
河 北	86.55	6	83.33	18	13.07	25	60.98	16
山 西	79.09	13	91.67	11	22.79	18	64.51	13
内蒙古	38.22	26	91.67	11	11.22	27	47.04	24
辽 宁	56.58	21	108.33	3	68.40	3	77.77	4
吉 林	41.71	25	33.33	28	47.91	10	40.98	27
黑龙江	24.96	27	108.33	3	26.05	17	53.11	19
上 海	82.24	8	108.33	3	32.49	14	74.35	6
江 苏	80.10	12	100.00	6	41.76	12	73.95	7
浙 江	81.61	9	91.67	11	45.70	11	72.99	8
安 徽	102.98	2	91.67	11	14.97	22	69.87	10
福 建	71.18	17	50.00	24	70.98	2	64.06	14
江 西	81.12	10	50.00	24	14.20	24	48.44	23
山 东	76.01	14	116.67	2	49.18	9	80.62	2
河 南	103.64	1	100.00	6	26.40	16	76.68	5
湖 北	23.26	28	91.67	11	34.82	13	49.92	22
湖 南	72.29	15	41.67	27	18.79	20	44.25	26
广 东	82.74	7	125.00	1	63.10	5	90.28	1
广 西	71.71	16	16.67	31	14.28	23	34.22	30
海 南	50.15	24	83.33	18	75.69	1	69.73	11

续表

省份	预决算差异指数		信息公开指数		支出绩效指数		财政治理指数	
	指数值	排名	指数值	排名	指数值	排名	指数值	排名
重 庆	55.14	22	66.67	21	50.46	8	57.42	17
四 川	65.74	19	100.00	6	20.05	19	61.93	15
贵 州	65.72	20	100.00	6	1.62	30	55.78	18
云 南	98.77	3	100.00	6	3.01	28	67.26	12
西 藏	-14.86	31	33.33	28	-8.51	31	3.32	31
陕 西	70.70	18	33.33	28	28.94	15	44.33	25
甘 肃	80.91	11	66.67	21	11.48	26	53.02	20
青 海	5.62	29	91.67	11	16.83	21	38.04	28
宁 夏	90.77	5	83.33	18	61.03	6	78.38	3
新 疆	53.90	23	50.00	24	2.88	29	35.60	29

就地区而言，2020年，东部地区的三个二级指标即预决算差异指数、信息公开指数和支出绩效指数都领先于中部和西部地区，且后两个指标的领先幅度较大（见图74）。

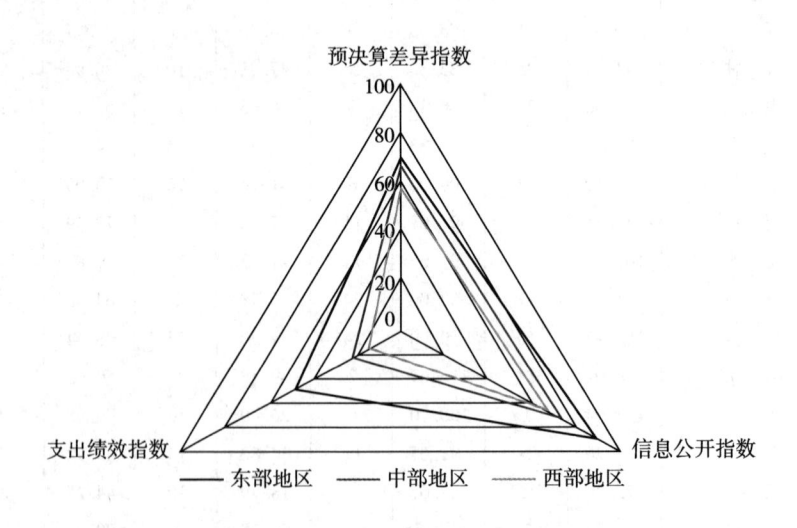

图74 2020年东、中、西部地区财政治理指数构成情况

（二）财政治理指数的二级指标——预决算差异指数

"预决算差异指数"主要反映预算编制和预算执行情况，因此该指标考虑收入预决算偏离度和支出预决算偏离度。预决算之间存在的差值无论正负都反映了预算编制能力以及预算执行能力，因此，本报告采用绝对值。就预算支出进度而言，现实中可能更加关注预算支出过慢的问题，因此指标用max（1/4-第一季度支出/全年支出，0）+max（1/2-前二季度支出/全年支出，0）+max（3/4-前三季度支出/全年支出，0）表示，即只求得与预算支出过慢相关的数据。

1. 2016~2020年31个省份预决算差异指数的变化趋势比较分析

从整体上看，2016~2020年，全国31个省份的平均预决算差异指数表现出总体小幅度下降的趋势，从2016年的65.79上升至2018年的66.38；2019年则下降至53.22，2020年回升至63.77（见图75）。东、中、西部地区的预决算差异指数都表现出相似的趋势，东部地区在2020年的上升幅度较小，而中部和西部地区则出现较大幅度的上升。2020年，中部和西部地区的预决算差异指数与东部地区的差距缩小。

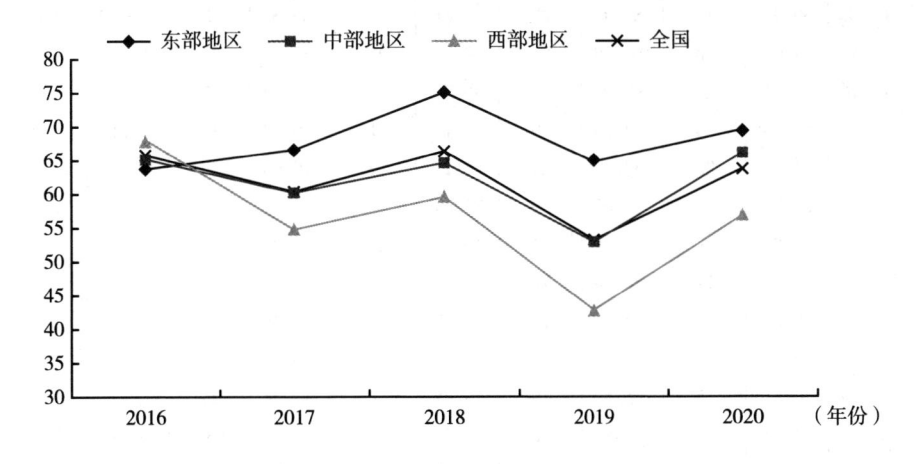

图75　2016~2020年东、中、西部地区及全国预决算差异指数

就具体省份而言,2016~2020年,安徽、甘肃等位居全国前列,黑龙江、西藏等排名靠后;广东、浙江、宁夏、山西、江西的排名上升幅度较大;天津、贵州、重庆、青海的排名下降幅度较大(见表35)。有些省份如青海、宁夏、广西、河北等的排名的波动幅度较大;其中,安徽在2016~2018年的预决算差异指数排名进入前五,这是由于受到这些年份的预算支出进度数据缺失产生的影响。

表35　2016~2020年全国31个省份预决算差异指数值和排名

省份	2016年 指数值	排名	2017年 指数值	排名	2018年 指数值	排名	2019年 指数值	排名	2020年 指数值	排名
北京	73.74	12	91.81	4	90.46	5	75.70	11	96.49	4
天津	83.61	3	2.68	29	65.34	24	-57.93	30	1.99	30
河北	76.67	10	67.75	17	61.41	26	90.98	1	86.55	6
山西	41.16	29	-10.48	30	23.96	30	76.98	9	79.09	13
内蒙古	66.74	16	38.87	28	25.92	29	62.09	19	38.22	26
辽宁	54.60	23	62.74	20	55.36	27	51.13	23	56.58	21
吉林	64.97	18	78.66	9	74.55	12	70.95	14	41.71	25
黑龙江	45.88	27	43.79	26	66.92	21	46.65	24	24.96	27
上海	78.49	9	92.66	3	99.18	1	73.04	12	82.24	8
江苏	60.96	19	53.42	23	72.64	13	89.34	4	80.10	12
浙江	44.90	28	69.39	15	70.33	17	56.14	21	81.61	9
安徽	94.51	1	93.91	2	90.79	4	66.55	17	102.98	2
福建	54.29	24	64.93	19	81.18	9	70.42	15	71.18	17
江西	52.79	26	59.39	22	55.25	28	-20.03	29	81.12	10
山东	83.57	4	77.65	10	83.64	8	86.97	5	76.01	14
河南	83.03	6	70.95	14	70.99	16	69.93	16	103.64	1
湖北	60.47	21	68.58	16	68.91	18	75.73	10	23.26	28
湖南	78.62	8	76.89	11	65.59	23	36.48	26	72.29	15
广东	36.03	30	72.50	13	75.44	11	90.36	2	82.74	7
广西	70.81	15	65.46	18	83.91	7	43.24	25	71.71	16
海南	54.08	25	76.82	12	71.08	15	86.57	6	50.15	24
重庆	79.33	7	80.79	8	71.87	14	-13.72	28	55.14	22
四川	71.83	14	59.56	21	68.39	19	82.86	8	65.74	19

续表

省份	2016年 指数值	排名	2017年 指数值	排名	2018年 指数值	排名	2019年 指数值	排名	2020年 指数值	排名
贵州	86.58	2	83.58	7	75.95	10	-11.68	27	65.72	20
云南	73.88	11	87.10	5	91.24	3	58.84	20	98.77	3
西藏	30.23	31	-84.56	31	-78.66	31	-71.72	31	-14.86	31
陕西	72.38	13	50.86	24	65.88	22	71.98	13	70.70	18
甘肃	83.06	5	87.04	6	95.43	2	89.89	3	80.91	11
青海	66.32	17	95.84	1	62.89	25	62.69	18	5.62	29
宁夏	54.94	22	50.84	25	85.08	6	53.47	22	90.77	5
新疆	60.92	20	42.05	27	66.97	20	85.79	7	53.90	23

2.31个省份预决算差异指数的内在结构比较分析

2020年，从31个省份的预决算差异指数组成情况可以看出，河南、安徽、云南、北京、宁夏位列预决算差异指数前五名（见图76），这些省份在三项底层指标上都表现优异。需要指出的是，黑龙江、青海、天津和西藏的收入预决算偏离度的表现较差，即一般公共决算收入超出预算过多，因而它们的预决算差异指数排名靠后。

就东、中、西部地区而言，2020年，东部、中部地区在收入预决算偏离度方面占明显优势，中部地区在预算支出进度①方面的表现最好（见图77）。

（1）收入预决算偏离度

在收入预决算偏离度方面，2020年，低于全国均值（3.89%）的省份有23个，高于全国均值的省份有8个；上海、云南、北京、河南和山东为收入预决算偏离度最低的5个省份，上海的收入预决算偏离度仅为0.02%（见图78）。天津、青海和西藏排在后3位，收入预决算偏离度均超过10%，其中天津达到20.57%，青海达到15.45%，西藏达到14.35%。2020年，东、中、西部地区的收入预决算偏离度分别为2.86%、3.29%、5.25%。

---

① 预算支出进度指标值越大表明预算支出进度越慢。

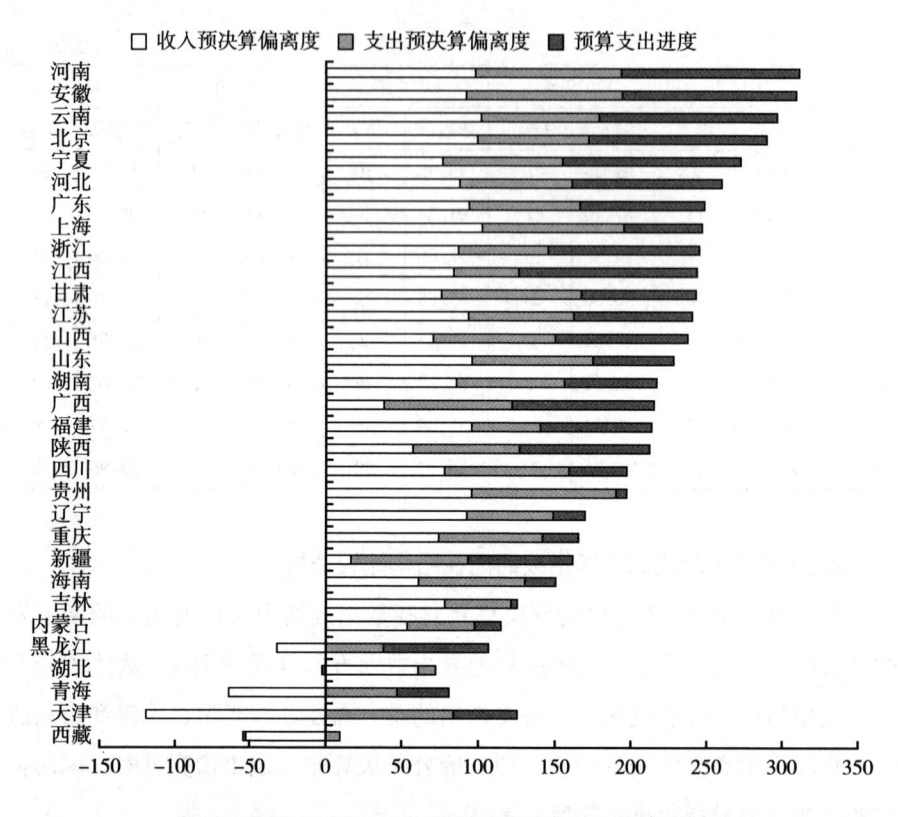

图 76　2020 年全国 31 个省份预决算差异指数组成情况

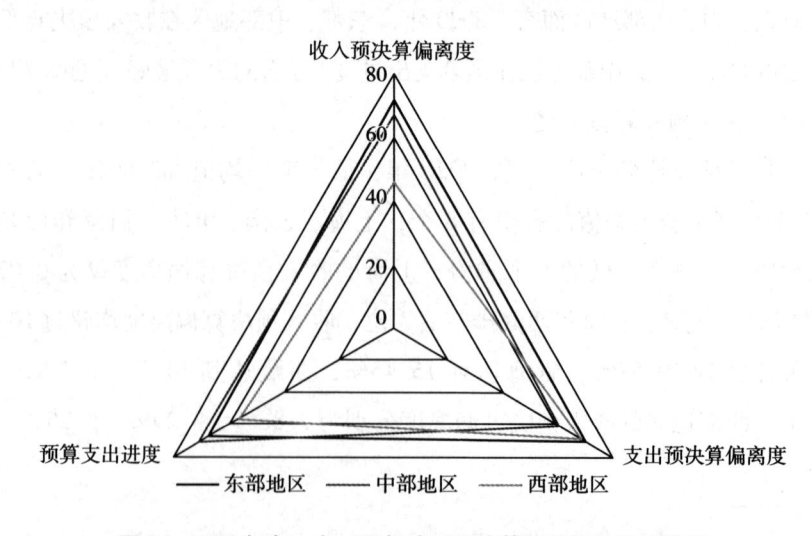

图 77　2020 年东、中、西部地区预决算差异指数构成情况

财政发展综合性指数的省域比较

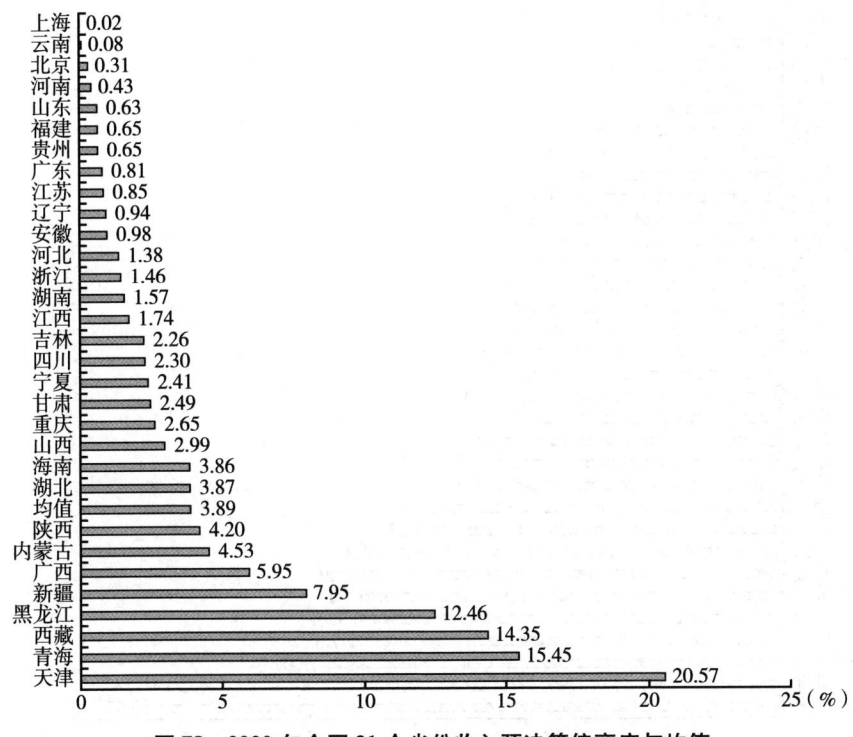

省份	数值
上海	0.02
云南	0.08
北京	0.31
河南	0.43
山东	0.63
福建	0.65
贵州	0.65
广东	0.81
江苏	0.85
辽宁	0.94
安徽	0.98
河北	1.38
浙江	1.46
湖南	1.57
江西	1.74
吉林	2.26
四川	2.30
宁夏	2.41
甘肃	2.49
重庆	2.65
山西	2.99
海南	3.86
湖北	3.87
均值	3.89
陕西	4.20
内蒙古	4.53
广西	5.95
新疆	7.95
黑龙江	12.46
西藏	14.35
青海	15.45
天津	20.57

图78 2020年全国31个省份收入预决算偏离度与均值

（2）支出预决算偏离度

在支出预决算偏离度方面，2020年，低于全国均值（4.86%）的省份有21个，高于全国均值的省份有10个，且都超过5%；有5个省份的支出预决算偏离度低于3%；安徽的支出预决算偏离度最小，为1.38%；西藏、湖北、黑龙江位列后三，支出预决算偏离度分别为10.55%、10.38%和7.70%（见图79）。2020年，东、中、西部地区的支出预决算偏离度分别为4.55%、5.52%、4.72%。

（3）预算支出进度

在预算支出进度方面，2020年，低于全国均值（10.53%）的省份有17个，高于全国均值的省份有14个；河南、宁夏、云南、北京、江西的表现最好，预算支出进度指标值为0.00%（见图80），这说明这些省份不存在实际预算支出进度较慢的问题。湖北、西藏、吉林位列后三，其预算支出进度分别

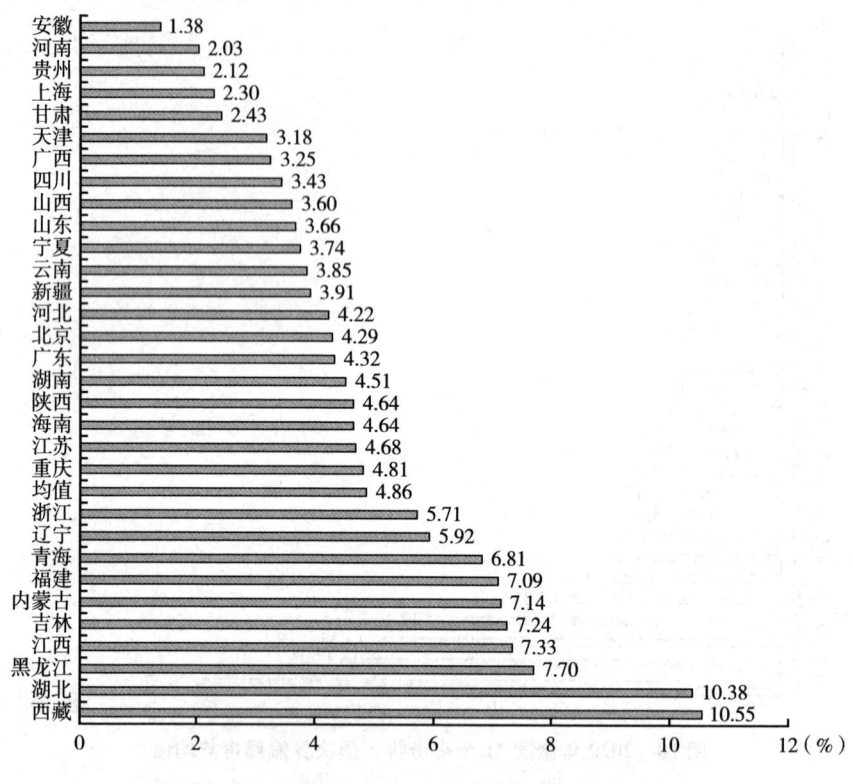

省份	数值
安徽	1.38
河南	2.03
贵州	2.12
上海	2.30
甘肃	2.43
天津	3.18
广西	3.25
四川	3.43
山西	3.60
山东	3.66
宁夏	3.74
云南	3.85
新疆	3.91
河北	4.22
北京	4.29
广东	4.32
湖南	4.51
陕西	4.64
海南	4.64
江苏	4.68
重庆	4.81
均值	4.86
浙江	5.71
辽宁	5.92
青海	6.81
福建	7.09
内蒙古	7.14
吉林	7.24
江西	7.33
黑龙江	7.70
湖北	10.38
西藏	10.55

图79 2020年全国31个省份支出预决算偏离度与均值

为23.56%、23.48%、22.31%，实际预算支出进度与预期偏离程度较大。2020年，东、中、西部地区的预算支出进度分别为9.93%、9.14%、12.02%。

（三）财政治理指数的二级指标——信息公开指数

"信息公开指数"是根据政府预决算报表信息整理打分得到的。本报告采用的方法是参照上海财经大学的财政透明度指数构建方式，对四本预算的公布情况打分，针对单独财政透明度指数的全面性和复杂性，我们暂时只选取一些关键和重要的信息。

从整体上看，全国31个省份的平均信息公开指数在2016~2018年呈现逐年上升的趋势（见图81），从2016年的46.77上升至2018年的80.11；在2019年有所下降，降至58.33；在2020年回升至79.57，基本达到2018

财政发展综合性指数的省域比较

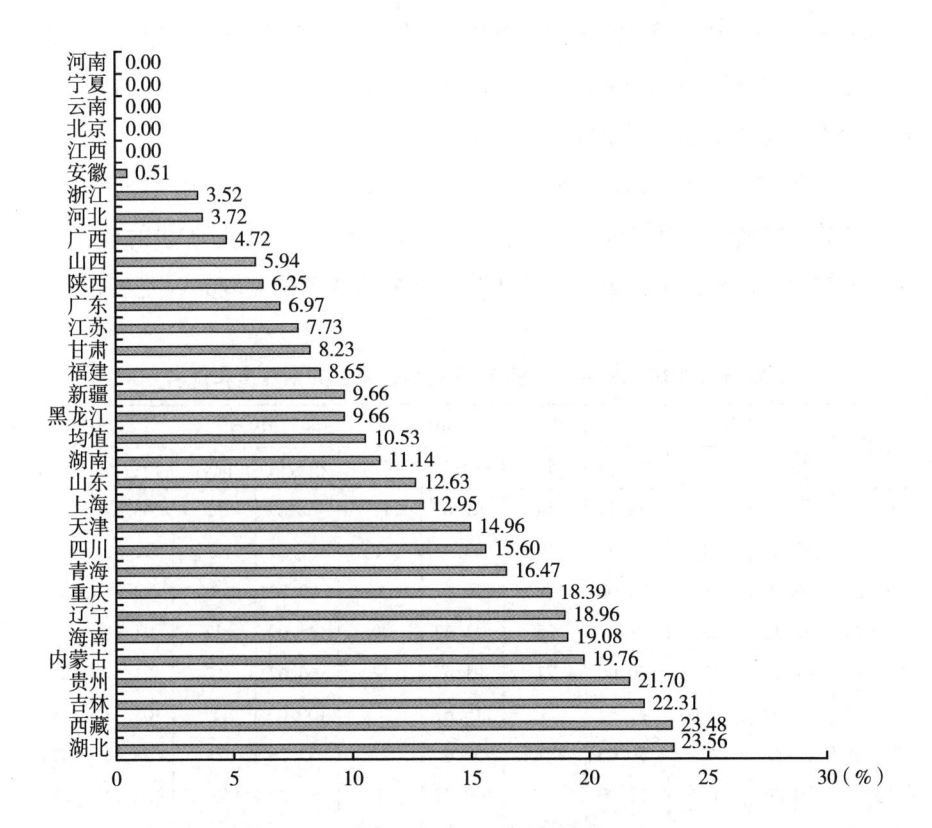

图80　2020年全国31个省份预算支出进度与均值

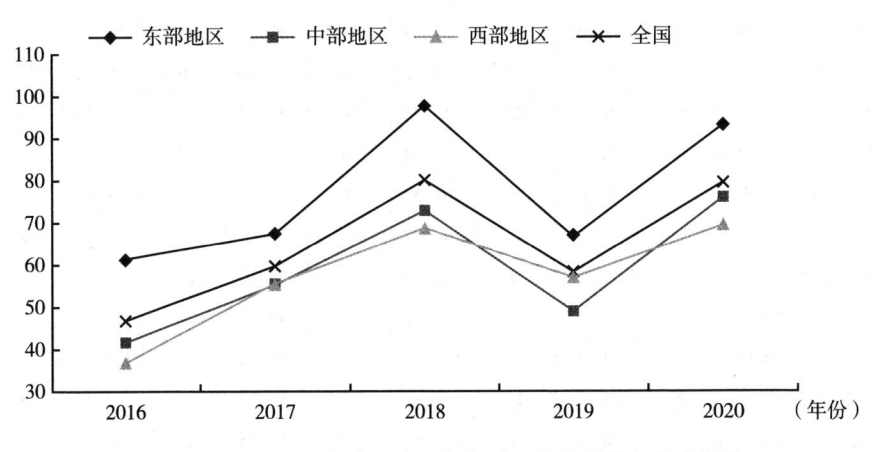

省份	数值
河南	0.00
宁夏	0.00
云南	0.00
北京	0.00
江西	0.00
安徽	0.51
浙江	3.52
河北	3.72
广西	4.72
山西	5.94
陕西	6.25
广东	6.97
江苏	7.73
甘肃	8.23
福建	8.65
新疆	9.66
黑龙江	9.66
均值	10.53
湖南	11.14
山东	12.63
上海	12.95
天津	14.96
四川	15.60
青海	16.47
重庆	18.39
辽宁	18.96
海南	19.08
内蒙古	19.76
贵州	21.70
吉林	22.31
西藏	23.48
湖北	23.56

图81　2016～2020年东、中、西部地区及全国信息公开指数

145

年的水平。东、中、西部地区的信息公开指数都表现出相似的趋势,且东、中部地区在2019年的下降幅度、在2020年的回升幅度均较大。东部地区的信息公开指数明显高于中部和西部地区。

就具体省份而言,2016~2020年,浙江、湖北、江苏、河南等省份的信息公开指数的排名的上升幅度较大;湖南、海南、福建、宁夏等省份的排名的下降幅度较大。有些省份如重庆、湖北等的排名的波动幅度较大(见表36)。

表36 2016~2020年全国31个省份信息公开指数值和排名

省份	2016年		2017年		2018年		2019年		2020年	
	指数值	排名	指数值	排名	指数值	排名	指数值	排名	指数值	排名
北　京	58.33	9	58.33	14	91.67	12	66.67	12	66.67	21
天　津	50.00	14	58.33	14	83.33	16	41.67	23	91.67	11
河　北	66.67	6	75.00	4	116.67	1	83.33	3	83.33	18
山　西	33.33	22	41.67	25	41.67	29	25.00	29	91.67	11
内蒙古	41.67	18	50.00	21	91.67	12	66.67	12	91.67	11
辽　宁	75.00	3	91.67	3	116.67	1	100.00	1	108.33	3
吉　林	33.33	22	50.00	21	50.00	27	33.33	25	33.33	28
黑龙江	50.00	14	75.00	4	108.33	4	83.33	3	108.33	3
上　海	66.67	6	66.67	10	108.33	4	66.67	12	108.33	3
江　苏	41.67	18	58.33	14	100.00	8	58.33	16	100.00	6
浙　江	25.00	25	41.67	25	91.67	12	58.33	16	91.67	11
安　徽	33.33	22	41.67	25	83.33	16	75.00	6	91.67	11
福　建	58.33	9	50.00	21	58.33	24	33.33	25	50.00	24
江　西	50.00	14	58.33	14	58.33	24	33.33	25	50.00	24
山　东	58.33	9	75.00	4	108.33	4	75.00	6	116.67	2
河　南	41.67	18	41.67	25	108.33	4	75.00	6	100.00	6
湖　北	25.00	25	75.00	4	83.33	16	25.00	29	91.67	11
湖　南	66.67	6	58.33	14	50.00	27	41.67	23	41.67	27
广　东	75.00	3	100.00	1	116.67	1	91.67	2	125.00	1
广　西	0.00	29	66.67	10	-8.33	31	-16.67	31	16.67	31
海　南	100.00	1	66.67	10	83.33	16	58.33	16	83.33	18

续表

省份	2016年 指数值	排名	2017年 指数值	排名	2018年 指数值	排名	2019年 指数值	排名	2020年 指数值	排名
重庆	8.33	28	75.00	4	66.67	21	66.67	12	66.67	21
四川	83.33	2	100.00	1	100.00	8	58.33	16	100.00	6
贵州	58.33	9	58.33	14	100.00	8	83.33	3	100.00	6
云南	58.33	9	66.67	10	100.00	8	75.00	6	100.00	6
西藏	0.00	29	16.67	30	16.67	30	75.00	6	33.33	28
陕西	25.00	25	50.00	21	58.33	24	33.33	25	33.33	28
甘肃	50.00	14	58.33	14	66.67	21	58.33	16	66.67	21
青海	41.67	18	33.33	29	75.00	20	75.00	6	91.67	11
宁夏	75.00	3	75.00	4	91.67	12	58.33	16	83.33	18
新疆	0.00	29	16.67	30	66.67	21	50.00	22	88.89	22

（四）财政治理指数的二级指标——支出绩效指数

"支出绩效指数"使用用于计算绩效的 DEA 方法，基于相关投入与产出指标值进行计算。其中产出指标选取教育、卫生医疗、文化、邮电通信、绿化、环保、城市交通和服务等，投入指标为一般公共预算支出。

从整体上看，2016~2019年，全国31个省份的平均支出绩效指数呈现逐年下降的趋势，而在2020年全国平均支出绩效指数回升并超过2016年的水平，即由2016年的31.06先下降至2019年的16.75，然后上升至2020年的32.07；东、中部地区的支出绩效指数都表现出相似趋势，即先下降后上升。但西部地区的支出绩效指数在2018年较2017年略有上升，之后逐年下降。中部地区的支出绩效指数在2016~2019年的下降幅度相对其他地区较大，而东部地区和中部地区在2020年的上升幅度都较大。东部地区的支出绩效指数显著高于中部和西部地区（见图82）。

就具体省份而言，2016~2020年，海南、北京、宁夏、辽宁的排名居全国前列，天津、重庆、福建等省份的排名的上升幅度较大；浙江、甘肃、新疆、西藏等省份的排名的下降幅度较大（见表37）。

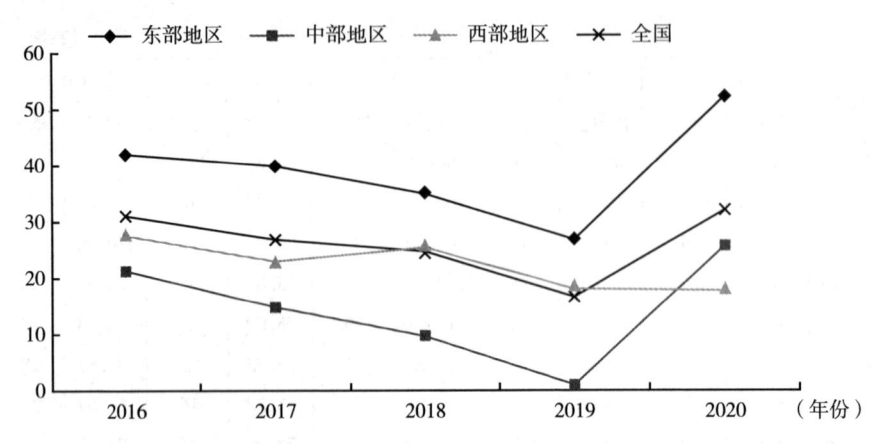

图 82 2016～2020年东、中、西部地区及全国支出绩效指数

表 37 2016～2020年全国31个省份支出绩效指数值和排名

省份	2016年 指数值	排名	2017年 指数值	排名	2018年 指数值	排名	2019年 指数值	排名	2020年 指数值	排名
北 京	69.53	3	67.53	3	88.02	2	92.14	1	51.51	7
天 津	2.06	30	12.38	21	23.68	12	10.50	15	63.20	4
河 北	16.61	21	5.57	24	-1.36	30	-8.50	29	13.07	25
山 西	30.90	13	22.04	16	16.93	18	6.30	18	22.79	18
内蒙古	0.00	31	0.38	29	-1.31	29	-5.53	28	11.22	27
辽 宁	67.64	4	48.87	5	39.62	6	34.54	6	68.40	3
吉 林	39.85	8	27.58	11	24.80	11	16.77	12	47.91	10
黑龙江	25.22	17	16.33	17	13.10	21	3.27	22	26.05	17
上 海	18.93	18	23.11	12	19.24	15	18.71	9	32.49	14
江 苏	35.06	11	33.13	10	18.98	16	17.75	10	41.76	12
浙 江	59.31	5	46.30	6	27.03	9	8.07	16	45.70	11
安 徽	8.69	27	5.07	25	0.39	28	-9.88	30	14.97	22
福 建	37.62	9	38.15	7	36.84	7	35.24	5	70.98	2
江 西	2.21	29	-0.34	30	-5.04	31	-11.50	31	14.20	24
山 东	37.35	10	33.33	9	22.53	13	12.36	14	49.18	9
河 南	18.79	19	12.57	20	2.84	27	3.78	20	26.40	16
湖 北	29.48	14	22.84	14	16.16	19	3.47	21	34.82	13
湖 南	15.39	22	12.29	22	7.82	22	-4.45	26	18.79	20

148

续表

省份	2016年 指数值	排名	2017年 指数值	排名	2018年 指数值	排名	2019年 指数值	排名	2020年 指数值	排名
广东	42.15	7	34.84	8	30.65	8	12.97	13	63.10	5
广西	12.76	26	5.01	26	3.19	26	0.10	23	14.28	23
海南	75.85	2	95.47	2	78.98	3	61.12	4	75.69	1
重庆	28.42	16	22.91	13	21.63	14	16.83	11	50.46	8
四川	13.98	25	11.51	23	4.52	24	-3.11	25	20.05	19
贵州	5.86	28	3.19	28	3.55	25	-4.46	27	1.62	30
云南	14.82	24	4.60	27	5.29	23	-0.85	24	3.01	28
西藏	100.00	1	127.02	1	92.76	1	62.82	3	-8.51	31
陕西	29.09	15	-0.99	31	16.98	17	5.13	19	28.94	15
甘肃	17.26	20	13.11	19	15.77	20	7.51	17	11.48	26
青海	15.18	23	16.15	18	41.31	5	27.31	7	16.83	21
宁夏	58.96	6	50.47	4	75.16	4	92.06	2	61.03	6
新疆	33.93	12	22.32	15	26.30	10	18.77	8	2.88	29

2020年，财政支出绩效指数高于全国均值（0.68）的省份有14个，低于全国均值的省份有17个，海南、福建、辽宁、天津、广东和宁夏名列前6，财政支出绩效指数都超过0.90，云南、新疆、贵州、西藏排名后4，财政支出绩效指数均低于0.50（见图83）。

六 财政潜力指数的省域比较

（一）财政潜力指数总体分析

考虑到经济与财政长期的源流共生关系，宏观经济发展形势对财政收支及其可持续发展产生重大影响。因此财政潜力指数主要从宏观经济的长期增长角度考虑。本报告的财政潜力指数包括人力资源、基础设施、科技创新、工业企业、消费活力、投资活力6个维度，共6个二级指标和10个底层指标，以反映我国31个省份的财政潜力的状况。

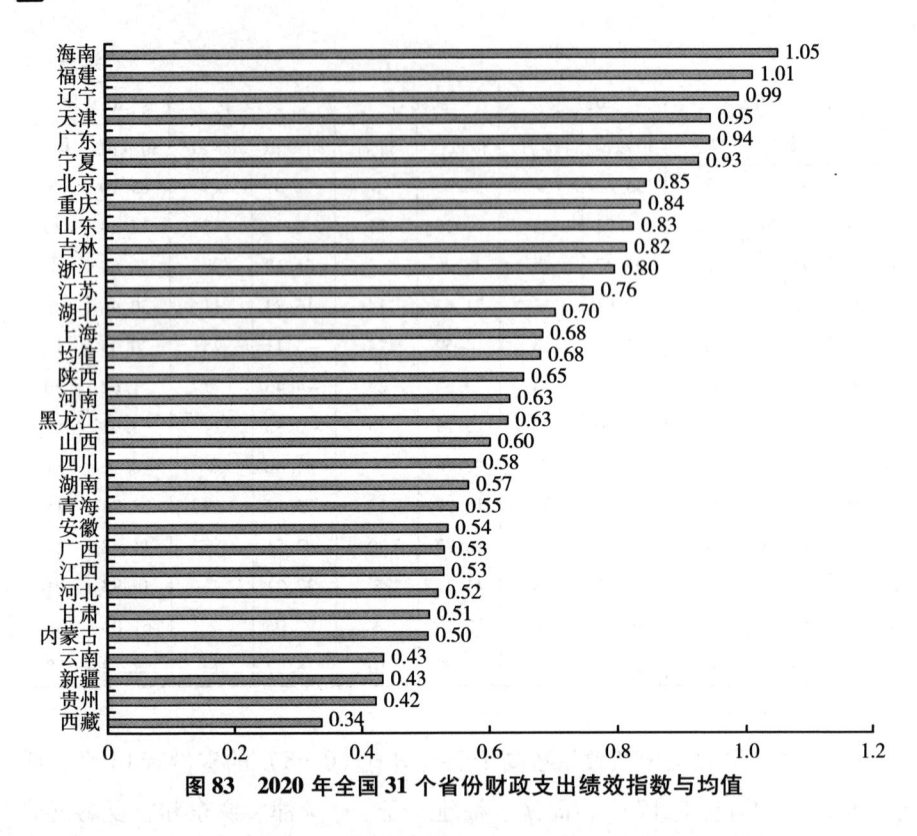

图 83 2020年全国31个省份财政支出绩效指数与均值

1. 2016~2020年31个省份财政潜力指数的变化趋势比较分析

从整体上看，2016~2020年，全国31个省份的平均财政潜力指数呈现逐年下降趋势，从2016年的44.51降至2020年的18.54（见图84）。就东、中、西部地区而言，东、中、西部三个地区的财政潜力指数在2016~2020年大体上呈现下降趋势，但中间有所波动，与全国平均财政潜力指数的变动趋势大体一致。东部地区的财政潜力指数由2016年的49.71降至2020年的30.78（在2017年略有上升）；中部地区的财政潜力指数由2016年的44.06降至2020年的13.79（2019年相对2018年有小幅上升，即由40.31上升至41.09）；西部地区的财政潜力指数则由2016年的40.04下降至2020年的10.49。从地区来看，西部地区的下降幅度最大且在多数年份内低于东部和中部地区，而东部地区远远高于中部和西部地区，这说明西部地区的财政潜力较弱，而东部地区的财政潜力优势较大。

财政发展综合性指数的省域比较

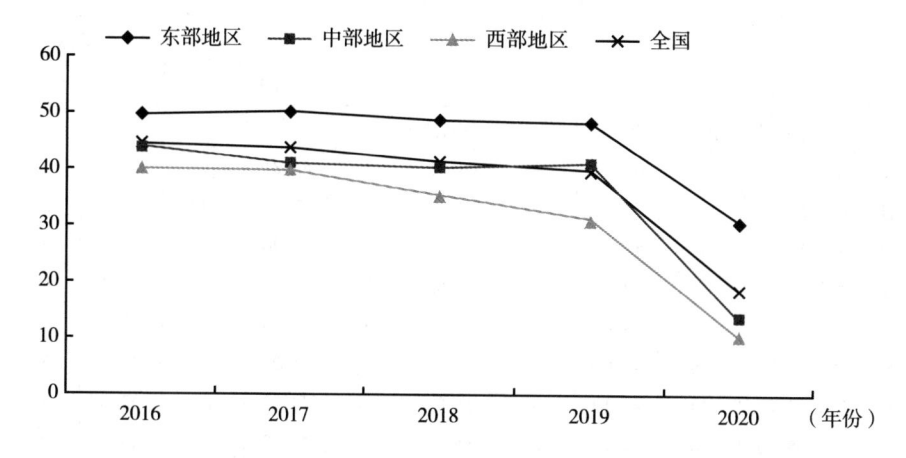

图84 2016~2020年东、中、西部地区及全国财政潜力指数

具体到每个省份，2016~2020年，大多数省份的财政潜力指数排名变动不大，变动幅度基本保持在7名之内，部分省份的排名变动较大，如海南、山西、江西、天津、吉林、湖北等；天津、吉林、湖北等省份的排名下滑较大（见表38）。北京、上海、浙江、重庆、江苏的财政潜力指数的排名一直保持在前列；内蒙古、青海、新疆的排名靠后，2020年财政潜力指数排第一名的上海（58.11）和排最后一名的湖北（-17.13）的差距较大。

表38 2016~2020年全国31个省份财政潜力指数值和排名

省份	2016年 指数值	排名	2017年 指数值	排名	2018年 指数值	排名	2019年 指数值	排名	2020年 指数值	排名
北 京	73.58	1	75.24	1	69.85	1	75.47	1	50.70	2
天 津	58.90	3	45.10	13	45.18	12	47.47	11	19.85	14
河 北	40.66	20	39.12	22	36.82	21	38.06	18	18.67	15
山 西	34.23	29	24.01	31	37.93	19	37.20	19	15.86	18
内蒙古	36.59	25	30.91	28	22.50	30	27.70	26	5.35	25
辽 宁	20.42	31	30.26	29	35.96	22	35.10	20	12.04	21
吉 林	45.71	13	36.56	24	22.98	29	20.05	30	0.69	27
黑龙江	35.78	26	34.87	25	23.87	28	28.39	24	-2.98	28

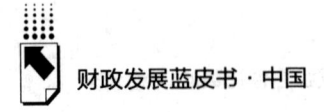

续表

省份	2016年 指数值	排名	2017年 指数值	排名	2018年 指数值	排名	2019年 指数值	排名	2020年 指数值	排名
上海	64.99	2	68.25	2	68.56	2	63.81	2	58.11	1
江苏	55.05	6	53.91	3	50.38	7	47.83	10	37.06	3
浙江	55.34	5	53.08	4	52.81	4	52.76	3	32.68	8
安徽	50.66	7	49.07	11	53.55	3	48.89	9	36.40	4
福建	46.01	12	49.63	8	51.40	5	49.48	8	27.91	10
江西	44.25	16	43.97	15	47.17	11	51.25	5	36.21	5
山东	44.70	14	45.10	14	43.04	16	39.07	16	32.65	9
河南	48.58	10	47.20	12	43.67	15	46.23	13	18.40	16
湖北	49.42	8	49.56	10	50.71	6	49.55	6	-17.13	31
湖南	43.87	17	43.12	17	42.61	18	47.16	12	22.89	13
广东	49.19	9	51.70	6	49.76	8	51.32	4	24.40	12
广西	40.61	21	41.41	20	33.94	23	30.26	22	7.43	23
海南	37.94	23	41.64	19	32.55	24	31.08	21	24.56	11
重庆	56.82	4	52.35	5	48.88	9	49.51	7	35.22	6
四川	41.06	19	41.79	18	43.91	14	43.93	14	17.51	17
贵州	46.99	11	49.67	7	44.66	13	28.00	25	33.31	7
云南	42.51	18	43.46	16	42.80	17	38.59	17	11.95	22
西藏	39.74	22	40.92	21	37.80	20	29.30	23	6.14	24
陕西	44.28	15	49.59	9	48.00	10	40.35	15	15.09	19
甘肃	34.33	28	24.67	30	28.43	26	27.59	27	13.28	20
青海	37.00	24	31.77	27	28.46	25	15.13	31	-10.15	29
宁夏	35.62	27	37.16	23	25.19	27	21.05	29	2.99	26
新疆	24.89	30	33.73	26	20.97	31	24.22	28	-12.26	30

2020年，财政潜力指数排名和人均GDP排名大致相同，财政潜力指数高于全国均值（18.54）的省份有15个，低于全国均值的省份有16个；其中北京、上海、江苏、浙江、福建、重庆等人均GDP排名位于前列的省份的财政潜力指数排名也靠前，东北、西北大部分省份的排名靠后（见图85）。

2.31个省份财政潜力指数的内在结构比较分析

通过统计2016~2020年财政潜力指数下二级指标的变异系数，可以发

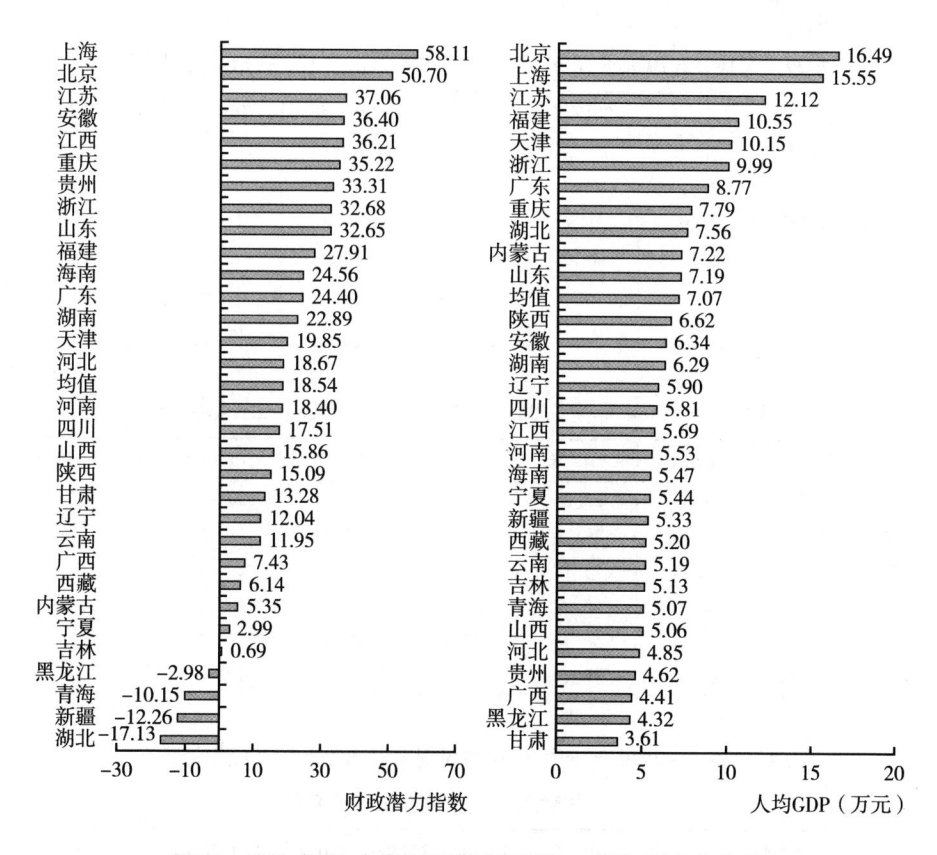

省份	财政潜力指数	省份	人均GDP（万元）
上海	58.11	北京	16.49
北京	50.70	上海	15.55
江苏	37.06	江苏	12.12
安徽	36.40	福建	10.55
江西	36.21	天津	10.15
重庆	35.22	浙江	9.99
贵州	33.31	广东	8.77
浙江	32.68	重庆	7.79
山东	32.65	湖北	7.56
福建	27.91	内蒙古	7.22
海南	24.56	山东	7.19
广东	24.40	均值	7.07
湖南	22.89	陕西	6.62
天津	19.85	安徽	6.34
河北	18.67	湖南	6.29
均值	18.54	辽宁	5.90
河南	18.40	四川	5.81
四川	17.51	江西	5.69
山西	15.86	河南	5.53
陕西	15.09	海南	5.47
甘肃	13.28	宁夏	5.44
辽宁	12.04	新疆	5.33
云南	11.95	西藏	5.20
广西	7.43	云南	5.19
西藏	6.14	吉林	5.13
内蒙古	5.35	青海	5.07
宁夏	2.99	山西	5.06
吉林	0.69	河北	4.85
黑龙江	-2.98	贵州	4.62
青海	-10.15	广西	4.41
新疆	-12.26	黑龙江	4.32
湖北	-17.13	甘肃	3.61

图85　2020年31个省份财政潜力指数、人均GDP与均值

现，消费活力指数的变异系数最大，投资活力指数和工业企业指数的变异系数次之，基础设施指数的变异系数最小（见表39）。消费活力指数的变异系数与其他指数的变异系数的差距较大，这说明各个省份间财政潜力指数的差异主要体现在消费活力方面。

就均值而言，2016~2020年，投资活力指数排在第一名，遥遥领先其他指数，消费活力指数最小（见表40）。财政潜力指数下二级指标的水平和差异性共同决定二级指标排名和财政潜力指数排名的相关系数。从排名相关系数可以看出，2016~2020年，人力资源指数排名和投资活力指数排名的相关系数最小，而科技创新指数排名的相关系数最大（见表41）。

表39　2016~2020年全国31个省份财政潜力指数下二级指标变异系数

指数	2016年	2017年	2018年	2019年	2020年	2016~2020年
人力资源指数	0.89	0.81	0.78	0.77	0.55	0.76
基础设施指数	0.61	0.61	0.60	0.60	0.59	0.60
科技创新指数	0.69	0.75	0.78	0.78	1.07	0.81
工业企业指数	1.12	1.23	1.29	1.30	1.81	1.35
消费活力指数	1.63	1.64	1.66	1.67	1.69	1.66
投资活力指数	1.46	1.33	1.29	1.29	0.93	1.26

表40　2016~2020年全国31个省份财政潜力指数下二级指标均值

指数	2016年	2017年	2018年	2019年	2020年	2016~2020年
人力资源指数	21.65	25.05	25.53	26.07	30.98	25.86
基础设施指数	39.96	39.34	40.04	41.26	41.35	40.39
科技创新指数	14.14	15.12	20.05	21.79	29.45	20.11
工业企业指数	44.57	48.97	47.08	43.66	45.11	45.88
消费活力指数	64.31	56.38	39.43	28.62	-113.14	15.12
投资活力指数	82.40	78.14	76.45	77.79	77.50	78.46

表41　2016~2020年全国31个省份财政潜力指数下二级指标排名
与财政潜力指数排名相关系数

指数	2016年	2017年	2018年	2019年	2020年	2016~2020年
人力资源指数	0.21	0.15	0.12	0.31	0.08	0.18
基础设施指数	0.74	0.66	0.69	0.75	0.73	0.71
科技创新指数	0.75	0.73	0.81	0.81	0.63	0.74
工业企业指数	0.69	0.54	0.71	0.86	0.78	0.72
消费活力指数	0.29	0.35	0.48	0.47	0.71	0.46
投资活力指数	0.15	0.29	0.50	0.45	0.06	0.29

就地区而言，2020年，在6个二级指标中，东部地区的所有二级指标都领先于中部和西部地区，且领先幅度较大，西部地区的二级指标总体落后于东部和中部地区（见图86）。

具体到某一年份，二级指标排名和财政潜力指数排名的相关系数有所变动。以2020年为例，工业企业指数排名和财政潜力指数排名的相关系数最大，人力资源指数排名的相关系数最小。工业企业指数排名靠前的江西、上

财政发展综合性指数的省域比较

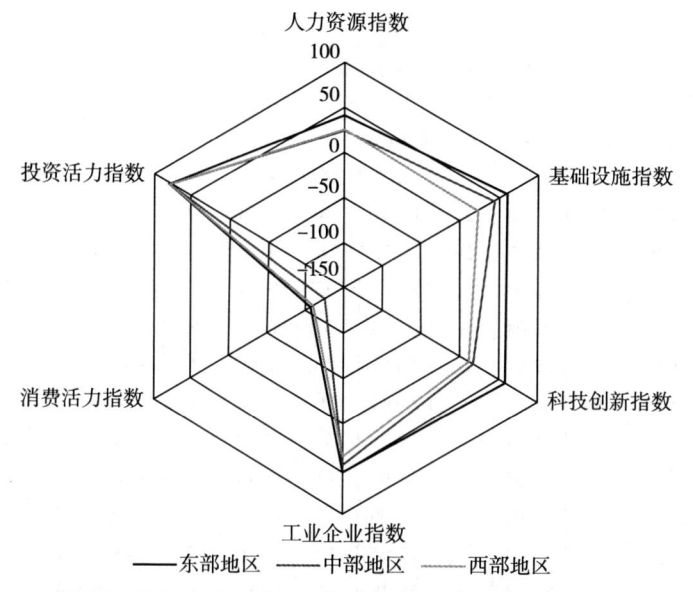

图86 2020年东、中、西部地区财政潜力指数构成情况

海、江苏、北京等的财政潜力指数的排名靠前（见表42）；工业企业指数排名相对靠后的海南、河北等的财政潜力指数的排名相对靠前，这主要是因为这些省份的基础设施指数和消费活力指数排名位于前列，弥补了工业企业指数方面的不足；而人力资源指数靠前的北京、上海、江苏、浙江等的财政潜力指数的排名也靠前，这主要是因为这些省份的其他指数的排名多靠前，它们可以带动财政潜力指数排名上升。

表42 2020年31个省份财政潜力指数值和排名

省份	人力资源指数		基础设施指数		科技创新指数		工业企业指数		消费活力指数		财政潜力指数	
	指数值	排名	指数值	排名	指数值	排名	指数值	排名	指数值	排名	指数值	排名
北 京	97.34	1	77.29	3	160.42	1	59.87	6	-166.27	26	50.70	2
天 津	57.60	3	92.20	2	80.52	2	53.23	12	-240.96	29	19.85	14
河 北	20.05	24	48.91	10	14.75	18	37.13	23	-85.54	11	18.67	15
山 西	32.86	9	43.20	16	8.08	26	32.90	24	-107.23	17	15.86	18
内蒙古	35.97	6	8.27	28	7.76	27	37.76	22	-128.74	20	5.35	25

155

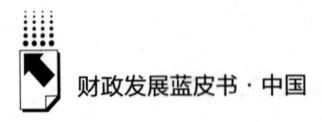

续表

省份	人力资源指数 指数值	排名	基础设施指数 指数值	排名	科技创新指数 指数值	排名	工业企业指数 指数值	排名	消费活力指数 指数值	排名	财政潜力指数 指数值	排名
辽宁	34.13	7	45.42	13	18.77	14	44.89	17	-146.99	24	12.04	21
吉林	30.22	12	26.90	21	15.41	16	18.84	29	-169.88	28	0.69	27
黑龙江	24.91	20	14.27	26	11.30	21	23.12	28	-168.67	27	-2.98	28
上海	74.85	2	93.63	1	78.38	3	69.84	2	-53.01	6	58.11	1
江苏	36.07	4	60.04	8	70.58	5	60.61	5	-78.31	9	37.06	3
浙江	31.64	10	45.91	12	71.61	4	57.98	10	-90.36	13	32.68	8
安徽	22.53	22	62.57	6	23.64	11	58.40	9	-27.71	3	36.40	4
福建	25.01	19	38.04	19	38.72	7	69.09	4	-75.90	8	27.91	10
江西	18.87	26	46.55	11	20.06	12	72.13	1	-22.89	2	36.21	5
山东	25.66	18	71.02	5	30.09	8	50.98	14	-59.04	7	32.65	9
河南	18.60	27	61.23	7	13.75	19	47.26	15	-108.43	18	18.40	16
湖北	28.07	14	53.63	9	28.18	10	45.89	16	-309.64	31	-17.13	31
湖南	19.61	25	41.78	17	15.20	17	69.29	3	-90.36	13	22.89	13
广东	29.21	13	44.50	15	68.00	6	59.46	7	-136.14	22	24.40	12
广西	16.39	31	23.82	24	7.18	28	32.54	25	-113.25	19	7.43	23
海南	24.39	21	44.93	14	8.99	24	31.31	26	-44.58	5	24.56	11
重庆	27.62	15	71.06	4	19.10	13	59.35	8	-43.37	4	35.22	6
四川	22.00	23	24.87	23	17.46	15	52.46	13	-87.95	12	17.51	17
贵州	16.96	30	40.24	18	10.87	23	55.08	11	0.00	1	33.31	7
云南	18.18	28	23.36	25	6.16	29	44.45	18	-102.41	15	11.95	22
西藏	17.45	29	0.00	31	4.30	31	38.24	21	-102.41	15	6.14	24
陕西	36.05	5	35.13	20	28.21	9	43.50	19	-130.12	21	15.09	19
甘肃	26.00	17	12.29	27	10.92	22	29.09	27	-80.72	10	13.28	20
青海	27.16	16	2.44	30	8.32	25	-8.21	31	-149.40	25	-10.15	29
宁夏	33.84	8	25.36	22	11.52	20	12.96	30	-143.37	23	2.99	26
新疆	31.19	11	2.98	29	4.71	30	39.07	20	-243.37	30	-12.26	30

（二）财政潜力指数底层指标分析

1. 居民受教育水平

居民受教育水平用大专及以上人口占比表示。从整体上看，2016～2020

年，全国31个省份的平均居民受教育水平呈缓慢增长趋势。东、中、西部地区整体平稳缓慢增长但中间略有波动。东部地区的大专及以上人口占比在2017~2018年略有下降，而西部地区的大专及以上人口占比在2018~2019年有所下降。东部地区的大专及以上人口占比遥遥领先于中部和西部地区（见图87）。

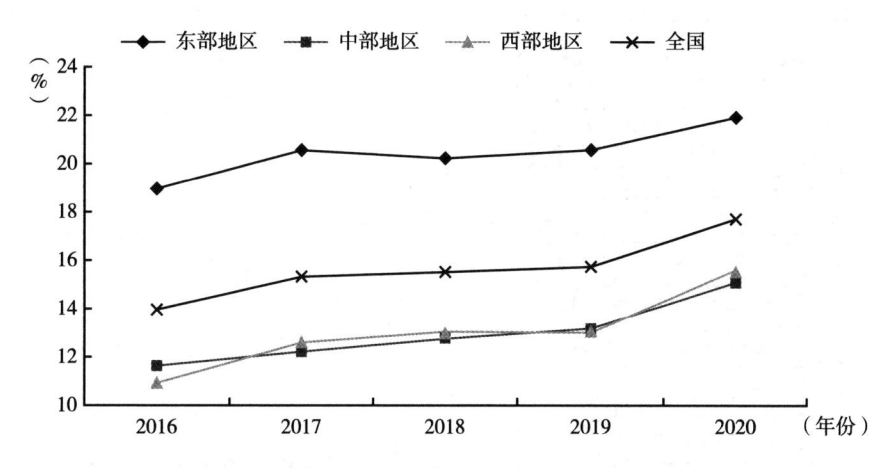

图87 2016~2020年东、中、西部地区及全国大专及以上人口占比

2020年，大专及以上人口占比高于全国均值（17.71%）的省份有11个，低于全国均值的省份有20个。北京、上海、天津、江苏、陕西为大专及以上人口占比最高的5个省份，其中，北京的大专及以上人口占比最高，达到44.39%，高出第二名上海（35.35%）9.04个百分点；而西藏、贵州和广西位列后三，大专及以上人口占比均在12%左右，分别为12.27%、12.07%和11.85%（见图88）。这说明我国高等教育事业省域发展情况还很不平衡，我国还需要大力发展高等教育事业。

2. 单位面积公路里程数

从整体上看，2016~2020年，全国31个省份的平均单位面积①公路里程数呈逐年上升趋势，由2016年的9399千米上升至2020年的10219千米

---

① 本部分选择的单位面积为1平方千米。

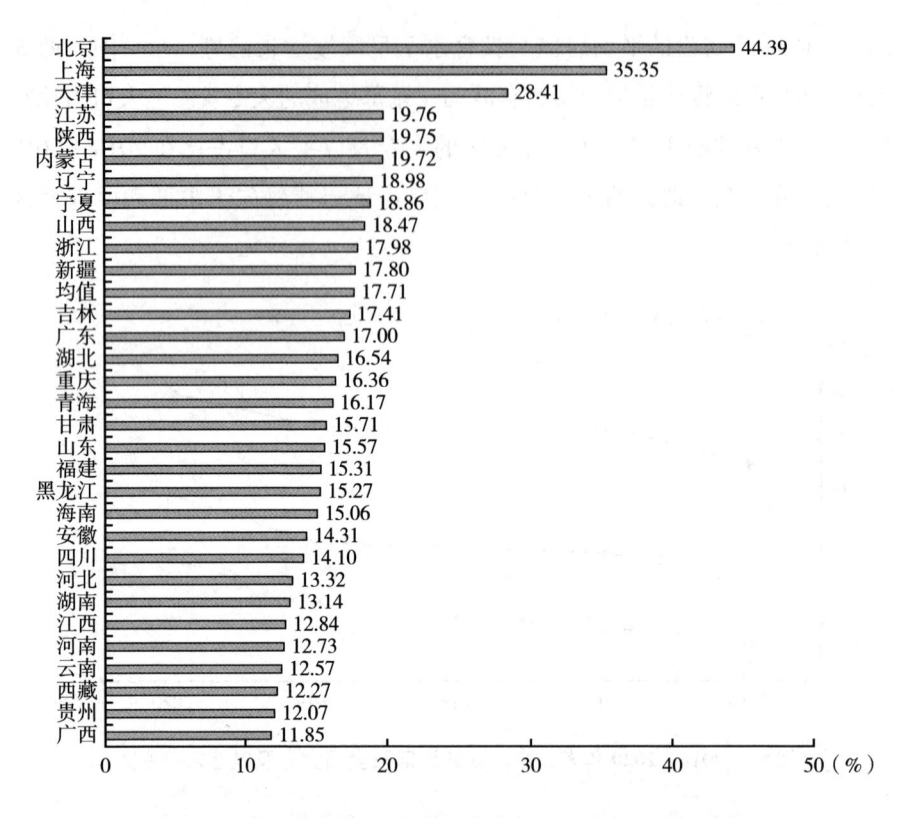

省份	占比
北京	44.39
上海	35.35
天津	28.41
江苏	19.76
陕西	19.75
内蒙古	19.72
辽宁	18.98
宁夏	18.86
山西	18.47
浙江	17.98
新疆	17.80
均值	17.71
吉林	17.41
广东	17.00
湖北	16.54
重庆	16.36
青海	16.17
甘肃	15.71
山东	15.57
福建	15.31
黑龙江	15.27
海南	15.06
安徽	14.31
四川	14.10
河北	13.32
湖南	13.14
江西	12.84
河南	12.73
云南	12.57
西藏	12.27
贵州	12.07
广西	11.85

图88 2020年全国31个省份大专及以上人口占比与均值

（见图89）。东、中、西部地区的单位面积公路里程数都呈现相似趋势，即呈现整体稳定增长的趋势。其中，西部地区的单位面积公路里程数远远低于东部和中部地区，一方面说明西部地区地广人稀，另一方面说明西部地区的公路建设还有较大提升空间。

2020年，重庆、上海、山东、安徽和河南为单位面积公路里程数最高的5个省份（见图90）。其中，重庆的单位面积公路里程数最高，为21967.96千米，位列前三的重庆、上海和山东的单位面积公路里程数领先其他省份。而新疆、青海和西藏的单位面积公路里程数排在后三位，明显低于其他省份，分别为1260.36千米、1178.61千米和962.85千米。

3. 单位面积铁路里程数

从整体上看，2016~2020年，全国31个省份的平均单位面积铁路里程

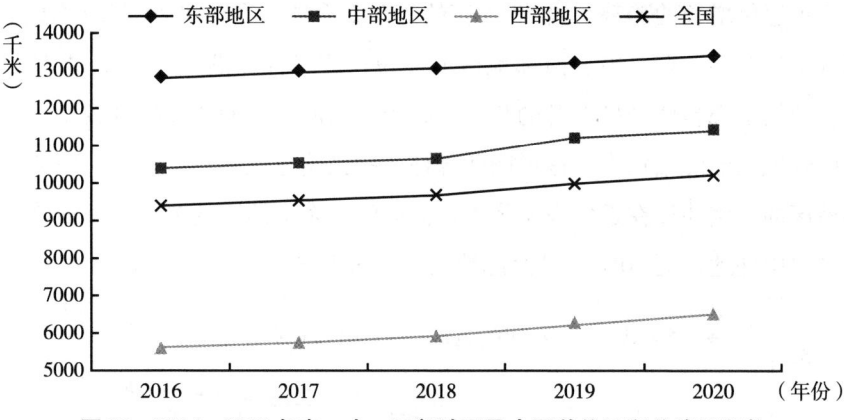

图89　2016~2020年东、中、西部地区及全国单位面积公路里程数

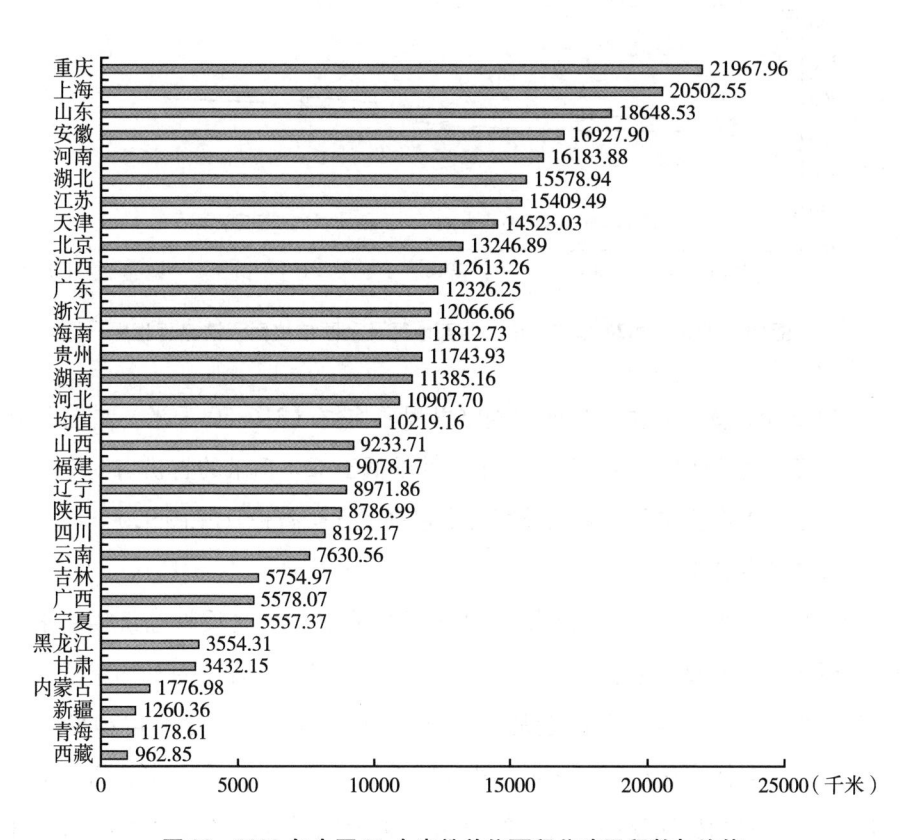

图90　2020年全国31个省份单位面积公路里程数与均值

数呈现逐年增长的趋势，由2016年的273.1千米上升至2020年的316.5千米（见图91）。东、中、西部地区的单位面积铁路里程数都具有相似的趋势，即均呈现整体平稳上升的趋势。其中，西部地区的上涨幅度较小，东部和中部地区的涨幅较大，这说明西部地区的铁路建设还有待重视，东部和中部地区的铁路建设在近年来颇为可观。同时，东部地区的单位面积铁路里程数高出中部地区近70%，是西部地区的近3.5倍。

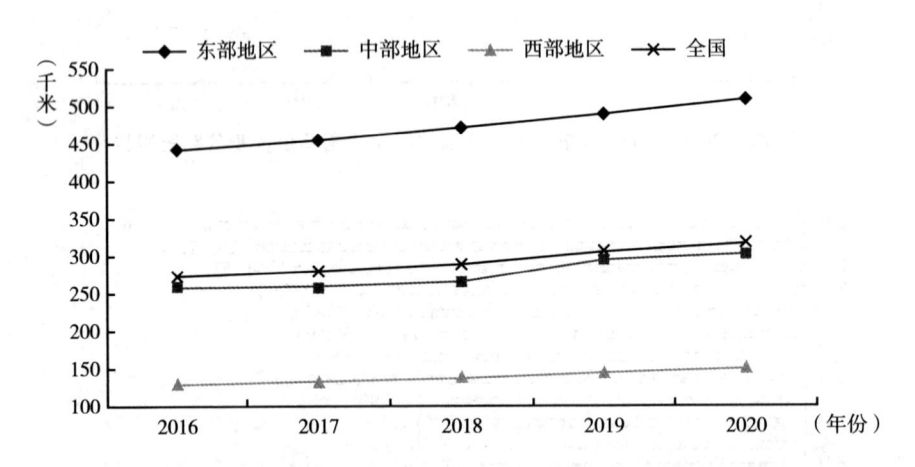

图91 2016~2020年东、中、西部地区及全国单位面积铁路里程数

2020年，高于全国单位面积铁路里程数均值（316.50千米）的省份有10个，低于全国均值的省份有21个，其中低于150千米的省份有8个；天津、北京、上海为单位面积铁路里程数最高的3个省份（见图92）。

4. 科技专利水平

"科技专利水平"用单位人口[①]专利授权数表示，是反映经济创新水平的指标之一。从整体上看，2016~2020年，全国31个省份的平均单位人口专利授权数呈现逐年上升的趋势，由2016年的10.74个上升至2020年的21.72个，其中，2016~2019年的涨幅较小（见图93）。东、中、西部地区的单位人口专利授权数都呈现相似趋势，即整体上呈现平稳上升的趋势，在

---

① 本部分选择的单位人口为1万人。

财政发展综合性指数的省域比较

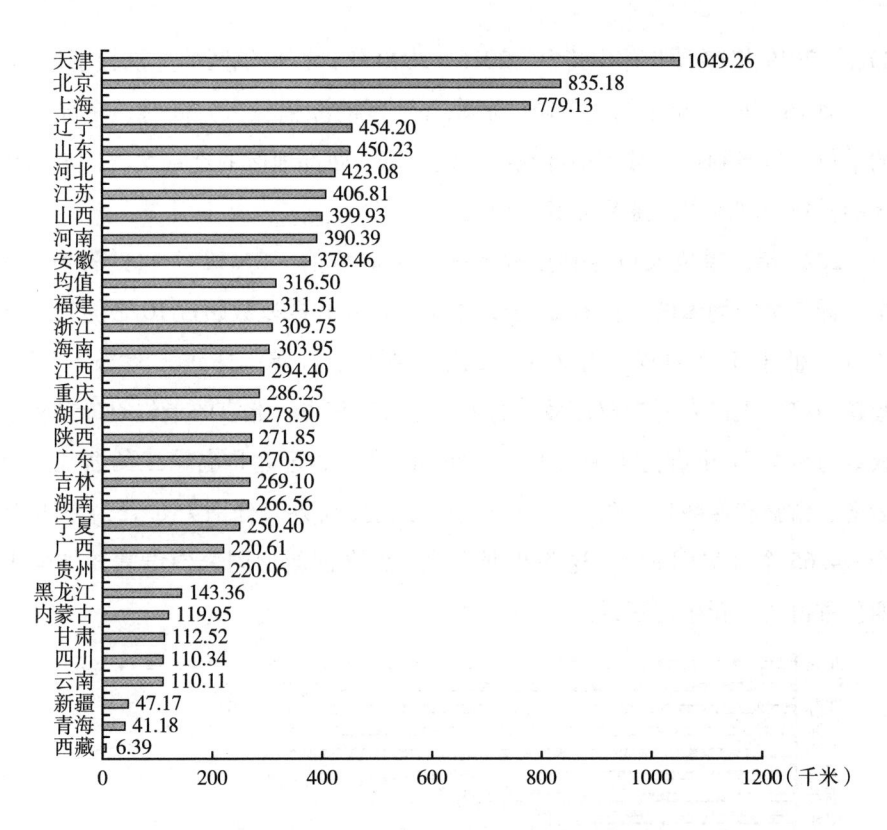

省份	数值
天津	1049.26
北京	835.18
上海	779.13
辽宁	454.20
山东	450.23
河北	423.08
江苏	406.81
山西	399.93
河南	390.39
安徽	378.46
均值	316.50
福建	311.51
浙江	309.75
海南	303.95
江西	294.40
重庆	286.25
湖北	278.90
陕西	271.85
广东	270.59
吉林	269.10
湖南	266.56
宁夏	250.40
广西	220.61
贵州	220.06
黑龙江	143.36
内蒙古	119.95
甘肃	112.52
四川	110.34
云南	110.11
新疆	47.17
青海	41.18
西藏	6.39

图92　2020年全国31个省份单位面积铁路里程数与均值

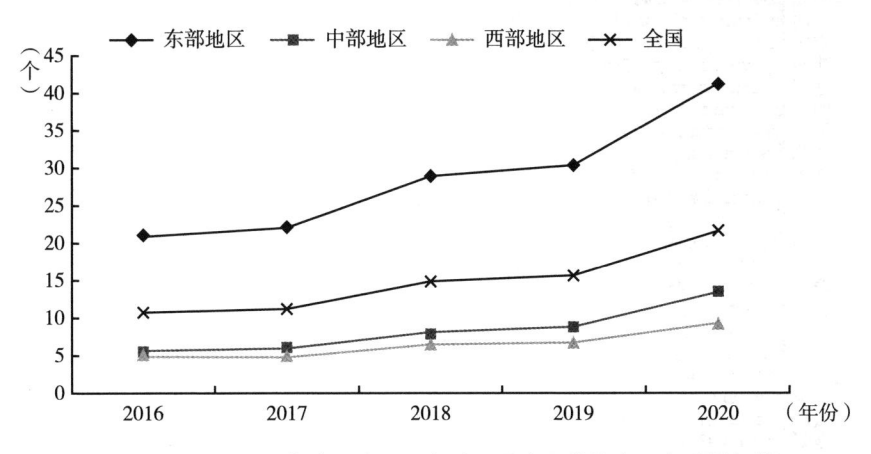

图93　2016～2020年东、中、西部地区及全国单位人口专利授权数

161

2016~2019年略有上升。其中，2016~2020年，西部地区的上涨幅度较小，且在2016~2017年小幅度下降，而东部地区的涨幅较大。同时，东部地区的单位人口专利授权数为中部地区的近3倍、西部地区的近4.5倍，东部地区的科技专利水平遥遥领先其他地区。

2020年，单位人口专利授权数高于全国均值（21.72个）的省份有8个，低于全国均值的省份有23个，单位人口专利授权数超过10个的省份有19个，低于5个的省份有2个；北京、浙江、江苏、广东、上海、天津、福建为单位人口专利授权数最高的7个省份，其中，北京的单位人口专利授权数为全国31个省份中最高的，达到74.38个，远超排名第二的浙江。而云南、新疆和西藏位列后三，单位人口专利授权数仅分别为6.13个、4.93个、4.65个（见图94）。这些数据说明，加强创新型国家建设需要加强中西部省份的创新生态建设。

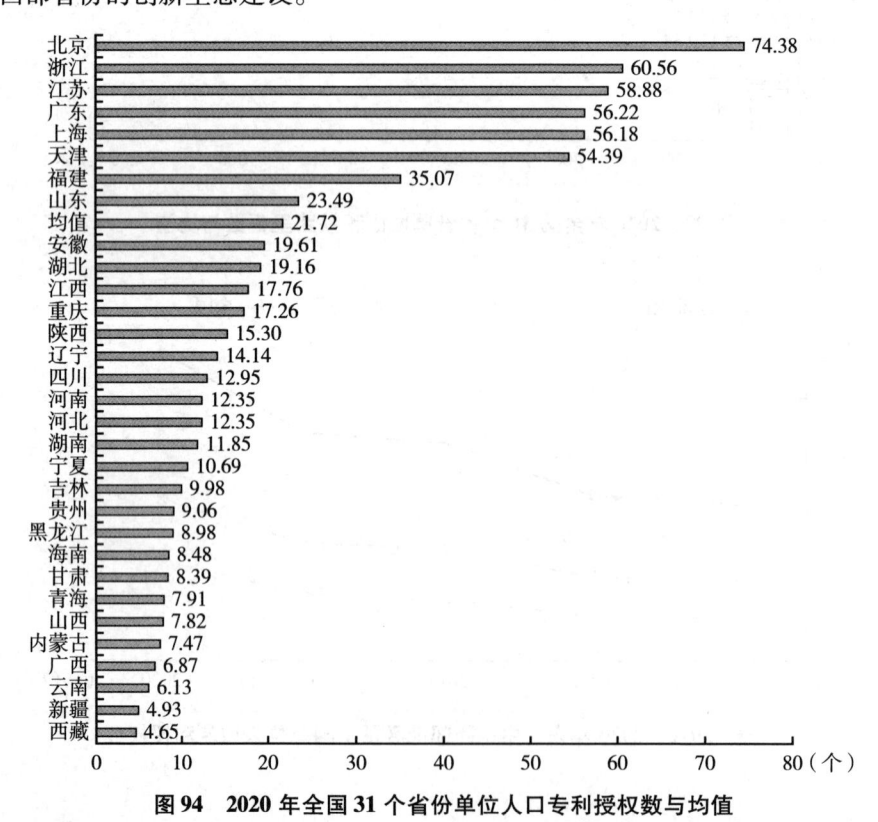

省份	单位人口专利授权数
北京	74.38
浙江	60.56
江苏	58.88
广东	56.22
上海	56.18
天津	54.39
福建	35.07
山东	23.49
均值	21.72
安徽	19.61
湖北	19.16
江西	17.76
重庆	17.26
陕西	15.30
辽宁	14.14
四川	12.95
河南	12.35
河北	12.35
湖南	11.85
宁夏	10.69
吉林	9.98
贵州	9.06
黑龙江	8.98
海南	8.48
甘肃	8.39
青海	7.91
山西	7.82
内蒙古	7.47
广西	6.87
云南	6.13
新疆	4.93
西藏	4.65

图94　2020年全国31个省份单位人口专利授权数与均值

5. 技术应用水平

"技术应用水平"用单位人口[①]技术合同成交额表示，是反映经济创新水平的指标之一。从整体上看，2016~2020年，全国31个省份的平均技术应用水平呈现逐年快速增长的趋势，由2016年的1203.86元上升至2020年的2344.36元（见图95）。东、中、西部地区的单位人口技术合同成交额均呈现相似趋势，整体为稳定快速上升的态势。其中，东部地区的上涨幅度较大，其涨幅为中部地区涨幅的3.5倍左右；2020年，东部地区的单位人口技术合同成交额达到4999.1元，远远超过中部和西部地区。尤其需要指出的是，西部地区的单位人口技术合同成交额在2018~2019年出现了小幅度的下降，技术应用水平还需进一步提高。

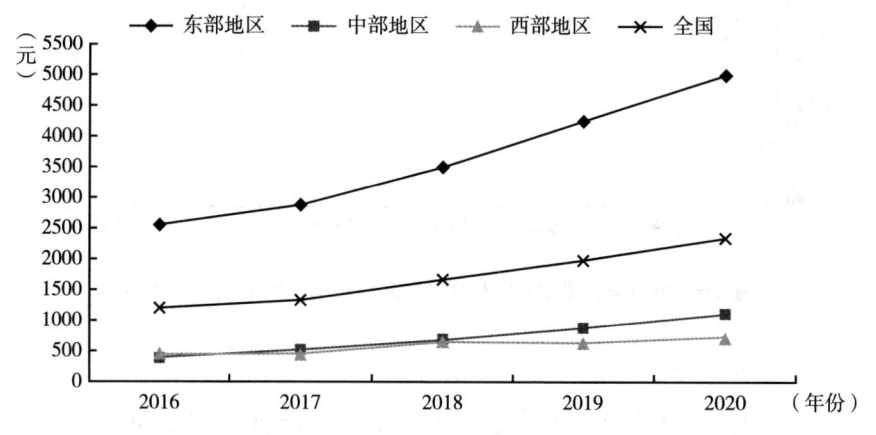

图95 2016~2020年东、中、西部地区及全国单位人口技术合同成交额

2020年，单位人口技术合同成交额高于全国均值2344.36元的省份有7个，即北京、天津、上海、陕西、湖北、广东、江苏；低于全国均值的省份有24个，占大多数。2020年，北京的单位人口技术合同成交额最高，达到28854.10元，遥遥领先其他省份，甚至是排名第二的天津（7855.51元）的近4倍。山西、云南、新疆和西藏位列后4，单位人口技术合同成交额均低于130元，其中，新疆只有58.35元，西藏仅为21.26元（见图96）。

---

① 本部分选择的单位人口为1人。

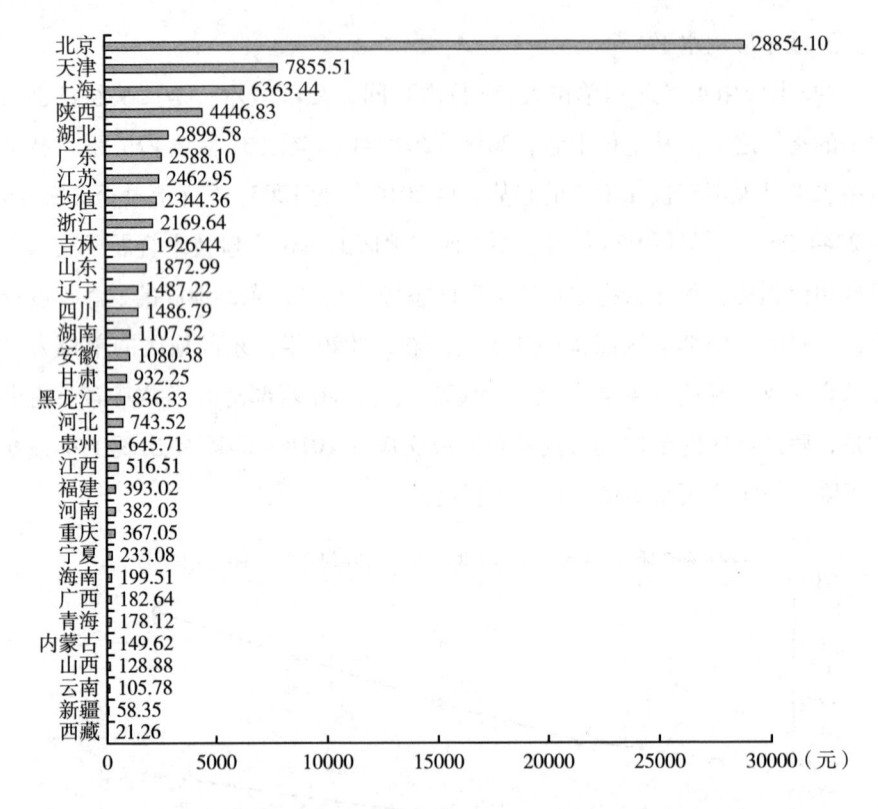

```
北京         28854.10
天津    7855.51
上海    6363.44
陕西   4446.83
湖北   2899.58
广东   2588.10
江苏   2462.95
均值   2344.36
浙江   2169.64
吉林   1926.44
山东   1872.99
辽宁   1487.22
四川   1486.79
湖南   1107.52
安徽   1080.38
甘肃    932.25
黑龙江  836.33
河北    743.52
贵州    645.71
江西    516.51
福建    393.02
河南    382.03
重庆    367.05
宁夏    233.08
海南    199.51
广西    182.64
青海    178.12
内蒙古  149.62
山西    128.88
云南    105.78
新疆     58.35
西藏     21.26
      0    5000   10000   15000   20000   25000   30000（元）
```

图96　2020年全国31个省份单位人口技术合同成交额与均值

6.产品质量水平

"产品质量水平"用产品质量合格率表示，是反映生产质量的指标。从整体上看，2016~2020年，全国31个省份的平均产品质量合格率呈现先上升后下降的趋势，由2016年的94.24%上升至2017年的94.32%，随后开始下降，降至2020年的92.56%（见图97）。东部地区的产品质量合格率呈现波动变化的趋势，上升和下降交替进行；中部地区的产品质量合格率与全国的变动趋势一致；西部地区的产品质量合格率从2016年开始逐年下降，从2016年的94.29%降至2020年的91.51%。整体来看，东部地区的产品质量合格率略高于其他地区，产品质量要求相对较高。

2020年，我国产品质量合格率整体较高，高于90%的省份有28个，其中，北京和上海的产品质量合格率超过95%；低于90%的省份有3

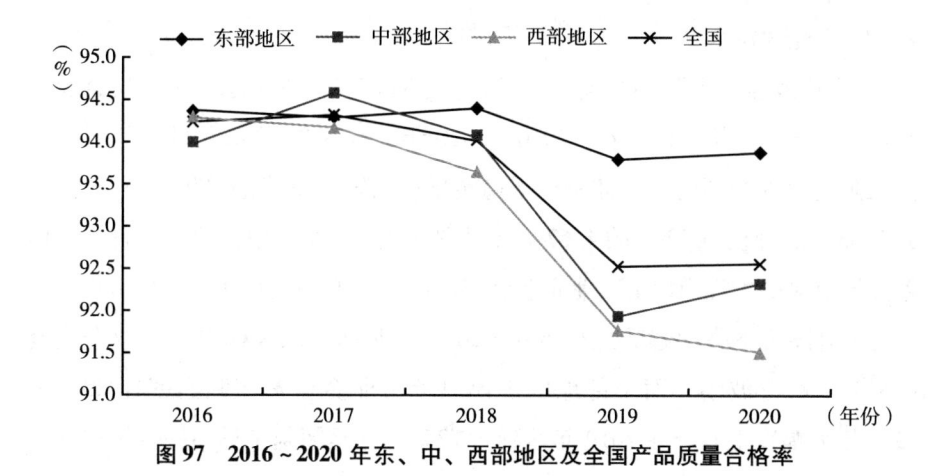

图97 2016~2020年东、中、西部地区及全国产品质量合格率

个,即广西、宁夏、青海,产品质量合格率分别为89.49%、88.33%、86.86%(见图98)。

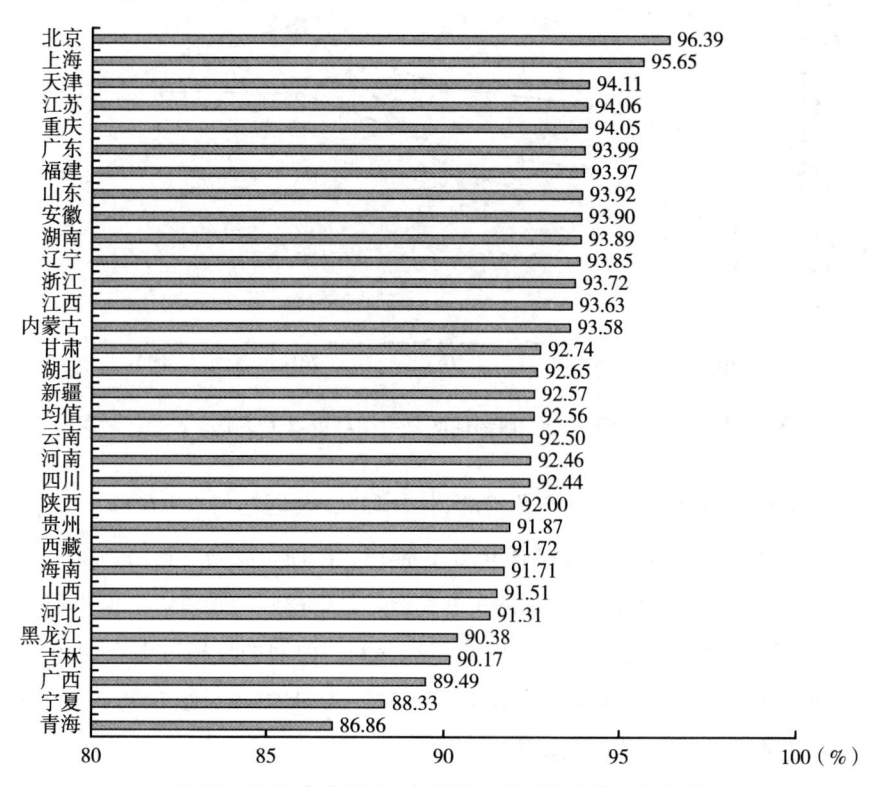

图98 2020年全国31个省份产品质量合格率与均值

7. 企业效益水平

"企业效益水平"用规模以上工业企业资产利润率表示,是反映企业生产效益的指标。从整体上看,2016~2020年,全国31个省份的平均规模以上工业企业资产利润率整体呈现平稳缓慢增长随后下降的趋势,由2016年的2.68%上升至2020年的4.67%(见图99)。就东、中部地区而言,整体趋势与全国平均规模以上工业企业资产利润率的变动趋势相似,均呈现整体缓慢上升随后下降的趋势。2016~2020年,西部地区规模以上工业企业资产利润率略有波动;而中部地区规模以上工业企业资产利润率在2018~2019年大幅度上升,在2019年达到5.72%,甚至超越了早期一直领先的东部地区,这说明中部地区的工业企业在这两年快速发展。

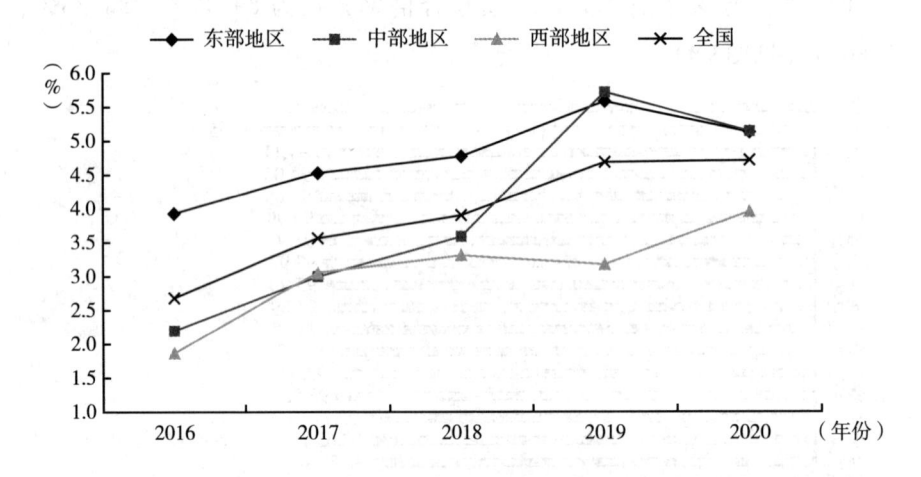

图99 2016~2020年东、中、西部地区及全国规模以上工业企业资产利润率

2020年,规模以上工业企业资产利润率高于全国均值(4.68%)的省份有15个,低于全国均值的省份有16个;福建、江西、湖南、贵州、重庆为规模以上工业企业资产利润率最高的5个省份,其中福建的规模以上工业企业资产利润率排名第一,为9.41%。黑龙江、青海、西藏的规模以上工业企业资产利润率位列后三,分别仅为1.81%、1.52%、0.94%(见图100)。

8. 工业企业增加值增速水平

"工业企业增加值增速水平"用规模以上工业增产成品增速表示,是反映

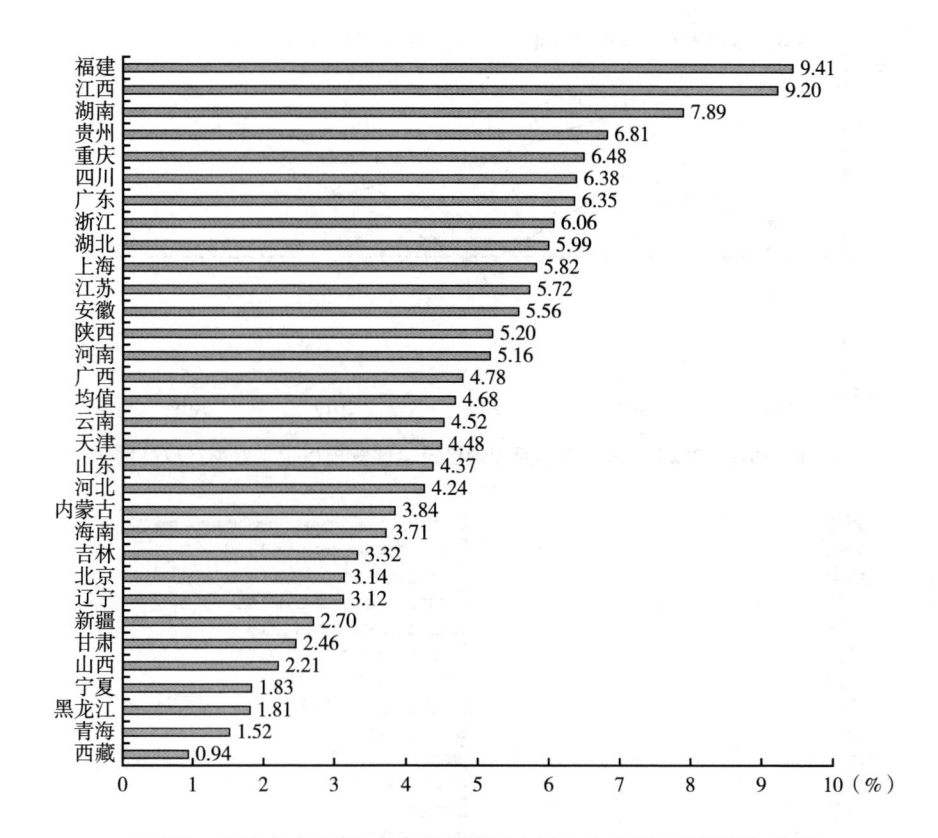

省份	数值
福建	9.41
江西	9.20
湖南	7.89
贵州	6.81
重庆	6.48
四川	6.38
广东	6.35
浙江	6.06
湖北	5.99
上海	5.82
江苏	5.72
安徽	5.56
陕西	5.20
河南	5.16
广西	4.78
均值	4.68
云南	4.52
天津	4.48
山东	4.37
河北	4.24
内蒙古	3.84
海南	3.71
吉林	3.32
北京	3.14
辽宁	3.12
新疆	2.70
甘肃	2.46
山西	2.21
宁夏	1.83
黑龙江	1.81
青海	1.52
西藏	0.94

图 100　2020 年全国 31 个省份规模以上工业企业资产利润率与均值

企业生产能力的指标。从整体上看，2016～2020 年，全国 31 个省份的平均规模以上工业增产成品增速呈现增减交替剧烈波动的趋势，先由 2016 年的 0.96% 上升至 2017 年的 2.29%，后下降至 2018 年的 -0.30%，2019 年回升至 1.91%，2020 年则大幅上升至 4.09%（见图 101）。就东、中、西部地区而言，规模以上工业增产成品增速与全国的变动趋势略有不同：东部地区和西部地区的变动趋势与全国的变动趋势相似，呈现增减交替的趋势；中部地区则呈现先下降后上升的趋势，由 2016 年的 5.00% 一直下降至 2018 年的 -0.60%，2020 年升至 4.75%，与东部地区极为接近。这与我国生产过剩和需求收缩有关。

2020 年，规模以上工业增产成品增速高于全国均值（4.09%）的省份有 19 个（见图 102），高于 5% 的省份只有 16 个，低于全国均值的省份有 12 个，

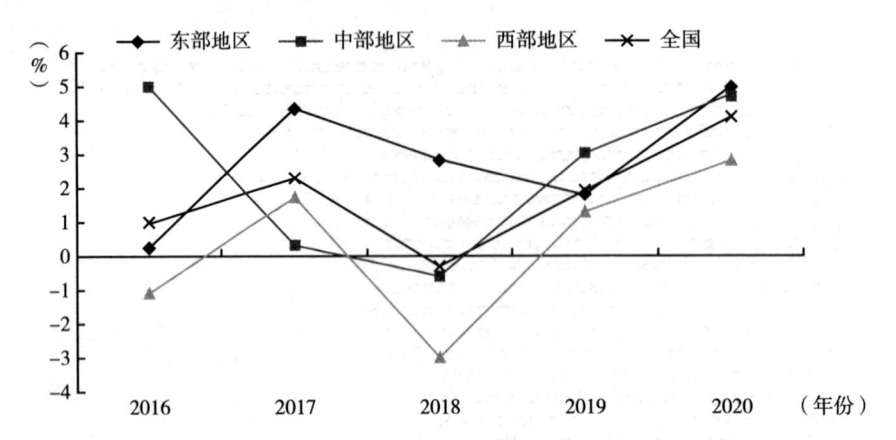

图101 2016~2020年东、中、西部地区及全国规模以上工业增产成品增速

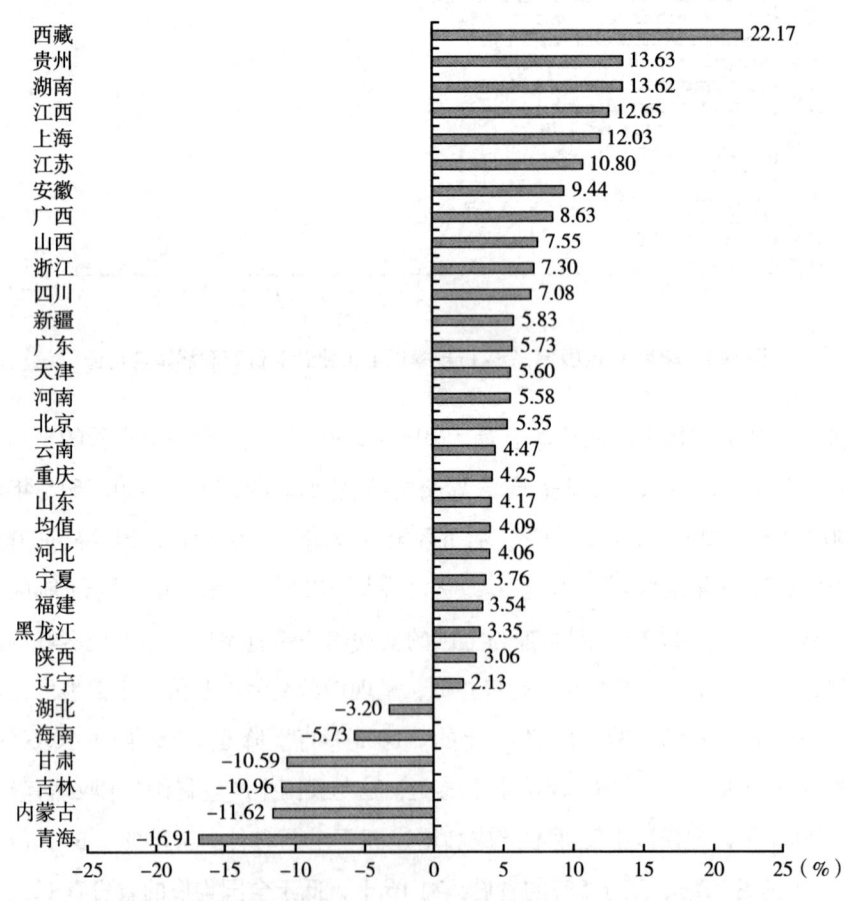

图102 2020年全国31个省份规模以上工业增产成品增速与均值

其中负增长的省份有6个；西藏、贵州、湖南、江西、上海为规模以上工业增产成品增速最高的5个省份，其中，西藏的规模以上工业增产成品增速排名第一，遥遥领先其他省份，这说明西藏近年来对工业较为重视，发展迅速；吉林、内蒙古、青海的规模以上工业增产成品增速位列后三，分别为-10.96%、-11.62%、-16.91%，均为负增长。

9. 社会消费水平

"社会消费水平"用社会零售品消费总额增速表示，是反映消费活力的指标。从整体上看，2016~2020年，全国31个省份的平均社会零售品消费总额增速呈现下降的趋势，由于受疫情影响，其在2020年下降至-4.49%（见图103）。就东、中、西部地区而言，社会零售品消费总额增速与全国的变动趋势相似，均呈现下降的趋势。中部地区的下降幅度为三个地区中最大的。东、中、西部地区的社会零售品消费总额增速的差距较小。

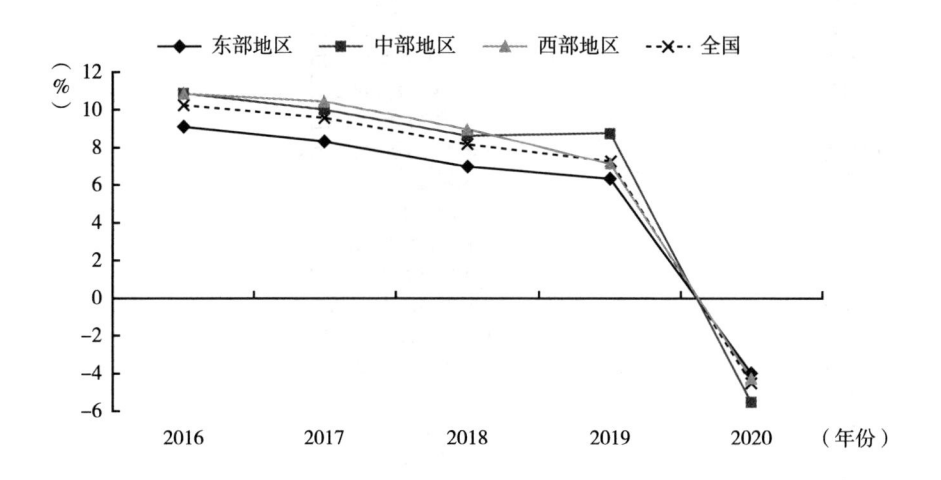

图103 2016~2020年东、中、西部地区及全国社会零售品消费总额增速

2020年，社会零售品消费总额增速高于全国均值（-4.49%）的省份有18个，低于全国均值的省份有13个；贵州、江西、安徽、重庆、海南为社会零售品消费总额增速最高的5个省份。其中，贵州的社会零售品消费总额

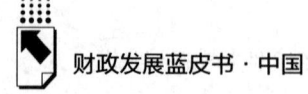

增速排名第一,达到4.90%。而吉林、天津、新疆、湖北的社会零售品消费总额增速位列后四,分别为-9.20%、-15.10%、-15.30%、-20.80%(见图104),这表明这些省份受新冠疫情影响更大,消费增长乏力。

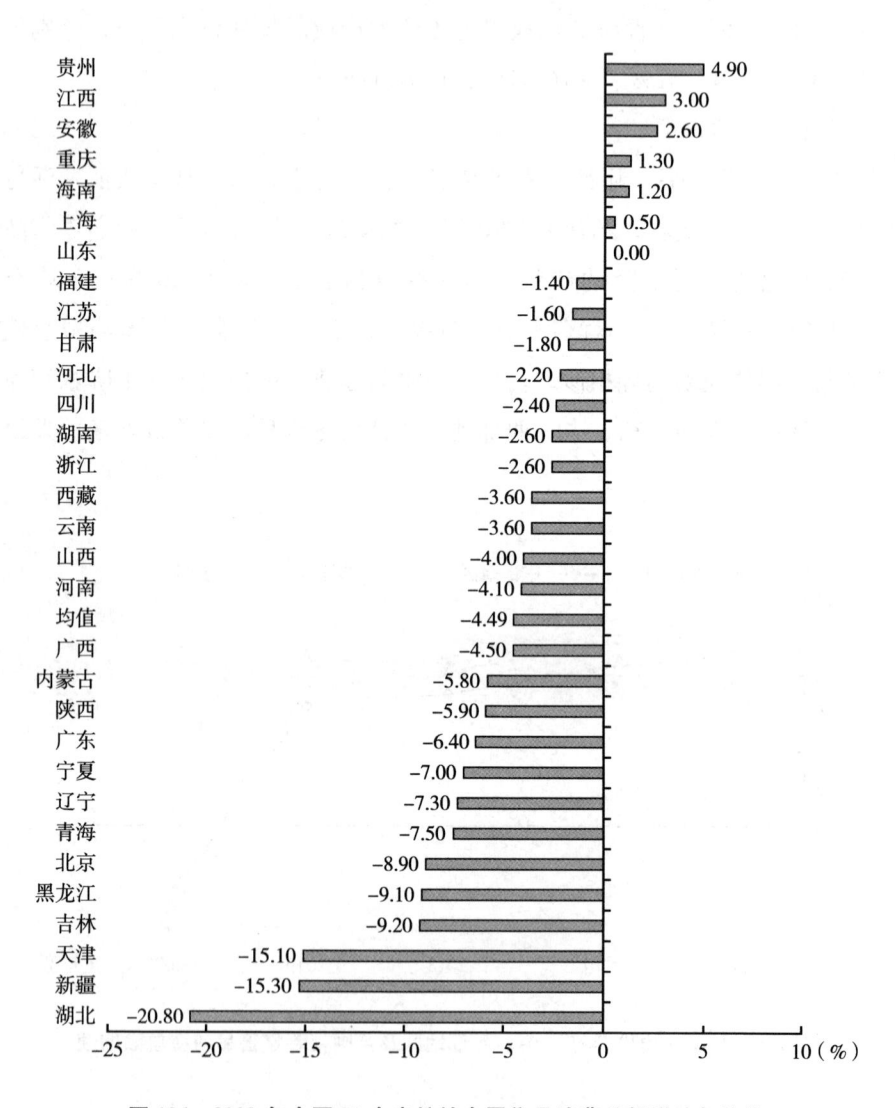

省份	增速(%)
贵州	4.90
江西	3.00
安徽	2.60
重庆	1.30
海南	1.20
上海	0.50
山东	0.00
福建	-1.40
江苏	-1.60
甘肃	-1.80
河北	-2.20
四川	-2.40
湖南	-2.60
浙江	-2.60
西藏	-3.60
云南	-3.60
山西	-4.00
河南	-4.10
均值	-4.49
广西	-4.50
内蒙古	-5.80
陕西	-5.90
广东	-6.40
宁夏	-7.00
辽宁	-7.30
青海	-7.50
北京	-8.90
黑龙江	-9.10
吉林	-9.20
天津	-15.10
新疆	-15.30
湖北	-20.80

图104 2020年全国31个省份社会零售品消费总额增速与均值

10. 社会投资水平

"社会投资水平"用固定资产投资增速表示,是反映投资获利情况的指标。从整体上看,2016~2020年,全国31个省份的平均固定资产投资增速呈现先下降再上升后下降的趋势,由2016年的8.07%下降至2020年的3.87%。就东、中、西部地区而言,固定资产投资增速与全国的变动趋势略有不同:东部地区和西部地区的变动趋势与全国的变动趋势不同,东部地区呈现交替变动的趋势,西部地区呈现先下降后上升的趋势;中部地区的波动较大,呈现先下降再上升,随后再次下降的变动趋势。东、中、西部地区在2020年的固定资产投资增速大致相同,都在4.00%左右(见图105)。

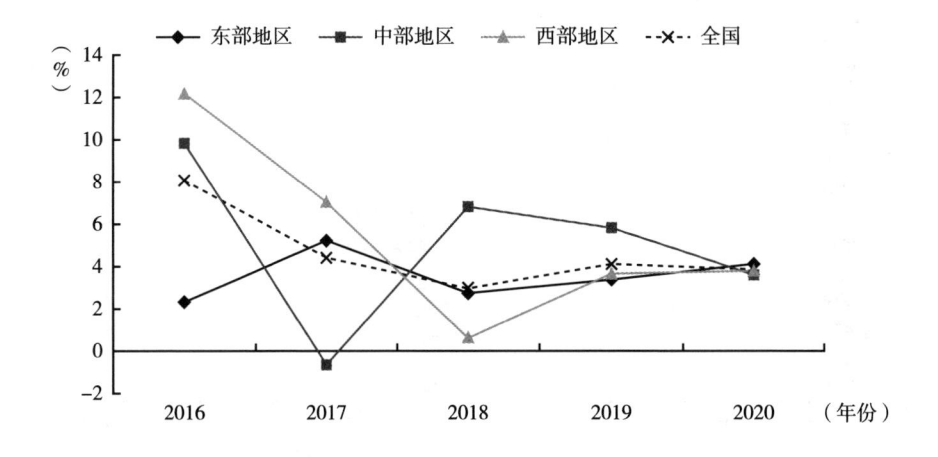

图105 2016~2020年东、中、西部地区及全国固定资产投资增速

2020年,全国固定资产投资增速均值只有3.87%,高于全国均值的省份有18个,固定资产投资增速超过10%的省份有3个,负增长的省份有4个;新疆、山西、上海、吉林、江西为固定资产投资增速最高的5个省份,其中新疆的固定资产投资增速排名第一,达到16.20%;而内蒙古、青海、湖北的固定资产投资增速位列后三,分别为-1.50%、-12.20%、-18.80%(见图106)。

财政发展蓝皮书·中国

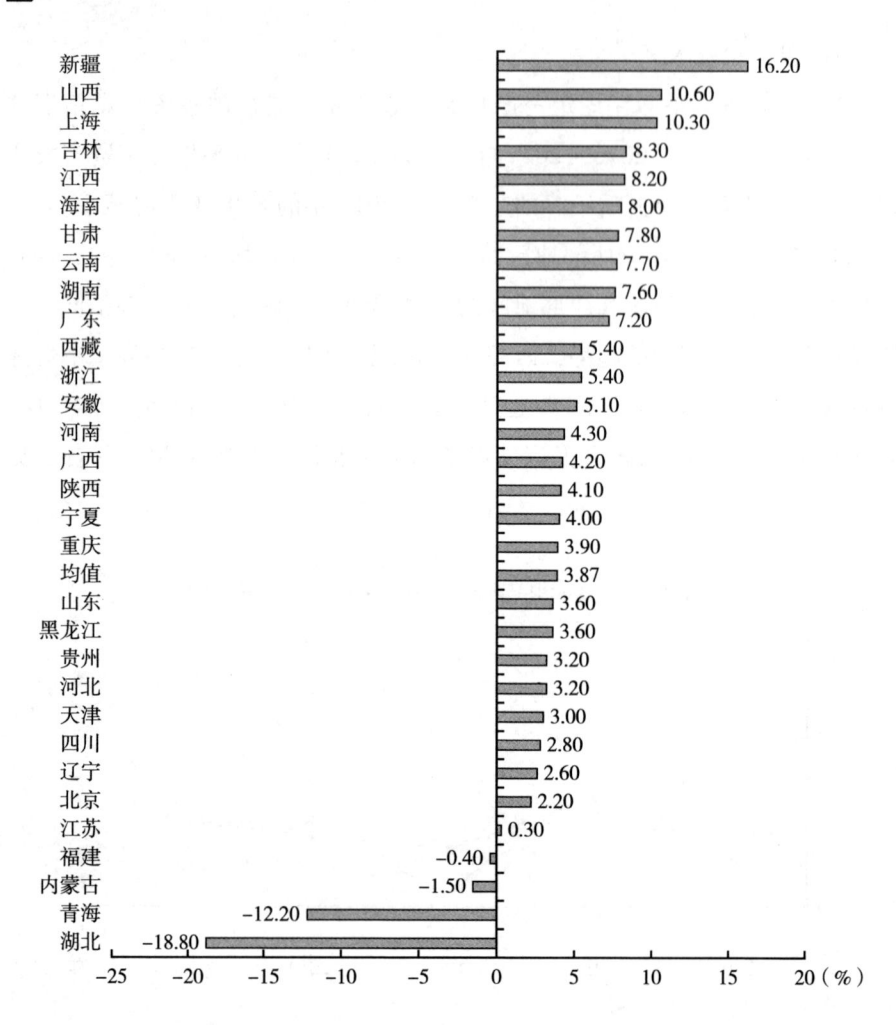

省份	增速(%)
新疆	16.20
山西	10.60
上海	10.30
吉林	8.30
江西	8.20
海南	8.00
甘肃	7.80
云南	7.70
湖南	7.60
广东	7.20
西藏	5.40
浙江	5.40
安徽	5.10
河南	4.30
广西	4.20
陕西	4.10
宁夏	4.00
重庆	3.90
均值	3.87
山东	3.60
黑龙江	3.60
贵州	3.20
河北	3.20
天津	3.00
四川	2.80
辽宁	2.60
北京	2.20
江苏	0.30
福建	-0.40
内蒙古	-1.50
青海	-12.20
湖北	-18.80

图 106　2020 年全国 31 个省份固定资产投资增速与均值

B.4
财政发展独立性指数的省域比较[*]

孙传辉 林光彬[**]

摘 要： 本报告在已构建的中国财政发展指数指标体系独立性指数指标的基础上，利用从各类统计年鉴、政府网站等获得的公开数据，对2020年全国31个省份的独立性指数进行分析比较，以更直观地反映一些财政热点和焦点问题。在财政运营方面，重点区分了财政收支的绝对规模和人均规模情况，大、小口径下分别反映财政对经济建设贡献、民生贡献和用于自身运营的财政经济建设指数，财政恩格尔系数和民生支出密度。其中，绝对规模和人均规模两种情况下的财政收支水平的省份排名存在较大差异；各省份的大口径下的财政经济建设指数的差距较大；各省份的小口径下的财政恩格尔系数都不高；西藏（民生支出密度最高）的民生支出密度是湖南（民生支出密度最低）的约4.5倍。在财政稳定方面，比较突出的是小口径下的财政自给率，仅有6个省份超过六成，这反映出我国地方财政比较依赖中央转移支付的现实状况。在财政均等方面，省份间的医疗城乡均等性、教育城乡均等性存在较大差异，这反映出省份间的财政公共服务均等化还有较大的进步空间，需要进一步完善财政转移支付体制机制，推进财政公共服务均等化，

---

[*] 本报告数据来源于历年《中国统计年鉴》、各省份统计年鉴、《中国财政年鉴》、《中国教育统计年鉴》、《中国卫生健康统计年鉴》、《中国社会统计年鉴》、《中国人力资源和社会保障年鉴》、《中国国土资源统计年鉴》，以及中华人民共和国财政部网站（http：//www.mof.gov.cn/index.htm）、国家统计局网站（http：//www.stats.gov.cn）、各省份财政厅网站、中经统计数据库（https：//db.cei.cn/）、Wind宏观统计数据库（https：//www.wind.com.cn/NewSite/edb.html）。受可得性限制，研究数据截至2020年。

[**] 孙传辉，经济学博士，中央财经大学财经研究院助理研究员、北京财经研究基地研究员，研究方向为经济增长、财政政策和货币政策、房地产市场经济；林光彬，经济学博士，中央财经大学教授、博士生导师，中国政治经济学研究中心主任，国家社科基金重大项目首席专家，研究方向为政治经济学、财政学理论、国家理论与市场理论、中国经济。

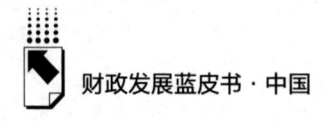

缩小公共服务在省域间的差距。

关键词： 财政发展　财政运营　财政稳定　财政均等　财政治理

独立性指数指标具有独特的表征意义，其或者和综合性指数指标存在共线性，或者和综合性指数指标不在一个层次和维度，不适合进行加总，同时，为了更为直观地反映一些财政热点问题、焦点问题，本报告将一些指标设为独立性指数指标。参照综合性指数指标的分类，本报告对独立性指数指标进行了相应的划分，分别从财政运营方面、财政稳定方面、财政均等方面和财政治理方面进行分析研究（见图1）。

独立性指数
- 财政运营方面——财政收入水平、财政支出水平、财政经济建设指数、财政恩格尔系数、民生支出密度
- 财政稳定方面——中期财政收支缺口、结构性收支缺口、财政自给率、债务利息成本、债务余额容忍度、财政韧性、社会保障基金压力
- 财政均等方面——医疗城乡均等性、教育城乡均等性
- 财政治理方面——政府存款规模、国库支付能力

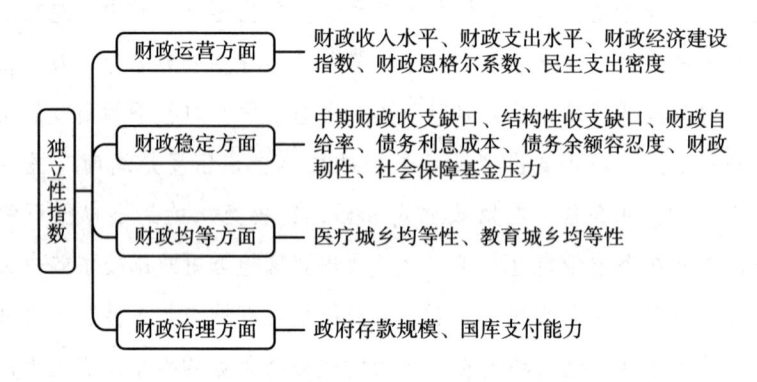

图1　中国财政发展指数指标体系独立性指数指标框架

一　财政运营方面重要指标的省域比较

（一）财政收入水平

从财政绝对收入水平（小口径）看，2020年，广东、江苏和浙江的财政绝对收入水平（小口径）位居前三，其中广东达到了12923亿

元,宁夏、青海和西藏位列最后,分别只有419亿元、297亿元和221亿元(见图2)。在增长率方面,2020年,财政绝对收入水平(小口径)与上一年基本持平,在31个省份中,青海的增长率最高,达到5.6%,而上海、北京、湖北、山西、陕西等14个省份出现负增长,其中,受新冠疫情影响,湖北的降幅最大,下降了25.9%。在大口径财政收入水平方面,31个省份的国有资本运营收入都很少(见图3),广东、江苏和浙江位居前三,青海、宁夏和西藏位居后三,前三名和后三名的体量的差距巨大。

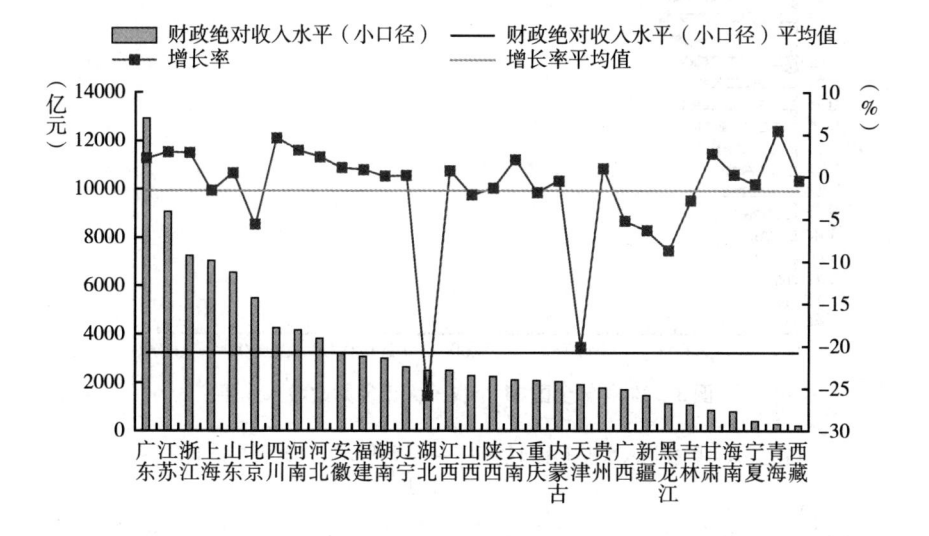

图2 2020年全国31个省份财政绝对收入水平(小口径)及平均值与增长率及平均值

从人均财政收入水平(小口径)看,相对于财政绝对收入水平(小口径),排名变化较大。上海和北京的人均财政收入水平显著高于其他省份,分别达到2.83万元和2.51万元;黑龙江、甘肃和广西分别为0.36万元、0.35万元和0.34万元,排名靠后(见图4)。在人均财政收入水平(小口径)增长率方面,2020年,吉林的最高,为8.95%,17个省份为负增长,其中,受新冠疫情影响,湖北为-23.53%。

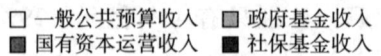

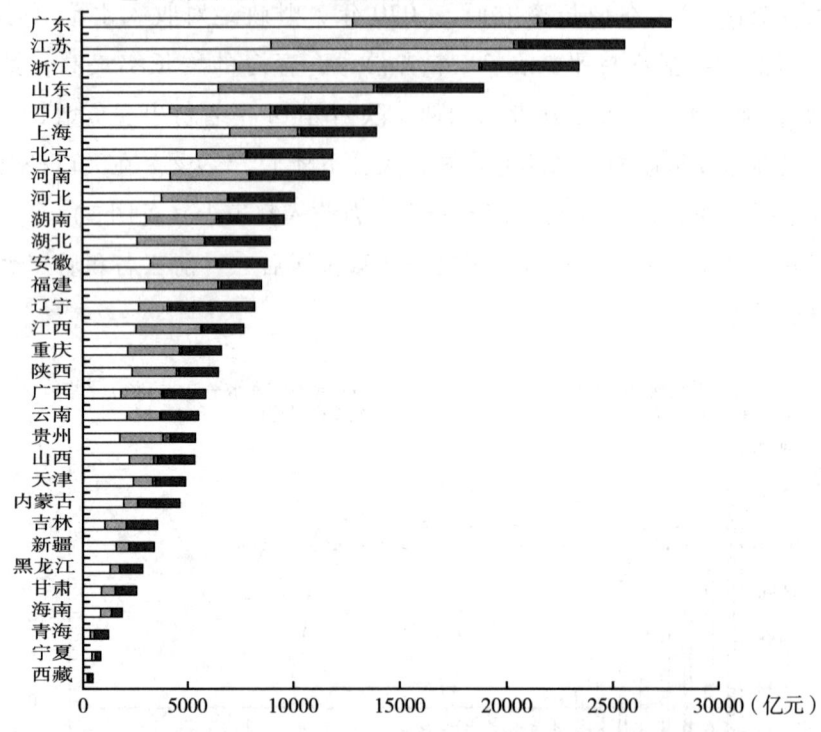

图3 2020年全国31个省份大口径财政收入水平

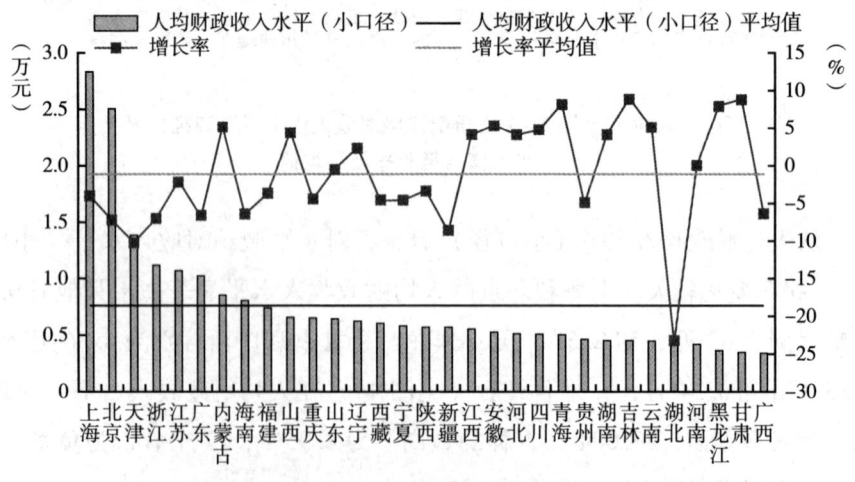

图4 2020年全国31个省份人均财政收入水平（小口径）
及平均值与增长率及平均值

在大口径人均财政收入水平方面，上海和北京的人均财政收入水平依然排在前两名，均超过5万元，分别为5.60万元和5.43万元，远超其他省份；除黑龙江的0.90万元外，其余省份的人均财政收入水平都在1万元以上，排在倒数第二位的甘肃的人均财政收入水平为1.03万元，略高于1万元（见图5）。上海高出黑龙江5倍以上。

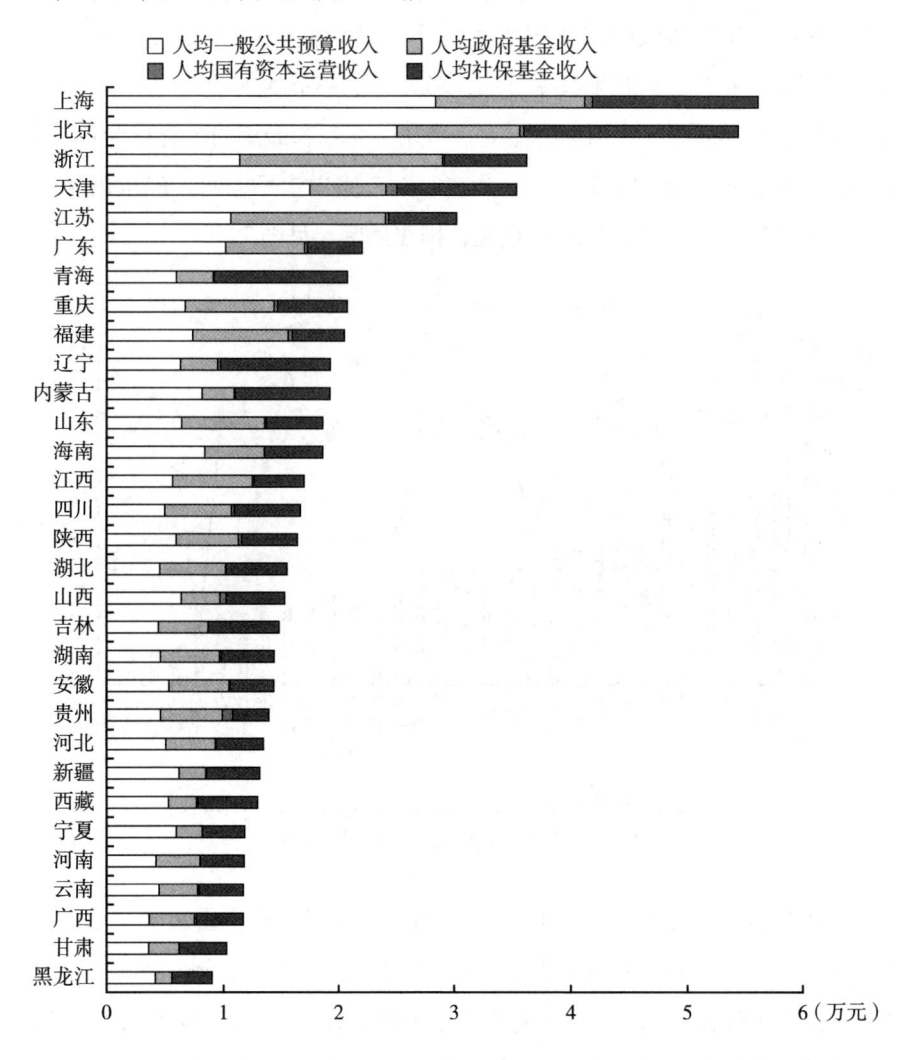

图5 2020年全国31个省份大口径人均财政收入水平

（二）财政支出水平

从财政绝对支出水平（小口径）看，广东、江苏和山东的财政绝对支出水平（小口径）居前三位，分别达到17431亿元、13682亿元和11233亿元（见图6）。排前六名的省份的财政绝对支出水平（小口径）都超过1万亿元，排后五名的省份的财政绝对支出水平（小口径）低于4000亿元，宁夏只有1480亿元，排在最后。在增长率方面，2020年，财政绝对支出（小口径）增长率最高的是江苏，为8.81%，上海、贵州、北京和天津四个省份为负增长，其中，天津最低，为-11.37%。在大口径财政支出水平方面，广东仍居第一名，为34287亿元，宁夏为2210亿元，排在最后（见图7）。

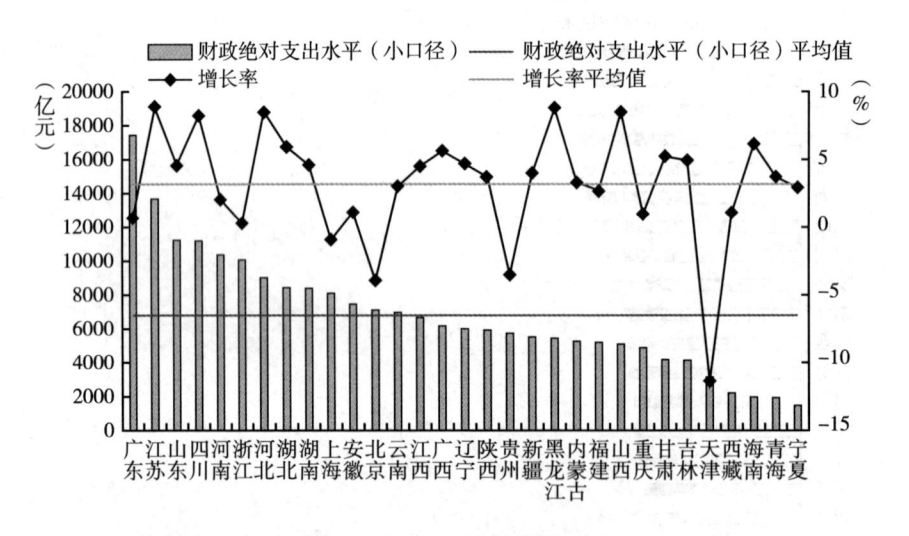

图6 2020年全国31个省份财政绝对支出水平（小口径）及平均值与增长率及平均值

从人均财政支出水平（小口径）看，相较于财政绝对支出水平（小口径），排名出现了较大的变化。西藏的人均财政支出水平（小口径）最高，达到6.04万元，远高于排在第二、三位的青海和上海的3.259万元和3.256万元（见图8）。河北、山东和河南排名靠后，人均财政支出水平（小口径）分别为1.21万元、1.11万元和1.04万元。在增长率方面，2020年，黑龙江最高，为28.64%，

财政发展独立性指数的省域比较

图7 2020年全国31个省份大口径财政支出水平

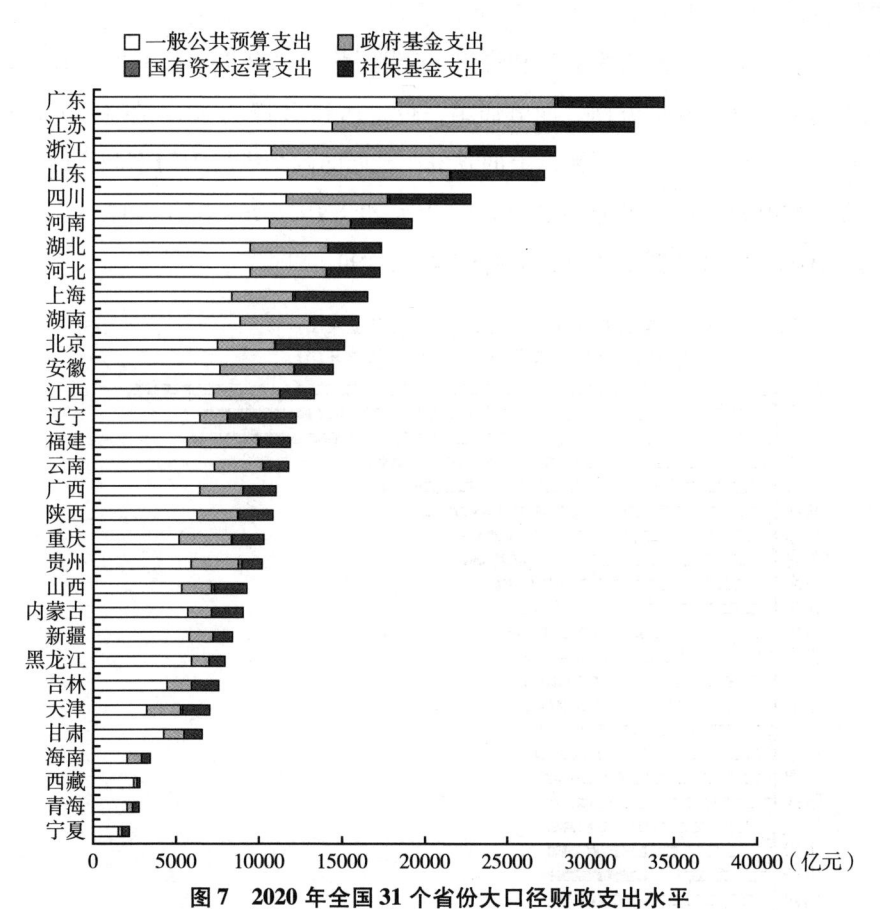

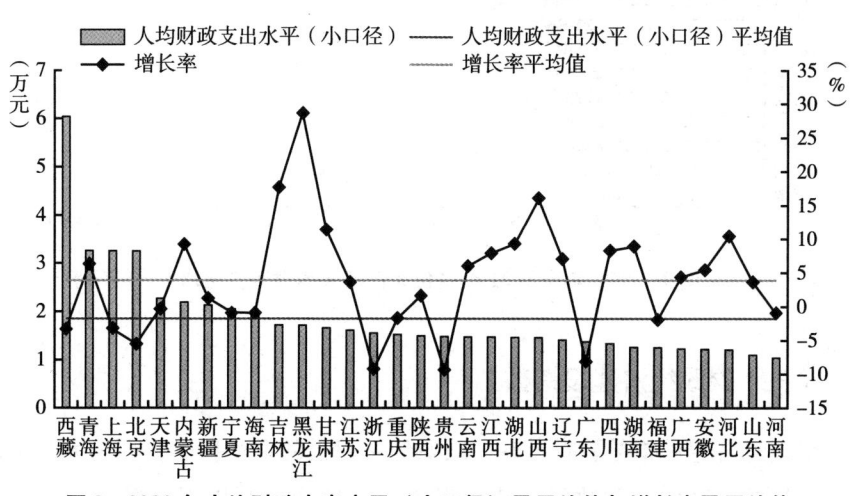

图8 2020年人均财政支出水平（小口径）及平均值与增长率及平均值

179

增长率最低的两个省份为浙江和贵州，分别为-9.29%和-9.40%。在大口径人均财政支出水平方面，西藏居第一位，达到7.77万元，是唯一大口径人均财政支出水平在7万元以上的省份；最低的两个省份为河南和广西，大口径人均财政支出水平分别仅为1.92万元和2.19万元，河南为唯一大口径人均财政支出水平低于2万元的省份（见图9）。

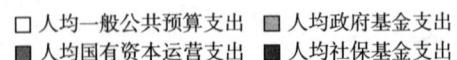

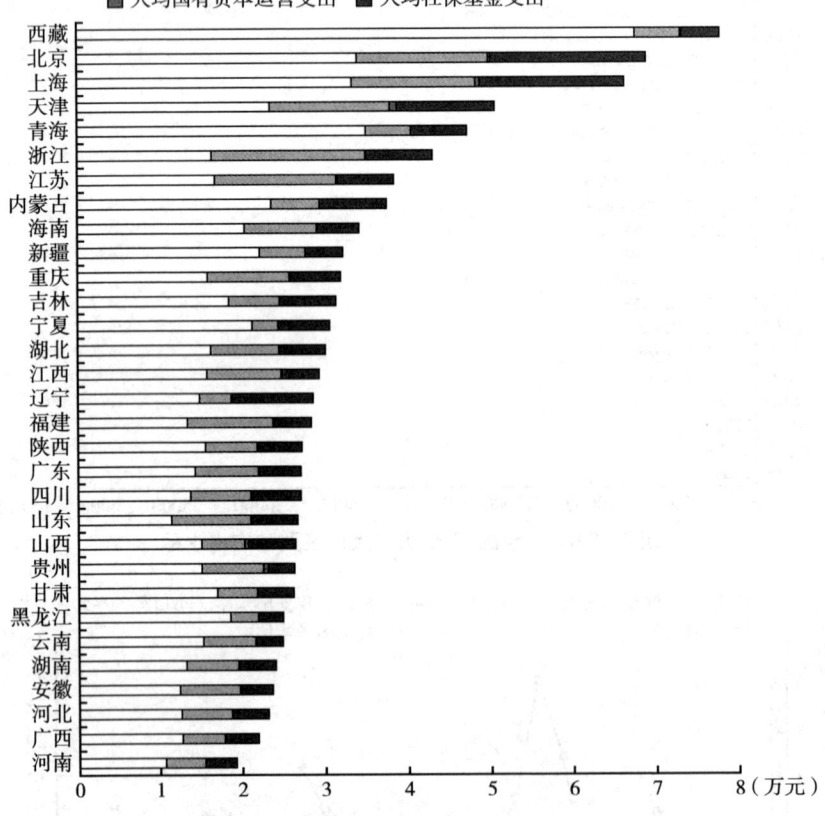

图9 2020年全国31个省份大口径人均财政支出水平

（三）财政经济建设指数

财政经济建设指数旨在反映财政对经济建设的贡献程度，分为大、小口径两个指标。其中，财政经济建设指数（小口径）利用固定资产投资中的政府预算内投资金额与一般公共预算支出的比值得到；财政经济建设指数（大口径）扩大了财政用于经济建设的含义，用国有基础设施投资（固定资产投资中的交通运输、仓储与邮政业与水利环境和公共设施管理业投资）与一般公共预算支出的比值表示。

从财政经济建设指数（小口径）看，2020年，新疆、云南分别以0.68和0.66居前两位，远超其余省份。吉林、内蒙古和辽宁的财政经济建设指数（小口径）排在最后，分别为0.095、0.085和0.066（见图10）。就增长率而言，2020年，天津以185.12%位居第一，青海和西藏最低，分别为-36.75%和-44.59%，全国31个省份的平均增长率为32.78%。

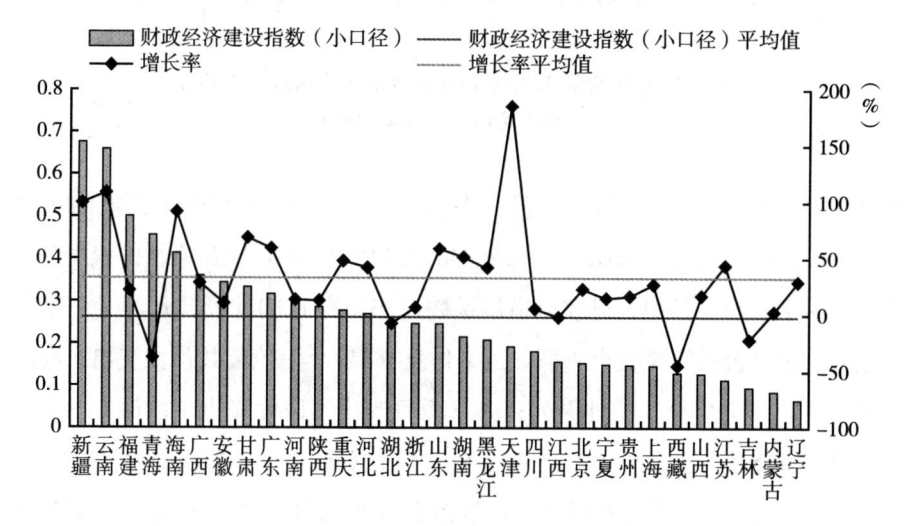

图10　2020年全国31个省份财政经济建设指数（小口径）及平均值与增长率及平均值

在财政经济建设指数（大口径）方面，31个省份之间的差距较大，陕西、福建和重庆位居前三，分别为1.27、1.05和0.99（见图11）。北京、上海和辽宁排名靠后，分别只有0.23、0.19和0.10。增长率方面，天津以36.67%位居第一，湖北居于末位，为-28.18%。

（四）财政恩格尔系数

财政恩格尔系数是指财政刚性支出占财政总支出的比重，以衡量国家财

财政发展蓝皮书·中国

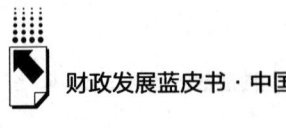

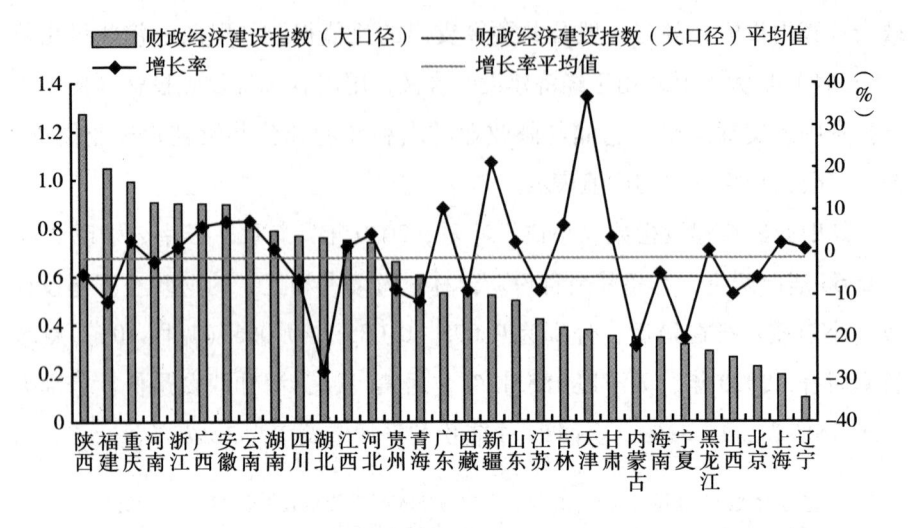

图11 2020年全国31个省份财政经济建设指数（大口径）及平均值与增长率及平均值

政部门对财政支出调整的自由度。根据已有文献对财政刚性支出的定义（Medina，2015；裴育，2010），财政恩格尔系数根据财政支出刚性的程度分为大、小两个口径。其中，财政恩格尔系数（小口径）的计算公式为（一般公共服务支出+公共安全支出+债务还本付息支出）/一般公共预算支出；财政恩格尔系数（大口径）的计算公式为（教育支出+医疗支出+社保支出+一般公共服务支出+公共安全支出+债务还本付息支出）/一般公共预算支出。

2020年，31个省份的财政恩格尔系数（小口径）不是很高，大多数省份的财政恩格尔系数（小口径）为0.1~0.3（见图12），贵州和辽宁的财政恩格尔系数（小口径）在0.3以上，分别为0.31和0.32。在31个省份中，上海的财政恩格尔系数（小口径）最小，为0.1，与最大的辽宁之间有超过0.2的差距。与2016~2020年的平均水平相比，2020年，西藏、北京、甘肃、湖北、天津和吉林的财政恩格尔系数（小口径）更大，其余省份的财政恩格尔系数（小口径）均低于2016~2020年的平均水平，上海的财政恩格尔系数（小口径）在2020年下降了27.52%，而吉林则增长了50.15%。

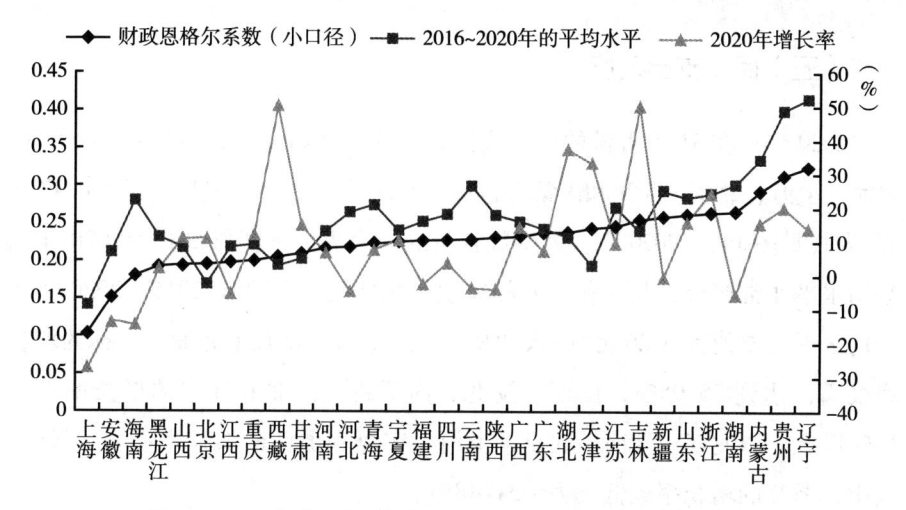

图 12　2020 年全国 31 个省份财政恩格尔系数（小口径）与
2016～2020 年的平均水平及 2020 年增长率

2020 年，大部分省份的财政恩格尔系数（大口径）为 0.25～0.70（见图 13），山东、贵州和辽宁的财政恩格尔系数（大口径）在 0.7 以上，分别为 0.71、0.72 和 0.79；西藏的增长率最大，达到 24.23%，黑龙江下降了 32.50%。虽然排名首尾的省份与财政恩格尔系数（小口径）的位次相同，但其余省份的排名有较大的变动。

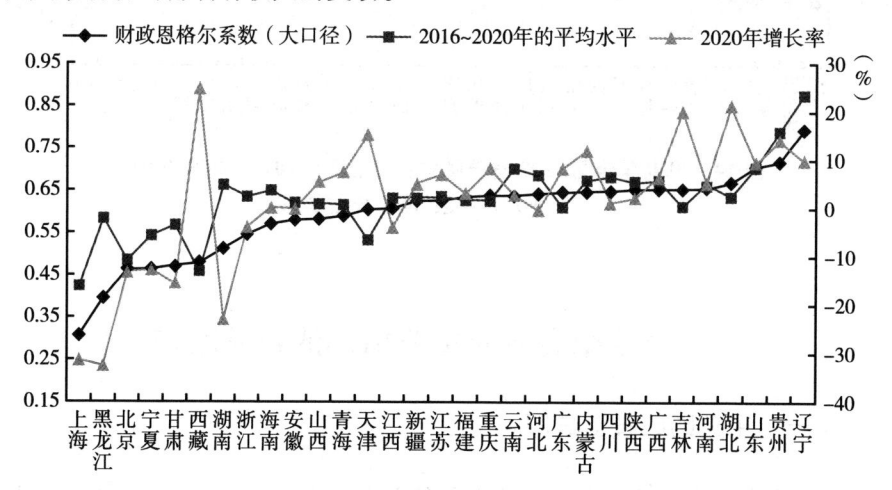

图 13　2020 年全国 31 个省份财政恩格尔系数（大口径）与
2016～2020 年的平均水平及 2020 年增长率

（五）民生支出密度

2020年，在31个省份的民生支出密度中，西藏最高，为2.14万元/人，青海、上海、北京、天津和内蒙古超过了1万元/人；湖南最低，仅为0.47万元/人（见图14）。2020年，大多数省份的民生支出密度与2016~2020年的平均水平非常接近，北京和上海的民生支出密度显著低于2016~2020年的平均水平，差值为0.26万元/人和0.35万元/人。增长率方面，吉林的增长率最高，达到25.95%，山西、湖北、内蒙古、河北和辽宁的增长率都在10%以上；黑龙江、湖南、北京、上海、宁夏和浙江的增长率低于-20%，其中，浙江的增长率最低，为-31.48%。

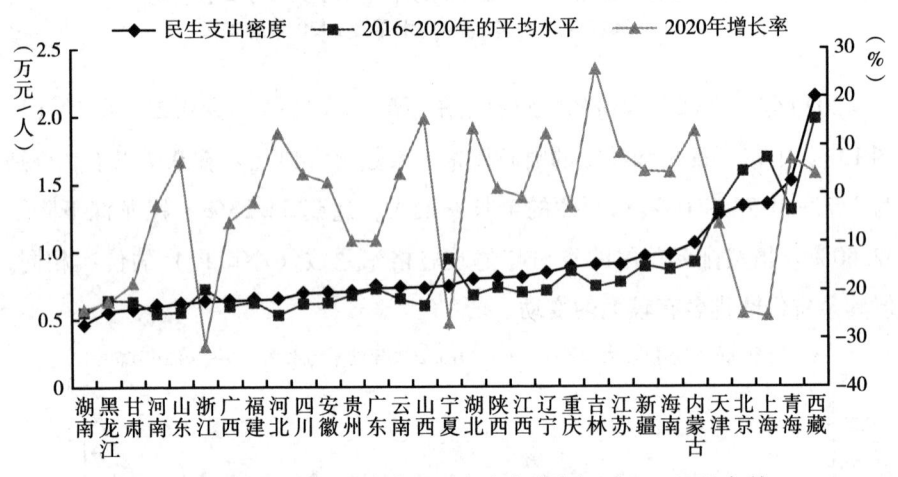

图14 2020年全国31个省份民生支出密度与2016~2020年的平均水平及2020年增长率

二 财政稳定方面重要指标的省域比较

（一）中期财政收支缺口

本报告把2018~2020年31个省份的财政收支缺口之和作为中期财政收支缺口，可以看到，上海、江苏和广东的中期财政收支缺口最小，分别为

3.25%、3.86%和4.04%（见图15）。西藏的中期财政收支缺口显著高于其他省份，达到112.71%，青海超过了50%，达到52.04%。

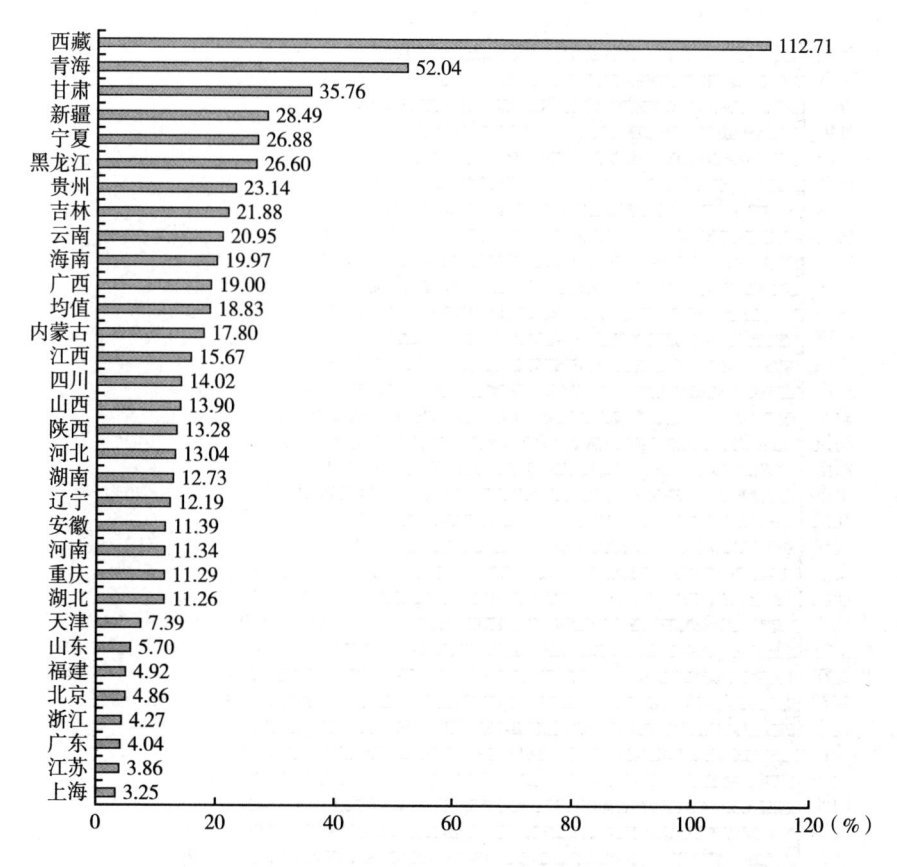

图15 2018～2020年全国31个省份中期财政收支缺口与均值

省份	数值
西藏	112.71
青海	52.04
甘肃	35.76
新疆	28.49
宁夏	26.88
黑龙江	26.60
贵州	23.14
吉林	21.88
云南	20.95
海南	19.97
广西	19.00
均值	18.83
内蒙古	17.80
江西	15.67
四川	14.02
山西	13.90
陕西	13.28
河北	13.04
湖南	12.73
辽宁	12.19
安徽	11.39
河南	11.34
重庆	11.29
湖北	11.26
天津	7.39
山东	5.70
福建	4.92
北京	4.86
浙江	4.27
广东	4.04
江苏	3.86
上海	3.25

（二）结构性收支缺口①

本报告剔除财政收支缺口的周期性部分，得到31个省份的结构性收支缺口，可以看到，2020年，新疆、宁夏和青海的结构性收支缺口最小，分别为16.09%、16.35%和16.61%（见图16）。北京、天津、河北、山

---

① 由于大口径财政收支数据缺省较多，无法分离出周期性部分和趋势性部分，因此本部分讨论的结构性收支缺口为小口径结构性收支缺口。

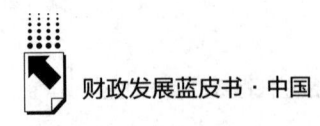

西和内蒙古排在最后5位，31个省份的结构性收支缺口的差异不大且分布均匀。

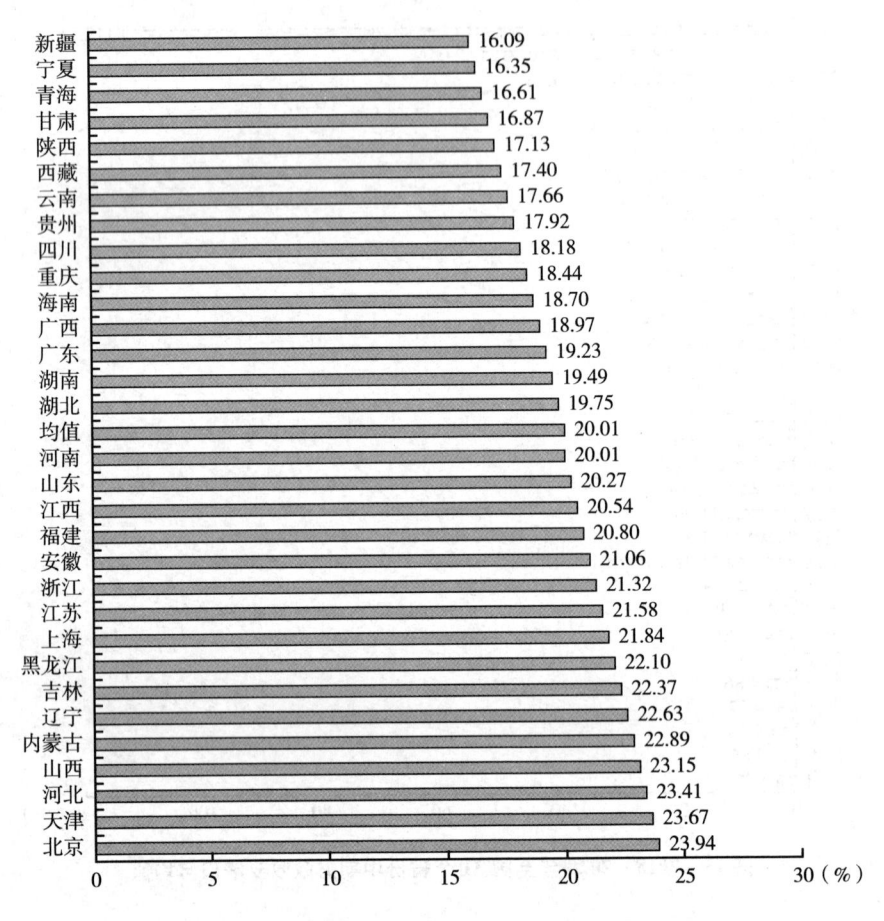

省份	数值
新疆	16.09
宁夏	16.35
青海	16.61
甘肃	16.87
陕西	17.13
西藏	17.40
云南	17.66
贵州	17.92
四川	18.18
重庆	18.44
海南	18.70
广西	18.97
广东	19.23
湖南	19.49
湖北	19.75
均值	20.01
河南	20.01
山东	20.27
江西	20.54
福建	20.80
安徽	21.06
浙江	21.32
江苏	21.58
上海	21.84
黑龙江	22.10
吉林	22.37
辽宁	22.63
内蒙古	22.89
山西	23.15
河北	23.41
天津	23.67
北京	23.94

图16 2020年全国31个省份结构性收支缺口与均值

（三）财政自给率

财政收支缺口反映的是财政收支差相对于GDP的程度，财政自给率则直接计算财政收入/财政支出，可以更为直观地反映地方政府财政支出的健康状况。

2020年，对于财政自给率（小口径），仅有6个省份超过60%，低于全国均值的省份有18个（见图17）。其中，上海、北京和广东的财政自给

财政发展独立性指数的省域比较

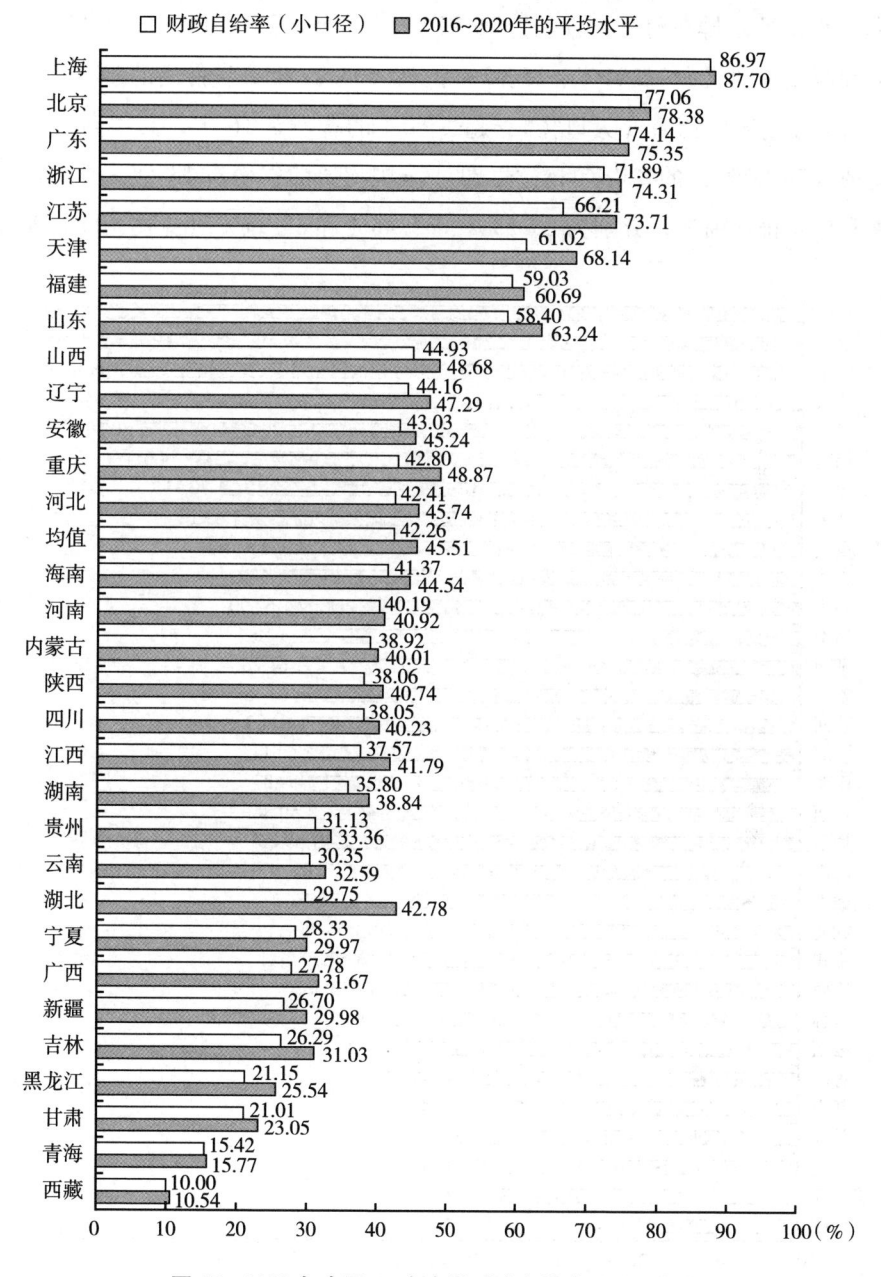

省份	财政自给率（小口径）	2016~2020年的平均水平
上海	86.97	87.70
北京	77.06	78.38
广东	74.14	75.35
浙江	71.89	74.31
江苏	66.21	73.71
天津	61.02	68.14
福建	59.03	60.69
山东	58.40	63.24
山西	44.93	48.68
辽宁	44.16	47.29
安徽	43.03	45.24
重庆	42.80	48.87
河北	42.41	45.74
均值	42.26	45.51
海南	41.37	44.54
河南	40.19	40.92
内蒙古	38.92	40.01
陕西	38.06	40.74
四川	38.05	40.23
江西	37.57	41.79
湖南	35.80	38.84
贵州	31.13	33.36
云南	30.35	32.59
湖北	29.75	42.78
宁夏	28.33	29.97
广西	27.78	31.67
新疆	26.70	29.98
吉林	26.29	31.03
黑龙江	21.15	25.54
甘肃	21.01	23.05
青海	15.42	15.77
西藏	10.00	10.54

图17 2020年全国31个省份财政自给率（小口径）、2016~2020年的平均水平与均值

187

率（小口径）排在前三，分别为86.97%、77.06%和74.14%，而甘肃、青海和西藏分别仅为21.01%、15.42%和10.00%。31个省份间的差距明显。

对于财政自给率（大口径），超过60%的省份有16个，其中高于全国均值（59.20%）的省份有18个，低于全国均值的省份有13个，浙江、上海和广东排在前三，分别为85.59%、85.45%和83.11%（见图18）。排在

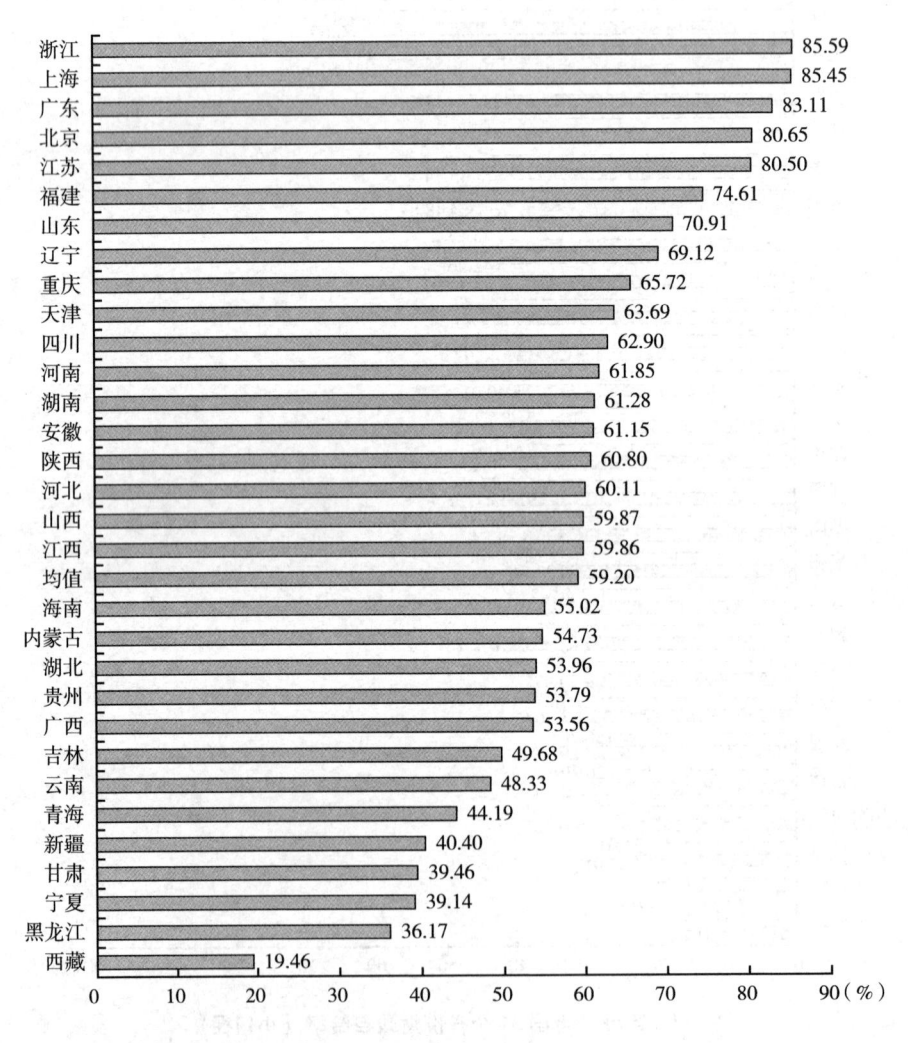

省份	数值
浙江	85.59
上海	85.45
广东	83.11
北京	80.65
江苏	80.50
福建	74.61
山东	70.91
辽宁	69.12
重庆	65.72
天津	63.69
四川	62.90
河南	61.85
湖南	61.28
安徽	61.15
陕西	60.80
河北	60.11
山西	59.87
江西	59.86
均值	59.20
海南	55.02
内蒙古	54.73
湖北	53.96
贵州	53.79
广西	53.56
吉林	49.68
云南	48.33
青海	44.19
新疆	40.40
甘肃	39.46
宁夏	39.14
黑龙江	36.17
西藏	19.46

图18 2020年全国31个省份财政自给率（大口径）与均值

最后的省份为宁夏、黑龙江和西藏，财政自给率（大口径）分别只有39.14%、36.17%和19.46%。

（四）债务利息成本①

债务利息成本计算的是债务利息支出占一般财政预算收入的比重，以反映地方政府的债务成本负担情况。2020年，31个省份的债务利息成本都相对较小（见图19），全国31个省份的平均水平为6.30%，北京、上海和广东分别只有1.33%、1.34%和1.54%；最高的是青海，达到21.45%，接着是贵州，达到12.06%。2020年，31个省份的平均债务利息成本较2019年的5.46%上涨了约0.84个百分点；其中，吉林上涨得最快，达到343.80%，只有福建出现了下降，降幅为48.85%。

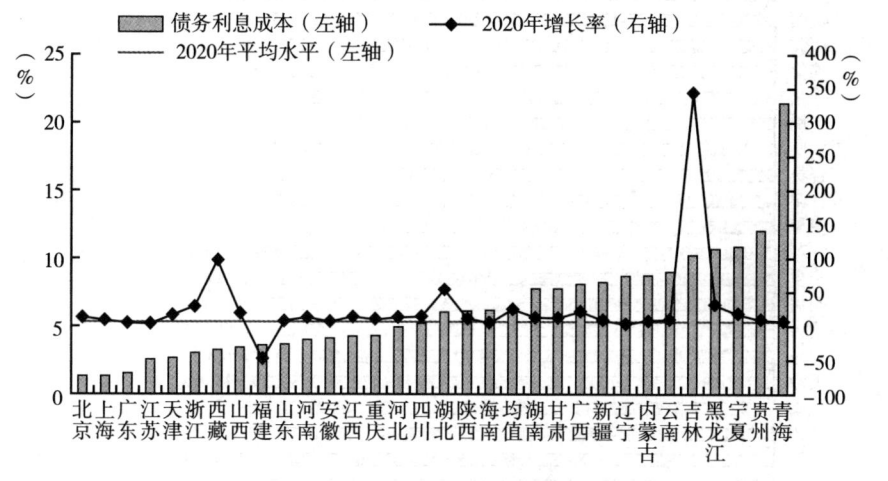

图19 2020年全国31个省份债务利息成本与均值及2020年增长率、2020年平均水平

（五）债务余额容忍度

债务余额容忍度衡量的是债务余额与债务限额的比重。其越小，表明债

---

① 债务利息成本=债务利息支出/一般财政预算收入×100%。"债务利息支出""一般财政预算收入"来源于《中国财政年鉴2021》中的各个省份的一般公共预算收支决算总表。

务空间越大。从图 20 可以看到，2020 年，债务余额容忍度低于全国均值（88.77%）的省份有 11 个，高于全国均值的省份有 20 个，甚至有 18 个省份的债务余额容忍度高于 90%；北京的表现最好，债务余额容忍度达到 59.06%，接着是上海和新疆，分别为 70.88% 和 78.74%；湖北、黑龙江和湖南三个省份的表现最差，债务余额容忍度分别达到 95.98%、96.35% 和 97.16%，地方政府的债务可操作空间极小。

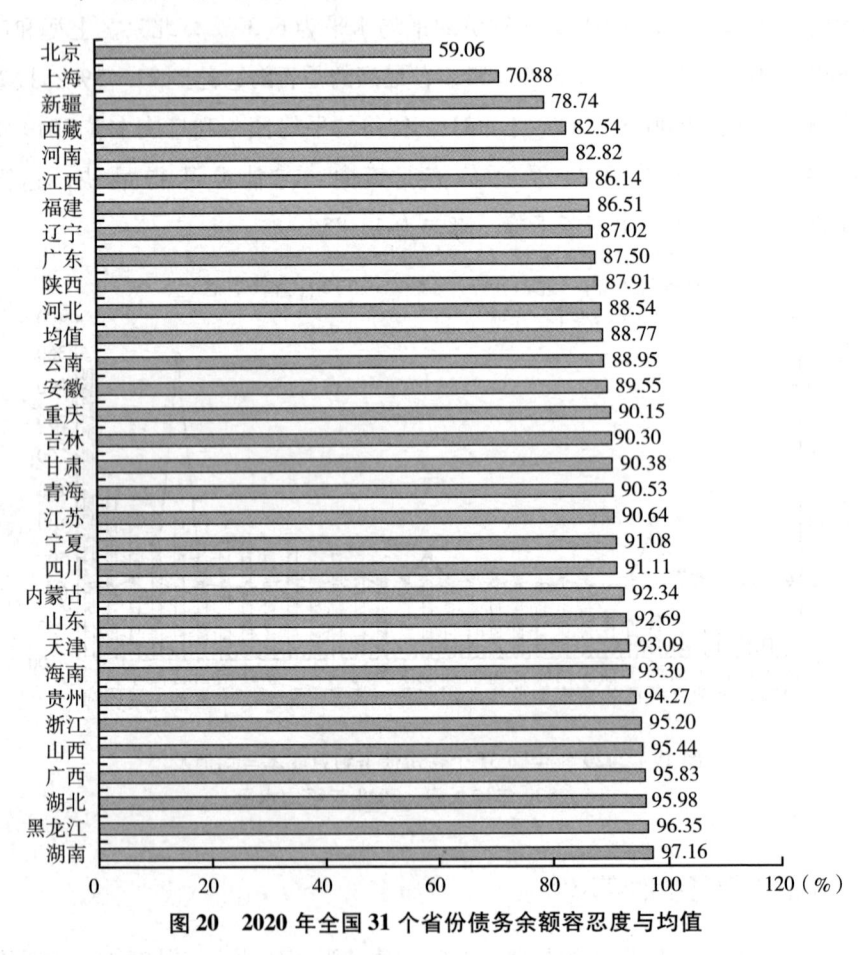

省份	债务余额容忍度(%)
北京	59.06
上海	70.88
新疆	78.74
西藏	82.54
河南	82.82
江西	86.14
福建	86.51
辽宁	87.02
广东	87.50
陕西	87.91
河北	88.54
均值	88.77
云南	88.95
安徽	89.55
重庆	90.15
吉林	90.30
甘肃	90.38
青海	90.53
江苏	90.64
宁夏	91.08
四川	91.11
内蒙古	92.34
山东	92.69
天津	93.09
海南	93.30
贵州	94.27
浙江	95.20
山西	95.44
广西	95.83
湖北	95.98
黑龙江	96.35
湖南	97.16

图 20　2020 年全国 31 个省份债务余额容忍度与均值

（六）社会保障基金压力

社会保障基金压力主要考察养老和医疗两个方面，并分别考虑职工和城乡居民的养老和医疗保障。养老保险保障水平用参保人员人均养老基金余额与（城镇）居民可支配收入的比值表示。医疗保险保障水平用参保人员人均医疗基金余额与住院病人人均医药费的比值表示。

从图21可以看出，2020年，职工基本养老保险保障水平高于全国均值（23.87%）的省份有11个，低于全国均值的省份有20个；西藏的职工基本养老保险保障水平排在第一，为85.50%；由于黑龙江的职工基本养老保险基金余额为负值，因此该指标值为负值；辽宁和青海的该指标值分别仅为2.74%、4.15%。

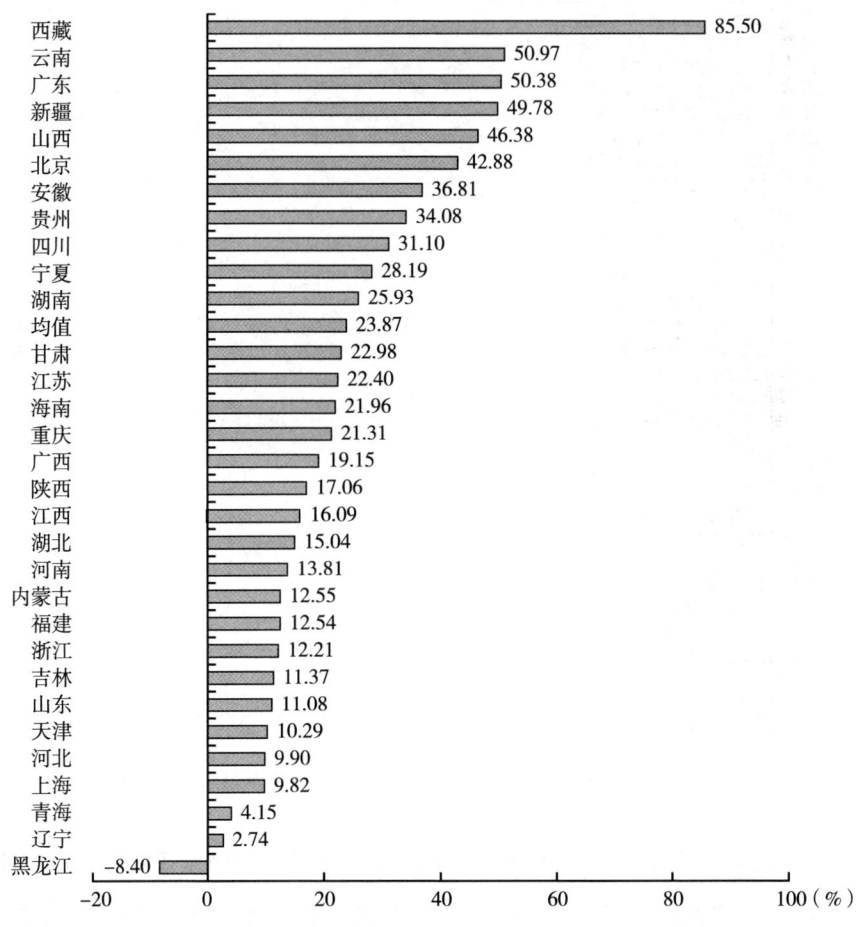

省份	数值(%)
西藏	85.50
云南	50.97
广东	50.38
新疆	49.78
山西	46.38
北京	42.88
安徽	36.81
贵州	34.08
四川	31.10
宁夏	28.19
湖南	25.93
均值	23.87
甘肃	22.98
江苏	22.40
海南	21.96
重庆	21.31
广西	19.15
陕西	17.06
江西	16.09
湖北	15.04
河南	13.81
内蒙古	12.55
福建	12.54
浙江	12.21
吉林	11.37
山东	11.08
天津	10.29
河北	9.90
上海	9.82
青海	4.15
辽宁	2.74
黑龙江	-8.40

图21　2020年全国31个省份职工基本养老保险保障水平与均值

从图22可以看出，2020年，城乡居民养老保险保障水平高于全国均值（7.79%）的省份有9个，低于全国均值的省份有22个；天津的城乡居民养老保险保障水平以巨大优势排在第一位，城乡居民养老保险保障水平为39.83%；其余省份的该指标值都较小，排在第二、三位的上海和海南分别仅为16.24%和12.52%；低于5%的省份有10个，相对而言，这些省份的城乡居民养老保险保障水平较低。辽宁的该指标值仅为2.55%，排在最后一位。

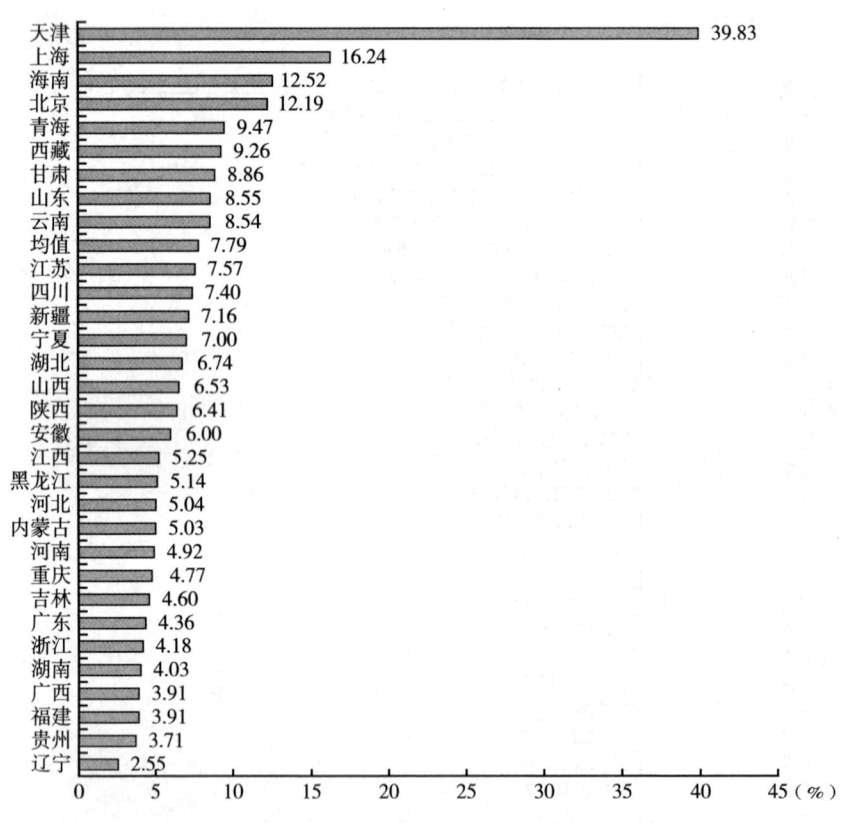

省份	数值(%)
天津	39.83
上海	16.24
海南	12.52
北京	12.19
青海	9.47
西藏	9.26
甘肃	8.86
山东	8.55
云南	8.54
均值	7.79
江苏	7.57
四川	7.40
新疆	7.16
宁夏	7.00
湖北	6.74
山西	6.53
陕西	6.41
安徽	6.00
江西	5.25
黑龙江	5.14
河北	5.04
内蒙古	5.03
河南	4.92
重庆	4.77
吉林	4.60
广东	4.36
浙江	4.18
湖南	4.03
广西	3.91
福建	3.91
贵州	3.71
辽宁	2.55

图22 2020年全国31个省份城乡居民养老保险保障水平与均值

从图23可以看出，2020年，职工基本医疗保险保障水平高于全国均值（83.93%）的省份有11个，低于全国均值的省份有20个；西藏以较大优势排在第一位，职工基本医疗保险保障水平为360.73%；排在第二、三位的青海和云南的该指标值分别为 148.87% 和 142.74%；北京和天津的该指标值反而最低，分别为 28.77% 和 25.87%，这与这些地区的医药费较高有关。

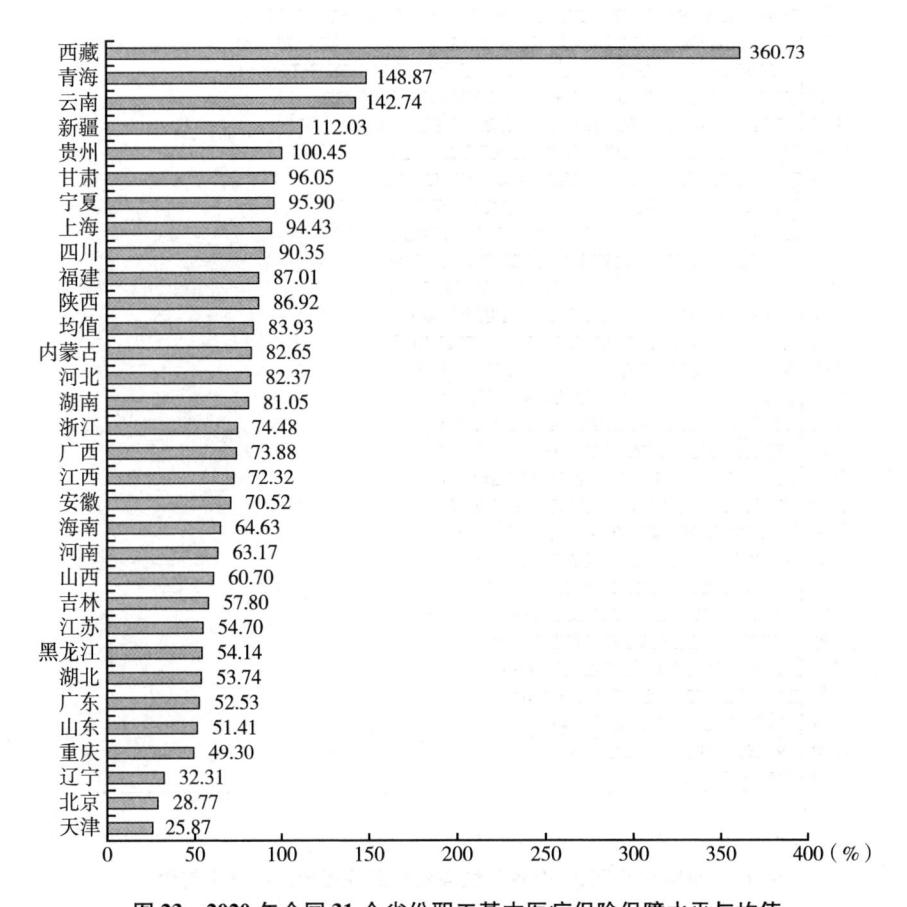

省份	数值
西藏	360.73
青海	148.87
云南	142.74
新疆	112.03
贵州	100.45
甘肃	96.05
宁夏	95.90
上海	94.43
四川	90.35
福建	87.01
陕西	86.92
均值	83.93
内蒙古	82.65
河北	82.37
湖南	81.05
浙江	74.48
广西	73.88
江西	72.32
安徽	70.52
海南	64.63
河南	63.17
山西	60.70
吉林	57.80
江苏	54.70
黑龙江	54.14
湖北	53.74
广东	52.53
山东	51.41
重庆	49.30
辽宁	32.31
北京	28.77
天津	25.87

图 23　2020 年全国 31 个省份职工基本医疗保险保障水平与均值

从图 24 可以看出，2020 年，城乡居民医疗保险保障水平高于全国均值（6.35%）的省份有 15 个，低于全国均值的省份有 16 个；青海、贵州和天津的城乡居民医疗保险保障水平排在前三位，分别为 11.02%、9.90% 和 9.24%。河南、福建、上海 3 个省份的城乡居民医疗保险保障水平低于 4%，相对而言，这些省份的城乡居民医疗保险保障水平偏低。上海的该指标值为 3.12%，排在最后一位。

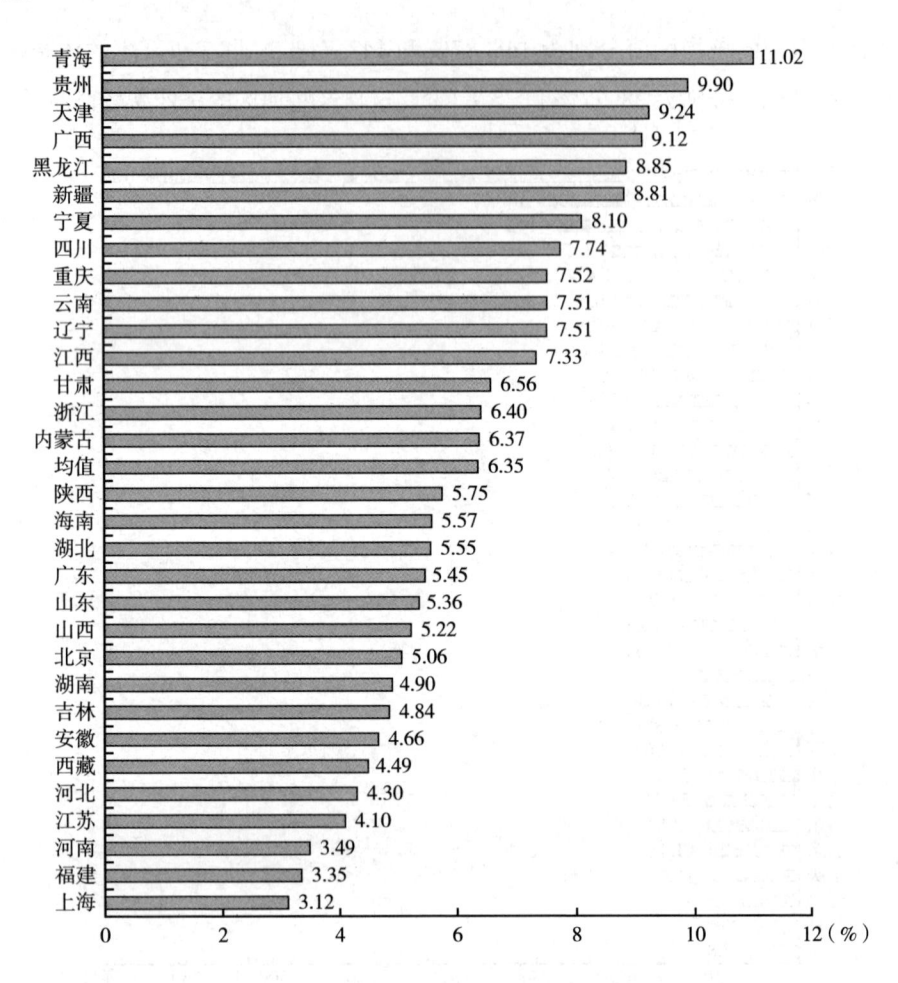

省份	数值
青海	11.02
贵州	9.90
天津	9.24
广西	9.12
黑龙江	8.85
新疆	8.81
宁夏	8.10
四川	7.74
重庆	7.52
云南	7.51
辽宁	7.51
江西	7.33
甘肃	6.56
浙江	6.40
内蒙古	6.37
均值	6.35
陕西	5.75
海南	5.57
湖北	5.55
广东	5.45
山东	5.36
山西	5.22
北京	5.06
湖南	4.90
吉林	4.84
安徽	4.66
西藏	4.49
河北	4.30
江苏	4.10
河南	3.49
福建	3.35
上海	3.12

图 24　2020 年全国 31 个省份城乡居民医疗保险保障水平与均值

三　财政均等方面重要指标的省域比较

（一）医疗城乡均等性

医疗城乡均等性用农村和城市医师数量均等性表示，即农村每千名人口卫生技术人员数量/城市每千名人口卫生技术人员数量。2020 年，高于全国均值（48.82%）的省份有12个，低于全国均值的省份有17个；西藏、天津和吉林的医疗城乡均等性排在前三位，这三个省份的农村每千名人口卫生技术人员数量分别是城市每千名人口卫生技术人员数量的94.54%、84.45%和70.74%，其中，西藏的优势极其明显；河南、山西和辽宁的该指标值分别仅为30.54%、29.47%和28.57%（见图25）。

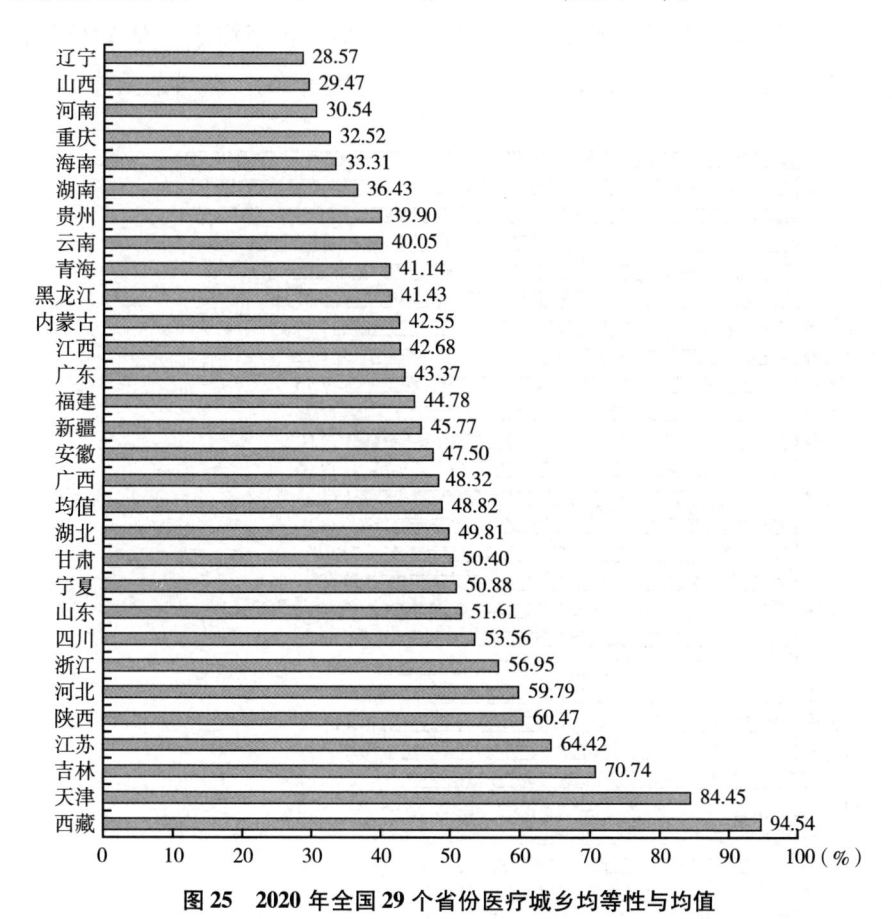

省份	数值
辽宁	28.57
山西	29.47
河南	30.54
重庆	32.52
海南	33.31
湖南	36.43
贵州	39.90
云南	40.05
青海	41.14
黑龙江	41.43
内蒙古	42.55
江西	42.68
广东	43.37
福建	44.78
新疆	45.77
安徽	47.50
广西	48.32
均值	48.82
湖北	49.81
甘肃	50.40
宁夏	50.88
山东	51.61
四川	53.56
浙江	56.95
河北	59.79
陕西	60.47
江苏	64.42
吉林	70.74
天津	84.45
西藏	94.54

图 25　2020年全国29个省份医疗城乡均等性与均值

注：北京、上海的数据缺失。

（二）教育城乡均等性

本报告用教师学历水平均等性与城乡教师数量均等性衡量城乡教育均等

情况。

对于教师学历水平均等性,将教师学历水平定义为不同学历教师的占比,各教育阶段教师学历水平均用本科及以上学历教师占比表示。城乡教师学历水平均等性用农村教师学历水平与城市教师学历水平的比值再乘以100%表示。

对于2020年小学教师学历水平均等性,低于全国均值(73.91%)的省份有17个,高于全国均值的省份有14个(见图26)。江苏、上海、北京

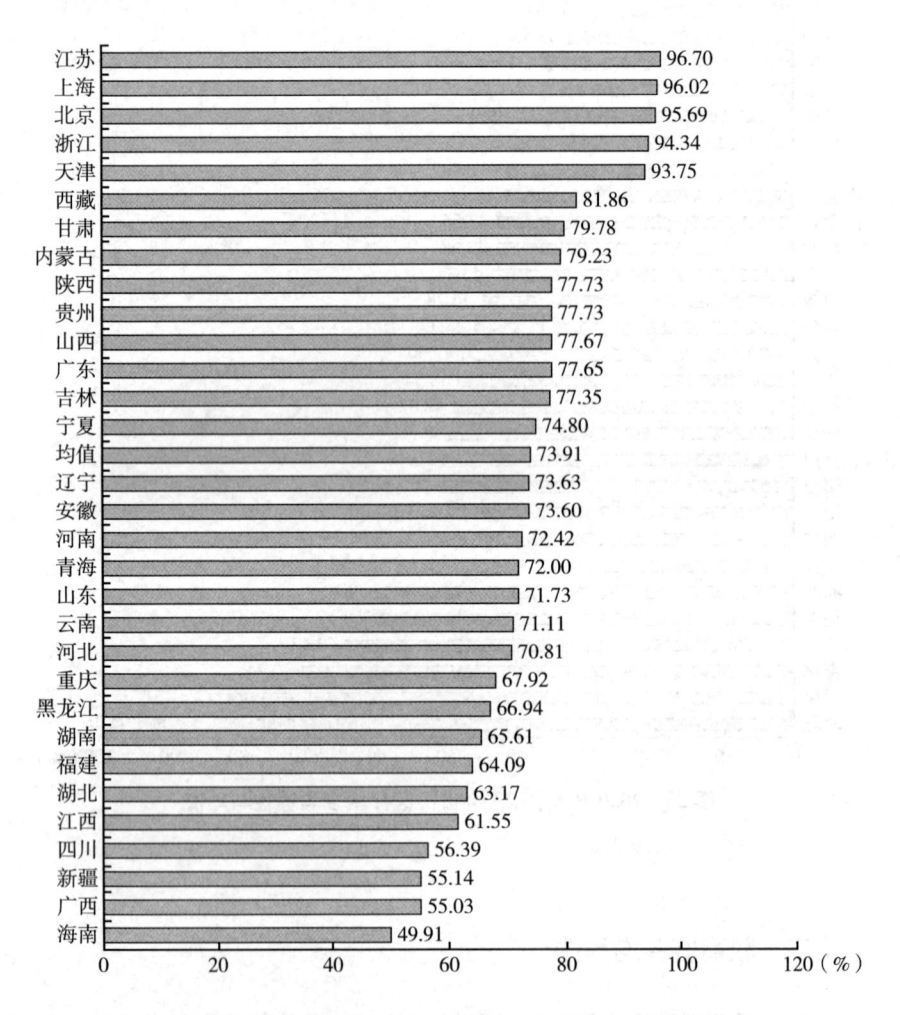

省份	数值
江苏	96.70
上海	96.02
北京	95.69
浙江	94.34
天津	93.75
西藏	81.86
甘肃	79.78
内蒙古	79.23
陕西	77.73
贵州	77.73
山西	77.67
广东	77.65
吉林	77.35
宁夏	74.80
均值	73.91
辽宁	73.63
安徽	73.60
河南	72.42
青海	72.00
山东	71.73
云南	71.11
河北	70.81
重庆	67.92
黑龙江	66.94
湖南	65.61
福建	64.09
湖北	63.17
江西	61.55
四川	56.39
新疆	55.14
广西	55.03
海南	49.91

图26 2020年全国31个省份小学教师学历水平均等性与均值

的小学教师学历水平均等性排在前三位，分别达到96.70%、96.02%和95.69%。这些省份的小学教师学历水平均等性接近100%。排在后三位的新疆、广西和海南的该指标值分别为55.14%、55.03%和49.91%。

对于2020年初中教师学历水平均等性，超过全国均值（91.91%）的省份有18个（见图27）。北京、上海、江苏的初中教师学历水平均等性排在前三位，分别为99.35%、98.89%和98.82%。排在后三位的湖南、新疆和四川的该指标值分别为84.03%、81.63%和79.30%。

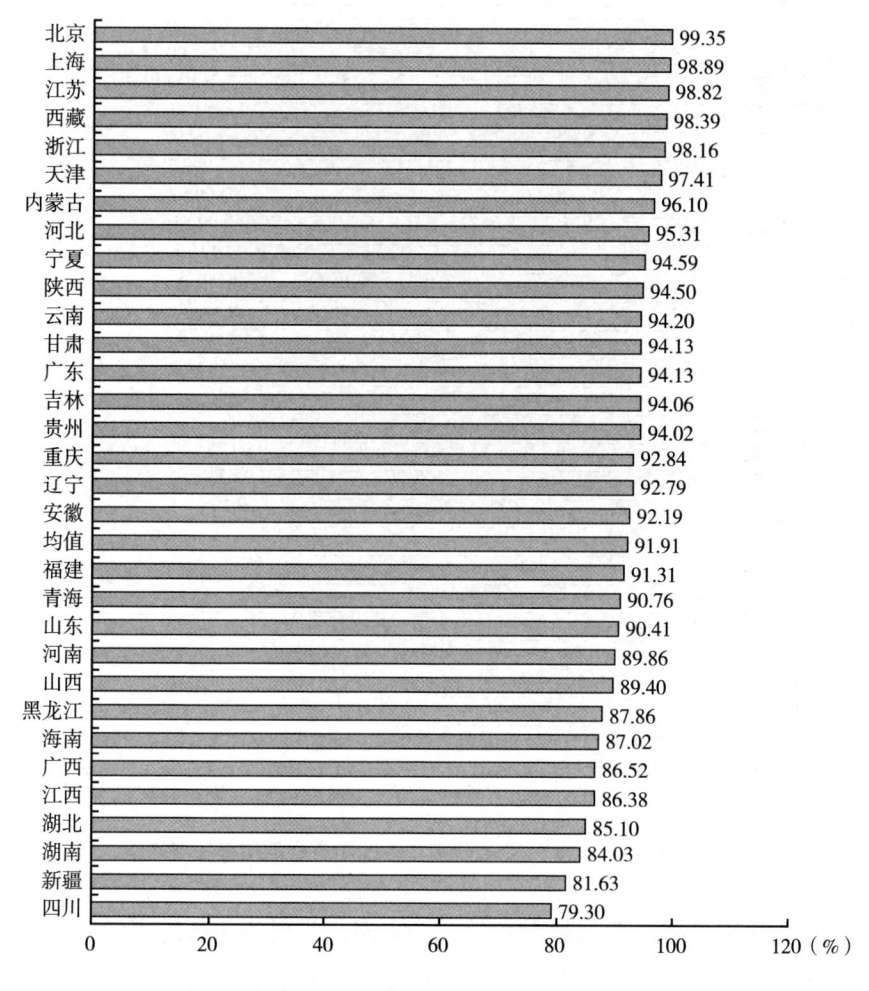

省份	数值
北京	99.35
上海	98.89
江苏	98.82
西藏	98.39
浙江	98.16
天津	97.41
内蒙古	96.10
河北	95.31
宁夏	94.59
陕西	94.50
云南	94.20
甘肃	94.13
广东	94.13
吉林	94.06
贵州	94.02
重庆	92.84
辽宁	92.79
安徽	92.19
均值	91.91
福建	91.31
青海	90.76
山东	90.41
河南	89.86
山西	89.40
黑龙江	87.86
海南	87.02
广西	86.52
江西	86.38
湖北	85.10
湖南	84.03
新疆	81.63
四川	79.30

图27　2020年全国31个省份初中教师学历水平均等性与均值

对于2020年高中教师学历水平均等性，情况出现较大变化，全国均值接近100%（为99.23%）。海南、宁夏和贵州的高中教师学历水平均等性排名前三，分别为100.88%、100.72%和100.32%；排在最后三位的福建、江西和湖北的该指标值都在94%以上（见图28）。

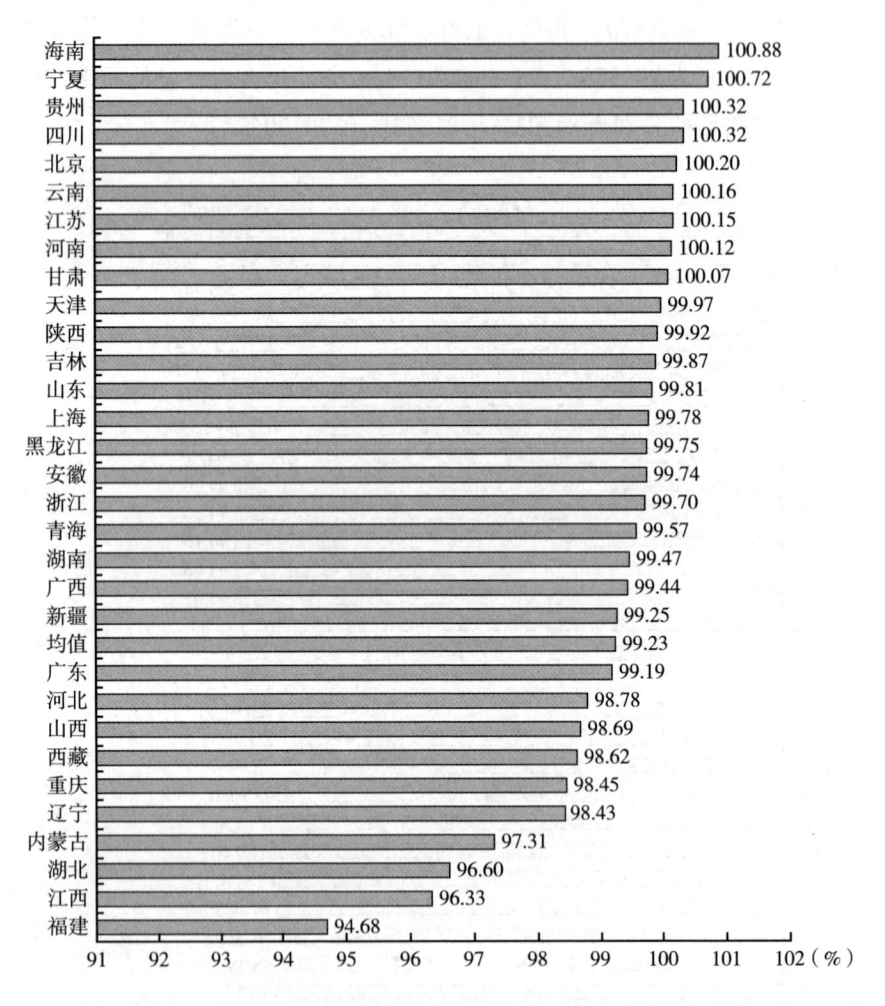

省份	数值
海南	100.88
宁夏	100.72
贵州	100.32
四川	100.32
北京	100.20
云南	100.16
江苏	100.15
河南	100.12
甘肃	100.07
天津	99.97
陕西	99.92
吉林	99.87
山东	99.81
上海	99.78
黑龙江	99.75
安徽	99.74
浙江	99.70
青海	99.57
湖南	99.47
广西	99.44
新疆	99.25
均值	99.23
广东	99.19
河北	98.78
山西	98.69
西藏	98.62
重庆	98.45
辽宁	98.43
内蒙古	97.31
湖北	96.60
江西	96.33
福建	94.68

图28　2020年全国31个省份高中教师学历水平均等性与均值

对于2020年小学教师数量均等性，上海、西藏和江苏的小学教师数量均等性最小，排在后三位（见图29），分别为104.42%、107.06%和

108.31%；排在前三位的吉林、黑龙江和山西的该指标值分别达 256.84%、248.42% 和 227.41%。

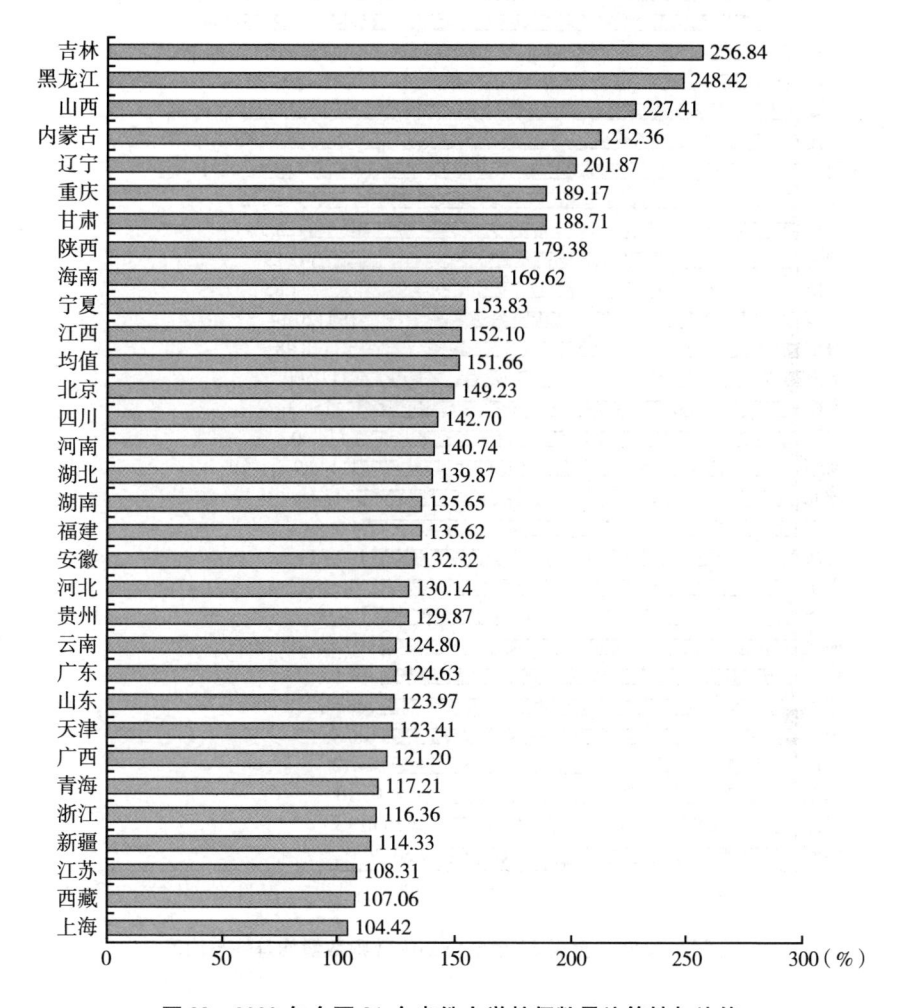

省份	数值
吉林	256.84
黑龙江	248.42
山西	227.41
内蒙古	212.36
辽宁	201.87
重庆	189.17
甘肃	188.71
陕西	179.38
海南	169.62
宁夏	153.83
江西	152.10
均值	151.66
北京	149.23
四川	142.70
河南	140.74
湖北	139.87
湖南	135.65
福建	135.62
安徽	132.32
河北	130.14
贵州	129.87
云南	124.80
广东	124.63
山东	123.97
天津	123.41
广西	121.20
青海	117.21
浙江	116.36
新疆	114.33
江苏	108.31
西藏	107.06
上海	104.42

图 29　2020 年全国 31 个省份小学教师数量均等性与均值

对于 2020 年初中教师数量均等性，高于全国均值（121.85%）的省份有 12 个（见图 30）；陕西、吉林和黑龙江的该指标值排在前三位，分别为 163.55%、157.52% 和 148.29%；排在后三位的西藏、天津和山东的该指标值分别为 89.50%、100.13% 和 103.10%。

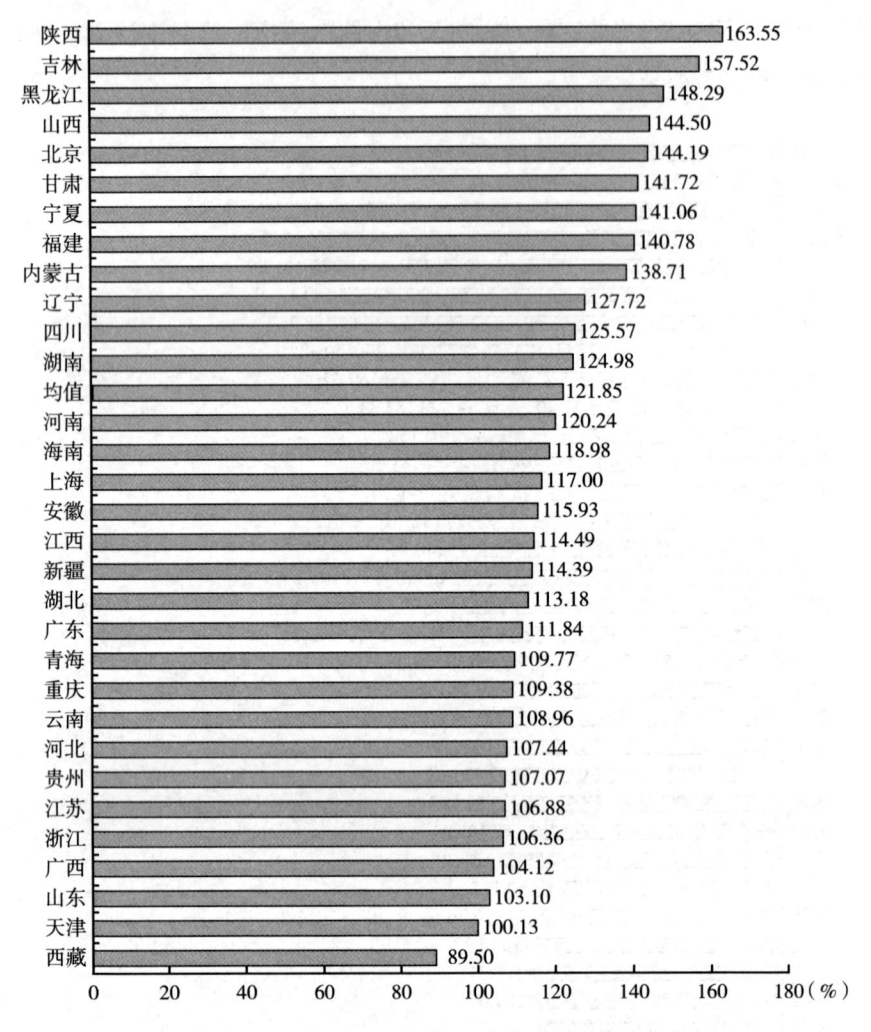

省份	数值
陕西	163.55
吉林	157.52
黑龙江	148.29
山西	144.50
北京	144.19
甘肃	141.72
宁夏	141.06
福建	140.78
内蒙古	138.71
辽宁	127.72
四川	125.57
湖南	124.98
均值	121.85
河南	120.24
海南	118.98
上海	117.00
安徽	115.93
江西	114.49
新疆	114.39
湖北	113.18
广东	111.84
青海	109.77
重庆	109.38
云南	108.96
河北	107.44
贵州	107.07
江苏	106.88
浙江	106.36
广西	104.12
山东	103.10
天津	100.13
西藏	89.50

图30 2020年全国31个省份初中教师数量均等性与均值

对于2020年高中教师数量均等性，高于全国均值（95.69%）的省份有17个（见图31），陕西、北京和福建的高中教师数量均等性排在前三位，分别为117.23%、110.68%和106.34%，排名前10的省份的该指标值都超过100%；排在后三名的重庆、江西和青海的该指标值分别为80.04%、78.80%和67.65%。

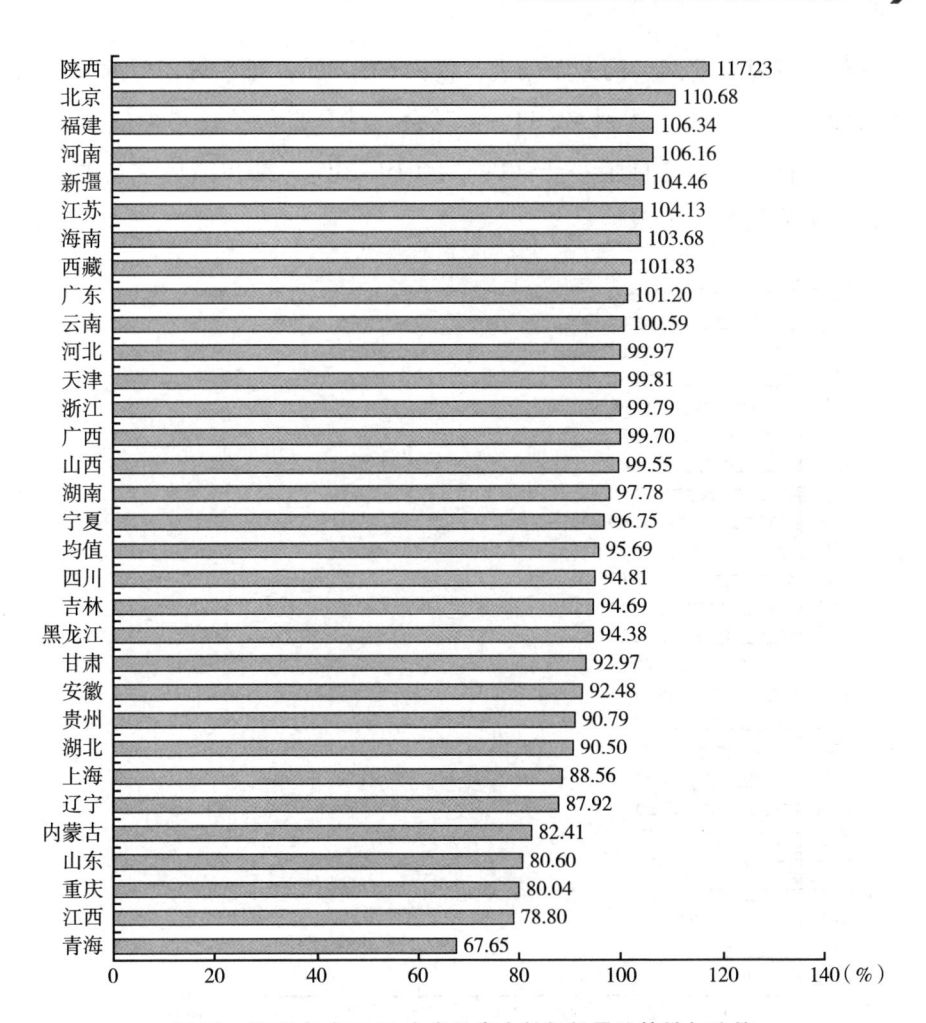

省份	数值
陕西	117.23
北京	110.68
福建	106.34
河南	106.16
新疆	104.46
江苏	104.13
海南	103.68
西藏	101.83
广东	101.20
云南	100.59
河北	99.97
天津	99.81
浙江	99.79
广西	99.70
山西	99.55
湖南	97.78
宁夏	96.75
均值	95.69
四川	94.81
吉林	94.69
黑龙江	94.38
甘肃	92.97
安徽	92.48
贵州	90.79
湖北	90.50
上海	88.56
辽宁	87.92
内蒙古	82.41
山东	80.60
重庆	80.04
江西	78.80
青海	67.65

图 31 2020 年全国 31 个省份高中教师数量均等性与均值

四 财政治理方面重要指标的省域比较

（一）政府存款规模

根据获得的 24 个省份在 2020 年的广义政府存款余额，我们计算得到政府存款规模。可以看到，西藏和北京的政府存款规模排在前两位，都超过了地区生产总值，分别为 155.67% 和 120.89%（见图 32）。排在第三位的青海与前两名的差距较大，仅为63.78%，排在第四位的新疆的该指标值超过40%，达到42.87%，其余大部分省份的该指标值为20%~40%，福建的该指标值小于20%，为19.76%，排在最后一名的吉林的该指标值仅为5.25%。

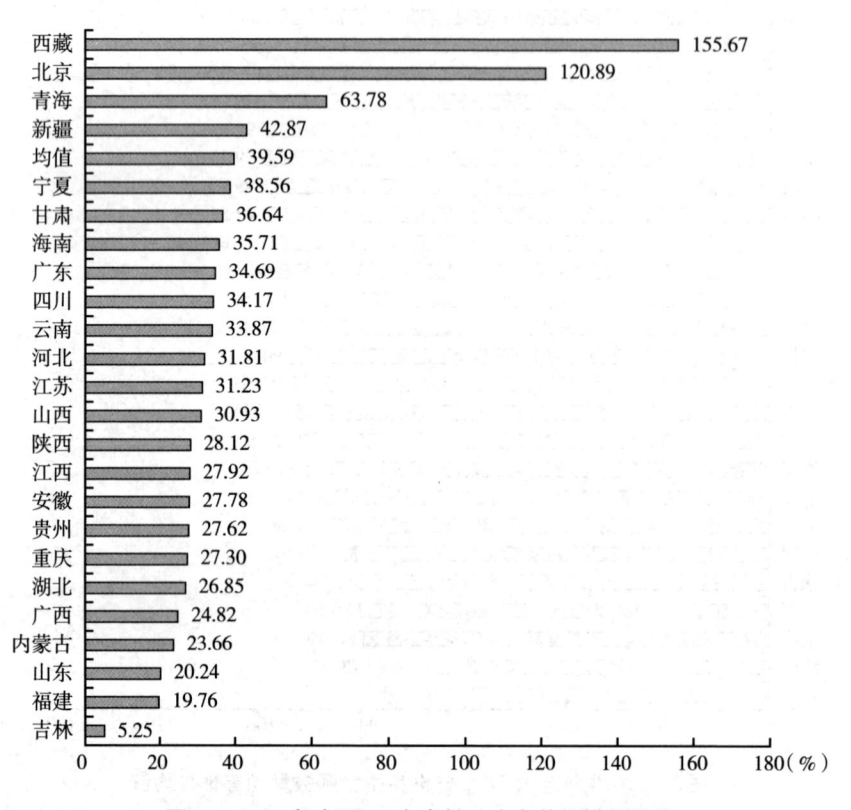

省份	数值
西藏	155.67
北京	120.89
青海	63.78
新疆	42.87
均值	39.59
宁夏	38.56
甘肃	36.64
海南	35.71
广东	34.69
四川	34.17
云南	33.87
河北	31.81
江苏	31.23
山西	30.93
陕西	28.12
江西	27.92
安徽	27.78
贵州	27.62
重庆	27.30
湖北	26.85
广西	24.82
内蒙古	23.66
山东	20.24
福建	19.76
吉林	5.25

图32 2020年全国24个省份政府存款规模与均值

注：由于天津、辽宁、黑龙江、上海、浙江、河南、湖南政府存款余额数据缺失，故图中无这些省份的相关数据。

（二）国库支付能力

2020年，在24个省份的国库支付能力中，北京、江苏和广东的国库支付能力排在前三名（见图33）。其中北京的广义政府存款能够满足超过6年的平均政府财政支出，江苏和广东可以满足超过2年的平均政府财政支出，有18个省份能满足1年以上的平均政府财政支出，可查到数据的6个省份不能满足1年的平均政府财政支出。考虑到虽然广义政府存款包含社保基金、公积金等，但是，实际上，广义政府存款中只有财政性存款可以用于财政支出，政府财政支出不再局限于一般财政支出，因此，这个数据仅具有一定的参考价值。

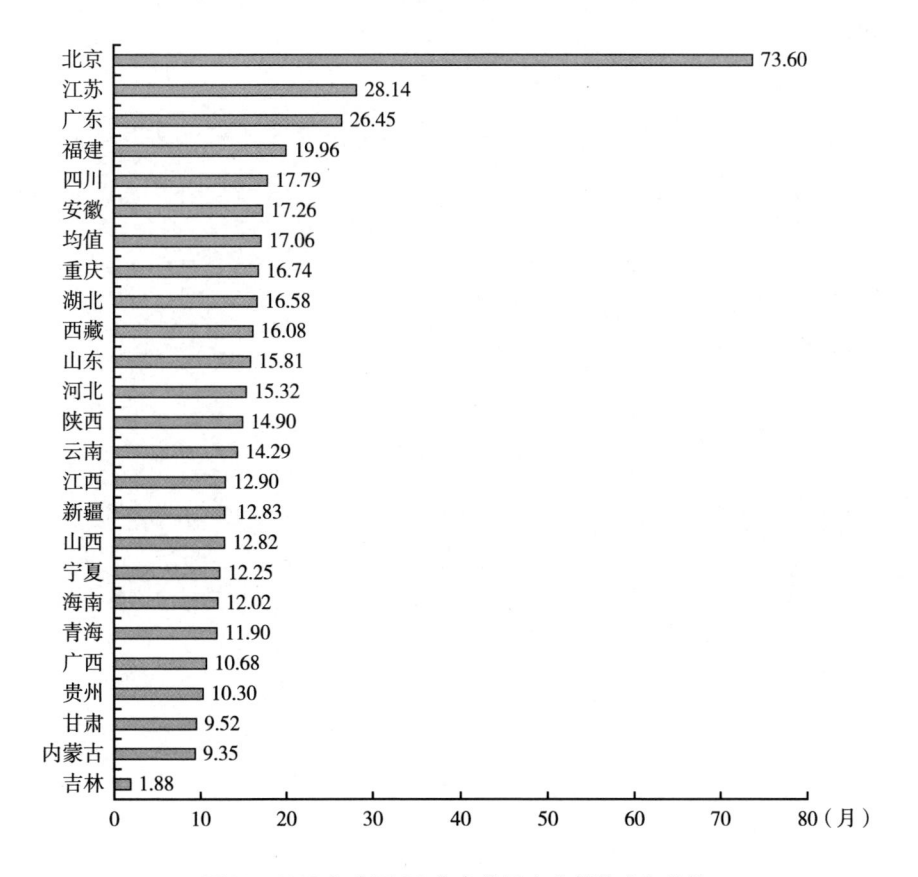

省份	数值（月）
北京	73.60
江苏	28.14
广东	26.45
福建	19.96
四川	17.79
安徽	17.26
均值	17.06
重庆	16.74
湖北	16.58
西藏	16.08
山东	15.81
河北	15.32
陕西	14.90
云南	14.29
江西	12.90
新疆	12.83
山西	12.82
宁夏	12.25
海南	12.02
青海	11.90
广西	10.68
贵州	10.30
甘肃	9.52
内蒙古	9.35
吉林	1.88

图33　2020年全国24个省份国库支付能力与均值

注：由于天津、辽宁、黑龙江、上海、浙江、河南、湖南政府存款余额数据缺失，故图中无这些省份的相关数据。

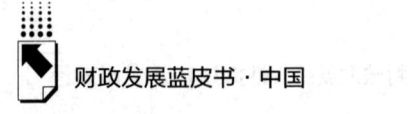

参考文献

裴育:《地方政府债务风险预警模型与相关检验——基于冠新区政府债务风险的分析》,中国财政学会 2010 年年会暨第十八次全国财政理论讨论会,2010,第 559~566 页。

Medina, L., "Assessing Fiscal Risks in Bangladesh", IMF Working Papers, 2015, 15 (110).

专题篇

B.5
中国财政发展面临的挑战、问题和对策

赵国钦 林光彬[*]

摘 要： 在基本完成现代财政制度体系架构以后，中国财政发展站在了改革的十字路口：一方面，改革开放四十多年以来取得了丰硕的成果；另一方面，宏观经济环境、财政治理结构以及包括中美贸易摩擦升级和新冠疫情在内的外生冲击都对未来发展提出了挑战。在公用资源池层面，财政发展面临财政总体收支路径偏差所诱发的财政运营问题、财政资源配置偏差所诱发的财政均等问题以及财政平衡考量偏差所诱发的财政风险问题。这些问题由规模层面生发，逐渐聚焦于结构层面，并最终共同指向代理结构下的财政治理脆弱性。本报告建议财政发展应当在短期通过创新"开源节流"，优化财政运营结构，避免落入"顺周期"陷阱。在长期应当着眼

---

[*] 赵国钦，管理学博士，中央财经大学财经研究院副研究员、北京财经研究基地研究员，研究方向为财政理论和政策、政府治理；林光彬，经济学博士，中央财经大学教授、博士生导师，中国政治经济学研究中心主任，国家社科基金重大项目首席专家，研究方向为政治经济学、财政学理论、国家理论与市场理论、中国经济。

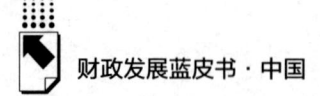

于修正财政治理的脆弱性，明确中国特色现代化财政体系的逻辑，注重培育现代财政治理能力，重点在税收体系、现代预算管理体系、政府间财政体系和债务管理上取得突破。

关键词： 财政治理　财政运营　财政风险　现代财政体系

一　引言

在经历了改革开放四十多年的显著增长和快速发展之后，中国财政取得了一系列举世瞩目的成就：财政发展进程完成了从以生产建设性财政为主到以公共财政为主的跨越，并初步建立了现代财政制度的框架。财政职能由经济领域向国家治理领域延伸（高培勇等，2019），其"国家治理的基础和重要支柱"的战略定位得以确认。从财政收入来看，过去的四十多年里，财政收入平均增长率高于10%；全国财政收入相较于新中国成立之初增长了超过3000倍；税收收入占GDP的比重也从1994年的10.6%提升到了2016年的21%[①]。从财政支出来看，中国基础设施现代化取得了长足进步、达到世界先进水平，超过7亿人摆脱了贫困，对于世界减贫贡献率达到了70%[②]，京沪等大城市居民的收入水平已经可以同经合组织的一些成员国相媲美（Bahl，2019）。

但是，在包括新冠疫情和中美贸易摩擦在内的外生冲击的影响下，中国财政增长的脆弱性似乎正在逐渐暴露：2019年和2020年并未完成全年预算任务，税收增速分别为1%和-2.3%，创造了1969年以来半个世纪的新

---

① 近年来由于减税降费政策的深入推进，这一比例在2020年回落到15.2%。
② 《中国对世界减贫贡献率超过70%》，新华网，2019年9月16日，http://www.xinhuanet.com/mrdx/2020-10/20/c_139453751.htm。

低。2020年，全国一般公共预算收入同比下降3.9%[①]，近年来首次出现负增长。

映射到现实政策中，2019年底中央经济工作会议对于财政政策的表述从"加力提效"改为了"提质增效"。2020年底中央经济工作会议进一步对宏观财政政策提出了"更可持续"的新要求。2019年底全国财政工作会议也突出强调"过紧日子""以收定支""勤俭节约办事业"的思想。2020年底全国财政工作会议更是提出"坚持艰苦奋斗、勤俭节约，把党政机关过紧日子作为长期方针政策"。财政部门领导提出了"财政政策新内涵"，"单纯靠扩大财政支出规模来实施积极的财政政策行不通"，必须"向内挖潜、坚持优化结构、盘活存量、用好增量，提高政策和资金的指向性、精准性和有效性"（刘昆，2020）。这就意味着，财政发展问题在当前被重新推到了改革的关口：相比于以往对于财政收支规模的讨论，财政资源配置结构、财政治理能力及其关联效应应当被更多关注和讨论。以此为背景，本报告尝试识别财政发展的现实挑战，明确定位改革核心命题，并以此为基础提出改革建议。

二 财政发展及当前所面临的挑战

财政作为政治在社会经济领域的直接体现，对其发展的界定同样囿于政治形态的差别。从东西方财政理论发展脉络来看，两者分野于经济模式选择的世纪之争，随着学科研究边界的拓展和融合而逐渐融通，当前对于财政的普遍理解即涵盖公用池视角下资源配置的合宜性，也包括委托代理框架下权力关系的合理性（王雍君、乔燕君，2017）。更进一步，基于现代发展理论对于发展增长、平等和稳定的界定，财政发展目标可以被解构为用以联结增长目标的财政运营、用以联结平等目标的财

[①] 《2020年全国财政收入同比下降3.9%》，新华网，2021年1月28日，http://www.xinhuanet.com/2021-01/28/c_1127036189.htm。

政均等和用以联结可持续目标的财政可持续。不同时代不同国家政府管理模式下，财政运营、财政均等或者财政可持续的目标或许不同，而围绕提高财政治理水平和能力、优化财政资源配置效果则是财政发展的不变主题。以此为逻辑考量中国财政发展现状，诸多问题都能在此谱系中得以定位。

（一）财政收支结构性问题所引致的财政运营挑战

对财政运营所依赖的财政总体收支路径进行解构，当前财政发展所面临的很多看似规模性的问题本质上是结构性问题。

1. 财政收入结构维度

分税制改革以来，对于财政收入的讨论从最初的提高"两个比重"[①] 转向减税降费改革和增加地方政府财政收入自主性，再到当前对于宏观财政平衡压力以及基层财政困难的关注，财政收支运营的目标似乎总是呈现钟摆式轨迹变化。从总体收入结构来看，2019 年中国税收占 GDP 比重约为 15.9%，2020 年这一数据下降到 15.2% 左右[②]，相关数据不及 OECD 国家平均水平的一半，远低于西方发达国家平均水平。按照时下流行的大、中、小三个口径[③]比较的话，中国在小口径上仍然低于 OECD 国家平均水平；在大口径的比较中，中国政府收入占 GDP 的比重高于美国等发达国家水平（见图1）。这样的比较折射出一个重要问题：中国税收收入占政府收入的比重过低。这和"税收国家"的理念相差较远，更和现代财政制度所要求的合理收入结构不相符合。这种政府收入结构直接或者间接诱发了诸多问题。

[①] "两个比重"即提升财政收入占国民收入的比重、提升中央政府收入占财政收入的比重。

[②] 《2020 年我国宏观税负为 15.2% 逐年下降》，新浪财经，2021 年 3 月 11 日，https://finance.sina.com.cn/china/2021-03-11/doc-ikkntiak8220039.shtml。

[③] 本报告对于宏观税负小中大口径的划分方法：小口径下的宏观税收水平为税收收入/GDP × 100%；中口径下的宏观税收水平为（财政总收入 - 社保基金收入）/GDP × 100%；大口径下的宏观税收水平为财政总收入/GDP × 100%。

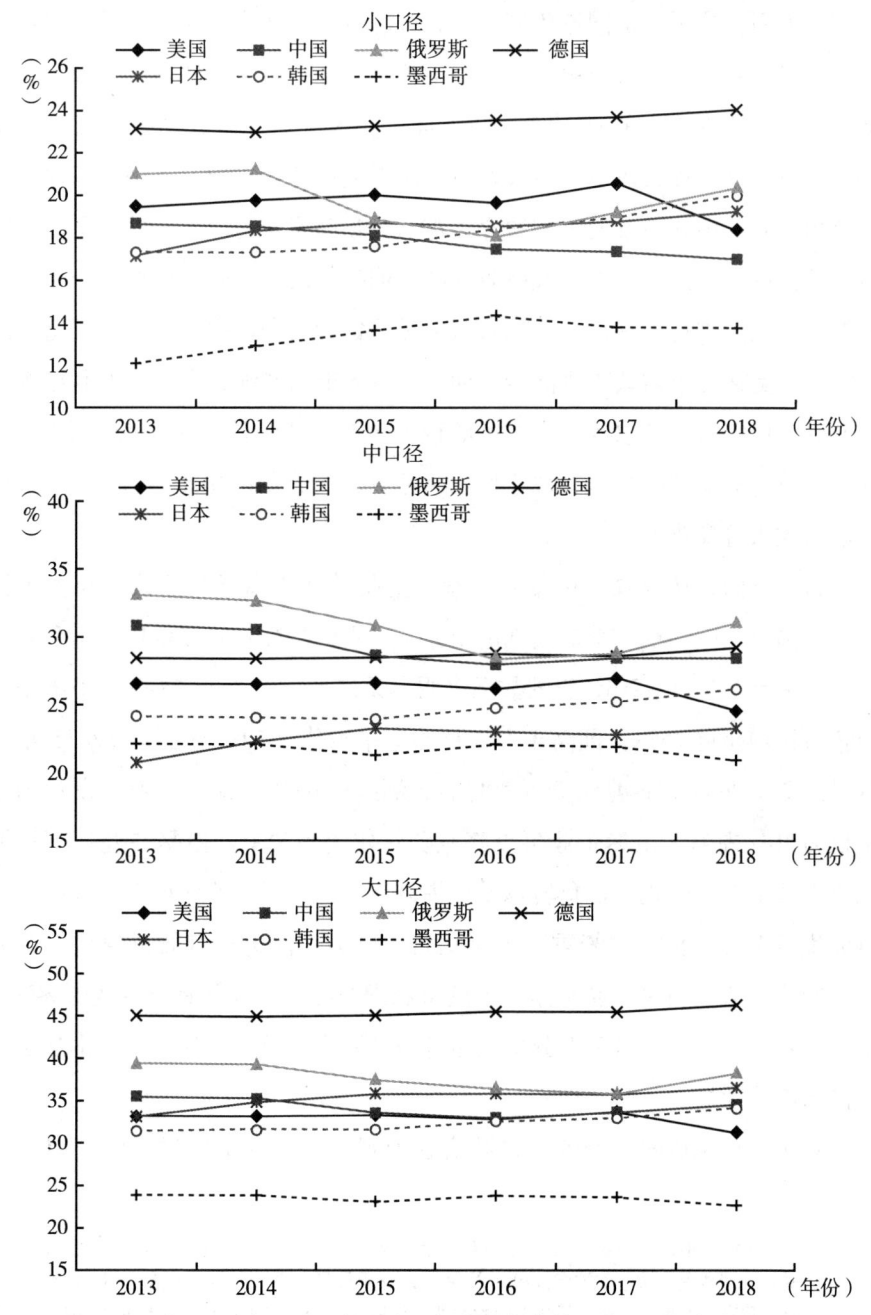

中国财政发展面临的挑战、问题和对策

图1 2013~2018年三种口径下中国与其他代表性国家宏观税负水平对比

资料来源：根据OECD国家数据库相关数据测算。

一方面，从税收赞同论角度来看，政府收入被认为是居民在委托代理框架下享受公共产品和公共服务所支付的价格。在财政共同体思维主导下，民众对于政府获取收入的赞同来自两方面：收入法定和服务绩效。相比于税收，政府性基金和行政事业性收费较为缺乏明确监管框架，其中存在议价甚至寻租空间，由此引发的种种博弈也被认为抬高了交易成本，并对营商环境造成负面影响。同时，如果政府收入缺乏明确的法定基础，那么政府利用民众财政幻觉所进行的规模扩大就有可能被认定为自利性举动。而且，这样的策略或许更适合于财政扩张同步，而一旦进入财政紧缩状态，政府利用提高公共服务供给水平获取居民满意度的行为会因交付水平落差的出现而影响民众对于政府的认同感，这在税收憎恶感相对较强的文化背景下也会反过来增加政府收入筹集难度。

另一方面，从税收结构角度来看，企业税负"痛感"不均。相比于西方发达国家，中国税收结构呈现两个非常重要的特征：间接税比重高和企业负税比例高。2011~2015年的数据表明，无论大、中、小口径[①]，中国企业税负占比均超过75%，远高于OECD国家平均值（50%左右）（2015年数据见图2）。同时，企业税负占利润的比例高达67%，这一数值在发达国家中仅为10%左右。虽然企业可以将税负转嫁给消费者，但是在经济下行期间供求关系发生变化，税负转嫁难度提升直接加剧了企业的痛感。同时，从行业税负来看，相对"笨重"的增值税，因为无法进行有效价值增值判断而不能完全适应弱化交易实体、短链条和网络化交易结构的数字经济模式，这就导致第二产业相对于部分新兴服务业实际税负繁重，强化了资本从实体经济逃离的动机。

对于宏观税负的一个辩护是政府在宏观调控过程中通过大量的财政补

[①] 本报告中，小口径企业税负＝增值税＋营业税＋（进口货物增值税和消费税－出口退税）＋消费税＋城市维护建设税＋关税＋企业所得税。中口径企业税负＝小口径企业税负＋政府专项收入＋涉企行政事业性收费＋政府性基金。在中口径企业税负的基础上，大口径企业税负进一步纳入企业所缴纳的社会保险费，构成企业的各类收入。因此，大口径企业税负＝中口径企业税负＋社会保险费。

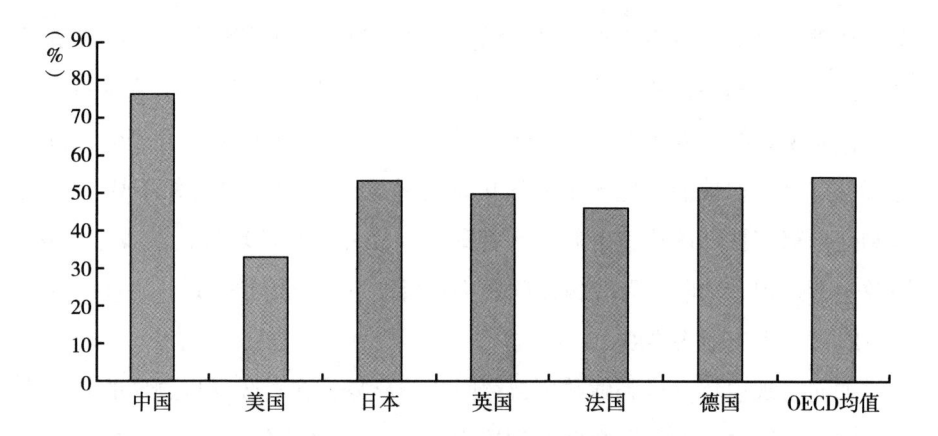

图 2　2015 年小口径企业税负占小口径宏观税负比重对比

注：由于 2011~2015 年相关国家数据均未出现大幅度波动，因此仅展示 2015 年数据。
资料来源：根据 OECD 国家数据库相关数据测算。

贴、类补贴和税式支出"反哺"企业和居民。但是如果从竞争领域的统计数据来看，不同行业和不同所有权性质的企业所获得的支持水平并不一致。从 2018 年上市公司公布的财务数据可以发现，金融、钢铁和有色金属这些国有经济占比较高的行业获得的补贴额度处于领跑地位。但是如果进一步考察所获补贴额和企业利润的关系，恰恰是金融、钢铁等行业补贴依赖度低。税式支出也有同样的问题，民营中小微企业缺乏必要的纳税筹划能力，甚至还可能存在重复缴税的情况，这也加剧了不同主体类型企业的税负痛感差异。

除此以外，地方政府预算编制的"顺周期"假设以及由此带来的预算软约束问题减少了财政收入结构的合理性因素。经济下行压力增大背景下，一些地方政府仍然过高估计财政收入弹性，并通过频繁的预算调整来实现预算平衡。从统计数据来看，近年来中央政府推动大规模的减税降费计划，但是一些东部和西部城市地方政府财务报表显示，政府财政支出并未相应减少，反而弹性还得以保持，政府赤字亦未大幅增加。其现实逻辑在于减税降费所生成的账面上的"赤字"在实际上被政府专项债务以及与此相关联的土地出让金收入消化。从一些代表性城市的财政收支数据来看，减税降费政策持续推广以来,政府主要税收构成中的所得税和增值税收入弹性有所下降,但是土地相关税收飙升,其结果是政府一般公共预算收入保持一定增速,但是税收结构发生变化,总体宏观税负水平并未发生实质性变化,只是这部分财政负担被悄悄地向下游居民部门转移。在中央"房住不炒"的红线和住户部门杠杆率快速上升的大背景下,杠杆转移的环境已经发生分化,财政运营过程中的收入路径偏差问题将有可能进一步传导至财政平衡问题。

2. 财政支出结构维度

如同宏观税负高低和财政可持续问题的反复,在财政支出领域的诸多关于规模的争论也未能将财政资源配置引入正确导向。在宏观财政政策层面,关于宏观财政政策是不是足够"积极",以及应当更加"积极"的系列问题是在经济下行背景下被广泛关注的议题。然而,从统计数据来看,二十多年以来,政府财政支出增速高于财政收入增速,同时高于GDP增速,并由此带来严峻的公共债务融资规模膨胀问题。从这个角度来看,财政政策不可谓不积极。但是在缺乏一套完整的财政支出管理框架的背景下,盲目扩张财政支出规模所诱发的问题可能比政策问题所要解决的问题还要复杂和棘手。一方面,财政扩张带来经济增长的隐含逻辑并不牢靠,其例证在于世界上绝大多数国家的扩张性财政政策似乎并未引导经济发展走出泥潭;另一方面,财政扩张中的资源错配或者目标错配可能诱发新一轮的经济结构性问题。如果从国际经贸竞争的逻辑来看,宏观经济的规模效应固然重要,但是宏观经济的生产效率以及微观主体在全球价值链中的地位却是决定竞争力高低的关键。以此为基础,打通财政政策和微观主体需求间的通道相较于扩大积极财政政策规模更有价值。

在中观财政支出层面,财政支出的结构性问题隐忧依然存在。实践中,在公共财政理论体系所确认的政府职能体系下,民生性支出成为评价和衡量政府职能转变的重要指标。但是,现行财政支出分类的管理并不能有效支持民生支出的测度和绩效信息收集,由此造成的问题是部分支出的结构性浪费。一方面,在经济下行期间,政府进行民生性支出结构性调整的空间十分有限,其原因在于泛福利化趋势日益明显,政府"高承诺"有将民生支出滑向"福利提升刚性"的隐忧。另一方面，在一些非竞争领域的民生支出项目同样存在资源错配的现象。在公共交通、市政服务等领域，承担公共服务供给职责的企业往往利用信息不对称对于经营性亏损和基于公共服务公益性质的政策性亏损进行交叉重叠计算，导致财政补贴资金被"牵着鼻子走"。而当前解决财政资源错配问题所依赖的绩效评价由于很难屏蔽"绩效噪声"，也使得财政资金配置的主动性和能动性问题被掩盖，造成支出结构的固化。

在微观财政支出层面，财政支出重建设轻运营、重硬件轻软件的问题并未得到根本解决。其部分原因在于现行预算筹划所使用的"基本支出和项目支出"话语体系既和国际公认的经常性支出和资本性支出不衔接，亦和实际财政活动不匹配。一个典型的例证在于部分民生性基础设施，项目建设预算编制和项目运营维护预算编制被分离到两个不同的系统，项目运营维护预算难以覆盖项目全周期，而预算调整等一系列原因所造成的项目全周期运营维护缺失则直接造成基础设施变为了政府"负资产"，直接影响财政资金效率和公共服务交付水平。

（二）财政资源配置偏差所引致的财政均等问题

在财政均等维度，Bird 和 Tarasov（2004）从纵向和横向拓展了对于财政均等的讨论基础，沿用这一框架解构中国当前财政资源配置则能发掘新角度。

1. 纵向均等化体制维度

在纵向均等方面，现有国内外研究已有大量关注，部分研究的倡议也得到财政体制改革的回应。中央从2016年开始推动事权和支出责任划分以来，已经陆续制定了包括医疗和教育在内的九大领域的中央和地方事权和支出责任划分方案，相应地，增值税、消费税收入分享改革也在陆续推进当中。

但是在中国五级政府体制下，省级以下政府财政纵向均等问题只获得有限的关注。从研究者角度来看，各省份差异巨大，数据完整性和可及性较差。从政策制定者角度来看，中国政治集权和经济分权的特征为各省份安排省级以下财政体制预留了自主性空间。然而，财政资源的纵向监督机制和逐级分配过程注定了在链条最后端的政府单元承担的公务服务责任与其财力不相匹配。最近，广受关注的基层政府财政困难和中央直达基层的特殊转移支付在新冠疫情影响下被"放大"。

对于基层财政尤其是县级财政困难的诸多解释原因包括政府层级过多（贾康、白景明，2002）、事权缺乏法律界定、地方财政分权（贾俊雪等，2011）等。但是其核心在于自2004年启动的财政省直管县和行政省直管县的脱节：当前启动的改革尝试以财政体制优化为出发点提升县级政府财政能力和自主性，通过压缩政府层级以扁平化结构应对成本扩张压力。但是由于行政改革未能同步进行而滞后于实践诉求，县级政府在行政安排上服从于地级市，在财政安排上服从于省级政府，在这样的"双头领导"结构下推动"扩权强县"改革的结果只能是加剧县财政的困难程度。从现实中看，地方政府一方面要应对刚性支出压力，另一方面要落实乡村振兴、发展县域经济等诸多任务，其操作还要满足"防范系统性风险"的要求，严防严控隐性债务风险。有学者认为，包括省直管在内的跨级财政管理体制涉及政府层级匹配和行政管理权分割现实，某种程度上也是平衡政府有限能力和政府层级间信息传递质量衰减两难矛盾的次优选择（王振宇等，2020），实质上更多地反映了行政体制改革和财政体制改革的失调。

这样的纵向财政均等偏差还体现在关于县域财政纵向管理归属的两种路径对抗上。除了省直管县，撤县设区也是治理尺度重组的一个手段。从地级市的角度来看，省直管县的改革削弱了市级政府的资源统筹能力[①]，并限制了城市发展空间。由此，省直管县和撤县设区就成为省、市两级政府的政策路径冲突。2011~2016年，68座城市的78个"撤县设区"案例中，在15座省会城市中，有10座城市将自己财政实力最强的县变成了区；在非省会的53座城市中，只有13座城市采取了这样的做法

[①] 省直管的县不再和地级市进行税收分享。

(Lu，Tsai，2019)。这种力量不对等的垂直竞争也从侧面反映出在缺乏明确稳定的纵向收入安排的情形下，纵向财政不均衡和区域发展不平衡相互交织影响。

2. 横向均等化体制维度

从横向来看，区域间财政差异以及由此诱发的空间发展不均衡问题长久以来都是理论研究和实践政策关注的重要命题。关于转移支付和均等化影响的讨论也是现有研究关注最多的领域。如果结合财政部所公布的依据"三保"支出占比所测算的财政困难系数[①]来看，财政困难系数和人均一般公共预算支出倒挂的现象非常明显：财政困难系数较高的省份人均一般公共预算支出水平反而相对较高。如果引入大口径的省际财政恩格尔系数[②]指标则可以发现：财政恩格尔系数和经济发展几乎没有相关性（2019年31个省份财政恩格尔系数见图3）。对于这样的现象，一个直观的解释在于转移支付体系当中，除了均衡性支付以外，限定目的的一般性转移支付和专项转移支付可能存在某种对于"均等化"的一定程度的过度扭曲。这其中固然可能存在公共服务投入流量和存量，以及财政投入渠道的讨论，但是这样的资源配置和按照常住人口安排财政资源的理念有背离。Wong（2019）以基础教育为例提出同样的观点，即在教育投资的可持续性和回应性的目标下围绕资源配置战略导向改革现有转移支付体系。

除了税收返还和转移支付以外，中国特色财政分权和税制结构下税基合理归属对于财政能力均等化的影响未被充分讨论，导致目前意图推动辖区间财政能力均等化的尝试都因缺乏稳固的税基分配基础而有失公平性不足。从我国经验来看，以增值税为代表的间接税所坚持的生产地原则在事实上形成了产业链条上游和下游的税基分配不公；以企业所得税为代表的直接税由于税收的"总部注册地"机制等原因造成了大规模税基错位，这直接在初次

[①] 测算方法和结果见《财政部 住房和城乡建设部关于下达2019年中央财政城镇保障性安居工程专项资金预算的通知》（财综〔2019〕14号）。
[②] 大口径财政恩格尔系数的计算公式：（教育支出＋医疗支出＋社保支出＋一般公共服务支出＋公共安全支出＋债务还本付息支出）/一般公共预算支出。

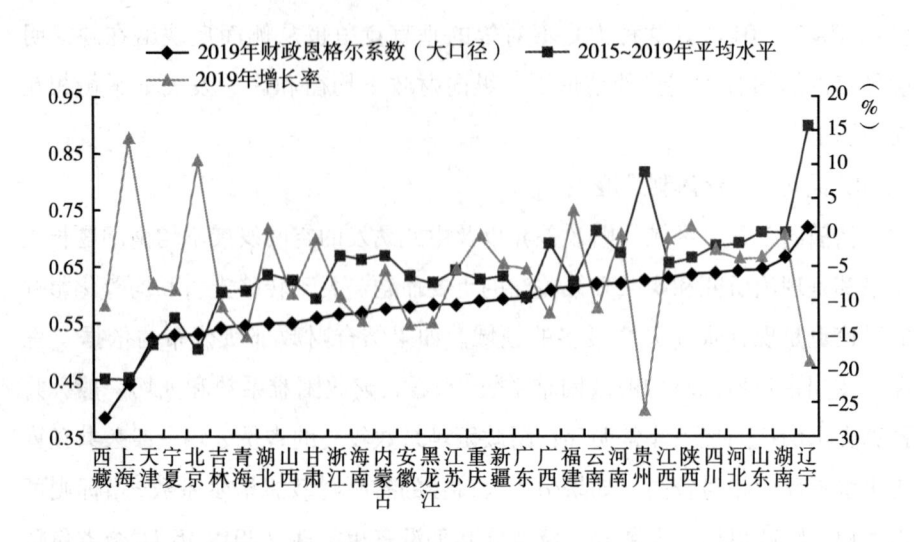

图 3　2019 年 31 个省份财政恩格尔系数、2015～2019 年平均水平与 2019 年增长率

资料来源：根据相关省份财政数据测算。

分配形成了对于财政能力均等化的扭曲。

一方面，当前中国意图实现财政能力均等化的实践中所推行的"收支划分"以及"事权和支出责任相适应"的改革，因为初次分配中税基归属问题而使得财政能力建设所面临的状况苦乐不均。这在实践中表现为欠发达区域政府高度依赖转移支付，"造血"机制不足。同时，转移支付的"粘蝇纸效应"也会推动区域间财政关系的固化，降低财政资金宏观配置效率。另一方面，以转移支付为主导工具的财政能力均等化建设，重点关注了满足公共服务均等化要求的支出，从行动格局上忽视了地方政府的财政能力、财政责任和财政自立稳固铁三角架构，忽略了地方政府的主体性和能动性。值得指出的是，以数字经济为代表的新兴经济模式因为价值创造计量和捕获困难，在现有税基合理划分和分配欠考量的基础上易引致更大范围的横向财政均等化的马太效应。

横向财政均等化的困局还体现在城市群内部的差异上。在地域重组的过程中，要素分工进入新阶段，资本、技术和人才等要素争相集聚到城市群，并推动城市成为国家提升要素集聚水平和抢占发展制高点的平台。但是中国目前核心城市群体系内部财政差异巨大，在缺乏必要调节工具时，地方政府间财政支出基尼系数高于省际水平。同时，城市群内地方政府基于产业转移的税基和税收分享等财政互动和合作的空间非常有限。财政合作关联网络也同样影响到区域经济协同网络，进而影响到城市群的整体竞争力水平。

财政均等问题背后的逻辑在于层级关系"控制导向"的逐级渗透，而未来中国独具特色的财政分权体系优化和完善，需要汲取中国智慧，得到财政资源配置方案的支持。

（三）财政平衡考量偏差所引致的财政风险隐忧

相对于财政运营和财政均等的挑战，财政平衡方面长期和短期财政收支缺口更为显性化。相比于感知财政平衡风险，测度和评估财政平衡挑战更具难度。

1. 长期财政平衡压力

从宏观经济环境来看，在经济周期性调整过程中，经济新常态模式改变了以往粗放式增长的逻辑，政府将增加私人投资和提高生产率作为经济再平衡和实现长期可持续增长目标的关键，并且在行政领域广泛地推动简政放权，在财政领域推行大规模的减税降费以期达到刺激经济和扩大税基的目的。然而，经济增长率放缓依然会非常明显地限制用于满足回应性支出所需的财政盈余。在政府收入弹性不断下滑之时，居民的公共服务需求却在日益膨胀：城市老龄化人口比重不断攀升，进一步增加了公共产品和公共服务交付需求；大量原本在政府财政明确保障范围之外的公共服务，譬如学前教育，也被潜在地纳入政府支出范围；在基础设施领域，虽然经过多年快速发展，中国存量基础设施规模已经超过100万亿元，但是总体水平仅为发达国家三成左右，未来伴随城市化向纵深推进，基础设施需求增长仍然十分强烈。

关于财政收入能力提升放缓和财政支出需求增长加速的对比关系对长期财政风险的影响，本报告进行如下讨论。借鉴 Cottarelli（2011）所提出的概念框架，从风险展期的角度评估中国财政发展风险，在将政府隐性债务和或有负债纳入考量框架的基础上，联结基础设施融资的土地出让收入和联结人口老龄化的社保收入将成为长期风险累积的重要因素。前者所关联的两个关联指标——居民部门杠杆率和城镇化率提升空间——都在近年来被快速压缩；而后者则强烈依赖一些长期预测模型参数改革，譬如通过延迟退休、提高保费缴纳水平等以弥合长期收支缺口。

从数据来看，在中期财政赤字①方面，2017~2018年大口径下中国的表现仅低于美国，远高于其他样本国家，而从中口径来看，中国中期财政赤字仍然呈现上升态势（见图4）。在可以预见的时间内，中国中期财政收支缺口还将被逐渐放大。

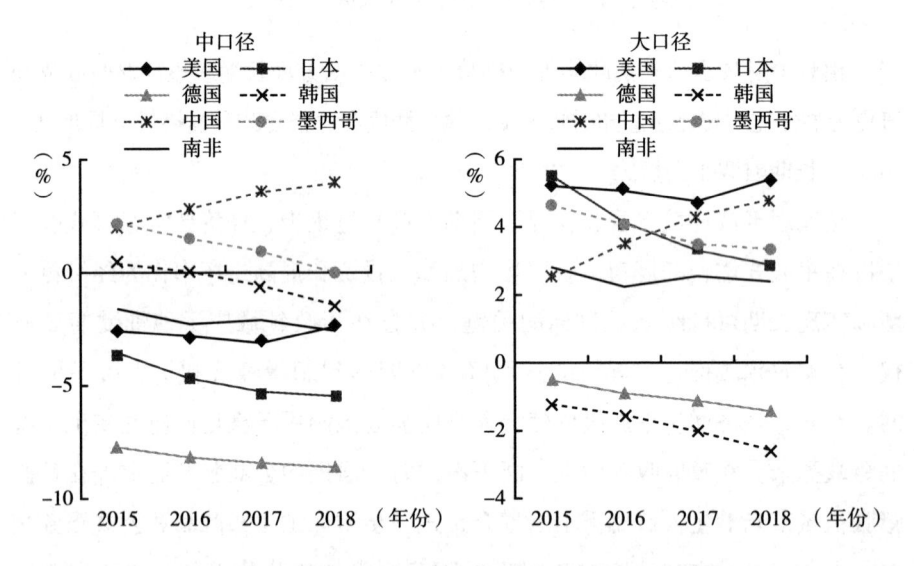

图4 2015~2018年两种口径下部分国家中期财政赤字

资料来源：根据OECD国家数据库相关数据测算。

---

① 中期财政赤字＝近三年财政赤字率的平均值。大、中口径下的中期财政赤字分别为近三年大、中口径下的财政赤字率的平均值。大口径下的财政赤字率＝（财政总支出－财政总收入）/GDP×100%。中口径下的财政赤字率＝（中口径的财政支出－中口径的财政收入）/GDP×100%＝[（财政总支出－社保津贴支出）－（财政总收入－社保缴费收入）]/GDP×100%。

2. 短期财政平衡压力

除了趋势性因素以外，外生冲击和短期政策因素推动"财政可持续"成为短时间内财政发展的关键。一方面，新冠疫情的后续影响叠加国际环境日益复杂和国内经济下行压力增大，导致宏观政策作用空间有限。疫情造成中国产业供应链在供需两侧同时承压，广大中小微企业业务空间被压缩，这在一定程度上抵消了中央政府扩大税基的努力。另一方面，相比于疫情的短期冲击，中美贸易摩擦以及可能诱发的中美对抗、逆全球化甚至是"去中国化"的全球化将对中国财政发展产生长期的、系统性冲击。随着中美贸易摩擦对于投资、技术转移、人员交流等领域的影响效应逐渐显现，其对中国经济社会平稳运行和发展的影响也将有可能向纵深传导进而影响财政可持续。

在对财政可持续性和财政风险进行评价和度量时，常用的指标包括赤字率、偿债率和负债率等。但是这些指标对于中国财政可持续性的指示性并不明显：一方面，赤字率这样的流量指标无法真实反映政府财政活动全景，其原因在于大量的准财政活动被置于标准之外，同时中国当前也缺乏对于赤字含义和用途的清晰准确界定；另一方面，偿债率等指标未能体现政府的隐性债务水平。从存量角度评估财政平衡压力，当前权责发生制会计准则和现收现付制财务报告存在冲突；迟迟未能公布公共部门财务报表、政府资产的计量和分类以及代际会计制度的欠缺都可能导致政府和研究者对于财政平衡能力的评估失准。如果引用基本赤字度量方法，则可以发现中国无论是大口径还是中口径的赤字水平[①]都相对较高（见图5）。可见，除了估算赤字外，如何准确地基于中国实际发展情况界定赤字同样关键。

[①] 大口径下的基本财政赤字率 =（财政总支出 − 财政总收入 − 利息支出）/GDP × 100%。中口径下的基本财政赤字率 =（扣除社保津贴支出的财政支出 − 扣除社保缴费收入的财政收入 − 利息支出）/GDP × 100%。

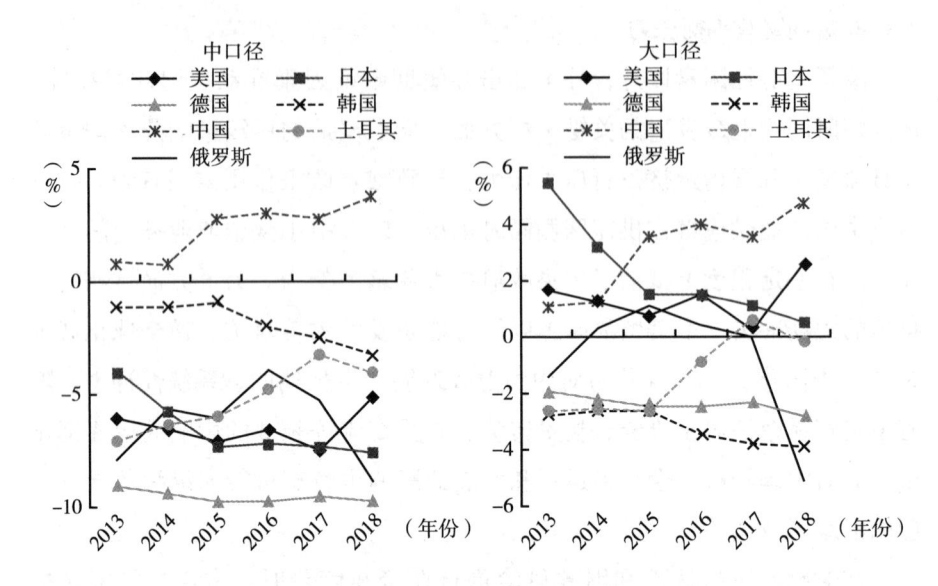

图 5 2013~2018 年部分国家基本财政赤字

资料来源：根据 OECD 国家数据库相关数据测算。

三 中国财政发展的核心命题

综合来看，如果按照增长、平等和稳定来解构中国当前财政情况可以发现，在公用资源池框架下，财政发展既有长期财政平衡风险"远虑"，也有当前财政收支资源错配以及由其引发的财政运营和财政均等问题"近忧"。而这些问题和挑战的共同指向在于修正财政治理的脆弱性风险。

（一）财政治理定位：从理念到实践

财政被确认为"国家治理的基础和重要支柱"之后，财政发展定位被提升到新的高度，财政领域的一系列改革也重塑或强化了财政治理在国家治理体系中的功能和定位。但是需要正视的是，在财政治理过程当中，财政发展指导理论的缺失、财政过程和行政过程的相对割裂以及由此产生的路径依赖问题依旧比较明显，这些问题也是未来重塑财政治理定位的关键。

从财政发展的指导理论来看，改革开放以来，中国财政学研究的高速发展几乎建构在对于西方学说的全盘引进之上，无论是生产建设型财政还是公共财政的转型都更倾向于关注财政支出对于政府阶段性发展目标的回应性上，即公共支出的价值只有通过对发展目标做出贡献才能得以证明。这样的理论定位忽视了中西方政府组织职能的巨大差异。首先在政府组织体系上，不同于西方国家对于结构和过程的关注，中国政府尤其是地方政府在提升政府治理绩效上有极大的内在驱动力。其次，从治理工具上来看，具有中国特色的国有企业制度以及独特的政府和市场关系等都具有经济社会治理绩效目标下的合理性考量，而这些内容现有西方理论不能很好地诠释。最后，在政府间关系制度观念上，中国的中央集权和财政分权的协调与匹配有宏观制度环境下的合理性，由此产生的包容性财政体系（吕炜、王伟同，2021；吕炜、靳继东，2021）被认为是理解中国经济增长奇迹的关键。

指导理论缺失直接诱发了财政发展中的诸多现实问题。譬如，财政运营层面部分地方政府片面追求民生性支出占比所导致的结构性浪费以及政府调控能力的约束；财政均等层面横向均等化过程中的扭曲效应；财政稳定层面关于政府规模争议中的宏观税负高低和财政可持续的反复以及当前财政赤字货币化的争论等。因此，未来真正推动财政治理定位从理念走向实践的首要命题在于推动建构符合中国实践的财政发展系统化理论。

从财政运转的实际来看，财政资源配置的部门之间以及区域之间的隔阂也弱化了财政运转和公共政策目标之间的连接。在现有财政部门和支出部门的关系上，缺少"政策—规划—项目—资金"的清晰链条以及重大项目预算编制和基本预算编制的协同都使得财政部门被矮化为"出纳"部门的风险并没有被完全消除，由此引发了财政资源配置战略性和主动性不足问题依旧比较突出。同时，部门间隔阂也使得在安排支出时，财政资金统筹难度增大，在收入下行时对于重点支出项目的保障被弱化。在募集财政收入时，支出部门对于支出项目的可持续效应尤其是财政回报效应有限，影响长期财政运转。例如，部分地方政府在进行招商引资等经济性支出筹划时对于项目税收回报缺乏筹划，导致财政支持强度高而回报强度低。

在政府间关系上，当前经济区和行政区的边界重合也诱发了现有财税体制下政府将财政成本外部化而将财政收益内部化这样"以邻为壑"的财政活动模式，这直接影响了要素的合理流动和区域协调发展。未来，通过改革公共支出管理体系，突破部门隔阂和区域及层级藩篱，建立从预算到政策的关联，厘清财政政策在区域层面的作用机制和作用空间亦是推动财政治理定位从理念走向实际的关键。

（二）现代财政制度：从框架到体系

如果从财政发展和改革的路径来看，中国财税体制改革持续多年，但是在很长一段时间内并未能形成完整的体系。在党的十八届三中全会以后，随着财政发展定位的确立，财政从经济范畴向治理范畴跃迁的过程当中，现代财政制度的理念由此生发。2014年后，现代预算体系构建、税制完善和央地关系理顺被作为三条主线，按照时任财政部部长的设想，到2020年应当初步建立现代财政制度的框架（楼继伟，2014）。《预算法》修订案、事权和支出责任划分、中期财政支出框架、权责发生制会计准则、财政支出绩效管理、地方政府债券等一系列治理工具已经被引入财政治理实践。这意味着，在未来一段时间内，现代财政制度将完成从框架到体系的蜕变，改革亦将步入"深水区"，能否充分发挥现代财政治理工具的效能，并平衡和协调不同模块之间的关系将成为下一个阶段财政发展的又一核心命题。

一方面，从现代财政治理工具来看，新引进的治理理念和工具还有围绕中国实践进行探索和完善的空间。以现代预算制度为例，当前实践中核心预算机构缺失、预算碎片化的问题并未得到根本解决（闫坤，2019）。同时，部分改革所引入的配套改革依然停留在实践操作的初始阶段：权责发生制会计制度和现收现付制年度预算报告存在冲突，缺乏充足信息手段和成本效应评估技术支持的预算绩效评价使得预算绩效管理发挥实效的空间被挤压，合规导向的预算绩效管理和成果导向的绩效评价间存在协调和平衡困难，对于支出规划缺乏充足预见性的中期财政制度框架，以及缺乏国有企业信息有效整合的政府财务报告公开制度，等等。

另一方面，从现代财政制度体系架构来看，现代税收制度、现代预算制度和现代政府间财政关系是整个体系的基石。而不同制度板块之间的协调和配合也将贯穿各项财政改革之中。譬如在纵向财政体制改革当中，改革核心立足于破解"行政性分权"所诱发的控制导向问题，省直管县财政体制改革的历程已经表明"授人以鱼不如授人以渔"（刘勇政等，2019），激发地方政府财政责任的核心在于一定程度上的收入自主性确立，这也有利于发掘地方政府通过有序经济增长竞争高效配置资源潜能。因此，在现代税收制度板块下，应当以提高地方政府可预见和可控制的收入比重为逻辑改革地方税体系，在横向关系中引入"税基分享"的理念。同时，在现代政府间财政关系板块下基于地方政府财政收入能力而非财政收入表现系统性地改造均衡性转移支付体系，从而真正惩罚较低的税收努力，避免纵向拨款的扭曲效应。将现代财政制度体系下新的治理理念真正转化为实践中的治理工具，并动态协调不同制度板块的关系也将为财政治理定位提供有效支撑。

（三）财政治理能力：从传统到现代

如果说财政治理定位明确了财政发展的职能，而现代财政制度体系确定了财政发展的方向，那么财政治理能力则是实现财政发展职能和完善财政发展体系的基础。推动财政治理水平和能力从传统走向现代，既是完善现代财政制度的迫切需求，也是对数字时代的政府治理体系重塑，以及国际环境复杂化背景下国际财经治理体系重塑等挑战的回应。

首先，制度水平有待提升。这首要体现在作为财政资源汲取和配置的制度性保障的核心法律文件被轻视。在实践过程中，部分地方政府预算编制的规范性欠佳，对于收入规划缺乏科学工具，对于支出规划缺乏系统考量，直接导致了预算执行中的预算软约束问题，削弱了预算的法定性和权威性基础，并造成了财政运营过程中的一系列挑战。同时，由于纵向和横向部门间制度供给和遵从的约束不一致，规范层面制度供给偏重纠错和补漏而非系统性设计，其所形成的自主裁量空间也为后续财政治理风险留下隐患。对于财政纪律的遵从以及长期财政平衡风险的关联非常具有代表性，部分地方政府轻视总额财政纪律，存在寻求政策空隙的倾向，此时政策着力点应为强化财政纪律，关注财政透明度建设，而不仅仅是不断查漏补缺。

其次，缺乏现代治理工具的有效嵌入。在数字时代，财政相关数据是宏观社会经济运行状况研判的基础，反过来社会经济运行状况数据也可以成为科学预算编制的有力支撑。但是当前财政管理中，信息技术尤其是大数据技术在财政系统中的应用依然相对不充分。这一方面是由于预算编制和执行过程中的割裂问题造成了数据孤岛问题，同时底数不清和口径复杂等一系列问题也制约财政数据作用的发挥；另一方面是由于数字治理理念还未全面形成。以预算编制为例，部分发达国家地方政府在预算编制过程中对数据来源、模型设置、信息收集以及预测校准等都有严格的制度标准，并对年度财政收入、中期财政收入甚至长期财政收入均有覆盖，并以此为决策重要依据。反观我国，部分地方政府传统收支思维定式依然存在，寻求改变的潜力和能力也未被充分激活。

最后，全球财经治理的参与能力有待提高。在世界处于百年未有之大变局和全球化日益复杂的背景之下，区域竞争和合作关系复杂多变且日益分化。财政收入资源在"用脚投票"模型的支配下集聚在税率优惠和公共产品丰沛的区域。同时，国际规则受强国政治影响的情况并未发生改变。因此，利用自身优势提供与大国定位相符合的全球公共产品以提升国际影响力，深度融入全球财经治理格局，在必要时综合利用关税、国债等工具维护我国合法权利和核心利益，都将是未来财政治理能力国际化所需要关注的重要命题。

四 中国财政发展的改革策略

财政改革应当能使财政发展拥有应对短期风险的能力,并以此为契机,化挑战为机遇,消除结构化的脆弱性因素。

(一)短期关注焦点

短期来看,财政发展亟待回应财政平衡压力。从西方国家管理财政紧缩的经验来看,口头承诺的创新和实际操作的削减管理往往不一致(Overmans,Noordegraaf,2014),而在削减管理过程中无论是"奶酪切片"、提升效率还是设置重点都有其优势或者不足(Pollitt,2010)。这些经验和教训对中国来说也有一定的借鉴意义。

传统理解的"开源节流"路径在中国财政实践中均有践行:减少公用经费;提高赤字率;扩大专项债发行规模,2020年中国新增专项债规模同比增加74.4%[①];明确"六保六稳"重点,保障"三保支出",建立中央直达地方的转移支付机制,避免财政资源枯竭引发的社会稳定问题;等等。但是如果长时间将财政支出压缩于"刚性支出"水准,或者依靠债务叠加累积实现短期平衡都将忽视政府作为生产者的乘数效应,并因损失治理绩效和导致民众满意度问题而不具可行性。所以,短时间内对冲平衡压力可以关注以下几个维度。首先,在税收领域关注消费税、环境税和资源税对于负外部性的矫正:一方面,通过消费税税目调整,将应税商品集中于高档商品和负外部性产品,例如将化妆品区分为一般化妆品和高档化妆品,将奢侈品皮具、服装以及高污染高耗能产品等纳入消费税征管范围;另一方面,适当提高烟草、奢侈品、高污染产品的消费税、环境税和资源税的税率。在不扭曲公平竞争的原则下募集更多税收收入。其次,提高国有企业利润上缴水平。

---

① 《2020年中国财政政策执行情况报告》,中国政府网,2021年3月16日,http://www.gov.cn/xinwen/2021-03/06/content_5590913.htm。

从 2019 年和 2020 年数据来看，2019 年国有企业利润总额同比增长 4.7%，2020 年国有企业利润总额达到 2019 年的 95.5%，体现出良好韧性，这样的表现也给予了政府稳定财政收入的可能性。最后，盘活政府存量资产。对于中国地方政府来说，一方面，对于规模庞大的政府资产缺乏有效的统计和管理，大量政府资产闲置，造成资源浪费。仅以国库现金管理为例，美国联邦财政在美联储账户的库底资金保持在 50 亿美金左右，而中国库底资金则以万亿元计算。另一方面，一些政府资产可能在竞争领域诱发资源错配，造成负效率问题。因此，未来在对政府资产进行摸底和统计的基础上，应盘活和出租一些闲置政府资产，对于长期依赖补贴或现金流为负的领域，通过股权出售的方式缓解财政压力，通过引入市场竞争来激发主体活力不失为一种明智的选择。

除了调整收支规模，还有一些结构性改革的策略也可供参考。第一，完善中期财政支出框架。已有研究表明，中期财政支出框架可以帮助国家走出"顺周期"陷阱（孙琳、王姝黛，2019）。以预算编制为突破口，真正实现跨周期预算平衡等工具的功能，才有可能协同财政支出和经济周期的步调。第二，探索建立财政收入绩效评价体系。和"逆周期"调节的理念相关联，减税降费不能和债务大规模扩张同步。因此，在财政支出绩效评价短时间内不能达到优化财政资金配置的情况下，应当对财政收入的合宜规模、结构以及主体认同情况进行必要性判断和有效性评价。这可以帮助地方政府真正识别减税降费效应，避免宏观层面过大的行业性和地区性差距、诱发新一轮资源错配问题，以及财政部门内部的资金空转。同时，围绕主体认同的满意度调查也有助于地方政府提高税收征管效率、服务水平。第三，尝试建立财政优先目标管理体系。在财政资源充沛的情况下，各项政府活动都能获得充足的资金保障。但面对紧缩或者削减的财政状况，就需要地方政府有能力和有技术识别支出目标的优先次序。当前，以"三保"为支出重点的安排可能短时间内能够帮助地方政府维持财政稳定，但是未来还应当培育地方政府基于偏好的信息优势和成本优势进行支出目标优先安排的能力，提高基层财政治理韧性。

（二）长期改革建议

如果抛开短期因素，从更长远的视角审视，财政发展和体制改革毋宁说是整个体制改革的"先行军"。随着财政发展被赋予全新的功能和定位，财政发展主线也由以"财政公共化"匹配"经济市场化"到以"财政现代化"匹配"国家治理现代化"。在这一过程中，财政发展也应有相配套的战略目标定位、治理工具体系和现代财政治理能力。

1. 厘清财政发展的战略目标定位

在瓦格纳所划分的社会体系当中，建构在公私分离基础上的现代财政制度是政治、经济和社会三个子系统的关键联结。在政治系统为生产要素确定所有权的基础上，财政通过税收等手段汲取资源，并通过稳定的市场秩序、平衡的家庭和社会关系以及公共服务的有效交付保障整个社会系统的稳定。但是需要指出的是，由于中西方特殊的体制性差异，中国在明确财政发展目标定位的过程中确立了符合中国实际的财政理论体系。映射到中西方对比上，不同于西方小政府大市场、小政府大社会的形式，中国"双有"式政府和市场关系建设方向[1]，以及有序社会中务实的"共识性强政府"建设路径都将使得中国的财政发展目标定位和西方不尽相同。近年来国内形成了诸如"发展财政"（郭庆旺，2015）、"市场平台观"（李俊生、姚东旻，2016）、"智识财政学（王雍君、乔燕君，2017）"等探索，尝试在多学科融合视角下回应中国财政发展的特殊国家自主性、政府制度关联和治理方式问题。更进一步的，对于中国特色财政话语体系的建构，应当跳出某一历史时期、某一经济体制，而在历史的长周期和我国特定的制度框架内探寻共时性关系的历时性变化（吕炜、靳继东，2021），从而形成基于实践经验和时代要求的财政理论自觉和制度自信的根本要求。

具体到财政发展的目标定位上，财政发展的战略定位在中国特色的子系统关联中体现为以下两点。

---

[1] 其强调党的十九大报告中所提及的有为政府和有效市场更好结合。

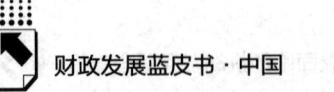

一方面,在财政系统同经济、社会子系统互动过程中,财政发展目标应当有效支撑经济社会发展目标。财政发展在资源层面向关键制造业、战略新兴产业等"国之重器"进行倾斜的基础上,甄别中小微企业真实需求,使其在稳就业上发挥更加积极的作用;通过更有效的收入分配调整,培育中等收入阶层,着力扩大内需;关注基础设施融资领域的融资结构和融资效能,调动存量基础设施基础上,给予社会资本更多参与空间,通过基础设施总体规模扩大和结构优化提升基础设施回应性。在治理层面关注推动更加精准的政策定位设计,引入效能更高的政策工具,改变微观财政政策失语的困窘。

相应的,经济社会发展也应对财政发展进行有效支撑。在财政运营领域,将经济社会发展的财政收益纳入考量,尽可能地避免利用财政幻觉扭曲财政成本和收益关系;在财政均等领域,纠正财政优势区位和经济优势区位的错配,避免对要素流动的错误干预,以能力均等化为核心改造纵向和横向均等化对比关系;在财政平衡领域,以总额财政纪律为切入点关注经济社会发展保障中长期财政可持续性的能力。

另一方面,财政作为政治系统的自然延伸和直接体现,其国家治理体系重要支柱的定位也需要财政发展超越以往经济体制改革的思维定式,将财政发展置于全面深化改革的总棋局中。以此为基础,很多财政发展问题都能找到解决方向。譬如在政府间财政关系中,纵向财政体制改革方面应加快财政分权和行政分权的并轨,推动治理结构扁平化;在横向政府间关系中,应重塑核心预算部门和预算制定部门关系,减少部门间割裂现象;在斜向跨地方关系中,应以财政资源配置引导和强化区域间关系,强化区域竞争力(赵国钦、宁静,2015)。

2. 丰富财政治理工具体系

对于基于中国国情的财政理论创新的诉求,不代表对于西方财政治理理念和政策工具的全盘否定,"中国国情"也不应当成为当前财政发展所面临诸多难题的"挡箭牌"。从西方现代国家财政理论溯源和制度变迁的路径来看,以法治理念为基础的现代预算制度构建,以税制转型为基础的税收国家构建,以及以受益归宿均等化为基础的财政分权结构构建,均对中国当前财政体制改革和财政发展具有启示意义。

首先,在现代预算制度中,通过公共支出管理框架建构财政总额绩效、配置绩效以及运营绩效的关联。尽可能地推动被"遗忘"的资源重新回归预算视野,譬如规模庞大的税制支出、政府引导基金以及大量准财政活动等,尝试打通现有四本预算的连接。在财政总额绩效层面,形成"功能分类、规划分类和支出限额"的格局,厘清财政支出性质的同时为建立预算和政策的连接提供基础。在配置绩效层面,将基线筹划的理念引入中期财政规划当中,通过财政资金的竞争性分配引导资金形成基于财政偏好和成本的流动模式,并将资源配置重点锁定在国家和区域重点发展的优先事项上。在运营绩效层面,围绕结果链模型推动预算绩效管理中任务式绩效评价的转型,同时围绕预算报告等配套改革强化财政预算受托责任,引导良治结果。

其次,在现代税收体制中,围绕税收国家理念提高税收占财政收入比重,这也能从侧面保证财政收入体系的均衡负担和可持续水平。这一发展目标的两个核心命题在于财产税体系的完善和社会保险费征收体系的改革。更进一步的,应调整不同主体间的税收负担水平。一方面是居民住户部门和企业部门税负分担,通过所得税体系的改进和税收征管体系的完善将超高收入者和"隐形富豪"的收入完全纳入征管体系,更加积极地发挥税收的收入分配调节作用。同时,借鉴现代税制进化的直接税和间接税体系改革也将有助于降低企业税收税负痛感。另一方面是不同行业的负税水平,中国所推行的"金税三期"工程极大地促进了企业税收征管水平的提升,但是由于税制缺乏对于新兴产业尤其是数字经济价值增值的度量,税收征管水平提升对于减税降费效应的扭曲大多被制造业企业所承担,这极大影响了产业的合理布局并有催生新兴产业泡沫的风险。以数字经济为代表的一些新兴经济模式的边际收益递增和去实体化的特征呼唤税制的合理进化。

最后,在政府财政关系上关注税收资源的横向政府间分配。虽然地方政府竞争被认为是中国经济奇迹的密码(张军,2005),而且地方政府的税收竞争在一定程度上优化了区域资源配置。但是随着中国区域经济的过度分化，区域协调已经成为经济发展的核心逻辑之一。以此为基础审视区域间税收和税源的背离现象以及其根源上的税基错位问题，其在一定程度上加剧了发达地区和欠发达地区的税收收入能力差距，更进一步加剧了区域发展的马太效应。因此，未来应当在共同市场原则的理念下，引入共同市场背景下的目的地征管原则，借鉴北美洲一些国家地方政府之间流转税横向分解，推动区域间财政关系在"收入共享"的逻辑下纳入"税基共享"的理念和操作。

在地方政府横向财政关系上重点关注都市区和城市群内地方政府财政关系。从西方国家发展经历来看，都市区和城市群作为全球竞争的平台和载体，其地位在地域解构和地域重构的过程中愈发明显，其内部也通过多种多样的治理尺度重组缩小财政差距，提升整体竞争力。因此，未来应探索以辅助性原则构建城市群和都市区圈层内部财政治理体系，从而提高区域政府间财政合作水平，拓展区域协调发展的政策空间。

3. 提升财政治理应对风险和挑战的能力

从支撑国家治理能力现代化的角度出发提升财政治理能力，提高财政治理的制度化、专业化和国际化水平。

首先，建立现代财政法律法规体系，严格落实以《预算法》为核心的预算法律法规，强化依法理财并确保财政治理的权威性和稳定性。在制度规范层次，推动建立体系完善、规模全覆盖、执行规范透明、监督约束有力的现代预算管理制度。尤其关注地方政府债务管理规范性体系建设，遏制新增隐性债务，提高闭环债务管理的透明度。

其次，推动财政治理专业化。通过建构财政大数据系统，对社会经济运行态势和财政收支发展规律有更清晰的认识。用大数据思维替代传统财政收支数字思维，以预算的编制、执行、监督和绩效评价为逻辑链条打通政府纵向体系和横向部门间的网络通道。

最后，推动财政治理能力国际化。建立与"大国财政"相匹配的全球公共产品和服务体系，以"一带一路"倡议和亚投行为平台提升我国在全球财经治理格局中地位。积极利用双边、多边对话机制，增强我国财经国际话语权，统筹关税和国债等工具，有效应对贸易争端，维护我国合法权益和核心利益。

参考文献

高培勇等：《中国财政70年》，经济科学出版社，2019。

郭庆旺：《2015：积极的财政政策更加积极》，《决策探索》2015年第6期。

贾康、白景明：《县乡财政解困与财政体制创新》，《经济研究》2002年第2期。

贾俊雪、郭庆旺、宁静：《财政分权、政府治理结构与县级财政解困》，《管理世界》2011年第1期。

李俊生、姚东旻：《互联网搜索服务的性质与其市场供给方式初探——基于新市场财政学的分析》，《管理世界》2016年第8期。

刘昆：《积极的财政政策要大力提质增效》，《中国财政》2020年第5期。

刘勇政、贾俊雪、丁思莹：《地方财政治理：授人以鱼还是授人以渔——基于省直管县财政体制改革的研究》，《中国社会科学》2019年第7期。

楼继伟：《深化财税体制改革建立现代财政制度》，《预算管理与会计》2014年第12期。

吕炜、王伟同：《中国的包容性财政体制——基于非规范性收入的考察》，《中国社会科学》2021年第3期。

吕炜、靳继东：《财政、国家与政党：建党百年视野下的中国财政》，《管理世界》2021年第5期。

仇叶、贺雪峰：《泛福利化：农村低保制度的政策目标偏移及其解释》，《政治学研究》2017年第3期。

孙琳、王姝黛：《中期支出框架与走出"顺周期陷阱"——基于88个国家的数据分析》，《中国工业经济》2019年第11期。

王雍君、乔燕君：《集体物品、财政场域与财政学知识体系的新综合》，《财政研究》2017年第1期。

王振宇、司亚伟、郭艳娇：《跨级财政管理体制：概念提出、特征描述及简要评价》，《财政研究》2020年第1期。

闫坤主编《中国财政可持续发展报告2019》，中国时代经济出版社有限公司，2019。

赵国钦、宁静：《京津冀协同发展的财政体制：一个框架设计》，《改革》2015年第8期。

张军：《中国经济发展：为增长而竞争》，《世界经济文汇》2005年第Z1期。

Bahl, R., "Rebalancing the Economy and Reforming the Fiscal System of People's Republic of China", ADB Brief, 2019 (34).

Bohal, R., "Rebalancing the Economy and Reforming the Fiscal System of People's

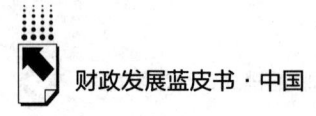

Republic of China", ADB Brief, 2019.

Bird R. M. , Tarasov, A. V. , "Closing the Gap: Fiscal Imbalances and Intergovernmental Transfers in Developed Federations", *Environment and Planning*, 2004 (22).

Cottarelli, C. , "The Risk Octagon: A Comprehensive Framework for Assessing Sovereign Risks", 2011, https://www.imf.org/external/np/fad/news/2011/docs/Cottarelli1.pdf.

Lu, W. W. , Tsai, K. S. , "Inter-Governmental Vertical Competition in China's Urbanization Process", *Journal of Contemporary China*, 2019 (28).

Overmans, Noordegraaf, M. , "Managing Austerity: Rhetorical and Real Responses to Fiscal Stress in Local Government", *Public Money & Management*, 2014 (45).

Pollitt, C. , "Cuts and Reform: Public Services as We Move into a New Era", *Society and Economy*, 2010 (1).

Wong, C. , "Bold Strategy or Irrational Exuberance: Can China's Fiscal Foundation Support the Belt and Road Initiative?" in Fingar, Thomas, Oi, Jean, eds. , *China's Future: Challenges, Choices and Contingencies*, Stanford University Press, 2019.

B.6
政府债务、财政可持续性与经济增长

昌忠泽 李汉雄 李若彤*

摘 要: 本报告分析了国内外最新研究进展,进而研究了我国政府债务、财政可持续性和经济持续增长问题。研究发现:迄今有关政府债务与经济增长关系的观点主要包括三种,即促进作用、抑制作用和非线性关系。本报告利用1994~2019年国家和273个城市的数据,研究了政府债务、财政可持续性与经济增长之间的关系,得出了以下结论。(1) 我国地方财政收入难以维持其财政支出,财政收支可持续性较差;中央政府财政收支可持续性较好。(2) 当下地方政府的债务负担率比较高,且债务的可持续性较差;中央政府的债务负担率较低,债务可持续性较好。进一步发现地方政府债务规模与其财政收入具有显著的倒U形关系,拐点在GDP的1.14倍左右。(3) 央行持有的政府债权水平变化率与财政收入变化率具有正向关系,与财政支出变化率具有负向关系,并且央行政府债权对财政收入的弹性大于对财政支出的弹性。总体上,我国财政与金融关系表现出较好的可持续性。(4) 地方政府债务余额与地区经济增速呈现显著的倒U形关系。其中,东部和西部地区的拐点分别为GDP的1.87倍和1.37倍。中央政府债务对经济增长具有显著的正向作用,并且具有较好的可持续性。在上述研究的基础上,本报告提出了相关政策建议。

关键词: 政府债务 财政可持续性 经济增长

---

* 昌忠泽,中央财经大学财经研究院、北京财经研究基地研究员,博士研究生导师,研究方向为宏观经济学、财政金融理论与政策;李汉雄,中央财经大学经济学院博士研究生;李若彤,中央财经大学财经研究院硕士研究生。

我国经济进入新常态以来，各级财政支出和政府负债率逐年上升，财政可持续性逐渐下降，严重影响了政府宏观调控的操作空间和实施效果。如何在当今复杂的国际形势下继续充分发挥财政的积极作用，保障今后一段时间财政可持续性，推动国民经济高质量平稳发展，成为当下学界和政府部门亟须解决的关键问题。

本报告在系统梳理国内外最新研究进展的基础上，从财政收支、政府债务和财政与金融等多角度对我国政府债务、财政可持续性和经济持续增长问题进行深入探讨，并提出相关的政策建议。

本报告结构安排如下：第一部分从政府债务与财政可持续性、政府债务与经济增长等方面系统梳理国内外最新研究进展，第二部分为中国政府债务和财政可持续性的特征事实分析，第三部分通过数理模型构建一个分析政府债务、财政可持续性与经济增长问题的理论分析框架，第四部分为政府债务、财政可持续性与经济增长的实证分析，第五部分为结论和政策建议。

一 国内外研究进展

（一）政府债务与财政可持续性

财政可持续性概念的提出主要基于对政府偿债能力的概括。Buiter 等（1985）首先提出了美国财政可持续的基本概念，他认为，如果一个大型经济实体无力偿还债务，那么它就必然会因不能恢复存续而被迫宣告破产。多玛首先提出了关于一国政府所有债务的清偿财政能力可持续性的基本条件，他认为，存在一个最优化的债务负担率，只要一国的财政债务负担水平等于或者远低于这个债务水平，政府就有清偿债务的能力，此时就可以认为该国财政债务是可持续的（Domar，1944）。

用公式表示上述思想，债务负担率的变化率为 $\frac{db}{dt} = (h - g) \cdot b$。

其中，b 是债务负担率，$\dfrac{\mathrm{d}b}{\mathrm{d}t}$ 是债务负担率变化率，h 是债务增长率，g 是经济增长率。债务负担率下降或不变即 $\dfrac{\mathrm{d}b}{\mathrm{d}t}$ 小于或等于零，由于债务负担率 b 必然大于或等于零，那么要保证 $\dfrac{\mathrm{d}b}{\mathrm{d}t} \leq 0$，只需 $h - g \leq 0$ 即可，也就是说财政可持续的条件为 $h \leq g$。只要债务增长率小于或等于经济增长率，政府就有偿债能力，即债务可持续。

研究我国的政府债务与财政可持续性，主要是采用 Buiter 等所提出的财政可持续的概念；研究政府的债务清偿能力，主要围绕政府债务负担率等指标，研究方法主要为可持续的债务负担率、发债速度是否满足"非庞氏博弈"条件等；也有部分学者从财政疲劳等角度对我国财政可持续性进行了探讨。

1. 基于非线性财政反应函数和财政疲劳视角的分析

李丹等（2017）基于 Ghosh 等（2013）的研究思路，考虑财政调整成本的存在性、宏观经济不确定性影响和经济景气变化情况，设定了非线性财政反应函数，对我国政府债务可持续性进行实证分析。结果指出，当债务负担率较低时，基本财政对政府债务反应较微弱（基本赤字率和政府债务负担率呈轻微正向关联），随着负债上升财政反应不断增强，政策调整预期增强并通过财政调整维持政府债务可持续性。

2. 基于向量误差修正模型（VECM）以及情景模拟方法的债务可持续性分析

最初对中国有关财政政策可持续性问题的研究多数是采用时间序列数据，如周茂荣和骆传朋（2007）、龚锋和余锦亮（2015）以及邓晓兰等（2013）。其中邓晓兰等调查发现，扩张性宏观财政政策措施可持续性的形成条件主要是适度的财政赤字和扩大国债融资规模。后来，面板数据逐渐被广泛采用，如孙正（2017）、汪川和汪红驹（2017）等。其中汪川等使用向量误差修正模型（VECM）以及运用情景综合模拟分析方法对当前我国适度公共财政的政策可持续性状况进行综合分析，并在此模型基础上综合分析了

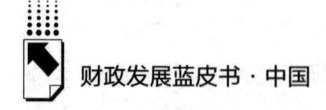

当前我国适度扩张性公共财政政策的整体政策发展空间。

3. 其他观点

马栓友（2001）认为，在没有确定地方经济快速增长首要目标和真实执行利率的实际情况下，如果基本财政赤字能够使地方政府的实际债务负担率保持不变或不再持续上升，那么它就是可持续的。他特别提出我国经济稳态增长时的可持续财政赤字率应完全取决于我国经济增速、出口商品依存度、出口需求增速、汇率变动、内外市场债券殖利率、基础设施货币、国内外通货膨胀等各种变量，通过长期测算可以发现目前我国公共部门只有很小的财务赤字政策扩张空间，积极进行财政政策扩张是完全不可长久持续的。而郭庆旺等（2003）认为"我国的财政赤字政策是可持续的"。

（二）政府债务与经济增长

基于之前的文献，国内在政府债务与经济增长方面的研究主要取得了如下进展。

早期中国有关政府银行债务与中国经济快速增长之间关系的理论观点主要包括三种：政府银行债务快速增长对中国经济快速增长具有直接促进作用（Delong，Summers，2012），政府银行债务快速增长对中国经济快速增长具有直接抑制作用（Greiner，2012；李刚等，2013），以及二者之间的关系是非线性的。Reinhart 和 Rogoff（2010）对此问题进行了一项开创性的经济基础理论研究，发现我国政府银行债务与我国经济稳定增长之间主要呈"倒U形"关系：意即当我国政府银行债务实际负担率超过90%时，会对我国经济稳定增长造成不利影响；但低于90%时，二者并未表现出负相关关系。此后，Greiner（2013）、刘金林（2013）等国内外学者基于不同的样本对该观点进行了验证。

以此为基础，研究的热点开始集中在对政府债务负担率门槛值的存在性证明和测算方面。Checherita - Westphal 和 Rother（2012）将政府公共债务的平方项目法引入经济计量关系模型，发现12家位于欧元区成员国家的联邦中央银行政府公共债务与该国经济快速增长之间仍然存在显著的"倒U形"计量关系。Baum 等（2013）运用动态阈值模型对这一地区的样本进行进一步研究，认为阈值应为67%和95%。Woo 和 Kumar（2015）研究发现低门槛流动效应同样广泛存在于发达国家与新兴市场经济体中，且平均数值为90%，并一致认为主要原因可能是对外投资和其他投资形成增速减缓并导致该国劳动生产率的年增速持续降低。张启迪（2015）以69个发达国家的统计数据为实验样本，证明"稳健门槛"的确存在且为78.5%。郭步超和王博（2014）从政府资本债务回报率的研究角度对当前政府资本债务与中国经济快速增长之间的资本门槛驱动效应关系进行深入研究，认为政府资本债务对经济增长的正负影响的转折点取决于资本回报率，资本回报率越高，债务对经济增长由正向影响转为负向影响的债务阈值越高。

此外，地方政府债务规模与区域经济增长的非线性关系也成为学者们的关注对象，政府支出挤出效应、偿债压力等被普遍认为是债务拐点出现的原因。同时，学者开始以禀赋差异（朱文蔚、陈勇，2014；沈桂龙等，2017）、经济发展水平（缪小林、伏润民，2014；Intartaglia et al.，2018）、财政政策（Nickel, Tudyka, 2013）和风险约束（王谦、董艳玲，2018）等异质性为基准研究地方政府债务规模和经济增长的关系。盛虎和刘青（2020）基于地方政府债务资金投向影响经济增长的理论框架，采用我国地市级的数据对地方政府债务和经济增长之间的关系及传导机制进行实证分析，发现在西部经济发展水平较低地区，二者存在"倒U形"关系，但在东、中部经济发展水平相对较高地区并不显著；地方政府债务能够通过生产性支出作用于区域经济增长，但消费性支出的传导作用不明显。

但一些学者也对此提出了质疑。Eggertsson 和 Krugman（2012）认为，美国的高债务与低增长情况在二战后同时出现，究竟是政府债务导致经济增长放缓还是反之，两者之间的因果关系还需要进一步识别。李刚等（2013）认为，对中国经济持续增长拉动最大的是社会劳动，其次是社会资本，而中国政府银行债务对中国经济快速增长既没有显著拉动影响也没有滞后效应。Egert（2015）参考了 Egreinhart 和 Egrogoff 的综合运算，发现我国政府应收债务与个体经济快速增长之间是非线性关系，并且计算结果易受到个体经济效

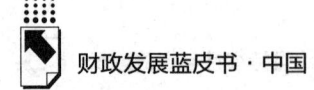

应、数据使用频率和样本时间区间等因素影响。在采用不同系统样本模型数据和不同样本模型数据设定的条件下，门槛函数值和非线性值的关系可发生变化。

综上所述，无论是在政府债务对经济增长的影响，还是在两者之间的因果关系方面都存在较大争议。也有学者基于政府债务影响的非线性假说，对财政空间和财政可持续性进行估计（Ghosh et al.，2013；李丹等，2017）。

二 中国政府债务与财政可持续性：特征事实分析

（一）我国政府债务基本状况

我国政府债务的监管有逐渐严格的趋势，特别是2008年金融危机后。中国政府网的数据显示，截至2019年末，我国地方政府债务共计21.31万亿元，地方政府债务率为82.9%，低于国际通行的警戒标准。加上中央政府债务16.8万亿元，全国政府债务的负债率为38.5%，低于欧盟60%的警戒线。[①] 可以看出，目前我国政府债务风险水平总体可控。

现阶段，我国政府通过压缩政府负债的上升空间支撑财政政策的上升空间，而在充分利用阶段性赤字率上升、政府负债增加的"负效应"换取持续发展势能的"正效应"的过程中，需要把控两者间换取的程度，确保不触及宏观财政金融风险可控这一底线，避免财政状况进入突然恶化的危险区，增强财政的可持续性。

（二）财政收支的可持续性

1. 全国层面

1990年1月到2012年，全国政府财政收入的年均增长率为18%，明

[①]《3.76万亿元赤字释放积极信号》，中国政府网，https://www.gov.cn/xinwen/2020-06/08/content_5517845.htm。

显高于同期的 GDP 增长率，政府财政收入强劲增长的同时，财政支出连年提升。2012 年之后，随着中国经济增速进入"新常态"，各级财政收入同比增幅明显变小，同时各级财政机关刚性扶持支出大幅增加，所以财政缺口增大。2018 年 12 月全国一般财政收入平均增速为 6.24%，全国一般财政支出平均增速为 8.77%，全国财政支出压力依然较大，财政可持续性问题亟须解决。

2. 地方层面

从地方财政层面数据来看，分税制制度改革以前，我国每年中央财政预算收入规模占地方财政预算总收入的比重仅大约为 22%。分税制改革后，地方人民政府内部事权不变而地方财权逐渐上移，虽然我国地方财政收支总规模有所扩大，但是相比之下财政收入占比不断下降，不得不依靠中央转移支付机制，这导致了我国地方财政风险增加。地方财政"入不敷出"又促使地方政府大量发行地方债，将财政缺口后移，进一步加剧了地方财政的债务负担，这两者共同导致了地方财政收支可持续性下降。

（三）政府债务的可持续性

1. 中央政府债务

有关财政可持续的一个重要衡量指标是负债率（年末债务余额/GDP）。从负债率来看（见图 1），2005~2018 年我国的中央财政负债率平均值在 17% 左右，其中 2007 年最高达到了 19.28%，2010~2012 年有所下降，但很快又从 2012 年开始呈现上升趋势，至 2018 年达到了 16.62%。

2. 地方政府债务

近年来，地方债越来越受到广大学者和决策层的关注。根据审计署 2011 年发布的《全国地方政府性债务审计结果》公告，我国地方政府于 1979 年开始发行地方债，1981 年后各级政府开始大规模发行地方债。截至 2010 年底，全国所有省级政府发行过地方债，只有 54 个县级政府没有举借政府性债务。

就 2017~2018 年地方债负债率（地方债余额/GDP）的变化情况来看，

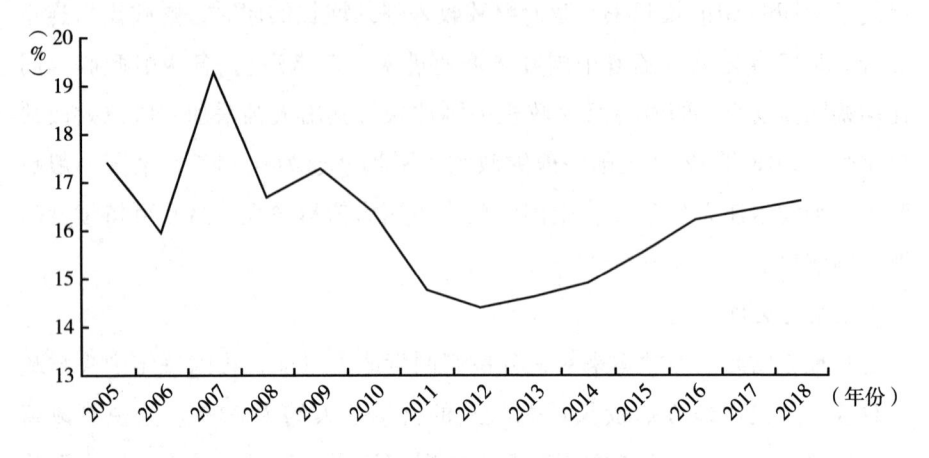

图 1 2005~2018年中央财政负债率

资料来源：国家统计局。

2017年末全国地方债负债率为20.07%，2018年末全国地方债负债率为20.42%。结合2019年2~9月全国地方债余额增长趋势来看（见图2），短期内不会出现大幅度波动，全国地方债务总体情况比较稳定。

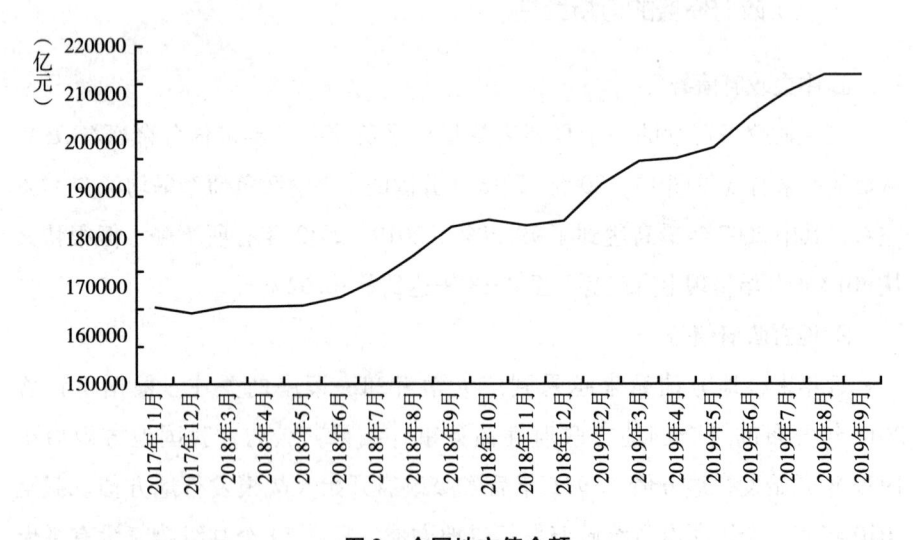

图 2 全国地方债余额

资料来源：国家统计局。

（四）财政与金融关系的可持续性

金融危机后，如果央行采用购买国债、政府抵押债券等债务货币化政策来稳定市场，会使国内赤字和政府债务增加。针对这一问题，政策制定者需要结合金融变量及时掌握财政真实情况，在实行跨年财政平衡和中期预算时要结合宏观审慎政策，保障财政可持续目标实现。

三 政府债务、财政可持续性与经济增长：一个理论分析框架

本部分通过数理模型构建一个分析政府债务、财政可持续性与经济增长问题的理论分析框架。

（一）财政收支可持续性分析

基于 Hakkio 和 Rush（1991）以及 Afonso 和 Rault（2015）等关于财政收支可持续性的研究，财政收支可持续性分析是基于政府跨期预算约束的，政府静态预算约束可表示为：

$$G_t + (1 + r_t)B_{t-1} = R_t + B_t \tag{1}$$

其中，G 表示政府财政支出（不含利息支出），R 表示政府财政收入，B 表示政府存量债务，r 表示政府债务利率，t 表示时间。假设利率不变 $r_t = r$，对式（1）迭代，可以得到政府跨期预算约束：

$$B_t = \sum_{n=1}^{\infty} \frac{1}{(1+r)^{n+1}}(R_{t+n} - G_{t+n}) + \lim_{n \to \infty} \frac{B_{t+n}}{(1+r)^{n+1}} \tag{2}$$

考虑禁止庞氏博弈条件，政府财政支出可表示为 $TG_t = G_t + rB_t + 1$，可得：

$$TG_t - R_t = \sum_{n=0}^{\infty} \frac{1}{(1+r)^{n-1}}(\Delta R_{t+n} - \Delta G_{t+n}) + \lim_{n \to \infty} \frac{B_{t+n}}{(1+r)^{n+1}} \tag{3}$$

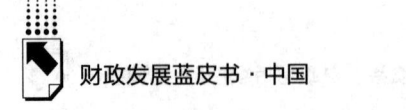

根据禁止庞氏博弈条件，式（2）和式（3）右侧第二项收敛于零，TG_t 和 R_t 两变量的一阶差分平稳，且两变量为一阶单整。这样，评估政府跨期预算可持续性就转化检验 R_t 和 TG_t 之间是否存在协整关系。若协整，则说明财政具有可持续性。其协整方程可表达为：

$$R_t = \alpha + \beta TG_t + \varepsilon \tag{4}$$

其中，ε 为误差项。$0 < \beta \leq 1$ 为财政可持续性的必要条件。若财政支出与财政收入之间协整，且 $\beta = 1$，则政府财政具有强可持续性（Quintos et al.，2001）；若变量之间协整，且 $0 < \beta < 1$，则财政呈现弱可持续性；若变量之间协整，且 $\beta \leq 0$，则财政不可持续（李建军、王鑫，2018）。

（二）政府债务可持续性分析

对政府债务可持续性的计算是依据 Giammarioli 等（2007）的方法，需要获取各个样本单位的政府债务率以及长期累积财政盈余数据。用长期财政盈余率减去当年的债务率衡量政府债务可持续性，具体算法如下：

$$fis - sus_{it} = \frac{fissur_{it}}{gdppv_{it}} - b_{it} = \left[\sum_{i=0}^{T-i} \frac{rev_{t+i}}{(1+r)^i} \bigg/ \frac{gdp_{t+i}}{(1+r)^i} \right] - b_{it} \tag{5}$$

其中，$fis - sus$ 表示财政可持续程度，$fissur$ 表示每年的财政盈余总额，$gdppv$ 为地区生产总值的现值总额，b 表示政府债务负担率，rev 为政府财政收入，r 为折现率。

（三）财政与金融关系可持续性分析

本部分主要考察央行债务货币化对财政可持续性的影响。我们采用邓晓兰和黄显林（2014）的方法来衡量央行债务货币化和财政可持续性之间的关系，模型如下：

$$Y = C + \sum_{i=1}^{n} \alpha_i \times X_i + \sum_{i=1}^{n} \beta_i \times Z_i + \mu \tag{6}$$

其中，Y 表示央行公共债务货币化；X_i 表示相关财政变量，包括赤字水平、债务水平和二者的交叉乘积项；Z_i 代表相关控制变量和哑变量，控制变量包括经济增长率、货币增长率，哑变量为政府债务是否超出当年债务限额，超出为 1，否则为 0。

（四）政府债务与经济增长可持续性分析

本部分考察政府债务与经济增长的关系。我们借鉴了毛捷和黄春元（2018）的方法，检验各级政府发行债务的规模对经济增长的影响，模型如下：

$$gdp_{it} = \alpha_0 + \beta_1 debt_{it} + X_{it}\Gamma + \varepsilon_{it} \tag{7}$$

其中，gdp_{it} 表示各级地区 i 在年度 t 的人均 gdp，$debt_{it}$ 表示地区 i 在年度 t 发行的政府债务，X_{it} 表示地区 i 在年度 t 的财政收入、财政支出、地区人口等一系列地区控制变量。系数 β_1 表示地区发行债务规模对地区经济增长的作用程度，系数 Γ 表示控制变量对经济增长的影响，ε 为包含其他不确定因素的扰动项。

四 政府债务、财政可持续性与经济增长
——实证分析

（一）数据来源

本报告数据来自《中国统计年鉴》《中国财政年鉴》《中国金融年鉴》和 Wind 数据库，我们搜集了 1994~2019 年国家层面和 273 个地级及以上城市的国内生产总值（GDP）、财政收入、财政支出、政府债务余额、第二产业产值占比、第二产业就业人数占比、国家长期债务余额和货币发行量等信息。表 1 是样本的描述性统计结果。

表1 样本描述性统计

变量	含义	样本量(个)	均值	标准差	最小值	最大值
GDP	GDP(亿元)	3755	1833.03	2791.34	34.95	32679.87
$debt$	地方政府债务余额(亿元)	3991	357.93	1281.01	0.00	23444.05
$income$	财政收入(亿元)	3761	172.87	420.52	1.67	7108.15
$payout$	财政支出(亿元)	3761	293.44	510.42	5.76	8351.54
gdp_2	第二产业产值占比	3463	48.64	10.88	12.19	90.97
$employ\_2$	第二产业就业人数占比	3758	43.98	14.43	1.77	84.40
$newmoney$	货币发行量(亿元)	25	36985.91	24739.16	7883.90	79145.50
$cbank\_debt$	央行政府债权	23	9185.49	6768.38	1582.80	16317.71
$cgovdebt$	中央政府债务余额(亿元)	15	87457.07	41181.76	32614.21	168038.00
$longdebt$	国家长期债务余额(亿元)	26	17536.75	13817.06	7102.02	58785.93

注：（1）地方政府债务余额数据来自 Wind 数据库，为地方政府债余额和城投债余额的加总，统计时间从 2006 年开始；（2）货币发行量数据来自《中国金融年鉴》，统计时间为 1994~2018 年；（3）央行政府债权数据来自《中国金融年鉴》，统计时间为 1996~2018 年；（4）国家长期债务余额是以美元为单位统计的，我们按照统计年度的人民币兑美元年均汇率换算为以人民币为单位。

（二）财政收支可持续性分析

1. 实证模型的设定

地方财政支出能力在分税制改革之后呈现逐渐下降的趋势，这主要体现在地方财政刚性支出逐渐增加，即民生、社保、运营等硬性支出额度占比上升。此外，由于经济增速放缓、地方财政收入增速逐年下降，地方财政入不敷出，财政收支可持续性降低。为了考察财政收支的可持续性现状，本报告根据样本数据计算出全国和东、中、西部各地区[①] 2000~2019 年的财政自给率。财政自给率是考察地区财政可持续性的重要指标，具体计算方法如下：

---

① 本报告采用《中国卫生健康统计年鉴》中的东、中、西部划分标准，该标准注重经济发展水平的比较。东部地区包括北京、天津、河北、辽宁、上海、江苏、浙江、福建、山东、广东和海南11个省（直辖市）；中部地区包括黑龙江、吉林、山西、安徽、江西、河南、湖北、湖南8个省；西部地区包括内蒙古、广西、重庆、四川、贵州、云南、西藏、陕西、甘肃、青海、宁夏和新疆12个省（自治区、直辖市）。

$$财政自给率 = \frac{财政收入}{财政支出} \times 100\% \tag{8}$$

当地方政府财政自给率较低时,地方政府可以获取资金支持的途径主要来自两个方面:一方面是中央和上级政府的财政转移支付,这也是我国经济落后地区以往获得财政支持的主要途径;另一方面,当全国财政收入整体出现增速放缓趋势时,中央财政转移支持力度将受到影响,地方政府则通过发行地方政府债来为财政支出融资,这也是近年来地方政府债务规模扩大的主要因素。

基于Hakkio和Rush(1991)以及Afonso和Rault(2015)等关于财政收支可持续性的研究,财政收支可持续性分析是基于政府跨期预算约束的,政府静态预算约束可表示为:

$$G_{i,t} + (1 + r_t) B_{i,t-1} = income_{i,t} + B_{i,t} \tag{9}$$

式(9)等号左边为当期政府非还本付息支出($G_{i,t}$)加上上期政府债务余额到本期的还本付息总额[$(1+r_t) B_{i,t-1}$],等号右边为当期财政收入($income_{i,t}$)加当期政府债务余额($B_{i,t}$)。假设利率不变$r_t = r$,对式(9)进行移向合并,有:

$$income_{i,t} = \alpha + \gamma\, payout_{i,t} + \varphi_i + \theta_t + \mu_{i,t} \tag{10}$$

其中,财政支出$payout_{i,t}$包含了政府还本付息支出和非还本付息支出,系数γ反映了财政支出与财政收入的相关系数。γ大于1表示每增加1元财政支出,有大于1元的财政收入支持,即财政收支可持续;γ小于1表示每增加1元财政支出,只有少于1元的财政收入支持,说明财政收支不可持续。

2. 实证分析结果

首先,本报告计算出全国和东、中、西部地区2000~2019年的财政自给率,绘制图3。图中折线表示中央政府和全国东、中、西部地区的财政自给率变化情况。可以看出,2008年金融危机之后,2009~2014年中国财政状况转好,中央政府财政自给率平稳在90%以上,全国平均的地方财政自给率也逐年上升,并在2014年达到最高值53%。2014年之后,中国经济进入新常态，经济增速放缓，中央和地方财政自给率也开始呈现下降趋势，2019年中央财政自给率降至79%，全国平均的地方财政自给率降至44%。

从图3可以看到，中央财政自给率明显高于地方财政自给率，东部地区的财政自给率明显高于中部地区和西部地区。近年来，西部地区财政自给情况更加恶化，2019年末其平均的财政自给率仅为30%，也就是说西部地区财政支出的近70%需要靠地区财政收入以外的资金来补充（例如中央转移支付、发行地方债、城投债）。

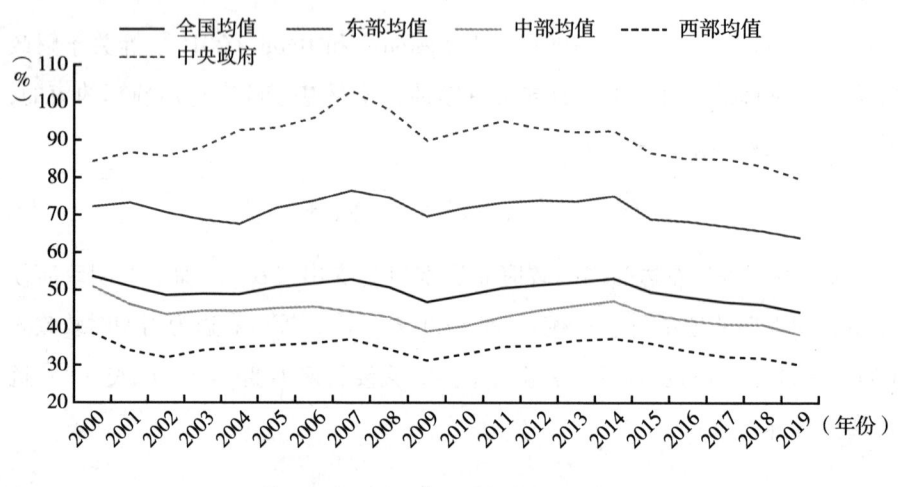

图3　2000~2019年财政自给率

（三）政府债务可持续性分析

1.实证模型的设定

2008年以来我国地方政府债务规模迅速攀升。地方政府通过发行地方债等筹资主要用于以下几方面：第一，用于城市基础设施建设，这也是城投债发行的主要用途；第二，用于弥补政府财政支出缺口，这主要是由于近年来地方政府财政刚性支出增长背景下政府财力不足；第三，用于偿还地方政府债务，也就是发新债还旧债。然而，地方政府债务规模的快速扩大可能带来一系列问题，主要包括：第一，造成地方政府支出债务化的路径依赖，政府预算软约束问题恶化；第二，大量政府债务流向债券市场，随之而来的偿还问题和违约问题可能带来金融系统性风险。因此，合理估计地方政府的债务可持续性，将地方政府债务规模控制在合理范围之内是优化财政收支模式和防范金融系统性风险的重要举措。

本报告计算了全国和东、中、西部各地区的地方政府债务负担率和地方政府负债率，这两个指标分别衡量了政府债务余额在国内生产总值和财政收入中的比重，在一定程度上体现了政府债务风险大小。具体算法如下：

$$政府债务负担率 = \frac{政府债务余额}{GDP} \times 100\% \tag{11}$$

$$政府负债率 = \frac{政府债务余额}{财政收入} \times 100\% \tag{12}$$

以上两个指标是基于地方经济发展情况、政府财政收入状况与政府债务的偿还性来衡量的。考虑到我国各地区之间的财政收支差异、地方政府债务和中央财政转移支付的现实存在，尤其是地方政府债务对落后地区财政支出的重要性，我们通过进一步考察地方政府债务对地方财政收入的影响，来衡量地方政府债务的可持续性。如果地方政府债务对地区财政收入增长具有明显的正向促进作用，那么地方政府债务有助于地方政府财政收入增长；如果地方政府债务规模扩大降低了地方财政收入，带来了净的财政负担，则应该对债务规模进行合理化控制。我们设定的计量模型如下：

$$incomegdp_{i,t} = \alpha + \rho_1 \, debtgdp_{i,t-1} + \rho_2 \, debtgdp_{i,t}^2 + Z_{i,t}\Gamma + \omega_{i,t} \tag{13}$$

在式（13）中，我们加入地方政府债务余额占 GDP 的比重及其二次项（$debtgdp$ 和 $debtgdp^2$），主要是由于假定债务规模与财政收入可能存在非线性关系，控制变量 Z 包括地区 GDP 和财政支出。系数 ρ_1 和 ρ_2 衡量了地方政府债务对地方财政收入占 GDP 的比重（$incomegdp$）的影响程度，如果 ρ_2 回归结果显著为负，表明地方政府债务与地区财政收入具有先促进后抑制的倒 U 形关系。

2. 实证分析结果

我们根据地方政府财政收支平衡预算的假定计算了地方政府债务可持续

性的三个指标。图4是根据样本数据计算得到的中央和地方政府债务负担率的变化情况。在2008年之前，我国地方政府债券发行地区和发行量都很少，地方政府债务负担率也接近于零。2008年之后，地方政府债券和城投债规模在全国各地开始迅速攀升，政府债务负担率随之缓慢上升。至2014年末，全国平均的政府债务负担率为7.6%。我国经济进入新常态（2014年）之后，经济增速放缓，全国各地的地方政府债务迅速攀升。2019年末，全国平均的政府债务负担率达到了35.4%，即年末的地方政府债务余额平均占到了当年地方GDP的35.4%。相较于地方，中央政府的债务负担率一直波动幅度较小。2011~2016年，中央政府债务负担率只提高了2.18个百分点（14.78%~16.96%）。从图4可知，当下地方政府的债务负担率较高，中央政府的债务负担率较低。

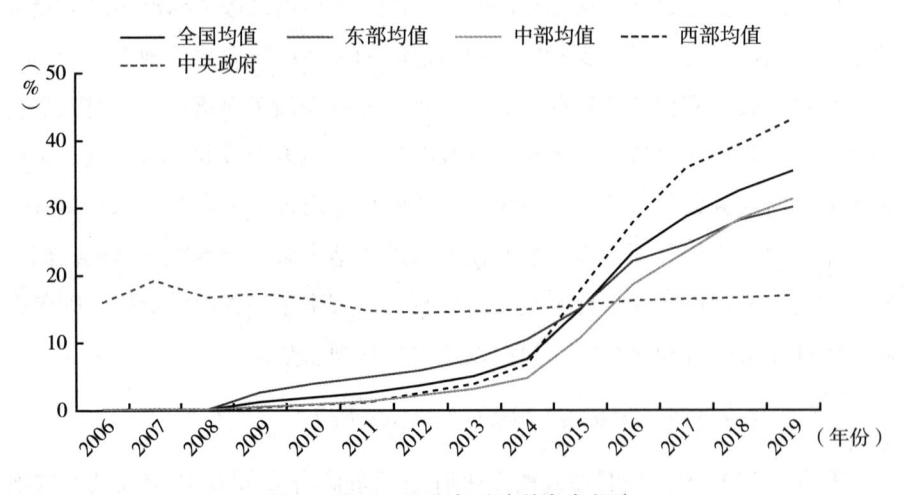

图4　2006~2019年政府债务负担率

分东、中、西部地区来看，2008~2014年东部地区政府债务负担率高于中、西部地区，但在2014年之后，中、西部地区的政府债务负担率增速反超，并且在2018年末均超过了东部地区。近年来，中、西部地区的地方政府债务负担率迅猛上升，一方面有助于地方的经济发展，另一方面增加了政府的财政支出负担。另外，相较于发达国家的各级地方政府债务负担率，2018年末日本为237%，美国为136%，英国为116%，我国地方政府的债务负担率还较低。但是，考虑到各级地方政府还存在大量的隐性债务（徐军伟等，2020），我国各级政府的债务总规模可能已经达到80%左右，政府债务问题不容小觑（朱青，2020）。

图5是计算出的中央和地方政府负债率的折线图。可以看出，2014年之前地方政府的平均负债率在100%以下，2015年平均负债率超过100%，也就是说年末政府债务余额超过了当年的财政收入。与图4相似，2014年之后地方政府负债率迅速上升，至2019年全国平均的地方政府负债率已经达到347%。分地区而言，2019年西部地区政府负债率最高（433%），东部地区政府负债率最低（251%），中部地区接近全国平均水平（350%）。相较于地方政府，2006~2019年中央政府基本上保持100%以下较低的政府负债率。

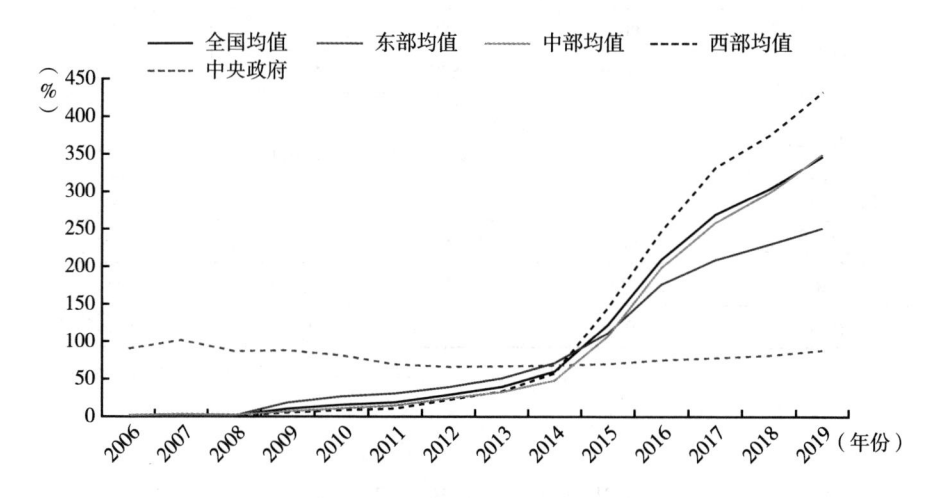

图5 2006~2019年政府负债率

通过以上两个债务可持续性指标随时间的变化趋势，可以看出由于地方财政收支可持续性的下降，近年来地方政府更多地通过扩大债务规模来为各项财政开支筹集资金。这一举措会在短期内缓解地方政府的财政压力，但长远来看过高的债务可能造成债务还本付息负担过重，压缩财政支出空间。因此，我们进一步考察了地方债务规模对其财政收入的影响，实证分析结果如表2所示。

表2 地方政府债务与财政收入关系

	被解释变量：incomegdp			
	(1) 全国	(2) 东部	(3) 中部	(4) 西部
L.$debtgdp$	0.013** (0.006)	-0.010 (0.009)	0.027** (0.010)	0.033** (0.015)
L.$debtgdp^2$	-0.007* (0.004)	0.005 (0.005)	-0.017** (0.007)	-0.024** (0.011)
$payoutgdp$	0.122 (0.075)	0.035 (0.027)	0.154*** (0.034)	0.143 (0.101)
gdp_2	0.000 (0.000)	0.000 (0.000)	0.001*** (0.000)	-0.000 (0.000)
$employ\_2$	0.000* (0.000)	-0.000 (0.000)	0.000* (0.000)	0.000 (0.000)
常数项	0.030 (0.021)	0.071*** (0.014)	-0.017 (0.011)	0.024 (0.037)
时间固定效应	YES	YES	YES	YES
城市固定效应	YES	YES	YES	YES
R^2	0.755	0.895	0.777	0.652
样本量	2991	1064	1078	849

注：(1) 括号内表示估计系数的标准误；(2) *、**、*** 分别表示10%、5%和1%的统计显著性水平。

从表2的实证结果可以看出，地方政府债务规模与地方财政收入具有显著的倒U形二次函数关系。表2第二列是全国层面不分地区的回归结果，通过地方政府债务规模一次项和二次项的系数值，我们可以计算出全国层面地方政府债务规模对地方财政收入影响的拐点在1.14倍GDP左右。也就是说，当地方政府债务规模是GDP的1.14倍以下时，地方政府债务规模上升能够促进地方财政收入增长；当债务规模大于GDP的1.14倍时，地方政府债务规模会抑制地方财政收入增长。表2第三列到第五列分东、中、西部地区考察债务规模对财政收入的影响。结果显示，东部地区债务规模与财政收入不存在明显的二次函数关系,债务规模一次项系数显著为正,表明东部地区债务规模上升的同时带动了地区财政收入增加。中部和西部地区债务规模与财政收入存在明显的倒 U 形二次函数关系,中部地区和西部地区债务规模对财政收入的影响的拐点分别为 0.51 倍 GDP 和 0.91 倍 GDP。我们认为,这主要是由于中部地区债务规模扩张导致市场在资源配置中的效率下降,企业受融资约束影响生产率下降,从而使政府税收收入下降;西部地区债务规模扩张会提高地区基础设施水平,增强对企业投资生产的吸引力,从而增加政府的财政收入,所以西部地区的债务拐点会明显高于东部地区。

(四)财政与金融关系可持续性分析

1. 实证模型的设定

财政与金融关系的可持续性主要表现为政府财政政策与央行货币政策搭配运行的可持续性。央行可以通过货币化的方式持有政府债权,达到为财政融资和增加流动性的目的。政府债务货币化的多少取决于政府的财政收支情况、国家经济总量水平、货币发行量以及政府债务余额等因素。本部分主要考察央行债务货币化与财政收支政策的关系。本报告采用邓晓兰和黄显林(2014)的方法来衡量央行债务货币化和财政收支政策之间的关系,计量模型如下:

$$\ln debt\_money_t = \alpha + \sum_{j=1}^{2} \beta_j \ln X_{j,t} + \sum_{j=1}^{4} \varphi_j \ln Z_{j,t} + \mu_t \qquad (14)$$

其中,$\ln debt\_money_t$ 为中央银行持有的政府债权,即政府债务中被央行货币化的部分。X_t 包含财政收入和财政支出,系数 β_j 反映了财政收支对央行债务货币化的影响。Z_t 为控制变量,包含 GDP、地方政府债务余额、中央政府债务余额、货币发行量和国家长期债务余额。式(14)中的各变量均取自然对数形式。

2. 实证分析结果

本报告主要从国家层面出发,考察政府财政政策与央行债务货币化政策的可持续性。表3展示了实证分析的回归结果。第二列的基准回归结果表明，中央银行持有政府债权的数量（即政府债务货币化水平），随国家财政收入的增加而增加（系数为4.434并且在99%置信水平上显著），随财政支出的增加而减少（系数为-3.440并且在95%的置信水平上显著），并且对财政收入的弹性更大。第三列中加入了地方政府债务余额、中央政府债务余额、央行货币发行量和国家长期债务余额作为控制变量。由于样本中的地方政府债务信息是从2006年开始统计，所以第三列中的样本量减少了10个。回归结果同样显著表明，央行持有的政府债权水平与财政收入具有正向关系，与财政支出具有负向关系，并且央行政府债权对财政收入的弹性大于对财政支出的弹性。

表3中的回归结果表明我国央行持有政府债权，主要不是为了进行政府债务货币化以缓解政府财政压力，而是根据国民经济的发展情况，通过持有政府债权进行定向财政支持和货币供给调整并施的宏观调控手段。总体来看，当下我国财政与金融关系表现出较好的可持续性。

表3　财政与金融关系可持续性

	被解释变量:ln($cbank\_debt$)	
	(1)	(2)
ln($income$)	4.434***	11.597***
	(1.386)	(2.021)
ln($payout$)	-3.440**	-5.545*
	(1.377)	(2.285)
ln(GDP)	-0.13	-2.219
	(1.169)	(3.141)
ln($debt$)		0.360**
		(0.113)
ln($cgovdebt$)		2.033
		(1.113)
ln($newmoney$)		-9.582**
		(3.078)

续表

	被解释变量:ln(cbank_debt)	
	（1）	（2）
ln(longdebt)		-0.440
		(0.202)
常数项	0.0487	51.888***
	(4.728)	(12.901)
R^2	0.91	0.959
样本量	23	13

注：（1）括号内表示估计系数的标准误；（2）*、**、***分别表示10%、5%和1%的统计显著性水平。

（五）政府债务与经济增长可持续性分析

1. 实证模型的设定

本报告重点考察了各级地方政府债务与经济增长的关系。地方政府债券经历了从"代发代还""自发代换"到"自发自还"的演变过程（吕炜等，2019），地方政府发债权限的扩大导致近年来地方政府债务极速增长。

国内关于政府债务对经济增长的作用的研究还没有形成统一的观点。例如，毛捷和黄春元（2018）分析了我国东、中、西部地区经济发展水平、财政状况和产业结构差异下地方政府债务对经济增长的影响，发现地方政府债务与经济增长呈倒U形关系，在债务水平未突破拐点之前，政府债务会通过弥补财政不足、完善基础设施等途径促进地区经济增长，但拐点之后会抑制经济增长。杨云（2019）从资金用途的角度分析了用于基建的城投债增长对地区经济的影响，结果发现公共基础设施领域的城投债增长能够显著促进地区经济增长，二者之间不存在明显的倒U形关系。

在此基础上，本报告将从债务总额和资金用途两个方面来全面分析地方政府债务对地区经济的影响效果。我们主要采用毛捷和黄春元（2018）的方法，构建地方政府债务总额对经济增长影响的二次函数模型。具体的计量模型设定如下：

$$GDP\_r_{i,t} = \alpha + \beta_1 debtgdp_{i,t} + \beta_2 debtgdo_{i,t}^2 + Z_{i,t}\Gamma + \mu_{i,t} \qquad (15)$$

其中，GDP_r 表示地区 i 相较于上一年的 GDP 增速，$debtgdp_{i,t}$ 表示年度 t 的地方政府债务余额占地区 GDP 的比例，Z 包括地方政府的财政收入、财政支出、第二产业就业人数占比和第二产业产值占比。系数 β_1 和 β_2 表示政府债务对经济增长的影响程度。

2. 实证分析结果

本部分考察了地方政府债务对地区经济增长的影响，回归结果如表4所示。第2列从地级及以上城市层面考察地方政府债务余额与经济增速的关系，结果表明，在控制地方财政收支、第二产业就业人数占比和第二产业产值占比的情况下，地方政府债务余额与地区的经济增速呈现显著的倒 U 形关系。也就是说，地方政府债务扩张对地区的经济增长存在先促进后抑制的作用：当地方政府债务规模小于地方生产总值的 1.85 倍时，债务规模扩大对经济增长具有正向的促进作用；当债务规模大于 GDP 的 1.85 倍之后，债务规模继续上升会导致经济增速下滑。因此，从全国城市层面来看，地方政府债务应该保持在 1.85 倍 GDP 的拐点之下。

表4 地方政府债务与经济增长可持续性

	被解释变量:GDP_r			
	(1)全国	(2)东部	(3)中部	(4)西部
L.$debtgdp$	2.980***	4.813***	0.062	4.052*
	(1.109)	(1.736)	(2.207)	(2.164)
L.$(debtgdp)^2$	-1.610**	-2.574***	0.192	-2.968**
	(0.682)	(0.944)	(1.231)	(1.351)
ln($income$)	1.728***	4.330***	2.285**	0.554
	(0.555)	(0.827)	(0.972)	(0.697)
ln($payout$)	1.171	1.155	2.148**	0.300
	(0.751)	(1.141)	(0.948)	(1.017)

续表

	被解释变量：GDP_r			
	（1）全国	（2）东部	（3）中部	（4）西部
gdp_2	0.117***	0.141**	0.105*	0.086***
	(0.025)	(0.055)	(0.053)	(0.029)
$employ\_2$	0.024	0.025	0.048**	-0.026
	(0.016)	(0.029)	(0.020)	(0.023)
常数项	-36.457***	-76.934***	-57.702***	-3.223
	(10.719)	(13.793)	(14.125)	(10.925)
时间固定效应	YES	YES	YES	YES
省份固定效应	YES	YES	YES	YES
R^2	0.570	0.496	0.673	0.622
样本量	2988	1063	1078	847

注：（1）括号内表示估计系数的标准误；（2）*、**、*** 分别表示10%、5%和1%的统计显著性水平。

第3~5列分别是东、中、西部地区的回归结果。第3列中，东部地区地方政府债务与经济增速之间同样存在显著的倒 U 形关系，债务规模对经济增速影响的拐点为 1.87 倍 GDP，稍高于全国平均水平，即东部地区城市的债务规模小于其 GDP 的 1.87 倍时债务规模扩大对经济增速具有正向促进作用，大于 1.87 倍 GDP 时则会抑制经济增长。第4列中的中部地区债务规模与经济增速的倒 U 形关系不显著，这可能是由于中部地区政府债务投资建设和私人部门投资挤出同时存在，导致债务规模对经济增长的正负向影响相互抵消。第5列中，西部地区地方政府债务与地区经济增长也存在显著的倒 U 形关系，但与东部地区相比拐点较小，为 1.37 倍 GDP，即西部地区债务规模大于 GDP 的 1.37 倍时会对经济增长产生抑制作用。

对比东西部地区债务规模对经济增长影响的拐点差异，我们认为其根本原因在于东西部地区市场经济发展程度的差异，西部地区市场经济落后，政府主导的资源配置方式在挤出民间投资的同时还会伴随资源利用低效率，所以政府债务拉动经济增长的程度就受限。

此外，我们分析了中央政府债务与国家经济增长的可持续性情况，表5汇报了相关实证结果。表5第二列考察了中央政府债务余额（cgovdebt）与经济增长的关系。回归结果表明，在控制中央政府财政收支的情况下，中央政府债务余额每增加1%，国内生产总值GDP显著增长0.283%。这表明中央政府债务对经济增长具有显著的正向作用，中央政府债务扩张可以促进经济发展。表5第三列考察了国家长期债务余额（longdebt）对经济增长的影响。结果表明，国家长期债务余额每增加1%，国内生产总值GDP显著增长0.168%。该结果再次证明了中央政府债务对经济增长具有显著的促进作用。总的来说，表5的实证结果表明中央政府债务与经济增长具有较好的可持续性。

表5 中央政府债务与经济增长可持续性

	被解释变量:ln(GDP)	
	(1)	(2)
ln(cgovdebt)	0.283***	
	(0.0742)	
ln(longdqbt)		0.168***
		(0.0373)
ln(income)	0.179	0.877***
	(0.162)	(0.238)
ln(payout)	0.436**	-0.151
	(0.174)	(0.246)
常数项	2.797***	3.103***
	(0.283)	(0.217)
R^2	0.998	0.998
样本量	15	26

注：(1) 括号内表示估计系数的标准误；(2) *、**、***分别表示10%、5%和1%的统计显著性水平。

五 结论和政策建议

（一）主要研究结论

本报告在系统梳理国内外最新研究进展的基础上，从财政收支、政府债务和财政与金融等多角度对我国政府债务、财政可持续性和经济持续增长问题进行深入探讨，主要研究结论如下。

其一，通过对国内外研究进展的梳理，本报告发现我国政府债务与财政可持续性的研究，主要是采用 Buiter 所提出的财政可持续的概念，研究政府的债务清偿能力。迄今有关政府债务与经济增长关系的观点主要包括三种，即具有促进作用、具有抑制作用，以及二者之间的关系是非线性的。无论是在政府债务对经济增长的影响，还是在两者之间的因果关系方面，当前学术界均存在较大争议。

其二，本报告利用1994~2019年国家层面和273个地级及以上城市的国内生产总值、财政收入、财政支出、政府债务余额、第二产业产值占比、第二产业就业人数占比、国家长期债务余额和货币发行量等数据，实证分析了政府债务、财政可持续性与经济增长之间的关系，得出以下结论。(1) 从财政收支的可持续性来看，2014 年之后，中国经济进入新常态，经济增速放缓，中央和地方财政自给率开始呈现下降趋势。中央财政自给率明显高于地方财政自给率，东部地区的财政自给率明显高于中部地区和西部地区，近年来西部地区财政自给水平下降。总体上，我国地方财政收支的可持续性较差；相较于地方政府，中央政府财政收支的可持续性较好。(2) 从政府债务的可持续性来看，目前地方政府的债务负担率较高，债务可持续性较差；中央政府的债务负担率较低，债务可持续性较好。分地区来看，2019 年西部地区政府负债率最高（433%），东部地区政府负债率最低（251%），中部地区接近全国平均水平（350%）。相较于地方政府，中央政府 2006~2019 年基本上保持 100% 以下较低的政府负债率。进一步考察地方债务规模对其财政收入的影响，结果显示地方政府债务规模与地方财政收入具有显著的倒"U"形二次函数关系。全国层面地方政府债务规模对地方财政收入影响的拐点在 1.14 倍 GDP 左右。(3) 从财政与金融关系的可持续性来看，央行持有的政府债权水平与财政收入具有正向关系，与财政支出具有负向关系，并且央行政府债权对财政收入的弹性大于对财政支出的弹性。总的来说，目前我国财政与金融关系表现出较好的可持续性。(4) 从政府债务与经济增长的可持续性来看，在控制地方财政收支、第二产业就业人数占比和第二产业产值占比的情况下，地方政府债务余额与地区的经济增速呈现显著的倒"U"形关系。也就是说，地方政府债务扩张对地区的经济增长存在先促进后抑制的作用：当地方政府债务规模小于地方生产总值的 1.85 倍时，债务规模上升对经济增长具有正向的促进作用；当债务规模大于 GDP 的 1.85 倍之后，债务规模继续上升会导致经济增速下滑。分地区来看，东部地区和西部地区地方政府债务与经济增长之间同样存在显著的倒 U 形关系，债务规模对经济增长影响的拐点分别为 1.87 倍 GDP 和 1.37 倍 GDP。从全国层面来看，中央政府债务对经济增长具有显著的正向作用，并且两者具有较好的可持续性。

（二）政策建议

根据上述研究结论，本报告提出如下政策建议。

一是保持稳定较低的财政赤字水平和合理的债务水平。理论和实证分析均表明，过高的赤字水平会导致私人投资挤出、通货膨胀和经济不稳定，维持较低水平的赤字不仅可以维持财政可持续性，而且能够有效促进经济增长。为了避免政府债务负担率过高陷入债务陷阱，当前我国应将中央和地方债务规模稳定在合理水平。

二是建立权责清晰、区域均衡的央地关系，保证地方财政可持续性。应进一步细化支出责任和财政事权在中央与地方间的分配，出台具体的条令对支出标准进行更清晰的规定，然后在同时考虑财政可承受能力和民生需要的情况下设定公共服务水平。进一步分配财权和财力的归属，完善地方税的体系，推进房地产税立法。

三是改进地方政府间的绩效考核体系。应改变之前的唯 GDP 论考核机制，加入对于财政可持续性等指标的考察，建立一个良好的政府绩效考核生态。还应多考虑实际的民生投入，对症下药，并且强化问责机制。

四是建立市场化约束地方政府举债的运行机制。2012 年以后，中央政府加强了对地方政府借贷行为的监管以及风险的审查。应尽快建立成熟的中央地方银行政府融资债券，这不仅可以直接满足政府融资的基本需求，还可以向债券市场主体提供更丰富的政府金融服务产品，这样就可以直接使债券市场在政府资源配置中起到决定性作用。因此，我们需要健全市场化约束机制，使政府债券评级和发行价格能够真实反映债券风险和收益水平。

五是应提前防范地方政府债务风险。（1）应考虑不同地区之间的差异，因地制宜，建立适合本地区的政府债务管理规范。比如对于一些经济较为发达的地区，它们的地方政府债务水平的门槛值（杠杆率）更高，所以需要国家严格控制地方发债规模；而对于一些经济欠发达的地区，基础配套设施工程建设和项目投资的流动资金市场需求较大，所以可以适当放宽举债规模限制，辅以中央资金的债务补助。（2）应研究建立一套适合我国中央地方政府债务风险控制与金融风险监测预警长效机制，以实际情况为基础，建立和细化风险指标体系，并且细化到各级政府机构，建立健全各数据，为后续风险预警和判断奠定基础。

六是通过税收利率优惠等财政政策缓解企业融资压力。考虑到疫情后国际经济形势低迷，应在控制政府债务规模的同时，通过税收补贴和利率优惠等政策为企业融资提供便利，减少政府债务规模扩张对企业融资的挤出效应，扩大内部有效需求。

七是提高社会资本流动市场资源配置环节运行效率，强化社会资本流动市场在我国社会基本资源配置环节中的决定性质和主导作用。一方面，各级政府主导的债务资本在配置中存在较为显著的低效率问题；另一方面，私有部门尤其是民营企业融资来源受政府债务扩张而紧缩，导致私有部门研发投资和固定资产投资下降。因此，在规范政府债务融资规模发挥约束作用的同时,应该进一步充分强化资本市场在政府资源配置管理中的重要决定性主导作用,着力有效解决当前民营企业融资难、融资贵的突出问题,提升市场活力,扭转投资增速下滑趋势。

八是强化财政政策调控能力。通过本报告的分析可以发现,政府债务规模的扩张在加剧政府财政支出负担的同时,也会严重制约财政政策的调控能力,缩小财政政策的调控范围。因此,在当下国际经济下行的压力下,需要进一步强化和扩大各级政府财政调控能力和调控范围。

九是硬化预算约束是防范政府债务风险和金融危机的利器。与20世纪80年代、90年代不同,目前中国经济改革的一些问题在很大程度上可以归结于地方政府的软预算约束,地方政府发展经济的投资冲动加剧了地方政府的债务负担和债务风险。历次金融危机的教训告诉我们,从短期来看,中央政府对地方政府的紧急救助(债务担保、信贷支持、债务减免、允许地方政府以新债还旧债等),虽然能暂时缓解地方政府的债务压力,但是从长期来看,中央和地方政府还需要能够从根本上彻底解决当前地方各级政府内部债务管理负担和政府债务管理风险共同带来的所有债务问题,必须不断强化中央预算体制约束,切断软预算约束与金融危机之间的债务传导链。实现政府预算管理的硬化约束机制是有效防范金融危机的重要利器。

参考文献

邓晓兰、黄显林、张旭涛:《公共债务、财政可持续性与经济增长》,《财贸研究》2013年第4期。

邓晓兰、黄显林:《公共债务货币化与财政可持续性的互动影响关系研究——基于财政与货币政策协调配合的视角》,《经济科学》2014年第2期。

龚锋、余锦亮:《人口老龄化、税收负担与财政可持续性》,《经济研究》2015年第8期。

郭步超、王博:《政府债务与经济增长:基于资本回报率的门槛效应分析》,《世界经济》2014 年第 9 期。

郭庆旺、吕冰洋、何乘才：《我国的财政赤字"过大"吗?》，《财贸经济》2003 年第 8 期。

李丹、庞晓波、方红生：《财政空间与中国政府债务可持续性》，《金融研究》2017 年第 10 期。

李刚、冯夏琛、王璐璐：《公共债务能够促进经济增长吗?》，《世界经济研究》2013 年第 2 期。

李建军、王鑫：《地方财政可持续性评估——兼论税收分权能否提升地方财政可持续性》，《当代财经》2018 年第 12 期。

刘金林：《基于经济增长视角的政府债务合理规模研究：来自 OECD 的证据》，《经济问题》2013 年第 12 期。

吕炜、周佳音、陆毅：《理解央地财政博弈的新视角——来自地方债发还方式改革的证据》，《中国社会科学》2019 年第 10 期。

马栓友：《1983—1999：我国的财政政策效应测算》，《中国经济问题》2001 年第 6 期。

毛捷、黄春元：《地方债务、区域差异与经济增长——基于中国地级市数据的验证》，《金融研究》2018 年第 5 期。

缪小林、伏润民：《地方政府债务对县域经济增长的影响及其区域分化》，《经济与管理研究》2014 年第 4 期。

沈桂龙、刘慧、汝刚：《财政分权背景下政府债务的增长效应研究——基于省际面板数据的实证分析》，《上海经济研究》2017 年第 8 期。

孙正：《地方政府政绩诉求、税收竞争与财政可持续性》，《经济评论》2017 年第 4 期。

盛虎、刘青：《地方政府债务对区域经济增长的影响及传导机制研究》，《金融经济》2020 年第 2 期。

孙正、陈旭东、苏晓燕：《地方竞争、产能过剩与财政可持续性》，《产业经济研究》2019 年第 1 期。

汪川、汪红驹：《"新常态"下我国积极财政政策的政策空间——基于财政可持续性的研究》，《经济学家》2017 年第 8 期。

王谦、董艳玲：《公共风险约束下中国地方财政支出效率评价与影响因素分析》，《财政研究》2018 年第 11 期。

王晓霞：《财政可持续性研究述评》，《中央财经大学学报》2007 年第 11 期。

王晓霞：《财政安全：非传统安全的经济学分析》，《当代经济研究》2007 年第 11 期。

徐军伟、毛捷、管星华：《地方政府隐性债务再认识——基于融资平台公司的精准界定和金融势能的视角》，《管理世界》2020 年第 9 期。

杨云：《城投债影响经济增长——规模与资金用途结构的作用》，《经济科学》2019年第2期。

张启迪：《政府债务对经济增长的影响存在阈值效应吗——来自欧元区的证据》，《南开经济研究》2015年第3期。

朱青：《防控"新冠肺炎"疫情的财税政策研究》，《财政研究》2020年第4期。

朱文蔚、陈勇：《地方政府性债务与区域经济增长》，《财贸研究》2014年第4期。

周茂荣、骆传朋：《我国财政可持续性的实证研究——基于1952~2006年数据的时间序列分析》，《数量经济技术经济研究》2007年第11期。

Afonso, A., Rault, C., "Multi-Step Analysis of Public Finances Sustainability", *Economic Modelling*, 2015 (48).

Baum, A., Checherita-Westphal, C., Rother, P., "Debt and Growth: New Evidence for the Euro Area", *Journal of International Money & Finance*, 2013 (32).

Buiter, H., Persson, T., Minford, P., "A Guide to Public Sector Debt and Deficits", *Economic Policy*, 1985 (1).

Checherita-Westphal, C., Rother, P., "The Impact of High Government Debt on Economic Growth and Its Channels: An Empirical Investigation for the Euro Area", *European Economic Review*, 2012 (56).

Delong, J., Summers, H., "Fiscal Policy in a Depressed Economy", Brookings Papers on Economic Activity, 2012 (1).

Domar, D., "The 'Burden of the Debt' and the National Income", *American Economic Review*, 1944 (34).

Egert, B., "Public Debt, Economic Growth and Nonlinear Effects: Myth or Reality?", *Journal of Macroeconomics*, 2015 (43).

Eggertsson, B., Krugman, P., "Debt, Deleveraging, and the Liquidity Trap: A Fisher-Minsky-Koo Approach", *Quarterly Journal of Economics*, 2012 (127).

Ghosh, R., Kim, I., Mendoza G., Ostry, D., Qureshi, S., "Fiscal Fatigue, Fiscal Space and Debt Sustainability in Advanced Economies", *The Economic Journal*, 2013 (123).

Giammarioli, N., Nickel, C., Rother, P., Vidal, J. P., "Assessing Fiscal Soundness: Theory and Practice", ECB Occasional Paper, 2007 (56), Available at SSRN: https://ssrn.com/abstract=923387.

Greiner, A., "Debt and Growth: Is There a Non-Monotonic Relation?", *Economics Bulletin*, 2013 (33).

Greiner, A., "Debt and Growth: Is There a Non-Monotonic Relation?", Bielefeld Working Papers in Economics and Management, 2012 (4).

Hakkio, C. S., Rush, M., "Is the Budget Deficit 'Too Large'?", *Economic Inquiry*, 1991 (29).

Intartaglia, M., Antoniades, A., Bhattacharyya, S., "Unbundled Debt and Economic Growth in Developed and Developing Economies: An Empirical Analysis", *The World Economy*, 2018 (41).

Nickel, C., Tudyka, A., "Fiscal Stimulus in Times of High Debt: Reconsidering Multipliers and Twin Deficits", European Central Bank Working Paper Series, 2013 (1513).

Quintos, C., Fan, Z., Phillips, P. C., "Structural Change Tests in Tail Behaviour and the Asian Crisis", *The Review of Economic Studies*, 2001 (68).

Reinhart C. M., Rogoff, K. S., "Growth in a Time of Debt", *American Economic Review*, 2010 (100).

Woo, J., Kumar, M. S., "Public Debt and Growth", *Economica*, 2015 (82).

后　记

　　本书由中央财经大学林光彬教授领衔项目团队集体创作。林光彬、王雍君、宁静、孙传辉、赵国钦、陈波等集体完成了财政发展指数指标体系的构建；《中国省域财政发展指数报告（2023）》由孙传辉主笔撰写，林光彬审定；《中国财政发展指数指标体系构建技术报告》由宁静主笔撰写，赵国钦补充完善，林光彬审定；《财政发展综合性指数的省域比较》《财政发展独立性指数的省域比较》由孙传辉主笔撰写，林光彬审定；《中国财政发展面临的挑战、问题和对策》由赵国钦主笔撰写，林光彬审定；《政府债务、财政可持续性与经济增长》由昌忠泽、李汉雄、李若彤主笔撰写，林光彬审定。特别感谢中国财政科学研究院杨远根教授，中国社会科学院闫坤教授、杨志勇教授，北京大学苏剑教授，中国人民大学贾俊雪教授、吕冰洋教授，全国预算与会计研究会王光坤常务副会长，国务院发展研究中心冯俏彬教授等提出的宝贵建议、意见；特别感谢中央财经大学王雍君教授、袁东教授、曹明星教授、童伟教授、昌忠泽教授、王卉彤教授、王立勇教授、严成樑教授、孙志猛教授、金鑫教授、叶新恩研究员、陈波研究员、李向军副研究员、傅强副教授、张宝军副教授、马景义副教授、孙景冉博士等一批专家学者的支持和提出的宝贵意见；中央财经大学财经研究院和经济学院的博士研究生陶然、梁永坚、魏传帅、李汉雄，硕士研究生樊美玲、刘明光、何涌、李家政、刘春利、蔡贺莹、赵一凡、汪文翔、马雪瑶、李若彤、王格、刘赫童、孙源、李雨珊、李艳平、张露琦、周昊宇等在数据资料搜集、计算核对和文字校对上付出了辛勤劳动，特此致谢。

Abstract

Report on China's Fiscal Development Index (2023 - 2024) was written by a team with researchers from the Institute of Finance and economics of Central University of Finance and economics and Beijing Research Base of Finance and economics as the core. The main purpose is to do some basic, strategic and trend support work to improve the national fiscal governance system and governance capacity.

This report is divided into three parts: general report, index reports and special reports. The general report is the summary of the provincial fiscal development index research, including the construction logic of the index system, the main conclusions of the report, and the corresponding policy recommendations. Index reports include "construction of China's fiscal development index", "provincial comparison of comprehensive fiscal development index" and "provincial comparison of independent fiscal development index". Special reports include two monographs: "challenges, problems and countermeasures of China's fiscal development" and "government debt, fiscal sustainability and economic growth".

According to the operational characteristics and laws of national fiscal activities and on the basis of traditional fiscal research paradigm of revenue, expenditure, balance and management, this report further summarizes and refines fiscal activities from the outside to the inside, from shallow to deep, into five aspects: fiscal operation, fiscal stability, fiscal equality, fiscal governance and fiscal potential. Take these five aspects as the first level indicators of the fiscal development index system. This analysis paradigm is not only a new paradigm of fiscal analysis, but also an exploratory attempt. Its theoretical logic is the matching of fiscal objectives and fiscal means. The core objectives of fiscal development include three levels:

the first level is to promote growth and maintain stability; the second level is to promote equality and improve government efficiency; the third level is to cultivate fiscal resources and achieve national strategic objectives. Accordingly, the fiscal operation index link promotes the growth goal, the fiscal stability index link maintains the stability goal, the fiscal equality index link promotes the equality goal, the fiscal governance index link improves the government efficiency and governance goal, and the fiscal potential index link cultivates the fiscal resources and realizes the national strategic goal. According to the goal oriented framework and classification, the above classification analysis of fiscal activities can not only meet the basic requirements of no repetition and no major omission, but also meet the most logical and easily explained construction goals. At the same time, it is in line with the party's important guiding ideology that "finance is the foundation and important pillar of national governance, and scientific fiscal and taxation system is the institutional guarantee for optimizing resource allocation, maintaining market unity, promoting social equity, and realizing long-term stability of the country".

According to this report, after basically completing the framework of the modern fiscal system, China's fiscal development has stood at the crossroads of reform: on the one hand, it has achieved fruitful results in more than 40 years since the reform and opening up; on the other hand, the macroeconomic environment, fiscal governance structure, and the external shocks including the Sino US trade frictions and COVID – 19 have challenged the future development. At the level of public resource pool, fiscal development faces fiscal operation problems caused by the deviation of resource absorption path, fiscal equalization problems caused by the allocation of fiscal resources, and fiscal risk problems caused by the deviation of fiscal balance. These problems arise from the scale level, gradually focus on the structure level, and ultimately point to the fiscal governance vulnerability under the agency structure. This report suggests that the fiscal development should optimize the fiscal operation structure in the short term by innovating to "increase revenue and reduce expenditure", so as to avoid falling into the "Pro cyclical" trap. In the long run, we should focus on correcting the vulnerability of fiscal governance, clarify the logic of modern fiscal system with Chinese characteristics, pay attention to cultivating the ability of modern fiscal governance, and make breakthroughs in the tax system, modern budget management system, intergovernmental fiscal system and debt management.

Keywords: Fiscal Development; Comprehensive Index; Independent Index; Fiscal Operation; Fiscal Stability

Contents

I   General Report

B.1   Report on China's Provincial Fiscal Development Index

Sun Chuanhui, Lin Guangbin / 001

Abstract: This report first briefly introduces the construction logic of China's provincial fiscal development index system, and summarizes the results of the provincial fiscal development index based on the fiscal development index system. The results show that China's provincial fiscal development is generally showing a good trend, but the specific performance is different. Through the analysis of the index results, the report reveals five major problems in China's provincial fiscal development. In view of these problems, this report puts forward five policy suggestions: standardizing the fiscal revenue, revitalizing the government's stock assets, consolidating the medium-term fiscal expenditure framework, exploring the establishment of a fiscal revenue performance evaluation system, and establishing a fiscal priority target management system.

Keywords: Fiscal Operation; Fiscal Stability; Fiscal Equality; Fiscal Governance; Fiscal Potential

II　Index Reports

B.2　Construction of China's Fiscal Development Index

Ning Jing, Zhao Guoqin and Lin Guangbin / 012

Abstract: On the basis of the definition and goal of fiscal development, this report inherits and absorbs the existing Chinese and western fiscal theories, and puts forward a new set of fiscal development index system, in order to provide indicator support for decision-makers to formulate scientific fiscal policies. The index system of this report sets up three modules innovatively: comprehensive index, independence index and prospective index. The comprehensive index reflects the general characteristics of financial development, the independence index focuses on the current hot issues on public finance, and the prospective index proposes important but lack of data indicators. Under each module, the report constructs specific indicators from five aspects: fiscal operation, fiscal stability, fiscal equality, fiscal governance and fiscal potential, according to the developing law of fiscal activities. The index system of this report not only absorbs the advantages of previous index systems, but also puts forward characteristic modules and indicators, which is inheritable and innovative.

Keywords: Fiscal Development Index; Comprehensive Index; Independent Index; Potential Index

B.3　Provincial Comparison of Comprehensive Fiscal Development Index　*Sun Chuanhui, Lin Guangbin / 041*

Abstract: On the basis of the comprehensive indicators of the index system of China's fiscal development index that has been constructed, this report utilizes the public data obtained from various statistical yearbooks, government websites, etc., and through the methods of indicator measurement, weighting and summing, statistical analysis, etc. , it evaluates the fiscal development situation of the country's 31 provinces in the period of 2016~2020 in the following five dimensions: fiscal operation, fiscal stability, fiscal parity, fiscal governance, and fiscal potential, and Combining the two dimensions of historical trend and structural analysis to conduct quantitative evaluation and comparative analysis. The national average of fiscal development is used as a benchmark to reflect the fiscal development of each region and province. We find that during these five years, the total fiscal development index of provinces in general shows a fluctuating downward trend, which represents a deteriorating trend in the fiscal development status of China's provinces. The fiscal development of the eastern region is much better than that of the central and western regions. In terms of the structure of fiscal development, the index of fiscal parity and the index of fiscal governance of each province show an upward trend, which represents that the performance of provincial finances in terms of parity and governance is good; the index of fiscal stability and the index of fiscal potential show a downward trend, which reflects to a certain extent the problem of expanding fiscal risks and insufficient fiscal strength of the provinces. During the period, the differences in performance between provinces in terms of fiscal operation and fiscal equalization are small, the differences in performance in terms of fiscal stability and fiscal governance are large, and the differences in fiscal potential are expanding. In terms of province-specific rankings, economically developed provinces such as Beijing, Shanghai, Guangdong, Zhejiang, Fujian and Shandong ranked high on the Fiscal Development Index and their rankings were relatively stable.

Keywords: Fiscal Operation; Fiscal Stability; Fiscal Equality; Fiscal Governance; Fiscal Potential

B.4 Provincial Comparison of Independent Fiscal

Development Index　　　*Sun Chuanhui, Lin Guangbin* / 173

Abstract: On the basis of the constructed independence fiscal development index system, this report analyzes and compares the independence indexes of 31 provinces nationwide in 2020 using public data obtained from various statistical yearbooks, government websites, etc., in order to reflect more intuitively some fiscal hotspots and focus issues. In terms of fiscal operation, it focuses on distinguishing the absolute scale and per capita situation of fiscal revenue and expenditure, and reflecting the fiscal contribution to economic construction, livelihood contribution and fiscal economic construction index used for its own operation, livelihood expenditure density and fiscal Engel's coefficient under the large and small caliber, respectively. Among them, there is a big difference in the ranking of provinces in terms of absolute size and per capita of fiscal revenue and expenditure level; there is a big difference between provinces in terms of the fiscal economic construction index of large caliber; the Engel's coefficient of each province in terms of small caliber of fiscal revenue and expenditure is not high; and the expenditure density of Tibet, which has the highest expenditure density on people's livelihoods, is five times higher than the lowest expenditure density of Hunan Province. In terms of financial stability, what stands out is the financial self-sufficiency rate in small caliber, with only six provinces exceeding 60%, reflecting the reality that China's local finances are more dependent on transfer payments from the central government. In terms of fiscal parity, there are large differences between provinces in terms of urban-rural parity in health care and urban-rural parity in education (especially the level of teachers' qualifications at the elementary school level), reflecting the fact that there is still much room for progress in the equalization of fiscal public services between provinces, and that there is a need to further improve the institutional mechanism for fiscal transfers, promote the equalization of fiscal public services, and narrow the gap in public services between provinces.

Keywords: Fiscal Development; Fiscal Operation; Fiscal Stability; Fiscal Equality; Fiscal Governance

Ⅲ Special Reports

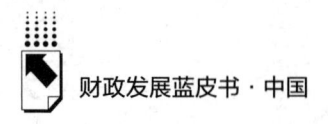

B.5 Challenges, Problems and Countermeasures of China's Fiscal Development

Zhao Guoqin, Lin Guangbin / 205

Abstract: After basically completing the framework of modern fiscal system, China's fiscal development stands at the crossroads of reform: on the one hand, it has achieved fruitful results in more than 40 years since the reform and opening up; On the other hand, the macroeconomic environment, fiscal governance structure, and the external shocks including the Sino US trade frictions and COVID - 19 have challenged the future development. At the level of public resource pool, fiscal development faces fiscal operation problems caused by the deviation of resource absorption path, fiscal equalization problems caused by the allocation of fiscal resources, and fiscal risk problems caused by the deviation of fiscal balance. These problems arise from the scale level, gradually focus on the structure level, and ultimately point to the fiscal governance vulnerability under the agency structure. This paper suggests that fiscal development should optimize the structure of fiscal operation by innovating to "increase revenue and reduce expenditure" in the short term to avoid falling into the "Pro cyclical" trap. In the long run, we should focus on correcting the vulnerability of fiscal governance, clarify the logic of modern fiscal system with Chinese characteristics, pay attention to cultivating the ability of modern fiscal governance, and make breakthroughs in the tax system, modern budget management system, intergovernmental fiscal system and debt management.

Keywords: Fiscal Governance; Fiscal Operation; Fiscal Risk; Modern Fiscal System

Contents

B.6 Government Debt, Fiscal Sustainability and Economic Growth   *Chang Zhongze, Li Hanxiong and Li Ruotong* / 233

Abstract: This report analyzes the latest research progress at home and abroad, and then studies China's government debt, fiscal sustainability and sustained economic growth. So far, there are three views on the relationship between government debt and economic growth, namely, promotion, inhibition and non‑linear relationship. Using the national and 273 city data from 1994 to 2019, this paper studies the relationship between government debt, financial sustainability and economic growth. (1) Local fiscal revenue is difficult to maintain its fiscal expenditure, and the sustainability of fiscal revenue and expenditure is poor. The sustainability of the central government's fiscal revenue and expenditure is good. (2) At present, the debt burden rate of local governments is relatively high, and the debt sustainability is poor. The debt burden rate of the central government is low and the debt sustainability is good. It is further found that the scale of local government debt has a significant inverted U‑shaped relationship with its fiscal revenue, and the inflection point is about 1.14. (3) The change rate of government creditor's rights held by the central bank has a positive relationship with the change rate of fiscal revenue and a negative relationship with the change rate of fiscal expenditure, and the elasticity of government creditor's rights of the central bank to fiscal revenue is greater than that to fiscal expenditure. On the whole, the relationship between finance and finance in China shows good sustainability. (4) There is a significant inverted U‑shaped relationship between local government debt balance and regional economic growth. The inflection points in the eastern and western regions are 1.87 and 1.37 respectively. Central government debt has a significant positive effect on national economic growth and has good sustainability. Based on the above research, this paper puts forward relevant policy suggestions.

Keywords: Government Debt; Financial Sustainability; Economic Growth

Postscript   / 264

社会科学文献出版社

皮 书
智库成果出版与传播平台

❖ 皮书定义 ❖

皮书是对中国与世界发展状况和热点问题进行年度监测，以专业的角度、专家的视野和实证研究方法，针对某一领域或区域现状与发展态势展开分析和预测，具备前沿性、原创性、实证性、连续性、时效性等特点的公开出版物，由一系列权威研究报告组成。

❖ 皮书作者 ❖

皮书系列报告作者以国内外一流研究机构、知名高校等重点智库的研究人员为主，多为相关领域一流专家学者，他们的观点代表了当下学界对中国与世界的现实和未来最高水平的解读与分析。

❖ 皮书荣誉 ❖

皮书作为中国社会科学院基础理论研究与应用对策研究融合发展的代表性成果，不仅是哲学社会科学工作者服务中国特色社会主义现代化建设的重要成果，更是助力中国特色新型智库建设、构建中国特色哲学社会科学"三大体系"的重要平台。皮书系列先后被列入"十二五""十三五""十四五"时期国家重点出版物出版专项规划项目；自2013年起，重点皮书被列入中国社会科学院国家哲学社会科学创新工程项目。

皮书网

（网址：www.pishu.cn）

发布皮书研创资讯，传播皮书精彩内容
引领皮书出版潮流，打造皮书服务平台

栏目设置

◆ 关于皮书
何谓皮书、皮书分类、皮书大事记、
皮书荣誉、皮书出版第一人、皮书编辑部

◆ 最新资讯
通知公告、新闻动态、媒体聚焦、
网站专题、视频直播、下载专区

◆ 皮书研创
皮书规范、皮书出版、
皮书研究、研创团队

◆ 皮书评奖评价
指标体系、皮书评价、皮书评奖

所获荣誉

◆ 2008年、2011年、2014年，皮书网均在全国新闻出版业网站荣誉评选中获得"最具商业价值网站"称号；

◆ 2012年，获得"出版业网站百强"称号。

网库合一

2014年，皮书网与皮书数据库端口合一，实现资源共享，搭建智库成果融合创新平台。

皮书网

"皮书说"
微信公众号

权威报告·连续出版·独家资源

皮书数据库
ANNUAL REPORT(YEARBOOK) DATABASE

分析解读当下中国发展变迁的高端智库平台

所获荣誉

- 2022年，入选技术赋能"新闻+"推荐案例
- 2020年，入选全国新闻出版深度融合发展创新案例
- 2019年，入选国家新闻出版署数字出版精品遴选推荐计划
- 2016年，入选"十三五"国家重点电子出版物出版规划骨干工程
- 2013年，荣获"中国出版政府奖·网络出版物奖"提名奖

皮书数据库　　"社科数托邦"微信公众号

成为用户

登录网址www.pishu.com.cn访问皮书数据库网站或下载皮书数据库APP，通过手机号码验证或邮箱验证即可成为皮书数据库用户。

用户福利

- 已注册用户购书后可免费获赠100元皮书数据库充值卡。刮开充值卡涂层获取充值密码，登录并进入"会员中心"—"在线充值"—"充值卡充值"，充值成功即可购买和查看数据库内容。
- 用户福利最终解释权归社会科学文献出版社所有。

卡号：634815145361
密码：

数据库服务热线：010-59367265
数据库服务QQ：2475522410
数据库服务邮箱：database@ssap.cn
图书销售热线：010-59367070/7028
图书服务QQ：1265056568
图书服务邮箱：duzhe@ssap.cn

法律声明

"皮书系列"（含蓝皮书、绿皮书、黄皮书）之品牌由社会科学文献出版社最早使用并持续至今，现已被中国图书行业所熟知。"皮书系列"的相关商标已在国家商标管理部门商标局注册，包括但不限于LOGO（ ）、皮书、Pishu、经济蓝皮书、社会蓝皮书等。"皮书系列"图书的注册商标专用权及封面设计、版式设计的著作权均为社会科学文献出版社所有。未经社会科学文献出版社书面授权许可，任何使用与"皮书系列"图书注册商标、封面设计、版式设计相同或者近似的文字、图形或其组合的行为均系侵权行为。

经作者授权，本书的专有出版权及信息网络传播权等为社会科学文献出版社享有。未经社会科学文献出版社书面授权许可，任何就本书内容的复制、发行或以数字形式进行网络传播的行为均系侵权行为。

社会科学文献出版社将通过法律途径追究上述侵权行为的法律责任，维护自身合法权益。

欢迎社会各界人士对侵犯社会科学文献出版社上述权利的侵权行为进行举报。电话：010-59367121，电子邮箱：fawubu@ssap.cn。

社会科学文献出版社